RUSS HARRIS

Wer dem Glück hinterherrennt, läuft daran vorbei

GOLDMANN

Buch

Es gibt eine wachsende Zahl von Menschen, die das Gefühl haben, dass etwas in ihrem Leben fehlt. Trotz beruflichem oder privatem Erfolg sind sie nicht wirklich glücklich. Die aktualisierte und erweiterte Neuausgabe des Bestsellers *Wer dem Glück hinterherrennt, läuft daran vorbei* erklärt, wie Sie dieser »Glücksfalle« entkommen. Dr. Russ Harris zeigt mit Hilfe der Akzeptanz- und Commitment-Therapie (ACT) einen Ausweg aus Stress, Angst und Depression hin zu einem wirklich erfüllten Leben. Sein Buch bietet praxiserprobte Techniken,

- um Stress und Sorgen zu vermindern,
- mit schmerzhaften Gedanken und Gefühlen umzugehen,
- Angst, Selbstzweifel und Unsicherheit abzubauen,
- selbstzerstörerische Gewohnheiten abzulegen,
- Beziehungen zu verbessern und
- Erfüllung zu finden.

Dieser bahnbrechende Ansatz hilft dabei, echtes Glück zu finden.

Autor

Dr. Russ Harris ist ein weltweit anerkannter Trainer für die Akzeptanz- und Commitment-Therapie (ACT). Als Allgemeinmediziner interessierte er sich zunehmend für die psychologischen Aspekte von Gesundheit und Wohlbefinden. Heute arbeitet er als Therapeut und Coach. Seit 2005 hat Russ Harris über 800 Workshops durchgeführt und mehr als 50 000 Personen aus dem Gesundheitsbereich in ACT geschult. Zudem hat er mehrere ACT-Lehrbücher sowie ACT-basierte Selbsthilfebücher geschrieben. *Wer dem Glück hinterherrennt, läuft daran vorbei* verkaufte sich in seiner ersten Ausgabe weltweit über eine Million Mal und wurde in mehr als 30 Sprachen übersetzt.

Mehr Informationen unter: www.TheHappinessTrap.com

RUSS HARRIS

Wer dem GLÜCK hinterherrennt, läuft daran vorbei

Ein Umdenkbuch

Komplett aktualisierte und erweiterte Ausgabe

Aus dem Englischen
von Maike und Stephan Schuhmacher

GOLDMANN

Die australische Originalausgabe erschien 2021 unter dem Titel
The Happiness Trap bei Exisle Publishing Ltd., Chatswood.

5. Auflage
Deutsche Erstausgabe Juli 2023

Umschlag: Uno Werbeagentur, München
Umschlagmotiv: Getty Images/Digital Zoo
Kleeblatt-Illustration: adobe Stock/elialady
Redaktion: Birthe Vogelmann
Satz: Buch-Werkstatt GmbH, Bad Aibling
Druck: GGP Media GmbH, Pößneck
Printed in Germany
KW · CB
ISBN 978-3-442-17985-5

www.goldmann-verlag.de

Meinen Kindern
Adrian, Darrell, Yulanie und Quentin gewidmet.

Es gibt ein altes Sprichwort:
»Familien sind wie die Äste eines Baumes.
Wir wachsen in unterschiedliche Richtungen,
doch in der Wurzel bleiben wir eins.«
Ich danke euch für alle Liebe und Freude
und Herzlichkeit und alles Lachen,
womit ihr mein Leben bereichert.

INHALT

WAS IST NEU IN DER AKTUALISIERTEN, ERWEITERTEN AUSGABE?

Als ich mich daranmachte, die aktualisierte Ausgabe dieses Buches zu schreiben (16 Jahre nach der ursprünglichen), erwartete ich, dass es recht schnell gehen würde; nur ein paar kleine Änderungen hier und da. Aber ich merkte bald, dass das Buch von Grund auf überarbeitet werden musste. Als ich schließlich mit der Arbeit fertig war, stellte ich zu meiner Überraschung fest, dass über 50 Prozent des Buches neu waren! Ich denke, das spiegelt wider, wie sehr sich meine Art und Weise, über den Gegenstand dieses Buches zu denken, zu sprechen und die Ergebnisse anzuwenden, im Lauf der Jahre verändert hat.

Neben vielen anderen Änderungen habe ich eine Menge neuer Werkzeuge, Techniken und Übungen hinzugefügt; aktuelle Informationen über die Natur und den Zweck von Emotionen (und wie man emotionale Erstarrung überwindet); viele neue Themen und Kapitel, einschließlich der Frage, wie man schlechte Gewohnheiten durchbricht, Prokrastination überwindet, Panikattacken stoppt, Sich-Sorgen und zwanghaftes Denken unterbricht, mit Wertekonflikten und schwierigen Dilemmas umgeht und Perfektionismus überwindet, ebenso wie den Zwang, es jedem recht machen zu wollen. Dazu kamen praktische Tipps für Menschen, die unter Traumata leiden, und zu guter Letzt jede Menge neues Material über Selbstmitgefühl.

Darüber hinaus habe ich eine ganze Reihe an Geschwafel, Wiederholungen und Fachchinesisch gestrichen. Wenn Ihnen also die erste Ausgabe gefallen hat, hoffe ich und vertraue ich darauf, dass Sie mit dieser Ausgabe noch viel mehr anfangen können.

Viel Spaß beim Lesen und alles Gute
Russ Harris

TEIL 1

WARUM IST ES SO SCHWER, GLÜCKLICH ZU SEIN?

DAS LEBEN IST SCHWER

Menschsein tut weh. In der kurzen Zeit unseres Verweilens auf diesem Planeten werden wir viele Momente voller Staunen, Wunder und Freude erleben, aber auch zahlreiche Augenblicke der Angst, des Schreckens und der Verzweiflung. Wir werden die Höhen der Liebe, Verbundenheit und Freundschaft erfahren, aber auch die Tiefen von Einsamkeit, Ablehnung und Verlust. Wir werden die Freuden von Erfolg, Sieg und Errungenschaften spüren, aber auch die Bitterkeit von Versagen, Niederlage und Enttäuschung.

Mit anderen Worten: Das Leben ist schwer. Und wenn wir lange genug leben, werden wir alle Schmerz, Stress und Leid in vielen verschiedenen Formen erfahren. Das Problem ist, dass die meisten von uns nicht wissen, wie sie mit dieser Realität umgehen sollen. Wir arbeiten hart, um unser Glück zu finden, aber allzu oft scheitern wir. Und selbst wenn wir erfolgreich sind, ist das meist nur von kurzer Dauer, lässt uns unzufrieden zurück und erzeugt das Verlangen nach mehr Erfolg.

Warum ist es also so schwer, glücklich zu sein?

Ich bin froh, dass Sie fragen. Dieses Buch basiert auf einer großen Anzahl von wissenschaftlichen Forschungen, die zeigen, dass wir alle leicht in eine mächtige psychologische Falle tappen. Während wir durch das Leben gehen, halten wir an vielen wenig hilfreichen Überzeugungen über das Glück fest, Ideen, die weithin akzeptiert werden, weil doch »jedermann weiß, dass sie wahr sind«. Und diese Überzeugungen scheinen sinnvoll zu sein – deshalb findet man sie auch in so vielen Selbsthilfebüchern und Artikeln. Aber leider führen diese irreführenden Vorstellungen in einen Teufelskreis: Je mehr wir nach Glück streben, desto mehr leiden wir. Und diese psychologische Falle ist so gut getarnt, dass wir nicht einmal merken, dass wir in ihr gefangen sind.

Das ist die schlechte Nachricht.

Die gute Nachricht ist, dass es Hoffnung gibt. Wir können lernen, schnell zu erkennen, dass wir in der »Glücksfalle« feststecken – und, was noch wichtiger ist, wie wir ihr entkommen können. Dieses Buch vermittelt Ihnen die Fähigkeiten und das Wissen, dies zu tun. Es basiert auf einem leistungsstarken psychologischen Modell, der Akzeptanz- und Commitment-Therapie (ACT), einem wissenschaftlich fundierten Ansatz, dessen Wirksamkeit durch über 3000 veröffentlichte Studien belegt ist.

Die ACT (ausgesprochen wie das englische Wort *»act«*) wurde Mitte der 1980er-Jahre in den Vereinigten Staaten von dem Psychologen Steven C. Hayes und seinen Kollegen Kelly Wilson und Kirk Strosahl entwickelt. Seitdem hat sich die Methode rund um den Globus verbreitet. Heute gibt es Hunderttausende von Psychologen, Therapeuten, Beratern, Coachs und Ärzten, welche die ACT in Dutzenden von Ländern praktizieren – von den Vereinigten Staaten, dem Vereinigten Königreich und Deutschland bis hin zu Uganda, Indien, Indonesien und Iran.

Ein Grund für die wachsende Beliebtheit der ACT ist, dass diese Methode erstaunlich wirksam ist, wenn es darum geht,

Menschen mit einem breiten Spektrum von Problemen zu helfen. Die 3000 wissenschaftlichen Studien, die ich bereits erwähnt habe, decken alles ab, von Depressionen, Sucht und Angststörungen bis hin zu Psychosen, chronischen Schmerzen und Traumata. Die ACT ist jedoch nicht nur eine Behandlung für psychische Störungen, sondern wird auch eingesetzt, um Menschen dabei zu helfen, sich gut an chronische Krankheiten und Behinderungen anzupassen und ein sinnvolles, lohnendes Leben aufzubauen, selbst wenn sie unter schweren anhaltenden gesundheitlichen Problemen leiden. Darüber hinaus wird sie von Streitkräften, Rettungsdiensten, Regierungsstellen, Profisportteams und Olympioniken, Unternehmen, Kliniken und Schulen eingesetzt, um die Gesundheit und das Wohlbefinden zu verbessern, Stress abzubauen, die Leistung zu steigern und die Widerstandsfähigkeit zu erhöhen.

Und nicht zuletzt wissen wir alle, wie wichtig es ist, sich gesund zu ernähren, regelmäßig Sport zu treiben und gute Beziehungen zu anderen Menschen zu pflegen; dies sind grundlegende Bausteine für Gesundheit, Glück und Wohlbefinden. Aber wie schwer ist es, diese Dinge *tatsächlich* und dauerhaft zu praktizieren? In der Theorie ist das leicht, in der Praxis für die meisten von uns schwer. Glücklicherweise gibt uns die ACT alle Werkzeuge und Strategien an die Hand, die wir brauchen, um schlechte Gewohnheiten zu durchbrechen, Prokrastination zu überwinden und uns zu motivieren, gesunde neue Verhaltensweisen zu beginnen und beizubehalten, ebenso wie bessere Beziehungen zu den Menschen in unserem Leben aufzubauen. In Kürze werden wir uns ansehen, wie die ACT dies erreicht, aber lassen Sie uns zunächst untersuchen, ob Glück überhaupt normal ist.

Ist Glück normal?

Das Leben ist nicht fair. Manche Menschen haben eine furchtbare Kindheit, in der sie missbraucht, vernachlässigt oder von ihren Bezugspersonen im Stich gelassen werden, während andere in liebevollen, unterstützenden Familien aufwachsen. Manche leben in extremer Armut oder in Gebieten mit Gewaltverbrechen, in Kriegsgebieten, Gefängnissen oder Flüchtlingslagern. Andere leben in guten Wohnverhältnissen mit vielen Annehmlichkeiten. Einige leiden unter schweren Krankheiten, Verletzungen oder Behinderungen, während andere sich bester Gesundheit erfreuen. Einige haben Zugang zu hochwertigen Lebensmitteln, Bildung, Gerechtigkeit, medizinischer Behandlung, Wohlfahrt, Reisen, Unterhaltung und Karrieremöglichkeiten, während anderen die meisten dieser oder alle diese Dinge vorenthalten bleiben. Und manche Menschen sind aufgrund ihrer Hautfarbe, ihrer Religion, ihres Geschlechts, der Politik oder ihrer sexuellen Ausrichtung Vorurteilen, Diskriminierung oder Schikanen ausgesetzt.

In jedem Land der Welt klafft eine große Lücke zwischen den am wenigsten und den am meisten privilegierten Mitgliedern der Gesellschaft. Und doch sind die Individuen auf beiden Seiten dieser Kluft Menschen und haben daher viele Gemeinsamkeiten, einschließlich der Tatsache, dass wir alle, ganz gleich wie privilegiert oder benachteiligt wir auch sein mögen, von Natur aus dazu prädisponiert sind, seelisches Leid zu erfahren.

Vielleicht ist Ihnen aufgefallen, dass die Selbsthilfeabteilungen in den Buchläden immer größer werden. Depression, Angst, Wut, Scheidung, Beziehungsprobleme, Süchte,

Traumata, geringes Selbstwertgefühl, Einsamkeit, Trauer, Stress, mangelndes Selbstvertrauen – wenn Sie einen Namen für etwas haben, gibt es ein Buch darüber. Und mit jedem Jahr, das vergeht, nimmt die Zahl der Psychologen, Coachs, Berater und Therapeuten stetig zu, ebenso wie die Zahl der verschriebenen Medikamente. Unterdessen werden wir im Fernsehen und Radio, in Zeitschriften und Zeitungen, in Podcasts und den sozialen Medien ständig von »Experten« mit Ratschlägen bombardiert, wie wir unser Leben verbessern können. Und dennoch – trotz all dieser Unterstützung und Ratschläge – nimmt das menschliche Elend zu, statt geringer zu werden!

Die Statistiken sind erschütternd. Die Weltgesundheitsorganisation identifiziert Depression als eine der größten, kostspieligsten und belastendsten Krankheiten der Welt. In jedem beliebigen Jahr leidet ein Zehntel der erwachsenen Bevölkerung an klinischer Depression, und jeder Fünfte wird irgendwann in seinem Leben an einer Depression leiden. Und mehr als ein Drittel der erwachsenen Bevölkerung wird an einem Punkt in ihrem Leben an einer Angststörung leiden. Darüber hinaus leidet jeder vierte Erwachsene irgendwann an einer Drogen- oder Alkoholabhängigkeit. (Allein in den Vereinigten Staaten sind derzeit über 14 Millionen Menschen von Alkoholismus betroffen!)

Aber hier ist die schockierendste Statistik von allen: Fast jeder zweite Mensch denkt irgendwann ernsthaft über Selbstmord nach – und kämpft zwei Wochen oder länger mit diesen Gedanken. Noch erschreckender ist, dass einer von zehn Menschen irgendwann tatsächlich versucht, sich das Leben zu nehmen. (Glücklicherweise gelingt es nur sehr wenigen.)

Denken Sie einen Moment lang über diese Zahlen nach.

Denken Sie an Ihre Freunde, Familienangehörigen und Arbeitskollegen. Fast die Hälfte von ihnen wird irgendwann von ihrem Elend so überwältigt sein, dass sie ernsthaft über Selbstmord nachdenken – und einer von zehn wird es versuchen!

Denken Sie nun an all die häufigen Formen des Leidens, die nicht als »psychische Störungen« gelten, uns aber dennoch unglücklich machen: Arbeitsstress, Leistungsdruck, Einsamkeit, Beziehungskonflikte, Krankheit, Scheidung, Todesfälle, Verletzungen, Altern, Armut, Rassismus, Sexismus, Mobbing, Existenzangst, Selbstzweifel, Unsicherheit, Versagensängste, Perfektionismus, geringes Selbstwertgefühl, Midlife-Crisis, Hochstapler-Syndrom, Eifersucht, Angst, etwas zu verpassen, Orientierungslosigkeit im Leben … Und die Liste lässt sich fortsetzen.

Dauerhaftes Glück ist eindeutig nicht normal! Das wirft natürlich die Frage auf:

Warum ist es so schwer, glücklich zu sein?

Um diese Frage beantworten zu können, sollten wir 300 000 Jahre zurück in die Vergangenheit reisen. Das Leben war für unsere steinzeitlichen Vorfahren ziemlich gefährlich: Es wurde, um nur einige der Gefahren zu nennen, von riesigen Wölfen, Säbelzahntigern, Wollmammuts, rivalisierenden Clans, rauem Wetter, Nahrungsmangel und Höhlenbären bedroht. Wenn Steinzeitmenschen überleben wollten, mussten sie also ständig nach Dingen Ausschau halten, die sie verletzen oder ihnen schaden konnten! Und wenn ihr Geist diese Aufgabe nicht gut meisterte, starben sie jung. Je besser unsere

Vorfahren also darin waren, Gefahren vorauszusehen und zu vermeiden, desto länger lebten sie und desto mehr Kinder hatten sie.

Mit jeder Generation wurde der menschliche Geist immer geschickter darin, Gefahren zu erkennen, vorherzusagen und zu vermeiden. Heute, 300 000 Jahre später, ist unser moderner Geist ständig auf der Hut und bewertet und beurteilt alles, was uns begegnet: Ist das gut oder schlecht? Sicher oder gefährlich? Schädlich oder hilfreich? Heutzutage warnt uns unser Geist allerdings nicht vor Tigern, Bären und Wölfen, sondern davor, unseren Job zu verlieren, abgelehnt zu werden, einen Strafzettel zu bekommen, uns in der Öffentlichkeit zu blamieren, an Krebs zu erkranken oder an einer Million anderer häufiger Sorgen. Infolgedessen verbringen wir alle viel Zeit damit, über Dinge beunruhigt zu sein, die in den meisten Fällen nie eintreten.

Eine weitere Voraussetzung für das Überleben ist die Zugehörigkeit zu einer Gruppe. Unsere Urahnen wussten das nur zu gut. Wenn dein Stamm dich ausstößt, wird es nicht lange dauern, bis die Wölfe dich finden. Wie also schützt sich unser Geist vor der Ablehnung durch die Gruppe? Indem er uns mit anderen Mitgliedern vergleicht: Passe ich hinein? Mache ich das Richtige? Trage ich genug bei? Bin ich so gut wie die anderen? Tue ich etwas, das dazu führen könnte, dass ich abgelehnt werde?

Kommt Ihnen das bekannt vor? Unser Geist warnt uns ständig vor Ablehnung und vergleicht uns mit dem Rest der Gesellschaft. Kein Wunder, dass wir so viel Energie auf die Sorge verwenden, ob die Leute uns mögen! Kein Wunder, dass wir immer auf der Suche nach Wegen sind, uns zu verbessern, oder uns selbst herabsetzen, weil wir nicht »den Erwartungen entsprechen«. Wir brauchen nur einen Blick in eine Zeitschrift, das Fernsehen oder die sozialen Medien zu werfen, um sofort eine ganze Reihe von Menschen zu finden, die anscheinend klüger, reicher, schlanker, sexyer, berühmter, mächtiger oder erfolgreicher sind als wir. Wir vergleichen uns dann mit diesen glamourösen Medienkreationen und fühlen uns minderwertig oder von unserem Leben enttäuscht.

Um die Sache noch schlimmer zu machen, kann unser Geist ein Fantasiebild der Person heraufbeschwören, die wir idealerweise sein möchten – und uns dann mit diesem Bild vergleichen! Haben wir da noch eine Chance? Wir werden am Ende immer das Gefühl haben, nicht gut genug zu sein.

In so gut wie jeder Gesellschaft auf der ganzen Welt und zu jeder Zeit der Geschichte lautet die allgemeine Regel für Erfolg: mehr bekommen und besser werden. Je besser deine Waffen, desto mehr Tiere kannst du jagen. Je größer deine Vorräte an Nahrungsmitteln, desto größer sind deine Überlebenschancen in Zeiten der Knappheit. Je ausgefeilter dein Schutz ist, desto sicherer bist du vor Gefahren. Je mehr Kinder du hast, desto größer ist die Chance, dass einige bis ins Erwachsenenalter überleben. Kein Wunder also, dass unser Geist ständig nach »mehr und besser« sucht: nach mehr Geld, einem besseren Job, mehr Status, einem besseren Körper, mehr Liebe, einem besseren Partner. Und wenn wir Erfolg haben, wenn wir mehr Geld, ein besseres Auto oder einen schöneren Körper bekommen, dann sind wir zufrieden – für ein Weilchen. Aber früher oder später (und meistens früher) wünschen wir uns mehr.

Zusammenfassend lässt sich also sagen, dass wir alle darauf programmiert sind, seelisch zu leiden: uns zu vergleichen, zu bewerten und zu kritisieren; uns auf das zu konzentrieren, was uns fehlt; schnell unzufrieden zu werden mit dem, was wir haben; und uns alle möglichen Schreckensszenarien auszumalen, von denen die meisten niemals eintreten werden. Kein Wunder, dass es den Menschen schwerfällt, glücklich zu sein!

Aber was noch schlimmer ist: Viele weitverbreitete Überzeugungen über das Glück sind ungenau, irreführend oder falsch und machen Sie unglücklich, wenn Sie ihnen Glauben schenken. Schauen wir uns zwei der gängigsten Märchen an.

Märchen Nr. 1: Glück ist unser natürlicher Zustand

Viele Menschen glauben, Glück sei »unser natürlicher Zustand«. Die oben angeführten Statistiken zeigen jedoch sehr deutlich, dass dies nicht der Fall ist. Was für den Menschen natürlich ist, ist ein sich ständig verändernder Fluss von Emotionen, sowohl angenehmen als auch schmerzlichen, der im Lauf des Tages variiert – je nachdem, wo wir uns befinden, was wir tun und was gerade passiert. Mit unseren Emotionen, Gefühlen und Empfindungen ist es wie mit dem Wetter: Sie ändern sich ständig von einem Moment zum nächsten. Wir erwarten nicht, dass es das ganze Jahr lang den gesamten Tag über warm und sonnig ist. Wir sollten auch nicht erwarten, dass wir den kompletten Tag über glücklich und fröhlich sind. Wenn wir ein erfülltes Leben führen, werden wir die ganze Bandbreite menschlicher Emotionen spüren: die angenehmen wie Liebe, Freude und Neugier und die schmerzlichen wie Traurigkeit, Wut und Angst. All diese Gefühle sind ein normaler, natürlicher Teil des Menschseins.

Märchen Nr. 2: Wenn du nicht glücklich bist, bist du defekt

Als logische Konsequenz aus Märchen Nr. 1 geht die westliche Gesellschaft davon aus, dass psychisches Leiden anormal ist. Es wird als Schwäche oder Krankheit angesehen, als Produkt eines Geistes, der irgendwie fehlerhaft oder defekt ist. Das bedeutet, dass wir uns, wenn wir unvermeidlich schmerzliche Gedanken und Gefühle erleben, oft dafür schämen oder uns dafür kritisieren, weil wir meinen, wir seien schwach, dumm oder unreif.

Die Akzeptanz- und Commitment-Therapie geht von einer völlig anderen Annahme aus: *Wenn du nicht glücklich bist, bist du normal.* Seien wir ehrlich: Das Leben ist hart und voller Herausforderungen; es wäre seltsam, wenn wir uns ständig glücklich fühlen würden. Die Dinge, die das Leben sinnvoll machen, bringen eine ganze Reihe von Gefühlen mit sich – sowohl angenehme als auch schmerzliche. Nehmen wir zum Beispiel eine enge Beziehung. Wenn sie gut läuft, werden wir wunderbare Gefühle wie Liebe und Freude empfinden. Aber früher oder später werden wir selbst in den besten Beziehungen Konflikte erleben, Enttäuschung und Frustration. (So etwas wie die perfekte Beziehung gibt es nicht.)

Das Gleiche gilt für jedes sinnvolle Projekt, das wir in Angriff nehmen – vom Aufbau einer Karriere oder der Gründung einer Familie bis hin zur Pflege unserer körperlichen Gesundheit und Fitness. Obwohl sinnvolle Projekte oft Begeisterung und Enthusiasmus mit sich bringen, sind sie auch mit Stress und Ängsten verbunden. Wenn Sie also an Märchen Nr. 2 glauben, sind Sie in großen Schwierigkeiten, denn es ist praktisch unmöglich, ein besseres Leben zu führen, wenn man nicht bereit ist, auch unangenehme Gefühle zu erfahren. (Die gute Nachricht ist, dass Sie bald lernen werden, mit solchen Gefühlen anders umzugehen und radikal anders auf sie zu reagieren, so dass diese viel weniger Einfluss auf Sie haben.)

Was genau ist »Glück«?

Wir wollen es. Wir sehnen uns danach. Wir streben danach. Aber was genau ist Glück?

Die meisten Menschen werden Glück wahrscheinlich als ein »gutes Gefühl« beschreiben: eine angenehme Empfindung der Freude, der Fröhlichkeit oder der Zufriedenheit. Die alten Griechen hatten ein spezielles Wort für ein Leben, das auf dem Streben nach Glücksgefühlen basiert: wovon sich das Wort »Hedonismus« (Streben nach physischer und psychischer Lust) herleitet. Wir alle erfreuen uns an angenehmen Gefühlen, und so ist es nicht verwunderlich, dass wir ihnen nachjagen. Doch wie alle menschlichen Emotionen sind auch Glücksgefühle flüchtig; sie kommen und gehen. Ganz gleich, wie sehr wir sie festzuhalten versuchen, sie bleiben nie lange bestehen. Und wie wir sehen werden, ist ein Leben, das in dem Streben nach einem »guten Gefühl« verbracht wird, auf lange Sicht äußerst unbefriedigend. In der Tat zeigt die Forschung, dass wir desto eher an Depressionen und Angstzuständen leiden, je mehr wir angenehmen Gefühlen hinterherjagen und versuchen, unangenehme Emotionen zu vermeiden.

Aber es gibt noch eine weitere Bedeutung von Glück, die ganz anders ist: die Erfahrung, ein reiches und sinnvolles Leben zu führen. Wenn wir uns darüber klar werden, was wir wirklich im Leben wollen, und entsprechend handeln – uns um die Dinge kümmern, die uns zutiefst am Herzen liegen, nach dem streben, das uns wertvoll und der Mühe wert erscheint –, dann wird unser Leben von Sinn und Zweck durchdrungen, und wir erleben ein tiefes Gefühl der Vitalität. Dies ist keine flüchtige Empfindung – es ist das machtvolle Gefühl eines gut gelebten Lebens. Das altgriechische Wort für diese Art von Glück ist *eudaimonia,* das heute oft als »Aufblühen« übersetzt wird. Wenn wir unser Leben auf diese Weise verbringen, werden wir sicherlich viele angenehme Gefühle haben, aber auch eine Reihe von schwierigen wie Kummer, Angst und Schuld. (Wie ich bereits sagte, werden wir, wenn wir ein erfülltes Leben führen, die ganze Bandbreite menschlicher Emotionen empfinden.)

In diesem Buch geht es, wie Sie sicher schon erraten haben, um diese zweite Bedeutung von Glück und nicht um die erste. Natürlich fühlen wir uns alle gern gut, und es ist sinnvoll, angenehme Emotionen zu schätzen und zu genießen, wenn sie auftreten. Aber wenn wir versuchen, sie ständig zu erleben, sind wir zum Scheitern verurteilt.

Die Realität ist: Das Leben ist schwierig. Dieser Tatsache können wir nicht entkommen. Früher oder später werden wir alle gebrechlich, krank und werden sterben. Früher oder später werden wir alle wichtigen Beziehungen durch Ablehnung, Trennung oder Tod verlieren. Früher oder später werden wir alle mit Krisen, Enttäuschungen und Misserfolgen konfrontiert werden. Das bedeutet, dass wir alle viele schmerzliche Gedanken und Gefühle in der einen oder anderen Form erleben werden.

Doch die gute Nachricht ist, dass wir diesen Schmerz zwar nicht vermeiden, aber lernen können, besser damit umzugehen – uns von ihm zu lösen, über ihn hinauszuwachsen und ein lebenswertes Leben zu führen. Dieses Buch hilft Ihnen, einige einfache aber wirksame Fähigkeiten zu entwickeln, den Stachel aus schmerzlichen Gedanken, Gefühlen, Emotionen, Empfindungen und Erinnerungen schnell zu entfernen. Sie lernen, ihnen die Kraft zu entziehen, so dass sie Sie nicht länger zurückhalten oder herunterziehen. Sie erwerben die Fähigkeit, sie kommen und gehen zu lassen, ohne von ihnen mitgerissen zu werden. Und Sie werden auch lernen, wie Sie sich ein reiches und sinnvolles Leben aufbauen können – ganz gleich, was Sie in der Vergangenheit erlebt haben oder was Ihnen jetzt bevorsteht –, ein Leben, das Ihnen ein tiefes Gefühl von Vitalität und Erfüllung vermitteln wird.

Halten Sie nun einen Moment inne, und achten Sie darauf, wie Ihr Geist auf diese Aussicht reagiert.

Ist er positiv, begeistert, aufgeregt, hoffnungsvoll, optimistisch? Wenn ja, genießen Sie das, solange es anhält – aber klammern Sie sich bitte nicht daran, denn wie wir später sehen werden, führt der Versuch, an angenehmen Gedanken und Gefühlen festzuhalten, zu allen möglichen Problemen.

Andererseits ist Ihr Geist vielleicht skeptisch oder pessimistisch und sagt Dinge wie: »Das wird bei mir nicht funktionieren« oder »Das glaube ich nicht, das ist Blödsinn.« Wenn dem so ist, erkennen Sie an, dass solche Gedanken völlig natürlich sind; das ist Ihr Geist, der seiner Aufgabe gerecht wird und versucht, Sie vor etwas zu bewahren, das unangenehm oder schmerzlich sein könnte.

Wie das? Nun, nehmen wir an, Sie investieren viel Zeit, Mühe und Energie, um dieses Buch zu lesen und es in Ihrem Leben anzuwenden; nehmen wir an, Sie tun das alles, und *es funktioniert nicht*! Das wäre doch ziemlich schmerzlich, nicht wahr? Ihr Geist versucht also, Sie vor dieser Möglichkeit zu bewahren. Und Sie können erwarten, dass er dies im Verlauf dieser Lektüre immer wieder tun wird. Ich hoffe, dass Sie sich jedes Mal, wenn das passiert, an zwei Dinge erinnern:

a) Das ist völlig normal; jeder Geist tut das.
b) Ihr Geist versucht nicht, Ihnen das Leben schwer zu machen; er will nur Ihre Sicherheit bewahren und Sie vor Schmerz schützen.

Die bevorstehende Reise

Dieses Buch ist wie eine Reise durch ein fremdes Land: Vieles wird Ihnen fremd und neu vorkommen. Anderes wird Ihnen vertraut und doch irgendwie anders erscheinen. Zuweilen werden Sie sich herausgefordert oder mit etwas Unerwartetem konfrontiert fühlen, ein anderes Mal aufgeregt oder amüsiert. Nehmen Sie sich Zeit auf dieser Reise. Genießen Sie sie in vollen Zügen, anstatt sich zu beeilen. Halten Sie inne, wenn Sie etwas anregend, seltsam oder ungewöhnlich finden. Erforschen Sie es gründlich, und lernen Sie so viel wie möglich. Ein lebenswertes Leben zu schaffen, das ist ein großes Unterfangen, also nehmen Sie sich bitte die Zeit, es zu würdigen.

DER PUNKT DER ENTSCHEIDUNG

Haben Sie sich schon einmal gefragt, warum wir vom »Menschsein« sprechen und nicht vom »Menschtun«? Letzteres wäre meines Erachtens zutreffender, denn ob wir nun essen, trinken, kochen, putzen, reden, gehen, spielen oder lesen, wir tun immer etwas (auch wenn wir nur schlafen).

Manchmal sind es Dinge, die uns helfen, uns auf die Art von Leben, die wir uns wünschen, zuzubewegen; nennen wir diese Verhaltensweisen »Hinbewegungen«. Und zu anderen Zeiten sind es Handlungen, die uns von der Art von Leben, die wir uns wünschen, wegführen; nennen wir diese Verhaltensweisen »Wegbewegungen«.

Das folgende Diagramm veranschaulicht dies.

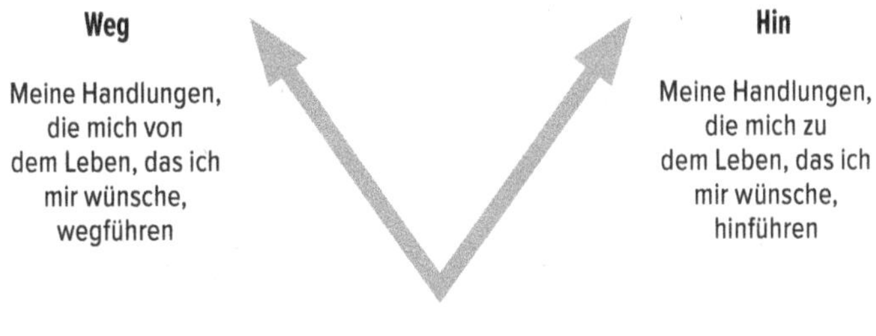

Hinbewegungen

Wenn wir uns wie der Mensch verhalten, der wir sein wollen, und effektiv auf die Herausforderungen des Lebens reagieren und das tun, was unser Leben langfristig verbessert, dann sind das Hinbewegungen. Für viele Menschen gehört es zu diesen Hinbewegungen, Zeit mit geliebten Menschen zu verbringen, sich fit zu halten und sich um ihre körperliche Gesundheit zu kümmern, fürsorglich und freundlich zu anderen zu sein, Hobbys oder Interessen nachzugehen, Spaß zu haben, Sport zu treiben, sich zu entspannen, kreativ zu sein, in die Natur zu gehen, einen aktiven Beitrag in ihrer Gruppe oder Gemeinschaft zu leisten, oder Aktivitäten zur persönlichen Weiterentwicklung (wie das Lesen dieses Buches) nachzugehen.

Es gibt keine Liste von »korrekten« oder »besten« Hinbewegungen; jeder von uns entscheidet für sich selbst, welche seiner Verhaltensweisen zu dieser Kategorie gehören. Im Grunde genommen sind Hinbewegungen Dinge, die Sie sagen und tun – ganz gleich, wie klein und unbedeutend sie erscheinen mögen –, die Ihr Leben besser, reicher, erfüllter und sinnvoller machen. Und eines der Hauptziele dieses Buches ist es, Ihnen zu helfen, viel mehr davon zu tun.

Wegbewegungen

Wenn wir uns *nicht* so verhalten, wie wir eigentlich sein wollen, und Dinge tun, die uns blockieren oder die unser Leben auf lange Sicht verschlechtern, sind das Wegbewegungen. Dazu gehört für viele Menschen zum Beispiel, sich von geliebten

Menschen zurückzuziehen oder mit ihnen zu streiten, Bewegung und Sport herunterzufahren, ungesunde Substanzen zu sich zu nehmen, die Beherrschung zu verlieren, aggressiv oder unfreundlich zu sein, wichtige Aufgaben aufzuschieben und so weiter. Zu den Wegbewegungen können auch Dinge gehören, die wir »in unserem Kopf« tun (fachsprachlich als »kognitive Prozesse« bezeichnet), wie Sich-Sorgen, Grübeln, zwanghaftes Denken und Überinterpretation. (»Grübeln« bedeutet auch, sich über vieles den Kopf zu zerbrechen, Gedanken wiederzukäuen und ihnen nachzuhängen, sich über etwas aufzuregen.)

Mit anderen Worten: Wir sagen und tun Dinge, die unser Leben verschlimmern, uns lähmen, unsere Probleme verschärfen, unser Wachstum hemmen, sich negativ auf unsere Beziehungen auswirken oder unsere Gesundheit und unser Wohlbefinden langfristig beeinträchtigen. Das sind Dinge, die wir idealerweise reduzieren oder abstellen sollten – und ein weiteres großes Ziel dieses Buches ist es, Ihnen zu helfen, viel weniger davon zu tun.

Wie bei den Hinbewegungen gibt es auch bei den Wegbewegungen keine »offizielle Liste«; wir alle entscheiden für uns selbst, welche unserer Verhaltensweisen in diese Kategorie fallen. Wenn jemand zum Beispiel starke religiöse Überzeugungen hat, die Alkohol verbieten, dann könnte *diese Person* das Trinken von Alkohol als eine Wegbewegung betrachten. Aber wenn jemand ein professioneller Weinverkoster ist, dann könnte *jene Person* das Trinken von Alkohol als eine Hinbewegung betrachten. *Für mich selbst* ist Wein in Maßen zu trinken (zwei oder drei Gläser pro Woche) eine Hinbewegung, aber eine ganze Flasche an einem Abend zu leeren eine Wegbewegung; *für Sie* können diese Mengen jedoch sehr unterschiedlich sein.

Ein sehr wichtiger Punkt

Der Punkt, den ich gleich ansprechen werde, ist so wichtig, dass ich überlege, ihn mir auf die Stirn tätowieren zu lassen (in fetten roten Großbuchstaben). Hier ist er:

Jede Aktivität kann eine Hinbewegung oder eine Wegbewegung sein, je nach Situation.

Lassen Sie uns das einmal aufschlüsseln. Angenommen ich bleibe im Bett liegen und drücke immer wieder auf die Schlummertaste meines Weckers, um mich vor einigen wirklich wichtigen Aufgaben zu drücken – dann wäre das *für mich* eine Wegbewegung. (Für jemand anderen wäre das vielleicht keine Wegbewegung, aber für mich schon.) Wenn ich jedoch im Urlaub die Schlummertaste drücke, um das wohlverdiente Vergnügen eines langen Ausschlafens zu genießen, dann ist das *für mich* eine Hinbewegung. Aber für jemand anderen ist das vielleicht keine Hinbewegung. Manche Menschen stehen im Urlaub gern in aller Herrgottsfrühe auf, um zu joggen oder Yoga zu üben, und empfinden Ausschlafen als Vergeudung des Tages. (Ich bin mir nicht ganz sicher, von welchem Planeten diese Menschen stammen. Sie behaupten, sie kämen von der Erde, aber das kann ich kaum glauben.)

Wenn ich während der Arbeitszeit in meinem Büro sitze und einen Vortrag einstudiere, um mich auf einen Workshop oder ein Webinar vorzubereiten, halte ich das für eine Hinbewegung. Aber nehmen wir an, ich übte diesen Vortrag zu Hause, während jemand, den ich liebe, versucht, mir etwas sehr Wichtiges mitzuteilen – und das Ergebnis ist, dass ich abwesend bin und der Person nicht wirklich Aufmerksamkeit schenke, und sie sich darüber aufregt. In dieser Situation würde ich diese Vorbereitung als Wegbewegung betrachten. (Geständnis: Das obige Beispiel ist nicht rein hypothetisch; ich habe mich dieses Verhaltens bei, nun ja, sagen wir »mehr als einer Gelegenheit« schuldig gemacht. Und glauben Sie mir: Das ist immer eine Wegbewegung!)

Ein letztes Beispiel: Stellen Sie sich vor, Sie sagten eine gesellschaftliche Verabredung in letzter Minute ab. Nehmen wir an, Sie täten dies, um einen medizinischen Notfall zu bewältigen (zum Beispiel einen kranken Freund ins Krankenhaus zu bringen); in dieser Situation würden Sie es wohl als Hinbewegung betrachten. Doch nehmen wir an, Sie sind sehr einsam und sozial isoliert, und Sie haben sich angewöhnt, jedes Mal abzusagen, wenn Sie sich ängstlich fühlen. Und jedes Mal, wenn Sie das tun, verstärkt sich Ihr Gefühl der Einsamkeit. Wenn Sie in dieser besonderen Situation noch einmal absagen, weil Sie sich ängstlich fühlen, dann würden Sie das wohl als Wegbewegung bezeichnen.

Es ist wichtig, dieses Prinzip zu verstehen, weil es die Grundlage für alles in diesem Buch Empfohlene darstellt; der Fachausdruck dafür lautet »Praktikabilität«. Wenn das, was Sie in einer bestimmten Situation tun, Ihnen hilft, dem Leben, das Sie aufbauen wollen, näher zu kommen, dann sagen wir, es sei »ergiebig« (eine Hinbewegung); aber wenn es das Gegenteil bewirkt, sagen wir, dass es für Sie »unergiebig«, also eine Wegbewegung ist. Und *nur Sie* können entscheiden, ob etwas *für Sie* ergiebig ist.

Was sind Auslöser für Wegbewegungen?

Wenn das Leben nicht allzu schwierig ist, die Dinge einigermaßen gut laufen und wir uns ziemlich gut fühlen, ist es oft recht einfach, sich für Hinbewegungen zu entscheiden. Aber wie oft läuft es so? Die Realität sieht für die meisten von uns so aus, dass das Leben häufig schwierig ist. Und nur allzu oft bekommen wir nicht das, was wir uns wünschen. Wir werden ständig mit unerwarteten Problemen und herausfordernden Situationen konfrontiert. Wir erleben immer wieder schmerzliche Gefühle wie Angst, Traurigkeit, Wut, Einsamkeit oder Schuldgefühle. Wir hegen unzählige wenig hilfreiche Gedanken: »Ich bin nicht gut genug« – »Ich schaffe das nicht« – »Das ist nicht fair« – »Ich bin ein Verlierer« – »Es ist alles zu schwer« – »Das Leben kotzt mich an!« (und zahllose Varianten dieser Themen). Und obendrein bekommen wir es oft mit Verlangen oder Gelüsten, schmerzlichen Erinnerungen und einer Vielzahl von unangenehmen körperlichen Empfindungen zu tun. In diesem Buch verwende ich die Formulierung »schwierige Gedanken und Gefühle« als Oberbegriff für all diese unangenehmen inneren Erfahrungen.

Wenn diese schwierigen Situationen, Gedanken und Gefühle in unserem Leben auftauchen, können wir, wie unten dargestellt, darauf entweder mit Hin- oder mit Wegbewegungen reagieren.

Wenn schwierige Gedanken und Gefühle auftauchen, lassen wir uns leider leicht von ihnen »einfangen« – ähnlich wie ein Fisch, der an den Angelhaken geht, dort »festgehakt« wird, von dem Angler »hin- und hergezerrt« und dann »eingeholt« und in sein Boot »hineingezogen« wird. Es gibt zwei Hauptarten, wie wir »festgehakt« werden, die sich in der Regel gegenseitig überschneiden. Nennen wir sie »GEHORCHEN-Modus« und »KÄMPFEN-Modus«.

Der GEHORCHEN-Modus

Im GEHORCHEN-Modus werden wir von unseren Gedanken und Gefühlen beherrscht. Sie beanspruchen unsere ganze Aufmerksamkeit oder diktieren unser Handeln. Wenn wir unseren Gedanken und Gefühlen GEHORCHEN, schenken wir ihnen entweder so viel Aufmerksamkeit, dass wir uns auf nichts anderes mehr konzentrieren können, oder wir erlauben ihnen, uns zu sagen, was wir tun sollen. Der Gedanke »Es ist hoffnungslos« nimmt uns an den Haken und wir GEHORCHEN: Wir geben auf, wir versuchen es nicht weiter. Eine schmerzliche Erinnerung taucht auf und wir GEHORCHEN: Wir schenken ihr so viel Aufmerksamkeit, dass wir in die Vergangenheit zurückgerissen werden und den Bezug zu dem verlieren, was hier und jetzt geschieht. Ein Gefühl der Wut holt uns ein, und wir GEHORCHEN: Wir schreien, sagen gemeine Dinge oder werden aggressiv. Ein Drang oder ein Verlangen ergreift uns, und wir gehorchen: Wir geben der Gewohnheit oder der Sucht nach.*

Der KÄMPFEN-Modus

Im KÄMPFEN-Modus versuchen wir aktiv, unsere Gedanken und Gefühle davon abzuhalten, uns zu beherrschen. Wir KÄMPFEN gegen sie an; wir tun alles, was wir können, um sie zu vermeiden, sie zu überwinden, ihnen zu entkommen, sie zu unterdrücken oder sie loszuwerden. Im KÄMPFEN-Modus greifen wir vielleicht zu Drogen, Alkohol, Junk-Food, lenken uns mit Newsfeeds und Social Media ab oder ziehen uns aus der Welt zurück – im Grunde werden wir süchtig nach allem, was uns vorübergehend Erleichterung von diesen schmerzlichen Gedanken und Gefühlen verschafft, auch wenn es negative Auswirkungen auf unsere Gesundheit, unser Wohlbefinden und unser Glück hat.**

»Festgehakt« und »Wegbewegung« = psychisches Leiden

Wenn unsere Gedanken und Gefühle uns »an den Haken nehmen«, holen sie uns ein und ziehen uns in Wegbewegungen hinein. In der Tat sind fast alle anerkannten psychischen Störungen – Depressionen, Angststörungen, Süchte, chronische Schmerzen, Traumata, Zwangsneurosen, was auch immer – auf

* In der ACT ist der Fachbegriff für GEHORCHEN »Fusion«.

** Fachbegriff: Erlebensvermeidung.

diesen grundlegenden Prozess zurückzuführen: Schwierige Gedanken und Gefühle »nehmen uns an den Haken« und ziehen uns in Wegbewegungen hinein.

Etwas anders ausgedrückt: Wenn wir auf unsere Gedanken und Gefühle im GEHORCHEN- oder KÄMPFEN-Modus (oder oft beides) reagieren, verhalten wir uns auf selbstzerstörerische Weise. Und genau dieses Muster ist auch die Grundlage für »schlechte Gewohnheiten«, Beziehungsprobleme, fehlende Leistung, ungesunden Perfektionismus, den Drang, es allen recht machen zu wollen, Zerstreuung und all die anderen Dinge, die Nahrung finden, wenn wir unter Druck stehen. Das folgende Diagramm veranschaulicht dies.

Lösen Sie sich los, und bewegen Sie sich hin zu dem Leben, das Sie sich wünschen

Glücklicherweise gibt es Zeiten, in denen es uns gelingt, uns von schwierigen Gedanken und Gefühlen zu lösen – und uns hinzubewegen. Und je mehr wir dazu in der Lage sind, desto besser wird unser Leben: Das Leiden wird weniger, und unser Wohlbefinden nimmt zu. Darum geht es, kurz gesagt, in diesem Buch.

Ein großer Teil der Aufgaben besteht darin, mit Ihren »Werten« in Kontakt zu kommen: den tiefsten Wünschen Ihres Herzens. Es geht darum, wie Sie sich als Mensch verhalten wollen; wie Sie sich selbst, andere und die Welt um Sie herum behandeln wollen. Denken Sie zum Beispiel an jemanden, den Sie sehr lieben. Wie behandeln Sie den geliebten Menschen, wenn Sie so sind, wie Sie in dieser Beziehung wirklich sein wollen? Ich vermute (und ich könnte mich natürlich irren), dass Sie liebevoll, freundlich, unterstützend, ehrlich, zuverlässig, fürsorglich und rücksichtsvoll sein wollen. Wenn ich richtigliege und dies Eigenschaften sind, die Sie gern hätten, dann würden wir sie »Werte« nennen.

Um dies zu verdeutlichen, wählen Sie eine wichtige Rolle, die Sie regelmäßig spielen und in der Sie mit anderen Menschen zu tun haben (zum Beispiel Freund, Partner, Elternteil, Nachbar, Angestellter, Student oder Teammitglied). Nehmen wir nun an, ich würde eine der Personen interviewen, mit denen Sie in dieser Rolle zu tun haben. Stellen Sie sich vor, ich fange an, diesen Menschen *über Sie* zu befragen: darüber, wie Sie sie im Allgemeinen behandeln und was Sie sagen und tun, wenn sie in Schwierigkeiten ist oder eine schwierige Phase durchmacht. Als Nächstes frage ich diejenige oder denjenigen, wie Sie andere Menschen im Allgemeinen behandeln. Und schließlich frage ich sie oder ihn, welches Ihre drei größten positiven Eigenschaften im Umgang mit anderen sind.

Wenn nun Magie geschehen könnte, wenn Träume wahr werden könnten, was würden Sie sich wünschen, dass diese Person antwortet (und es auch wirklich meint)? Bitte nehmen Sie sich mindestens zwei Minuten Zeit, um darüber nachzudenken.

Nun wiederholen Sie die Übung für eine andere Rolle, die Sie spielen. Nehmen Sie sich wieder zwei Minuten Zeit.

Wie ist es Ihnen ergangen? Wenn Sie die Übung ausgeführt haben, haben Sie wahrscheinlich einige Werte identifiziert: einige Verhaltensweisen, die Sie in diesen Rollen an den Tag legen wollen. (Wenn Sie verwirrt sind oder die Übung zu schwierig fanden, kein Grund zur Sorge; wir werden das alles später vertiefen. Dies ist nur ein erster Vorgeschmack.)

Allein schon die Tatsache, dass Sie dieses Buch lesen, deutet darauf hin, dass Sie gerade nach Ihren Werten leben. Sie lesen es, weil es Ihnen wichtig ist, Ihr Leiden zu verringern und Ihr Leben zu verbessern. Vielleicht lesen Sie es auch, weil Sie ein besserer Freund, Partner, ein besserer Elternteil, ein besserer Verwandter oder Nachbar sein wollen. Dies verweist auf den Wert »Fürsorglichkeit«: Fürsorglichkeit gegenüber sich selbst oder anderen, oder beides.

Es ist wichtig, unsere Werte zu klären, denn wenn wir sie kennen, können wir sie gut nutzen. Wir können sie als »inneren Kompass« verwenden, der uns durch das Leben führt und uns hilft, kluge Entscheidungen zu treffen, und auch als Energie- und Motivationsquelle, die uns hilft, uns mehr hinzubewegen.

Ein weiterer wichtiger Teil dieses Ansatzes ist das Erlernen des »Loslösungsvermögens«, damit wir uns dann, wenn schwierige Gedanken, Gefühle, Erinnerungen oder Triebe auftauchen, schnell von diesen loslösen können, bevor sie uns in Wegbewegungen hineinziehen können. Je besser es uns gelingt, uns loszulösen und uns für Hinbewegungen zu entscheiden, desto besser wird unsere Lebensqualität und desto größer werden unsere Gesundheit, unser Wohlbefinden und unser Glück sein. Dies veranschaulicht das folgende Diagramm:

Punkte der Entscheidung

Das oben stehende Diagramm wird offiziell der »Punkt der Entscheidung« genannt, weil wir in jedem Moment, in dem das Leben schwierig ist und schmerzliche Gedanken und Gefühle auftauchen, *potenziell* eine Wahl haben. Wir können auf das, was geschieht, mit effektiven, das Leben verbessernden Verhaltensweisen (Hinbewegungen) reagieren oder mit uneffektiven, das Leben verschlechternden Verhaltensweisen (Wegbewegungen). Aber beachten Sie das Wort »potenziell«. Wir haben diese Wahl nur, wenn wir ein gutes Loslösungsvermögen entwickelt haben. Ohne dies haben wir kaum eine Wahl; ohne dies ist unsere »Standardeinstellung« die, dass wir festgehakt und in Wegbewegungen hineingezogen werden. Oft merken wir nicht einmal, dass das passiert ist, bis es zu spät ist.

Je weniger wir in der Lage sind, uns loszulösen, desto weniger Wahlmöglichkeiten haben wir; stattdessen neigen wir dazu, uns von unseren Gedanken und Gefühlen beherrschen zu lassen, die unser Leben bestimmen und uns diktieren, was wir tun können und was nicht.

Ursprünglich habe ich das Konzept des Punkts der Entscheidung zusammen mit zwei Kollegen, Joe Ciarrochi und Ann Bailey, entwickelt, um das ACT-Modell zu vereinfachen, und wir werden dieses Konzept im gesamten Buch verwenden. In Kürze werde ich Sie bitten, ein leeres Diagramm zum Punkt der Entscheidung auszufüllen, das auf Ihrem heutigen Leben basiert, damit Sie es als Wegweiser für die vor Ihnen liegende Reise nutzen können. Aber lassen Sie uns zunächst kurz drei Strategien für den Erfolg beim Durcharbeiten dieses Buches betrachten:

1. Betrachten Sie alles als ein Experiment

Im Folgenden werde ich Sie auffordern, mit vielen verschiedenen Werkzeugen, Techniken und Strategien herumzuspielen, von denen ich annehme, dass sie hilfreich sind. Allerdings funktionieren nicht alle Techniken für jeden gleich gut. Alles, was Sie tun, wird ein Experiment sein; Sie wissen nie genau, was passieren wird. Gehen Sie also mit einer offenen und neugierigen Haltung an jedes Experiment in diesem Buch heran, und nehmen Sie Ihre Erfahrungen wirklich zur Kenntnis. Wenn sich eine Technik als hilfreich erweist, wunderbar. Wenn sie sich als nicht hilfreich erweist, ändern Sie sie entweder so ab, dass sie für Ihre Zwecke geeignet ist, oder lassen Sie das Experiment sein, und gehen Sie zum nächsten Teil des Buches über.

Mit anderen Worten: Übernehmen Sie nichts, nur weil ich sage, dass es hilfreich ist; vertrauen Sie auf Ihre eigenen Erfahrungen. Nehmen Sie so viel oder so wenig aus diesem

Buch mit, wie Sie wollen, und lassen Sie alles weg, was nicht zu Ihnen passt.

2. Erwarten Sie, dass sich Ihr Geist einmischt

Wann immer ich Sie um etwas bitte, das Sie aus Ihrer Komfortzone herausholt, wird Ihr Geist wahrscheinlich protestieren. Es ist, als hätten wir eine »Argumentationsmaschine« in unserem Kopf, und sobald wir mit etwas Unangenehmem konfrontiert werden, fängt sie an, all die Gründe auszuspucken, warum wir es nicht tun können, nicht tun sollten oder es gar nicht tun müssen: »Das funktioniert bei mir nicht« – »Das ist albern« – »Ich kann das nicht« – »Ich habe dafür keine Zeit« – »Ich habe keine Energie dazu« – »Ich bin nicht in der Stimmung« – »Ich werde es später tun« – »Ich bin zu ängstlich« – »Ich bin zu deprimiert« – »Ich habe keine Lust« und so weiter.

Manchmal beruhen die Gründe, die unser Geist vorbringt, auf harschen Urteilen: »Ich bin zu dumm/schwach/faul, um es zu tun« – »Ich werde es nur vermasseln« – »Ich verdiene kein besseres Leben«. Ein anderes Mal beruhen sie auf Ängsten: »Was, wenn es schiefgeht?« – »Was, wenn sich andere Leute aufregen?« – »Was, wenn ich mich zum Narren mache?« Wieder andere Male beruhen sie auf früheren Erfahrungen: »Das habe ich schon einmal versucht und bin gescheitert.« Und manchmal beruhen sie auf unseren Gefühlen: »Ich bin nicht in der Stimmung« – »Ich habe dazu keine Lust«.

Was auch immer Ihre Argumentationsmaschine an Gründen anführt, denken Sie bitte daran, was ich im letzten Kapitel gesagt habe: Es ist im Grunde genommen Ihr Geist, der versucht, Sie vor unangenehmen Gedanken und Gefühlen zu schützen. Wann immer also diese Begründungen zum Auslassen eines

Experiments auftauchen, stehen Sie an einem Punkt der Entscheidung.

> **Option eins:** Sie erlauben Ihrem Geist, Sie zu dominieren und Ihnen die Übung auszureden.
> **Option zwei:** Sie erlauben Ihrem Geist zu sagen, was er will, aber lassen Sie sich nicht darauf ein; Sie lassen ihn wie ein Radio im Hintergrund plappern, während Sie mit dem Experiment weitermachen.

(Wenn Sie viele Selbsthilfebücher gelesen haben, sind Sie vielleicht überrascht, dass ich keine dritte Option vorgeschlagen habe: Führen Sie eine Debatte mit Ihrem Geist, stellen Sie diese »negativen Gedanken« infrage; verdrängen Sie sie, und ersetzen Sie sie durch »positive Gedanken«. Das tun wir in ACT nicht, denn, wie wir in späteren Kapiteln erkunden werden, funktioniert es häufig einfach nicht.)

3. Übung ist essenziell

Eine neue Klientin kam in mein Zimmer und hatte die erste Ausgabe dieses Buches in der Hand. Sie setzte sich auf die Couch, warf das Buch auf den Couchtisch und rief: »Ich habe Ihr Buch gelesen! Es hat nicht funktioniert.«

»Verstehe«, sagte ich ein wenig verblüfft. »Und während Sie es gelesen haben, haben Sie alle Übungen gemacht?«

Sie schaute mich verlegen an. »Nein.«

»Dann bin ich nicht überrascht, dass es nicht funktioniert hat«, sagte ich.

Wenn wir eine neue Fähigkeit erlernen wollen – Gitarre spielen, Auto fahren, japanisch Kochen –, müssen wir üben.

Wir können neue Fertigkeiten nicht einfach durch das Lesen von Büchern erlernen. Sicherlich kann uns das *Ideen* über neuen Fertigkeiten vermitteln. Es kann uns helfen zu verstehen, worum es dabei geht, und uns Einblicke geben, wie wir diese Fähigkeiten entwickeln können, aber es wird uns diese nicht tatsächlich vermitteln. Selbst wenn wir 10 000 Bücher über das Gitarrespielen, Autofahren oder Kochen lesen, werden wir nicht die Fähigkeiten entwickeln, diese Dinge zu tun. Wir müssen tatsächlich die Gitarre in die Hand nehmen und losschrammeln, uns hinter das Steuer setzen und losfahren oder in die Küche gehen und mit den Töpfen und Pfannen klappern. Das Gleiche gilt für psychische Fähigkeiten wie die, die wir in diesem Buch behandeln. Wenn Sie nur darüber lesen, wie man sich loslöst, werden Sie nicht in der Lage sein, sich loszulösen; Sie müssen die Experimente *tatsächlich durchführen* und die Übungen wiederholt praktizieren.

Ein »Punkt der Entscheidung«-Diagramm erstellen.

Okay, jetzt ist es an der Zeit, selbst ein Diagramm zu erstellen. Ich empfehle Ihnen dringend, entweder: a) es auf ein Blatt Papier zu zeichnen (das ist ganz einfach: Zeichnen Sie einfach zwei gerade Pfeile, die von einem zentralen Punkt ausgehen), oder b) ein Diagramm aus dem kostenlosen E-Book *The Happiness Trap: Extra Bits* auszudrucken, das Sie von meiner Website www.thehappinesstrap.com herunterladen können. Die deutsche Version finden Sie unter www.penguinrandomhouse.de/harris-glueck.

Sobald Sie das Diagramm gezeichnet oder ausgedruckt

haben, füllen Sie es bitte aus und lassen sich dabei von meinen nachstehenden Hinweisen leiten. (Wenn Sie derzeit nicht schreiben können, dann stellen Sie sich ein paar Minuten lang vor, was Sie schreiben würden, wenn Sie es könnten.) Gegen Ende des Kapitels finden Sie ein Beispiel für eine ausgefüllte Version. Wenn Sie also an irgendeiner Stelle nicht weiterkommen, blättern Sie dorthin, und lassen Sie sich davon inspirieren.

Teil A: Was sind Ihre »Haken«?

1. Schreiben Sie unter Ihrem Punkt der Entscheidung fünf der schwierigsten Situationen auf, mit denen Sie es heute in Ihrem Leben zu tun haben (zum Beispiel berufliche, medizinische oder Beziehungsprobleme, Mobbing oder Ablehnung, Vorurteile oder Diskriminierung, finanzielle Probleme, Mangel an Freunden, Todesfall).
2. Darunter schreiben Sie schwierige Emotionen auf, die tendenziell wiederkehren (zum Beispiel Traurigkeit, Angst, Schuldgefühle, Einsamkeit, Wut) und/oder schwierige Empfindungen (zum Beispiel Druck auf der Brust, Knoten im Bauch, Herzrasen, Gefühle der Taubheit oder Leere).
3. Als Nächstes schreiben Sie Gelüste und Zwänge auf, mit denen Sie zu kämpfen haben (zum Beispiel den Drang zu rauchen, zu trinken, zu spielen, zu schreien).
4. Zuletzt schreiben Sie hinderliche Gedanken auf, die tendenziell häufig auftauchen, insbesondere Selbstverurteilung (zum Beispiel »Ich bin dumm« – »Ich bin überfordert« – »Ich vermassele es immer wieder« – »Ich bin ein Verlierer«), Überzeugungen (zum Beispiel »Ich muss alles

perfekt machen« – »Ich muss es immer anderen recht machen« – »Mein Leben wird niemals besser werden«) und negative Voraussagen (»Ich werde versagen« – »Ich werde krank werden« – »Sie werden mich ablehnen«). Wenn sie relevant sind, fügen Sie auch wiederkehrende schmerzliche Erinnerungen hinzu.

Während Sie dieses Buch durcharbeiten, lernen Sie eine breite Palette von Loslösungsfähigkeiten, um den schwierigen Gedanken und Gefühlen den Boden zu entziehen, damit diese Sie nicht mehr herumreißen, zurückhalten oder herunterziehen können. Sie lernen, wie Sie sie durch sich hindurchfließen lassen können, ohne mitgerissen zu werden. Sie lernen auch, wie Sie, von Ihren Werten geleitet, wirksam handeln können, um diese schwierigen Situationen zu verbessern (oder sie zu verlassen, wenn das eine bessere Option ist).

Teil B: Was sind Ihre Wegbewegungen?

Notieren Sie neben dem linken Pfeil die häufigsten Wegbewegungen, die Sie machen, wenn Sie in den GEHORCHEN- oder KÄMPFEN-Modus gehen (als Reaktion auf die Gedanken und Gefühle, die Sie unter dem Punkt der Entscheidung aufgeschrieben haben). Wegbewegungen sind meist Dinge, die Sie körperlich tun (zum Beispiel zu viel Junk-Food essen, Ihre Lieben anschreien, zu viel fernsehen, sich in Ihrem Schlafzimmer verkriechen, übermäßig trinken). Sie können aber auch Dinge sein, die Sie in Ihrem Kopf tun, wie zum Beispiel Sich-Sorgen, zwanghaftes Denken und Grübeln. (Technisch gesehen handelt es sich dabei um »kognitive Prozesse«).

Ein einzelner Gedanke wie »Ich werde versagen« würde also

unten unter dem Punkt der Entscheidung aufgeschrieben werden. Er taucht einfach auf, und Sie können nichts dagegen tun. Wenn Sie aber als Reaktion auf diesen Gedanken anfangen, sich Sorgen zu machen oder zu grübeln, dann würden diese kognitiven Prozesse neben dem Weg-Pfeil stehen.

Erinnern Sie sich daran, dass es sich dabei um Verhaltensweisen handelt, die Sie persönlich für unergiebig halten: Sie führen Sie weg von dem Leben, das *Sie* aufbauen wollen, weg von der Person, die *Sie* sein wollen. Dies ist Ihre persönliche Sichtweise, die Sie hier darlegen, und nicht die eines anderen.

Denken Sie auch daran, dass Wegbewegungen Dinge sind, die Sie *tun*, nicht Dinge, die Sie *fühlen*. Emotionen, Gefühle, Empfindungen und Triebe sind also keine Wegbewegungen; sie stehen immer unter dem Punkt der Entscheidung, niemals neben dem Weg-Pfeil. Wegbewegungen sind unergiebige Dinge, die Sie *als Reaktion auf* all die Dinge unter dem Punkt der Entscheidung tun.

Teil C: Was sind Ihre Hinbewegungen?

Ganz gleich, wie schwierig Ihr Leben ist, ganz gleich, wie sehr Sie von Ihren Gedanken und Gefühlen an den Haken genommen werden, ganz gleich, wie umfangreich Ihre Wegbewegungen sind ... Eines ist sicher: Manchmal unternehmen Sie auch Hinbewegungen (zum Beispiel dieses Buch zu lesen). Beginnen Sie also neben dem rechten Pfeil die Hinbewegungen anzuführen, die Sie bereits machen.

Danach schreiben Sie die Hinbewegungen auf, die Sie gern in Ihr Leben integrieren würden. (Achten Sie darauf, dass Sie auch »Loslösungsfähigkeiten lernen« einschließen.) Dazu könnten Ziele gehören, die Sie verfolgen möchten, Maßnahmen, die Sie ergreifen möchten, und Werte, nach denen Sie leben möchten. Hinweis: Hinbewegungen sind Schritte, die Sie *tun*, nicht Dinge, die Sie *fühlen*. Sie würden also neben den Hin-Pfeil nicht schreiben »sich entspannt fühlen« oder »sich glücklich fühlen«, sondern was Sie *anders machen* würden, wenn Sie sich so fühlen würden.

Wenn Sie damit Schwierigkeiten haben:

- Schauen Sie sich eine Wegbewegung an, und fragen Sie sich: »Was würde ich stattdessen gern tun?«
- Erinnern Sie sich an die beiden Rollen, die Sie in der obigen Übung ausgewählt haben. Was würden Sie, wie Ihre Antworten vermuten lassen, in diesen Rollen gern anfangen oder beibehalten?
- Denken Sie an die drei Grundlagen für Gesundheit und Wohlbefinden, die ich im letzten Kapitel erwähnt habe: Sport treiben, gesund essen und starke Beziehungen aufbauen. Was würden Sie in diesen Bereichen gern anfangen oder beibehalten?

Wenn es Ihnen leichtfällt, den Hin-Pfeil auszufüllen, ist das prima. Doch wenn Sie dies schwer oder unmöglich finden, ist das völlig normal. Für die meisten Menschen ist es anfangs ziemlich herausfordernd und manchmal sogar angstauslösend. Wenn Ihr Hin-Pfeil also leer oder spärlich besetzt ist, ist das kein Problem. Nehmen Sie einfach zur Kenntnis, dass Sie zum jetzigen Zeitpunkt keine Vorstellung davon haben, was Sie tun können, um Ihr Leben sinnvoll zu gestalten. Das wird sich bald ändern! In späteren Kapiteln werde ich Sie durch einige Übungen führen, die Ihnen helfen werden, die Lücken zu füllen.

Hier ein Beispiel für ein ausgefülltes Diagramm.

Weg

Übermäßiges Trinken

Stundenlang vor dem Fernseher abschalten

Soziale Kontakte vermeiden

Körperliche Bewegung vermeiden

Junk-Food essen

Das Wochenende größtenteils im Bett verbringen

Andere Menschen anschnauzen

Die besten Freunde meiden

Dinge kaufen, die ich nicht wirklich brauche

Übermäßiges Grübeln

Exzessiver Gebrauch von sozialen Medien

Den Hund vernachlässigen

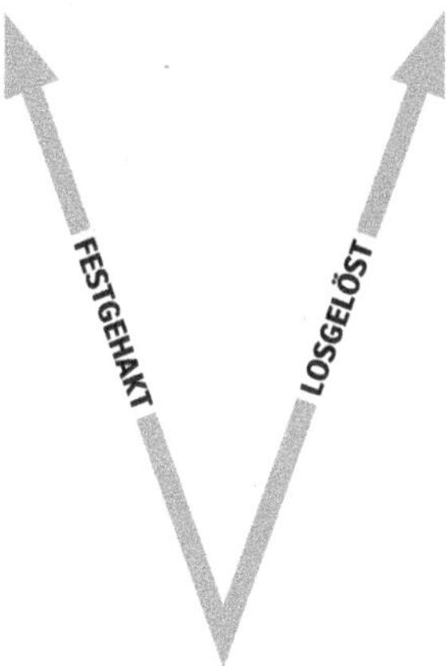

Hin

Dieses Buch lesen

Loslösungsfertigkeiten lernen

Nach Werten von Selbstfürsorge, Liebe und Vergebung leben

Mäßiger/vernünftiger Alkoholkonsum

Fahrrad fahren, ins Fitnessstudio gehen

Freunde treffen

Gesundes Essen

Versöhnung mit besten Freunden

Karriereberater konsultieren

Haushaltsplanung

In die Natur hinausgehen

Schöne Bücher lesen

Neue coole Musik entdecken

Mit dem Hund spielen

Situationen:
Konflikt mit besten Freunden, stressiger Job, hohe Schulden, kein Partner, lange und einsame Wochenenden

Gefühle:
Wut, Angst, Traurigkeit, Einsamkeit

Gedanken:
Ich bin langweilig, schwach, nicht liebenswert, dumm. Kein Wunder, dass ich keine Freunde habe. Das Leben kotzt mich an! Werde ich jemals einen Partner oder einen anständigen Job finden? Es ist hoffnungslos.

Wohin geht es von hier aus?

Jetzt, da Sie wissen, worum es in diesem Buch geht, nehmen Sie sich einen Moment Zeit, und achten Sie darauf, was Ihr Geist sagt. Ist er enthusiastisch (»Jetzt geht's los!«) oder skeptisch (»Der Typ ist mir suspekt«) oder ängstlich (»Das klingt nach harter Arbeit!«) oder zweifelnd (»Ich glaube nicht, dass das für mich funktioniert«)? Oder bleibt er einfach still?

Was auch immer Ihr Geist sagt, nehmen Sie es einfach zur Kenntnis.

Wenn er etwas sagt, das den Wunsch in Ihnen weckt weiterzumachen, ist das eine gute Nachricht; manchmal ist unser Geist hilfreich und ermutigend, also sollten wir das zu schätzen wissen.

Wenn er Ihnen jedoch nahelegt, Sie sollten besser aufgeben, stehen Sie an einem Punkt der Entscheidung: Geben Sie auf, weil Ihr Geist etwas Negatives sagt? Oder lassen Sie Ihren Geist sagen, was er will, und erkennen einfach an, dass er versucht, Sie vor etwas Unbequemem zu schützen, und lesen weiter?

Ich hoffe, Sie entscheiden sich für Letzteres, denn im nächsten Kapitel werden wir ein Thema von entscheidender Bedeutung behandeln.

DAS SCHWARZE LOCH DER KONTROLLE

Michelle hat Tränen in den Augen. »Was ist los mit mir?«, fragt sie. »Ich habe einen tollen Mann, wunderbare Kinder, einen fantastischen Job, ein schönes Zuhause. Ich bin fit, gesund und wohlhabend. Warum bin ich dann nicht glücklich?«

Das ist eine gute Frage. Michelle scheint alles zu haben, was sie sich im Leben wünscht; was läuft hier also schief? Dieses Szenario ist in der westlichen Welt tatsächlich häufig anzutreffen, und später in diesem Kapitel werden wir untersuchen, warum. Doch zunächst wollen wir einen Blick auf ein anderes beliebtes Glücksmärchen werfen.

Märchen Nr. 3: Es ist leicht zu kontrollieren, was Sie denken und fühlen

In vielen Selbsthilfebüchern und -programmen wird dieses Märchen im Brustton der Überzeugung vorgetragen. Eine der beliebtesten Behauptungen, auf die Sie stoßen werden, lautet: Wenn Sie Ihre negativen Gedanken immer wieder infrage stellen und stattdessen Ihren Kopf mit positiven Gedanken füllen, werden Sie glücklich, selbstbewusst und erfolgreich sein. Wenn das Leben doch nur so einfach wäre!

Tatsache ist, dass wir viel weniger Kontrolle über unsere Gedanken und Gefühle haben, als uns lieb ist. Ich bin bereit, darauf zu wetten, dass Sie bereits unzählige Male versucht haben, positiver über Dinge zu denken – aber diese negativen Gedanken kommen immer wieder zurück, nicht wahr? Wie wir im Kapitel »Das Leben ist schwer« gesehen haben, hat sich unser Geist in 300 000 Jahren dahin entwickelt, so zu denken, wie er es tut. Es ist also unwahrscheinlich, dass ein paar positive Gedanken viel bewirken! (Es ist nicht so, dass positives Denken überhaupt keinen Effekt hat; solche Techniken erzielen oft, dass wir uns besser fühlen – zumindest vorübergehend. Aber sie beseitigen die negativen Gedanken nicht auf Dauer.)

Das Gleiche gilt für unangenehme Gefühle wie Wut, Angst, Traurigkeit, Schuld und Scham. Es gibt eine Vielzahl von psychologischen Strategien, solche Emotionen »loszuwerden«. Aber Sie haben zweifellos festgestellt, dass selbst wenn Sie diese Gefühle vorübergehend loswerden können, sie nach einer Weile wiederkehren. Und dann verschwinden sie wieder. Und dann kommen sie wieder zurück. Und so weiter und so fort.

Ich vermute, dass Sie bereits viel Zeit und Mühe darauf verwendet haben, »gute« Gefühle und »positive« Gedanken anstelle dieser »schlechten« oder »negativen« zu haben (ich weiß, dass ich das getan habe!), und Sie haben wahrscheinlich festgestellt, dass es Ihnen oft gelingt, solange Sie nicht zu gestresst sind oder Ihre Situation nicht zu schwierig ist. Ich bin jedoch sicher, dass Sie ebenfalls bemerkt haben, dass Sie Ihre Gedanken und Gefühle umso weniger kontrollieren können, je gestresster Sie sind und je vertrackter die Lage ist, in der Sie sich befinden. In wirklich schwierigen Situationen, wenn das Leben Sie hart trifft, wenn Sie sich vor große Herausforderungen gestellt sehen oder Sie Ihre Komfortzone verlassen müssen, um sich Ihren Ängsten zu stellen, können Sie einfach nicht erwarten, sich glücklich zu fühlen!

Leider ist dieses Märchen in unserer Kultur so tief verwurzelt, dass wir uns oft dumm, schwach oder unzulänglich fühlen, wenn unsere Versuche, Gedanken und Gefühle zu kontrollieren, scheitern. Das wirft die Frage auf: Wie konnte sich dieses Märchen überhaupt etablieren, da es so offensichtlich unserer direkten Erfahrung widerspricht?

Die Illusion der Kontrolle

Der menschliche Geist ist eine wunderbare Sache. Er ermöglicht es uns, Pläne zu schmieden, neue Dinge zu erfinden, Handlungen zu koordinieren, Probleme zu analysieren, Wissen zu teilen, aus unseren Erfahrungen zu lernen und uns unterschiedliche Zukunftsversionen vorzustellen. Die Kleidung an Ihrem Körper, der Stuhl unter Ihnen, das Dach über Ihrem Kopf, das Buch in Ihren Händen – nichts von alledem würde ohne den Einfallsreichtum des menschlichen Geistes existieren. Der Geist ermöglicht es uns, die Welt um uns herum zu gestalten und sie den eigenen Wünschen anzupassen, eine Versorgung mit Wärme, Unterkunft, Nahrung, Wasser, Schutz, Hygiene und Medizin zu sichern. Es überrascht nicht, dass diese erstaunliche Fähigkeit zur Kontrolle unserer äußeren Umgebung uns erwarten lässt, auch in anderen Bereichen die Kontrolle zu haben.

In der materiellen Welt funktionieren die Kontrollstrategien im Allgemeinen gut. Wenn wir etwas nicht mögen, finden wir heraus, wie wir es vermeiden oder loswerden können, und dann handeln wir entsprechend. Ein Wolf vor Ihrer Tür? Werden Sie ihn los! Werfen Sie Steine oder Speere nach ihm, oder erschießen Sie ihn. Schnee, Regen oder Hagel? Nun, diese Dinge können Sie nicht loswerden, aber Sie können sie vermeiden, indem Sie sich in einer Höhle verstecken oder einen Unterschlupf bauen. Karger trockener Boden? Sie können ihn bewässern und Dünger ausbringen, oder Sie können diese Umstände vermeiden, indem Sie auf fruchtbaren Boden umziehen.

Aber wie viel Kontrolle haben wir über unsere innere Welt: über unsere Gedanken, Erinnerungen, Gefühle, Triebe und Empfindungen? Können wir die, die wir nicht mögen, einfach vermeiden oder loswerden? Nun, schauen wir mal …

Hier ist ein kleines Experiment. Während Sie diesen Absatz lesen, versuchen Sie, nicht an Eiscreme zu denken. Denken Sie nicht an ihre Farbe oder Konsistenz. Denken Sie nicht daran, wie sie an einem heißen Sommertag schmeckt und wie gut es sich anfühlt, wenn sie in Ihrem Mund schmilzt.

Starren Sie auf den Boden, und versuchen Sie, eine Minute lang nicht an Eiscreme zu denken.

Nun, wie ging das?

Ganz genau! Sie konnten nicht aufhören, an Eiscreme zu denken.*

Hier ist ein weiteres kleines Experiment. Erinnern Sie sich an die letzte Mahlzeit, die Sie gegessen haben – was auch immer es war, Frühstück, Mittag- oder Abendessen. Erinnern Sie sich so lebhaft wie möglich, was Sie gegessen haben, wie es

---

* Eine winzige Anzahl von Menschen schafft es, kurzzeitig Gedanken an Eiscreme zu unterdrücken, indem sie an etwas anderes denken. Doch das bringt nichts! Eine Vielzahl von Untersuchungen über Gedankenunterdrückung zeigt, dass solche Methoden auf lange Sicht nicht nur scheitern, sondern einen Rebound-Effekt haben, der zu einer Zunahme von Häufigkeit und Intensität der Gedanken führt, die Sie eigentlich vermeiden wollen. Wir werden dies in späteren Kapiteln untersuchen.

zubereitet wurde, wie es geschmeckt hat. Haben Sie das getan? Sehr gut. Jetzt löschen Sie es. Löschen Sie die Erinnerung so vollständig aus, dass sie nie wieder zu Ihnen zurückkehren kann.

Wie ist es Ihnen ergangen? (Wenn Sie glauben, dass Sie erfolgreich waren, prüfen Sie noch einmal, ob Sie sich noch erinnern können.)

Achten Sie nun auf Ihr linkes Bein, und nehmen Sie zur Kenntnis, wie es sich anfühlt. Spüren Sie es? Gut! Jetzt machen Sie es ganz taub – so taub, dass wir es mit einer Metallsäge abtrennen könnten und Sie nichts spüren würden.

Haben Sie es geschafft?

Okay, hier ist ein weiteres kleines Gedankenexperiment. Nehmen wir an, ich sei ein verrückter Wissenschaftler (würden Sie mich persönlich kennen, wäre das nicht sehr weit hergeholt) und ich hätte Sie für ein gefährliches Experiment entführt. Ich habe Sie an den empfindlichsten »Lügendetektor« (technisch Polygraph genannt) der Welt angeschlossen. Dieses Gerät misst Ihre Herzschlagfrequenz, Ihre Atemfrequenz, Ihren Blutdruck, Ihre Gehirnströme und Ihren Adrenalinspiegel. Und wenn es auch nur die kleinste Andeutung von Angst oder Beklemmung entdeckt, blinkt ein rotes Licht und ein lauter Alarm ertönt.

Sie sind also auf einem Stuhl festgeschnallt und mit diesem Ding verkabelt, und ich lege meine Hand auf einen großen roten Hebel an einem riesigen Stromgenerator. Und mit einem verrückten Kichern sage ich: »Bei diesem Experiment, das ich gleich mit Ihnen durchführen werde, dürfen Sie keinerlei Angst empfinden – denn wenn Sie es doch tun, werde ich diesen Hebel betätigen, der Ihnen einen Stromschlag von einer Million Volt verpasst!«

Was würde passieren?

Sie würden gegrillt werden, nicht wahr? Auch wenn Ihr Leben davon abhinge, könnten Sie nicht verhindern, dass Sie Angst haben. Selbst die kleinste Andeutung von Angst, die in dieser Situation auftaucht, wäre an sich schon ein Auslöser für massive Ängste.

Nun ein letztes Experiment. Starren Sie auf den Stern unten, und versuchen Sie, zwei Minuten lang nicht zu denken. Das ist alles, was Sie tun müssen. Verhindern Sie zwei Minuten lang, dass Ihnen irgendwelche Gedanken in den Sinn kommen – insbesondere Gedanken über den Stern oder die Aufgabe, die ich Ihnen gerade gestellt habe!

Ich hoffe, Sie haben inzwischen verstanden, dass Gedanken, Gefühle, Empfindungen und Erinnerungen eben nicht so einfach zu kontrollieren sind. Wie ich schon sagte, haben wir zwar eine *gewisse* Kontrolle über diese Dinge, aber es ist viel weniger, als wir uns wünschen. Seien wir doch mal ehrlich: Wenn diese Dinge so einfach zu kontrollieren wären, würden wir dann nicht alle in immerwährender Glückseligkeit leben?

Was uns über die Kontrolle von Emotionen beigebracht wird

Von klein auf wird uns beigebracht, dass wir in der Lage sein sollten zu kontrollieren, wie wir uns fühlen. Als Sie aufwuchsen, haben Sie wahrscheinlich eine Reihe von Sprüchen gehört wie: »Heule nicht, sonst gebe ich dir einen Grund zum Heulen« – »Sei doch nicht so traurig« – »Sieh es von der positiven Seite« – »Große Jungs weinen nicht« – »Hör auf, dich selbst zu bemitleiden« – »Es gibt keinen Grund, Angst zu haben« – »Denke positiv« – »Keine Angst« – »Kopf hoch, wahrscheinlich passiert es ja nie« – »Über vergossene Milch soll man nicht jammern« – »Es gibt noch viele andere Fische im Meer« und so weiter.

Mit Worten wie diesen haben die Erwachsenen um uns herum uns immer wieder die Botschaft vermittelt, wir sollten in der Lage sein, unsere Gefühle zu kontrollieren. Und natürlich schien es uns, als hätten sie selbst ihre Emotionen unter Kontrolle. Aber was geschah hinter geschlossenen Türen? Höchstwahrscheinlich kamen viele dieser Erwachsenen mit ihren eigenen schmerzlichen Gefühlen nicht zurecht. Vielleicht haben sie zu viel getrunken, nahmen Beruhigungsmittel, weinten sich jede Nacht in den Schlaf, hatten Affären, stürzten sich in ihre Arbeit oder litten im Stillen, während sie langsam Magengeschwüre entwickelten. Wie auch immer sie mit ihren Emotionen umgegangen sind, sie haben diese Erfahrungen wahrscheinlich nicht mit Ihnen geteilt.

Und bei den (hoffentlich) seltenen Gelegenheiten, bei denen Sie Zeuge ihres Kontrollverlusts wurden, sagten diese

Erwachsenen sicher nie so etwas wie: »Siehst du diese Tränen, die mir über das Gesicht laufen? Das liegt daran, dass ich etwas fühle, das man ›Traurigkeit‹ nennt. Das ist ein normales Gefühl, das wir alle manchmal empfinden, und ich werde dir einige psychologische Fähigkeiten beibringen, wirksam damit umzugehen.«

Die Vorstellung, dass wir in der Lage sein sollten, unsere Gefühle zu kontrollieren, wurde in unserer Schulzeit noch verstärkt. Zum Beispiel wurden Kinder, die in Ihrer Klasse weinten, wahrscheinlich als »Heulsusen« oder »Weicheier« gehänselt – vor allem, wenn sie Jungen waren. Als Sie dann älter wurden, haben Sie wahrscheinlich Ausdrücke gehört (oder haben sie sogar selbst benutzt) wie »Reiß dich zusammen!« – »Shit happens!« – »Mach weiter!« – »Sei kein Angsthase!« – »Komm damit klar« – »Akzeptier es einfach« – »Mach dir nichts draus« – »Mach dir keine Sorgen« – »Entspann dich« – »Mach dir nicht ins Hemd« und so weiter.

Diese Sätze implizieren, dass wir in der Lage sein sollten, unsere Gefühle nach Belieben ein- und auszuschalten, so als legten wir einen Schalter um. Und dieses Märchen ist überzeugend, denn viele Menschen um uns herum scheinen vordergründig glücklich zu sein. Sie scheinen ihre Gedanken und Gefühle unter Kontrolle zu haben. Aber »scheinen« ist hier das Schlüsselwort. Tatsache ist, dass die meisten Menschen nicht offen und ehrlich über den Kampf sprechen, den sie mit ihren eigenen Gedanken und Gefühlen austragen. Sie »machen gute Miene zum bösen Spiel«. Sie sind wie der sprichwörtliche Clown, der im Inneren weint, während wir nur seine grelle Gesichtsbemalung und seine lustigen Possen zu sehen bekommen. Ich höre meine Klienten häufig Dinge sagen wie: »Wenn meine Freunde/Familie/Kollegen mich jetzt hören könnten, würden sie es nie glauben. Alle denken, ich sei so stark/zuversichtlich/glücklich …«

Penny, eine 30-jährige Empfangsdame, kam sechs Monate nach der Geburt ihres ersten Kindes zu mir. Sie fühlte sich müde, ängstlich und voller Selbstzweifel, was ihre Fähigkeiten als Mutter anging. Manchmal fühlte sie sich inkompetent oder unzureichend und wollte einfach nur vor der ganzen Verantwortung davonlaufen. Zu anderen Zeiten fühlte sie sich erschöpft und unglücklich und fragte sich, ob es ein großer Fehler gewesen war, ein Kind zu bekommen. Außerdem fühlte sie sich schuldig, weil sie überhaupt solche Gedanken hatte!

Obwohl Penny regelmäßig an den Treffen einer Müttergruppe teilnahm, behielt sie ihre Probleme für sich. Die anderen Mütter schienen alle so selbstbewusst zu sein, dass sie befürchtete, sie würden auf sie herabsehen, wenn sie ihnen sagte, wie es ihr ginge. Als Penny schließlich den Mut aufbrachte, den anderen Frauen von ihren Erfahrungen zu erzählen, durchbrach sie mit ihrem Eingeständnis eine Mauer des Schweigens. Sie hatten sich alle mehr oder weniger gleich gefühlt, aber sie hatten allesamt die gleiche Show abgezogen und ihre wahren Gefühle aus Angst vor Missbilligung oder Ablehnung verheimlicht. Es war für jede von ihnen eine große Erleichterung, und ein Band zwischen ihnen entstand, als diese Frauen sich öffneten und ehrlich zueinander waren.

Als wir aufwuchsen, wurde vielen von uns beigebracht, schmerzliche Gefühle hinunterzuschlucken und sie vor anderen zu verbergen, weil wir sonst vermeintlich schwach, dumm oder fehlerhaft wirken würden. Infolgedessen zögern die meisten von uns, Freunden und Familienangehörigen zu sagen, wenn wir uns traurig oder ängstlich fühlen oder in irgendeiner Weise nicht zurechtkommen – aus Angst, verurteilt zu werden. Unser Schweigen darüber, was wir wirklich fühlen, und die falsche Fassade, die wir für andere aufbauen, tragen zu der machtvollen Illusion emotionaler Kontrolle bei.

Warum ist es also so wichtig, mit diesem Märchen aufzuräumen? Um dies zu beantworten, lassen Sie uns ansehen:

Was ist Ihr Problem?

Wenn Sie dieses Buch lesen, dann gibt es in Ihrem Leben wahrscheinlich Raum zur Verbesserung. Vielleicht haben Sie Probleme in Ihrer Beziehung, oder Sie fühlen sich einsam oder haben Liebeskummer. Vielleicht hassen Sie Ihren Job oder haben diesen verloren. Womöglich geht es mit Ihrer Gesundheit bergab. Oder vielleicht ist jemand, den Sie lieben, gestorben oder hat Sie verlassen oder ist weit weggezogen. Womöglich haben Sie wenig Selbstachtung oder Selbstvertrauen. Oder es kann sein, dass Sie süchtig sind oder finanzielle Probleme oder juristische Schwierigkeiten haben. Vielleicht leiden Sie an Depression, Angst, einem Trauma oder einem »Burn-out«. Oder aber Sie haben einfach das Gefühl, festzustecken oder sind desillusioniert.

Was immer das Problem sein mag, es lässt unzweifelhaft unangenehme Gedanken und Gefühle aufsteigen – und Sie haben wahrscheinlich viel Zeit und Mühe im KÄMPFEN-Modus verbracht und versucht, ihnen zu entkommen oder sie auszumerzen. Aber angenommen Ihr KÄMPFEN gegen Ihre »schlechten« Gedanken und Gefühle *beeinträchtigt* in Wahrheit Ihr Leben, statt es zu verbessern? In der ACT haben wir eine Bezeichnung dafür: »Die Lösung ist das Problem!«

Wie wird eine Lösung zu einem Problem?

Was tun Sie, wenn es Sie juckt? Sie kratzen sich, nicht wahr? Und gewöhnlich funktioniert das so gut, dass Sie nicht einmal darüber nachdenken: Sie kratzen sich, und das Jucken hört auf. Problem gelöst.

Aber stellen Sie sich vor, eines Tages bekommen Sie an einer Stelle ein Ekzem. Die Haut juckt dort sehr stark, und deshalb ist es nur natürlich, dass Sie sich dort kratzen. Doch bei diesem Leiden sind die Hautzellen höchst empfindlich. Wenn Sie die Stelle also reiben, setzen Sie Histamine genannte Stoffe frei, die die Haut noch mehr reizen. Nach einer Weile kehrt das Jucken also zurück – nur noch intensiver als zuvor. Und wenn Sie erneut reiben, passiert genau dasselbe: Kurzfristig verspüren Sie eine Erleichterung, aber langfristig verschlimmert sich Ihr Zustand! Je mehr Sie kratzen, desto schlimmer das Ekzem, desto stärker das Jucken.

Kratzen ist bei flüchtigem Jucken und normaler gesunder Haut eine gute Lösung. Aber bei anhaltendendem Juckreiz und kranker Haut ist es schädlich: Die »Lösung« wird zum Teil des Problems. Dies nennt man üblicherweise einen »Teufelskreis«. Und in der Welt menschlicher Emotionen sind Teufelskreise an der Tagesordnung. Hier einige Beispiele:

- Joe fürchtet, abgelehnt zu werden; deswegen ist er bei gesellschaftlichen Events oder Verabredungen überängstlich. Er möchte keine solchen Angstgefühle haben und vermeidet deshalb wo immer möglich soziale Kontakte. Er nimmt keine Einladungen zu Partys an und pflegt keine Freundschaften. Er lebt allein und bleibt jeden Abend zu Hause. Das bedeutet, dass er bei den seltenen Gelegenheiten, zu denen er Sozialkontakte hat, so viel Angst hat wie nie zuvor, da er keine Übung damit hat. Darüber hinaus fördert das Leben allein, ohne Freunde oder soziale Kontakte, das Gefühl, vollkommen abgelehnt zu werden – genau das, wovor er sich so sehr fürchtet!

- Auch Maria fühlt sich in Gesellschaft anderer ängstlich. Sie kommt damit zurecht, indem sie viel trinkt. Kurzfristig verringert Alkohol ihre Angst. Aber am nächsten Tag hat sie einen Kater, ist müde und bedauert oft, so viel Geld für Alkohol ausgegeben zu haben. Oder sie macht sich Sorgen darüber, was sie an peinlichen Dingen unter Alkoholeinfluss getan haben könnte. Sie entflieht der Angst fraglos für ein Weilchen, aber der Preis, den sie dafür zahlt, ist eine Menge an unangenehmen Gefühlen auf lange Sicht. Und wenn sie sich in einer Situation befindet, in der sie nichts trinken kann, ist ihre Angst größer denn je, weil sie nicht auf die Hilfe von Alkohol zurückgreifen kann.
- Prisha ist übergewichtig und hasst es. Deshalb isst sie etwas Schokolade, um sich aufzumuntern. Für wenige Augenblicke fühlt sie sich besser. Aber dann denkt sie daran, wie viele Kalorien sie gerade zu sich genommen hat und wie sie deshalb zunehmen wird – letztlich fühlt sie sich schlechter denn je zuvor.
- Zwischen Alexei und seiner Frau Sylvana gibt es eine Menge aufgestauter Spannungen. Sylvana ist sauer auf Alexei, weil er lange arbeitet und nicht genügend Zeit mit ihr verbringt. Alexei mag diese Gefühle der Spannung zu

Hause nicht und arbeitet deshalb noch länger, um ihnen aus dem Weg zu gehen. Doch je länger er arbeitet, desto unzufriedener wird Sylvana – und die Spannungen in ihrer Beziehung nehmen kontinuierlich zu.

Sie können erkennen, dass dies alles Beispiele für KAMPF sind: hartnäckige Versuche, ungewollte Gedanken und Gefühle zu vermeiden, sie loszuwerden oder vor ihnen zu flüchten.

Unten habe ich für Sie die häufigsten »Kampfstrategien«, eingeteilt in die Kategorien »Kampf« und »Flucht«, aufgelistet. Kampfstrategien beinhalten den Widerstand gegen ungewollte Gedanken und Gefühle oder den Versuch, sie zu beherrschen. Fluchtstrategien umfassen Methoden, vor ihnen zu fliehen oder sie zu vermeiden.

Kampfstrategien

Unterdrücken

Sie versuchen, ungewollte Gedanken und Gefühle direkt zu unterdrücken. Sie verdrängen sie gewaltsam aus Ihrem Geist oder Sie drücken Ihre Gefühle »tief nach unten weg«.

Streiten

Sie streiten mit Ihren eigenen Gedanken. Wenn Ihr Geist beispielsweise sagt: »Du bist ein Versager«, können Sie widersprechen: »O nein, bin ich nicht – sieh doch, was ich alles in meinem Beruf erreicht habe.«

Die Regie übernehmen

Sie bemühen sich, die Regie über Ihre Gedanken und Gefühle zu übernehmen. Sie sagen sich vielleicht Dinge wie: »Reiß dich zusammen!« – »Bleib ruhig!« oder »Kopf hoch!« Oder Sie versuchen sich zu zwingen, glücklich zu sein, wenn Sie es nicht sind, oder negative Gedanken durch positive zu ersetzen.

Selbstverurteilung

Sie benutzen strenge Selbstverurteilung, um sich zu zwingen, anders zu empfinden. Sie nennen sich »Versager« oder »Idiot«. Oder aber sie kritisieren oder beschuldigen sich selbst: »Stell dich nicht so an!«

Fluchtstrategien

Sich ausklinken

Sie klinken sich aus Situationen, Ereignissen oder Aktivitäten aus, die dazu neigen, unangenehme Gedanken und Gefühle auszulösen. Sie melden sich beispielsweise von einem Kurs ab, vermeiden es, zu gesellschaftlichen Veranstaltungen zu gehen, schieben eine wichtige Aufgabe auf oder vermeiden eine Herausforderung, um den Angstgefühlen zu entgehen.

Ablenkung

Sie lenken sich von Ihren Gedanken und Gefühlen ab, indem Sie sich auf etwas anderes konzentrieren: Sie rauchen eine Zigarette, essen ein Eis, gehen shoppen oder spielen Computerspiele.

Suchtmittel

Sie versuchen, ungewollte Gedanken und Gefühle zu vermeiden oder loszuwerden, indem Sie Suchtmittel wie Drogen, Alkohol, Zucker, Schokolade, Junk-Food, Tabak und so weiter benutzen.

Das Problem mit Kampfstrategien

Wo liegt das Problem, Methoden wie diese dazu zu benutzen, um unsere Gedanken und Gefühle zu kontrollieren? Die Antwort lautet: nirgends, wenn …

- wir sie vernünftig, angemessen und in Maßen verwenden.
- wir sie in Situationen anwenden, in denen es realistisch ist, dass sie funktionieren.
- die Nutzung uns nicht daran hindert, uns so zu verhalten wie die Art von Mensch, der wir sein möchten, und die Dinge zu tun, die uns wichtig sind.

Wenn wir also nicht zu gestresst oder zu aufgewühlt sind – wenn wir es mit dem ganz normalen Alltagstrubel zu tun haben –, dann sind wohlüberlegte Versuche, unsere Gedanken und Gefühle zu kontrollieren, wahrscheinlich kein Problem. In einigen Situationen kann Ablenkung in der Tat ein gutes Mittel sein, mit unangenehmen Emotionen umzugehen. Wenn Sie gerade einen Streit mit einem geliebten Menschen gehabt haben und sich verletzt und verärgert fühlen, könnte es hilfreich sein, sich abzulenken, indem Sie einen Spaziergang machen oder sich in ein Buch versenken, bis Sie sich beruhigt haben. Gleiches gilt, wenn Sie nach einem aufreibenden Arbeitstag gestresst und ausgelaugt sind. Dann mag ein Glas Wein zur Entspannung genau das Richtige sein.

Kampfstrategien werden jedoch problematisch, wenn …

- wir sie exzessiv benutzen.
- wir sie in Situationen anwenden, in denen sie nicht funktionieren können.
- ihr Gebrauch uns daran hindert, Dinge zu tun, die uns wichtig sind.

Wenn Kampf unverhältnismäßig ist

Jeder von uns benutzt Kampfstrategien in unterschiedlichem Ausmaß, um unerwünschte Gedanken und Gefühle zu vermeiden. Und werden sie in Maßen verwendet, ist das keine große Sache. Wenn ich mich beispielsweise besonders angespannt fühle, esse ich manchmal Schokolade. Dies ist im Grunde eine Form der Ablenkung: ein Versuch, unangenehme Gefühle zu vermeiden, indem ich mich auf etwas anderes konzentriere. Da ich dies jedoch nur in Maßen tue, ist es kein besonderes Problem in meinem Leben – ich halte mein gesundes Gewicht und werde nicht zum Diabetiker.

Mit Anfang 20 war dies jedoch eine völlig andere Geschichte. Damals war ich frischgebackener Arzt und fand meine Arbeit unglaublich belastend. Darum aß ich kiloweise Kuchen, Plätzchen und Schokolade, um dem inneren Stress entgegenzuwirken. (An einem schlechten Tag konnte ich glatt fünf Pakete Schokoladenkekse verdrücken.) Die Folge war, dass ich ernsthaft übergewichtig wurde und hohen Blutdruck entwickelte. (Ich war nicht gerade ein großes Vorbild für meine Patienten!) Weil ich sie *unverhältnismäßig* benutzte, hatte diese Kampfstrategie ernsthafte Konsequenzen.

Wenn Sie sich wegen bevorstehender Prüfungen Sorgen machen, mögen Sie sich von Ihrer Prüfungsangst ablenken, indem

Sie fernsehen. Das ist ganz in Ordnung, wenn Sie es nur gelegentlich tun. Doch wenn Sie diese Methode übermäßig anwenden, werden Sie jeden Abend vor dem Fernseher verbringen und Ihr Studium vernachlässigen. Dies wird wiederum Ihre Ängste verstärken, weil Sie mit dem Studium immer mehr ins Hintertreffen geraten. Als Weg der Angstkontrolle kann Ablenkung deshalb auf lange Sicht nicht funktionieren. Denn es ist offensichtlich: Auf diese Weise mit Ihrer Angst umzugehen, hält Sie von der einzigen Sache ab, die wirklich hilfreich wäre – nämlich zu studieren.

Das Gleiche gilt für das Abschalten mittels Alkohol oder Drogen. Mäßiger Alkoholgenuss oder gelegentliche Einnahme eines Beruhigungsmittels hat wahrscheinlich keine langfristigen Konsequenzen. Wenn wir diese Kampfstrategien allerdings exzessiv anwenden, führt das leicht zur Abhängigkeit – was gewöhnlich weitere Komplikationen mit sich bringt, die dann wiederum noch mehr schmerzliche Gefühle hervorrufen.

Die Nutzung von Kampfstrategien in Situationen, in denen sie nicht funktionieren können

Wenn wir jemanden zutiefst lieben und diese Beziehung beendet wird – sei es durch Tod, Ablehnung oder Trennung –, erfahren wir eine ganze Bandbreite schmerzlicher Emotionen. Was wir fühlen, ist von Person zu Person sehr unterschiedlich, und es mag viele verschiedene Emotionen beinhalten, wie Wut, Traurigkeit, Angst, Schuldgefühle, Einsamkeit, Verzweiflung oder Furcht. Solche Gefühle sind normale Reaktionen auf jeden schweren Verlust, sei es der eines geliebten Menschen, einer Arbeit oder einer Gliedmaße. Wir können erwarten, sie als Teil eines normalen Trauerprozesses zu erfahren.

Statt uns zu erlauben, all diese völlig normalen Emotionen zu erleben, setzen viele von uns unglücklicherweise alles daran, sie zu unterdrücken. Wir können uns in Arbeit vergraben, betrinken, in eine neue Beziehung stürzen, um uns über die Enttäuschung hinwegzutrösten, oder uns mit Drogen abstumpfen. Doch ganz gleich, wie sehr wir versuchen, diese Gefühle wegzudrängen, tief in unserem Inneren sind sie immer noch vorhanden. Und wie ein muskelbepackter, zeitreisender, humanoider Killerroboter mit österreichischem Akzent … *kehren sie früher oder später zurück.*

Es ist ein wenig so, als würde man einen Ball unter Wasser halten. Solange Sie ihn nach unten drücken, bleibt er unter der Wasseroberfläche. Aber schließlich wird Ihr Arm müde, und sobald Sie Ihren Griff lockern, schießt der Ball aus dem Wasser.

Donna war 25 Jahre alt, als ihr Ehemann und ihr Kind bei einem tragischen Autounfall ums Leben kamen. Es war nur natürlich, dass sie eine Explosion von Traurigkeit, Furcht, Einsamkeit und Verzweiflung erfuhr. Aber Donna wusste nicht, effektiv mit diesen schmerzlichen Gefühlen umzugehen, und gab sich daher dem Alkohol hin, um sie zu verdrängen. Sich zu betrinken linderte zeitweilig ihren Schmerz, aber er kehrte mit aller Macht zurück, sobald sie nüchtern wurde – und dann trank sie umso mehr, um ihn erneut zu verdrängen.

Als Donna mich sechs Monate später aufsuchte, leerte sie fast zwei Flaschen Wein pro Tag und nahm dazu Valium und Schlaftabletten ein. Der wichtigste Faktor ihrer Genesung war ihre Bereitschaft, nicht mehr vor dem Schmerz davonzulaufen. Erst als sie lernte, sich zu öffnen und Raum für ihre Gefühle zu schaffen, ihnen ihre Wucht zu nehmen und sie jedes zu seiner Zeit frei kommen und gehen zu lassen, vermochte sie ihren schmerzlichen Verlust zu verkraften. Sobald ihr dies gelungen war, konnte sie effektiv um ihre Lieben trauern und ihre Energie in den Aufbau eines neuen Lebens kanalisieren. (Später im Buch werden wir sehen, wie sie das bewerkstelligt hat.)

Wenn Kampfstrategien uns davon abhalten, wichtige Dinge zu tun

Welche Lebensbereiche sind für Sie am wichtigsten? Gesundheit? Arbeit? Familie? Freunde? Religion? Sport? Natur? Es ist keine Überraschung, dass das Leben reicher und erfüllender ist, wenn wir unsere Zeit und Energie aktiv in Aspekte des Lebens investieren, die besonders bedeutungsvoll für uns sind. Doch allzu oft stehen unsere Versuche, unangenehme Gefühle zu vermeiden, dem im Wege, was wirklich wichtig für uns ist.

Nehmen wir zum Beispiel an, dass Sie ein professioneller Schauspieler sind und Ihre Arbeit lieben. Dann entwickeln Sie eines Tages aus heiterem Himmel eine intensive Furcht vor dem Versagen, kurz bevor Sie die Bühne betreten. Darum weigern Sie sich aufzutreten (ein Leiden, das als Lampenfieber bekannt ist). Die Weigerung aufzutreten, kann Ihre Furcht durchaus zeitweilig reduzieren, aber sie hält Sie auch davon ab, etwas zu tun, das Ihnen wirklich wichtig ist.

Oder nehmen wir an, dass Sie gerade eine Scheidung hinter sich haben. Traurigkeit, Furcht und Wut sind ganz natürliche Reaktionen darauf, aber Sie möchten diese unangenehmen Gefühle nicht spüren. Also versuchen Sie, Ihre Stimmung zu heben, indem Sie Junk-Food essen, sich betrinken oder Kette rauchen. Aber was bedeutet das für Ihre Gesundheit? Ich bin nie jemandem begegnet, dem seine Gesundheit nicht wichtig ist – und doch benutzen viele von uns Strategien der Emotionskontrolle, die unserem Körper aktiv schaden.

Wie viel Kontrolle haben wir tatsächlich?

Das Ausmaß der Kontrolle über unsere Gedanken und Gefühle hängt weitgehend von deren Intensität ab und davon, in welcher Situation wir uns befinden – je weniger intensiv die Emotionen sind und je weniger stressgeladen die Situation ist, desto mehr Kontrolle haben wir.

Wenn wir es zum Beispiel mit typischem Alltagsstress zu tun haben und wir uns in einer sicheren und angenehmen Umgebung befinden, wie etwa in unserem Schlafzimmer oder einem Yogakurs oder in der Praxis eines Coachs oder Therapeuten, dann kann eine einfache Entspannungstechnik uns häufig ruhiger werden lassen.

Je intensiver unsere Gedanken und Gefühle jedoch sind und je stressiger die Umgebung ist, in der wir uns befinden, desto weniger wirksam werden unsere Kontrollversuche sein. Versuchen Sie einmal, sich vollkommen entspannt zu fühlen, wenn Sie zu einem Vorstellungsgespräch gehen oder sich mit Ihrem Partner streiten oder wenn Sie jemanden zu einem Date einladen, und Sie werden bald erkennen, was ich meine. Sie mögen in diesen Situationen zwar ruhig *handeln*, aber Sie werden sich nicht entspannt *fühlen* (ungeachtet der Intensität Ihrer Entspannungsübungen).

Wir haben auch mehr Kontrolle über unsere Gedanken und Gefühle, wenn die Dinge, die wir vermeiden, nicht so wichtig sind. Wenn Sie beispielsweise vermeiden, Ihre vollgepackte Garage aufzuräumen oder Ihr verschmutztes Auto zu waschen, dann fällt es Ihnen wahrscheinlich ziemlich leicht, nicht daran zu denken. Warum? Weil es für das Gesamtbild einfach nicht so wichtig ist. Denn wenn Sie es nicht tun, wird morgen die Sonne trotzdem aufgehen, Sie werden weiter atmen, und es wird weder auf Ihre Arbeit, Ihre Gesundheit noch Ihre Liebsten negative Auswirkungen haben. Alles, was passiert, ist, dass Ihre Garage oder Ihr Auto dreckig bleibt.

Doch angenommen auf Ihrem Arm entwickelt sich plötzlich ein großer, verdächtig aussehender Leberfleck, und Sie vermeiden es, zum Arzt zu gehen. Würde es Ihnen dann leichtfallen, nicht daran zu denken? Natürlich können Sie ins Kino gehen, fernsehen oder im Internet surfen, und das lässt Sie für ein Weilchen nicht daran denken. Aber langfristig gesehen werden Sie unausweichlich an den Leberfleck denken müssen, weil die Konsequenzen der Weigerung zu handeln potenziell schwerwiegend sind.

Da jedoch viele der Dinge, die wir vermeiden, nicht besonders wichtig und viele negative Gedanken und Gefühle nicht besonders intensiv sind, können wir uns durch unsere Kampfstrategien häufig besser fühlen – zumindest für kurze Zeit. Unglücklicherweise lässt uns das glauben, wir hätten mehr emotionale Kontrolle, als es tatsächlich der Fall ist.

Was ist »Erlebensvermeidung«?

Niemandem gefällt es, sich schlecht zu fühlen, und so versuchen wir natürlich alle, unsere unangenehmen Gedanken und Gefühle zu vermeiden und loszuwerden. Psychologen nennen dies »Erlebensvermeidung«: Das ist der fortgesetzte Versuch, unerwünschten inneren Erfahrungen aus dem Weg zu gehen oder sie loszuwerden.

Erlebensvermeidung ist normal, und in geringem Ausmaß stellt sie kein Problem dar. Doch ein höheres Ausmaß an Erlebensvermeidung führt zu exzessivem Gebrauch von Kampfstrategien, wofür wir mit drei unangenehmen Erfahrungen bezahlen müssen:

1. Unverhältnismäßig benutzt kosten uns diese Strategien eine Menge Zeit und Energie, die wir besser in bedeutsamere, für das Leben förderliche Aktivitäten (Hinbewegungen) investieren sollten.
2. Wir werden uns wahrscheinlich hoffnungslos, frustriert und unzulänglich fühlen, denn obwohl wir so sehr versuchen, die unerwünschten Gedanken und Gefühle loszuwerden, kehren sie immer wieder zurück (oft mit größerer Intensität als zuvor).
3. Exzessiv oder unangemessen verwendet vermindern viele Kampfstrategien auf lange Sicht unsere Lebensqualität. (Mit anderen Worten, sie werden zu Wegbewegungen.)

Diese unerwünschten Ergebnisse führen zu noch mehr unangenehmen Gefühlen, was dann wiederum zu noch mehr Kampf führt. Es ist ein Teufelskreis. Und ich meine »teuflisch« in folgendem Sinne: Umfangreiche Forschungen zeigen, dass ein hohes Maß an Erlebensvermeidung ein wesentlicher Faktor ist für: Depressionen, Angststörungen, Sucht, Leistungsschwäche, geringe Selbstwertschätzung, Beziehungskonflikte, Essstörungen, mentalen Rückzug oder Motivationslosigkeit bei der Arbeit, Zwangsstörungen, Traumata, chronisches Schmerzsyndrom und viele andere psychische Probleme.

Es ist zudem erwähnenswert, dass Kampfstrategien manchmal automatisch und unbewusst ablaufen. Sie haben vielleicht vom Nervus vagus gehört, dem zweitlängsten Nerv im Körper nach dem Rückenmark. Wenn wir starken Schmerz spüren, sei es körperlicher, emotionaler oder psychischer Schmerz, dann betäubt unser Vagus uns manchmal buchstäblich: Er »schneidet« uns von unseren Gefühlen ab, um uns die Erfahrung des Schmerzes zu ersparen. Dies ist keine bewusste Wahl; es ist einfach unser Nervensystem, das für uns sorgt. Leider lässt dies andere unangenehme Empfindungen aufsteigen, wie etwa Taubheit, Leere, Hohlheit und das Gefühl, »innerlich tot« zu sein: eine ziemlich häufige Erfahrung bei Depression oder Trauma.

Kurz und bündig

Hier eine Zusammenfassung der »Glücksfalle«: Um unser Glück zu vergrößern, versuchen wir mit allen Kräften, unerwünschte Gedanken und Gefühle loszuwerden – aber paradoxerweise erzeugen wir desto mehr Gedanken und Gefühle, je mehr Mühe wir auf diesen KAMPF verwenden.

Es ist wichtig, dass Sie selbst ein Gefühl hierfür entwickeln, dass Sie eher auf Ihre eigene Erfahrung vertrauen, als einfach nur das zu glauben, was Sie lesen. Also absolvieren Sie bitte die folgende Übung. (Wenn Sie nicht in Ihr Buch schreiben wollen, können Sie sich ein Arbeitsblatt aus dem kostenlosen E-Book *The Happiness Trap: Extra Bits* unter www.thehappinesstrap.com herunterladen, auch auf Deutsch unter www.penguinrandomhouse.de/harris-glueck.) Sie besteht aus drei Teilen, und ich empfehle Ihnen sehr, Ihre Antworten aufzuschreiben. Wenn Ihnen das jedoch gerade nicht möglich ist, dann nehmen Sie sich wenigstens 10 bis 15 Minuten Zeit, hierüber ernsthaft nachzudenken.

Teil 1: Was haben Sie versucht?

Fangen Sie damit an, diesen Satz zu vervollständigen: Die inneren Erfahrungen (Gedanken, Gefühle, Emotionen, Erinnerungen, Triebe, Vorstellungen, Empfindungen), die ich am meisten vermeiden oder loswerden will, sind …

____

____

Nun nehmen Sie sich fünf Minuten Zeit und listen jede einzelne Sache auf, die Sie versucht haben, um diese unerwünschten inneren Erfahrungen zu vermeiden oder loszuwerden. Versuchen Sie, sich an jede einzelne Kampfstrategie zu erinnern, die Sie jemals benutzt haben, (sei es absichtlich oder als automatische Reaktion).

Aber Achtung: Bitte tun Sie dies, ohne zu urteilen – mit echter Neugier! Fangen Sie bitte nicht an, diese Methoden als »gut« oder »schlecht«, »richtig« oder »falsch«, »positiv« oder »negativ« zu bewerten. Wir wollen uns nicht in Urteile oder Rechtfertigungen über das verlieren, was wir tun oder nicht tun sollten. Wir zielen einfach darauf ab herauszufinden, ob diese Methoden praktikabel sind – das heißt, ob sie *auf lange Sicht* funktionieren, um Ihnen das Leben zu bescheren, das Sie sich wünschen. (Wenn irgendeine dieser Methoden Ihr Leben langfristig verbessert, zählt sie offensichtlich zu den Hinbewegungen – also benutzen Sie sie weiterhin!)

Führen Sie so viele Beispiele wie möglich an, einschließlich:

Ablenkung

Was tun Sie, um sich von schmerzlichen Gedanken und Gefühlen abzulenken oder sich auf andere Gedanken zu bringen? (Zum Beispiel Kino, Fernsehen, Internet, Bücher, Computerspiele, Fitness, Gärtnern, Glücksspiel, Essen, Drogen, Alkohol und so weiter.)

Sich-Ausklinken

Welche wichtigen, bedeutungsvollen oder das Leben verbessernden Aktivitäten, Ereignisse, Aufgaben, Herausforderungen oder Menschen vermeiden oder verlassen Sie, welche schieben Sie auf, welchen entziehen Sie sich? (Wenn sie natürlich nicht wichtig, nicht bedeutungsvoll oder nicht für das Leben bereichernd sind, dann ist das Sich-Ausklinken kein Problem!)

Denkstrategien

Wie versuchen Sie, Ihren Schmerz (absichtlich oder nicht) wegzudenken? Tippen Sie auf jede der folgenden Strategien, die Sie je verwendet haben, und fügen Sie weitere, die nicht aufgelistet sind, hinzu:

- Grübeln
- Über eine bessere Zukunft fantasieren
- Sich Fluchtszenarien (zum Beispiel den Job kündigen oder den Partner verlassen) oder Racheszenarien ausdenken

- Denken: »Das ist nicht fair…« oder »Wenn nur…«
- Sich selbst, anderen oder der Welt Vorwürfe machen
- Logische oder rationale Selbstgespräche führen
- Positives Denken; positive Affirmationen
- Sich selbst beurteilen oder kritisieren
- Sich das Leben schwer machen
- Sich selbst oder andere analysieren (versuchen herauszufinden »Warum bin ich/sind andere so?«)
- Die Situation, das Leben oder die Welt analysieren (versuchen herauszufinden, warum dies geschehen ist oder warum das Leben und die Welt sind, wie sie sind)
- Planen; Strategien entwerfen; konstruktive Problemlösung
- To-do-Listen erstellen
- Inspirierende Sätze oder Sprüche wiederholen
- Negative Gedanken infrage stellen oder in Zweifel ziehen.
- Sich selbst sagen: »Auch dies wird vergehen« oder »Es wird wohl nie passieren.«

Andere Denkstrategien

____

____

Substanzen

Welche Substanzen führen Sie Ihrem Körper hauptsächlich zu, um Schmerz zu vermeiden oder ihn loszuwerden: Essen, Getränke, Zigaretten, gelegentlich Drogen, naturheilkundliche oder Kräutermedizin, Tee, Kaffee, Schokolade, Aspirin, nicht verschreibungspflichtige oder verschreibungspflichtige Medikamente?

Irgendwelche anderen Strategien?

Welche anderen Strategien haben Sie gelegentlich benutzt, um unerwünschten Gedanken und Gefühlen zu entfliehen, sie zu vermeiden oder sich von ihnen abzulenken? Haben Sie beispielsweise Folgendes versucht: Meditation, Affären haben, Aggressivität, Tai-Chi, Massage, Fitness, Streit suchen, Tanzen, Musik, Selbstmordversuche, Selbstverletzung, »es tolerieren«, »es hinnehmen«, »es schlucken und weitermachen«, Gebet, Dinge zerschlagen, im Bett bleiben, Selbsthilfebücher lesen, einen Therapeuten oder Arzt oder andere professionelle Ratgeber aufsuchen, wütend aufs Leben oder andere Leute werden?

Teil 2: Wie hat das auf lange Sicht funktioniert?

Viele dieser Kampfstrategien bringen Ihnen kurzfristig Erleichterung von schmerzlichen Gedanken und Gefühlen. Aber bedenken Sie: Setzen Sie diesen unerwünschten Gedanken und Gefühlen für immer ein Ende, so dass sie nie zurückkehren?

Wie lange geht Ihr Schmerz gewöhnlich mit den meisten dieser Strategien weg, bevor er wieder zurückkehrt?

Zweifellos werden einige dieser Methoden, moderat und weise eingesetzt, Ihr Leben auf lange Sicht verbessern – sie sind in diesem Fall Hinbewegungen, so dass es sinnvoll ist, sie weiter einzusetzen. Wenn wir sie jedoch zu oft benutzen oder uns zu sehr auf sie verlassen – wenn wir sie also zu exzessiv, starr oder unangemessen einsetzen –, haben sie schwere langfristige Nachteile. Bedenken Sie also: Wenn Sie sie *unverhältnismäßig* oder *unangemessen* verwendet haben, was haben diese Methoden Sie gekostet in Hinblick auf Gesundheit, Geld, vergeudete Zeit, Beziehungen, verpasste Gelegenheiten, Arbeit, verstärkten Schmerz, Müdigkeit, vergeudete Energie, Frustration, Enttäuschung und so weiter? Nehmen Sie sich wirklich genügend Zeit, darüber nachzudenken.

Teil 3: Was hat es Sie gekostet?

Bedenken Sie schließlich: Wie viele dieser Methoden schenken Ihnen kurzfristig Linderung von Schmerz, lassen Sie aber nicht vorankommen oder machen Ihr Leben schlechter oder haben auf lange Sicht beträchtliche Kosten? Kreuzen Sie auf der unten stehenden Zeile das an, was für Sie am besten zutrifft:

Keine ___ wenige ___ etwa die Hälfte ___ die meisten ___ alle ___

(Je höher der Grad Ihrer Erlebensvermeidung ist, desto näher wandert Ihr Kreuz wahrscheinlich zum rechten Ende der Zeile.)

Bitte schließen Sie alle drei Teile der Übung ab, bevor Sie weiterlesen.

Wenn Sie diese Übung gründlich ausgeführt haben und dabei wirklich ehrlich mit sich selbst waren, haben Sie wahrscheinlich drei Dinge entdeckt:

1. Sie haben in dem Versuch, unerwünschte Gedanken und Gefühle zu vermeiden oder loszuwerden, eine Menge Zeit, Mühe und Energie (und Geld) in KAMPF investiert.

2. Viele dieser Strategien haben Ihnen zeitweilig Befreiung von unerwünschten Gedanken und Gefühlen geschenkt – aber *langfristig* sind sie zurückgekehrt.
3. *Exzessiv* oder *unangemessen* eingesetzt, kommen viele dieser Strategien Sie teuer zu stehen in Hinsicht auf verschwendetes Geld, vertane Zeit, vergeudete Energie und negative Wirkung auf Ihre Gesundheit, Vitalität und Beziehungen. Mit anderen Worten, sie fühlen sich kurzfristig besser, aber auf lange Sicht wird Ihre Lebensqualität verringert.

Wie fühlen Sie sich? Was denken Sie?

Halten Sie für einen Augenblick inne, und spüren Sie, was Sie fühlen. Sind Sie neugierig oder fasziniert? Oder sind Sie etwas benommen, verwirrt oder verstört? Fühlen Sie sich womöglich ängstlich, schuldig oder zornig? Wenn unangenehme Gefühle bei Ihnen auftreten … Seien Sie versichert, das ist normal! Dies ist eine vollkommen neue Perspektive, die viele tief verwurzelte Überzeugungen infrage stellt. Heftige Reaktionen sind deshalb üblich.

Bemerken Sie auch, was Ihr Geist eben jetzt sagt. Ist es etwas Hilfreiches oder Ermutigendes? Oder verurteilt oder kritisiert er Sie, indem er Sie als albern oder dumm bezeichnet? Bei vielen Lesern ist wahrscheinlich Letzteres der Fall. Wenn dem so ist, seien Sie versichert: Sie sind nicht albern oder dumm (selbst wenn Ihr Geist da anderer Meinung ist als ich). Diese Strategien, die Sie benutzt haben, sind universell; jede Person auf diesem Planeten verwendet sie, um Schmerz zu vermeiden oder loszuwerden. Wir alle versuchen, uns abzulenken; wir alle klinken uns aus Umständen aus, die schwierig sind. Wir alle versuchen, uns einen Ausweg aus unserem Schmerz zu erdenken. Und wir alle führen unserem Körper auf die eine oder andere Form Substanzen zu. Tatsächlich ermutigen uns unsere Freunde, Familie und Mediziner oft aktiv, diese Dinge zu tun!

Die Sache ist die: Ganz gleich, wie sehr wir versuchen, diese Gedanken und Gefühle zu vermeiden oder loszuwerden … Auf lange Sicht kehren sie immer wieder! Und leider ist es oft so, dass das, was wir tun, um kurzfristig Erleichterung zu erfahren, langfristig unser Leben verschlimmert. Es ist ein Teufelskreis, in dem wir alle zuweilen gefangen sind.

Nicht so schnell!

»Moment mal«, höre ich Sie sagen. »Warum haben Sie nicht über Dinge wie wohltätige Spenden, sorgfältige Arbeit oder Fürsorge für Freunde gesprochen? Soll es nicht glücklich machen, anderen großzügig etwas zu geben?«

Das ist ein gutes Argument. Es kommt allerdings nicht nur auf die Dinge an, die man tut, sondern auch auf die Motivation, aus der heraus man sie tut. Wenn Sie für wohltätige Zwecke spenden, um den Gedanken loszuwerden, dass Sie egoistisch sind, wenn Sie sich hauptsächlich in die Arbeit stürzen, um Gefühle der Unzulänglichkeit zu vermeiden oder wenn Sie sich vor allem um Ihre Freunde kümmern, um der Angst vor Zurückweisung entgegenzuwirken, dann werden Sie wahrscheinlich nicht viel Befriedigung aus diesen Aktivitäten ziehen.

Warum nicht? Wenn Ihre Hauptmotivation darin besteht, unangenehme Gedanken und Gefühle zu vermeiden, raubt dies dem, was Sie tun, die Freude und Vitalität. Erinnern Sie sich zum Beispiel daran, wie es war, als Sie das letzte Mal etwas Reichhaltiges und Leckeres gegessen haben, um Gefühle von Stress, Langeweile oder Angst loszuwerden. Ich vermute, es war nicht sehr befriedigend. Aber haben Sie diese Dinge jemals nicht etwa gegessen, um schlechte Gefühle loszuwerden, sondern einfach nur, um sie zu genießen und ihren Geschmack zu schätzen? Ich wette, Sie fanden das viel erfüllender.

Tolle Ratschläge, wie wir unser Leben verbessern können, kommen aus allen Richtungen: Suchen Sie sich einen sinnvollen Job, absolvieren Sie dieses angesagte Workout, gehen Sie in die Natur, nehmen Sie ein Hobby auf, treten Sie einem Verein bei, engagieren Sie sich für wohltätige Zwecke, erlernen Sie neue Fähigkeiten, haben Sie Spaß mit Freunden und so weiter. Alle diese Aktivitäten können sehr befriedigend sein, *wenn* wir sie tun, weil sie wirklich wichtig und sinnvoll für uns sind. Üben wir diese Aktivitäten jedoch hauptsächlich aus, um unangenehmen Gedanken und Gefühlen zu entfliehen, dann werden sie wahrscheinlich nicht sehr befriedigend sein. Warum nicht? Weil es schwer ist zu genießen, was man tut, während man versucht, vor etwas zu fliehen, das man als bedrohlich empfindet.

Wenn Sie also Dinge tun, weil sie Ihnen wirklich etwas bedeuten – weil sie Ihnen tief in Ihrem Herzen wichtig sind –, dann würden wir sie nicht als Kampfstrategien kategorisieren. Wir würden sie als »wertegeleitetes Handeln« bezeichnen (diesen Begriff erkläre ich im Kapitel »Die Komfortzone verlassen«), und wir würden erwarten, dass sie unser Leben auf lange Sicht *verbessern*.

Wenn aber genau dieses Handeln hauptsächlich durch

Erlebensvermeidung motiviert ist – wenn ihr Hauptzweck darin besteht, unerwünschte Gedanken und Gefühle zu vermeiden oder loszuwerden –, dann würden wir sie Kampfstrategien nennen (und es wäre höchst überraschend, wenn Sie diese als erfüllend empfinden würden).

Erinnern Sie sich an Michelle, die alles zu haben scheint, was sie sich im Leben wünscht, und die dennoch nicht glücklich ist? Michelles Leben wird von der Vermeidung des Gefühls, unzulänglich und unwürdig zu sein, bestimmt. Sie wird von Gedanken geplagt wie: »Ich bin nicht liebenswert« – »Warum habe ich so viele Fehler?« und »Niemand mag mich«, zusammen mit allen damit verbundenen Schamgefühlen und Ängsten.

Michelle arbeitet hart daran, diese Gedanken und Gefühle loszuwerden. Sie setzt sich selbst unter Druck, um in ihrem Job zu glänzen, und arbeitet oft lange, um anderen entgegenzukommen. Sie ist vernarrt in ihren Mann und ihre Kinder und geht auf jede ihrer Launen ein. Sie versucht, es allen in ihrem Leben recht zu machen und stellt deren Bedürfnisse immer vor ihre eigenen. Sie hat Angst, zu jemandem »Nein« zu sagen, weil sie ihn verletzen könnte, und verbringt einen großen Teil des Tages damit, es den Leuten recht zu machen.

Michelle hat dieses Verhalten in ihrer frühen Kindheit gelernt. Sie wuchs mit gewaltbereiten, herrschsüchtigen Eltern auf und lernte von klein an, alles zu tun, um sie zufriedenzustellen, da dies sonst schreckliche Konsequenzen gehabt hätte. Als Kind schützte sie sich dadurch, dass sie es den Menschen recht machte. Doch da sie dieses Verhalten auch als Erwachsene fortsetzt, fordert dies einen hohen Tribut von ihr. Und wird sie dadurch diese beunruhigenden Gedanken und

Gefühle los? Sie haben es erraten. Indem sie sich selbst immer an die letzte Stelle setzt und so hart arbeitet, um die Anerkennung anderer zu gewinnen, verstärkt sie nur ihr Gefühl der Unwürdigkeit. Sie steckt regelrecht in der Glücksfalle fest.

Wie können wir der Glücksfalle entkommen?

Der erste Schritt ist die Verbesserung der Selbstwahrnehmung. Achten Sie also auf all die kleinen Dinge, die Sie jeden Tag tun, um unangenehme Gedanken und Gefühle zu vermeiden oder loszuwerden – und verfolgen Sie sorgfältig die Konsequenzen. Idealerweise führen Sie ein Tagebuch oder nehmen sich jeden Tag ein paar Minuten Zeit, um darüber nachzudenken (oder benutzen Sie das Formblatt aus *The Happiness Trap: Extra Bits*). Das ist wichtig, denn je eher wir erkennen, dass wir in der Falle feststecken, desto schneller können wir uns aus ihr befreien.

Bedeutet das, dass wir uns mit schwierigen Gefühlen abfinden und uns einem Leben in Leid und Elend fügen müssen? Ganz und gar nicht! Das wäre ein Beispiel für den GEHORCHEN-Modus, in dem wir unseren Gedanken und Gefühlen erlauben, unsere ganze Aufmerksamkeit einzunehmen und unser Handeln zu bestimmen. In Teil 2 dieses Buches werden Sie neue, effektivere Wege kennenlernen, mit unwillkommenen Gedanken und Gefühlen umzugehen, die sich radikal von KAMPF und GEHORCHEN unterscheiden. Doch bevor wir dazu kommen, müssen wir noch ein weiteres Puzzleteil erforschen.

VOM KAMPF ABLASSEN

Haben Sie jemals einen dieser alten Western gesehen, in denen der Schurke in ein Loch mit Treibsand fällt, und je mehr er strampelt, desto schneller versinkt er? Wenn nicht, macht es nichts; das sind schrecklich schlechte Filme. Der Punkt hier ist: Falls Sie jemals in Treibsand fallen sollten, ist kämpfen das Schlimmste, was Sie tun können. Was Sie tun sollten ist, sich auf den Rücken legen, sich ausstrecken, stillhalten und sich auf der Oberfläche tragen lassen. (Dann pfeifen Sie Ihr superintelligentes Pferd herbei, damit es kommt und Sie rettet!) Körperlich ist das wenig anstrengend. Aber psychologisch ist das eine ziemliche Herausforderung, weil jeder Instinkt in Ihrem Körper sagt… KÄMPFE!

Dasselbe gilt für den Fall, dass schwierige Gedanken und Gefühle in uns auftauchen: Unser augenblicklicher Instinkt sagt uns, wir sollten kämpfen. Wir ziehen alle Register an Kampfstrategien, die wir im letzten Kapitel erkundet haben, und benutzen sie, um gegen die innere Erfahrung anzugehen oder vor ihr zu flüchten. Aber genau wie beim Treibsand verschlimmert das Kämpfen die Dinge nur noch.

Was ist also die Alternative?

Nun, es gibt eine radikal andere Weise, auf schmerzliche Gedanken und Gefühle zu reagieren, die wesentlich effektiver ist als das Kämpfen – aber sie widerspricht so sehr jeder Intuition, dass es schwer sein kann, sie zu begreifen. Um Ihnen zu helfen, sie zu verstehen, ermutige ich Sie, ein einfaches dreiteiliges Experiment durchzuführen. (Und ich garantiere Ihnen, dass Sie mehr davon profitieren werden, wenn Sie es wirklich durchführen, anstatt nur darüber zu lesen. Doch wenn Sie dazu nicht in der Lage oder nicht willens sind, stellen Sie es sich wenigstens lebhaft vor.)

Teil A

Wo immer Sie sich gerade befinden, stellen Sie sich vor, dass Sie alles vor Augen haben, was wichtig für Sie ist. Dazu gehören sowohl die erfreulichen, angenehmen Aspekte des Lebens – Ihre bevorzugten Filme, Bücher, Songs, Sportarten, Spiele, Essen, Getränke, Menschen, Orte, Haustiere und sämtliche Dinge, die Sie gern tun – als auch die schwierigen, unangenehmen Aspekte des Lebens – all die Herausforderungen und Probleme, mit denen Sie sich konfrontiert sehen.

Tun Sie gleichzeitig so, als enthielte das Buch in Ihren Händen all jene schwierigen Gedanken, Bilder, Erinnerungen, Gefühle, Emotionen, Empfindungen und Triebe, mit denen Sie gewöhnlich kämpfen.

Teil B

(Achtung: Falls Sie Nacken-, Schulter- oder Armprobleme haben, führen Sie bitte diesen Teil der Übung nicht aus, sondern stellen sich ihn nur lebhaft vor.)

Wenn Sie am Ende dieses Abschnitts angekommen sind, ergreifen Sie das Buch fest mit beiden Händen, und halten Sie es so weit wie möglich von sich entfernt. (Wenn Sie dies auf einem Gerät lesen, können Sie dies stattdessen verwenden; alternativ genügt auch irgendein Buch oder sogar ein Blatt Papier.)

Sobald Sie das Buch fest in beiden Händen halten, strecken Sie Ihre Arme so weit wie möglich aus (ohne die Ellenbogen zu beugen) und halten das Buch auf »Armeslänge«. (Dies sollte anstrengend sein; wenn es das nicht ist, müssen Sie versuchen, die Arme stärker auszustrecken.) Dann behalten Sie diese Position für wenigstens eine Minute bei – und bemühen sich dabei, das Buch so weit wie möglich von sich entfernt zu halten. Während Sie das tun, nehmen Sie mit Neugier zur Kenntnis, wie Sie diese Erfahrung finden, insbesondere, welche Gedanken und Gefühle auftreten.

So, wie war das? Unbequem, ermüdend, beschwerlich? (Die meisten Menschen finden, dass selbst eine Minute dieser Übung nervend, ermüdend und eine Quelle beträchtlichen Unbehagens ist.)*

Stellen Sie sich jetzt vor, Sie übten dies den ganzen Tag, stundenlang; wie zutiefst erschöpfend wäre das? Stellen Sie sich vor, Sie würden versuchen, am Computer zu schreiben, Videospiele zu spielen, ein Buch zu lesen, Auto zu fahren, ein Abendessen zu kochen, ein köstliches Mahl zu essen, Sex zu haben, Tennis

---

* Gelegentlich habe ich einen superstarken, athletischen Klienten, der sagt: »Das war leicht. Ich könnte das den ganzen Tag lang machen.« Also fordere ich ihn auf, weitere zwei Minuten so weit wie möglich die Arme auszustrecken. Danach frage ich: »Würden Sie das wirklich gern für die restlichen 40 Minuten unserer Sitzung tun?« Sogar die superstarken athletischen Typen sagen dann »Nein«, weil ihnen klar ist, dass dies sowohl ermüdend als auch ablenkend wäre.

zu spielen, am Strand in der Sonne zu liegen … und gleichzeitig diese Übung auszuführen. Wie stark würde es Sie von dem ablenken, was Sie gerade tun, und Ihre Freude und Befriedigung mindern? Wie schwierig wäre es, diese Aktivitäten kompetent auszuführen? Was würde dabei zu kurz kommen?

So ist das auch bei dem Kampf mit unseren Gedanken und Gefühlen: Wir investieren ungeheure Mengen an Zeit und Energie in den Versuch, sie wegzudrücken. Dies ermüdet, laugt aus und lenkt ab. Und da wir so viel Aufmerksamkeit auf diesen inneren Kampf verwenden, ist es sehr schwer, präsent zu sein, und beinahe unmöglich, auf die vielen Herausforderungen des Lebens effektiv zu reagieren.

Lassen Sie uns nun etwas radikal anderes probieren.

Teil C

Tun Sie wieder so, als beinhalte dieses Buch all Ihre schwierigen, unerwünschten Gedanken und Gefühle. Und strecken Sie es am Ende dieses Abschnitts wieder eine Minute lang so weit von sich weg wie nur irgend möglich. Hören Sie dann auf, zu drücken, und legen Sie das Buch sofort auf Ihren Schoß. Und achten Sie gut darauf: Welchen Unterschied macht es, wenn Sie aufhören, mit diesem Zeug zu kämpfen? Lassen Sie das Buch sanft in Ihrem Schoß ruhen … Strecken Sie Ihre Arme aus … Nehmen Sie einen sanften langen Atemzug … Dann öffnen Sie Ihre Augen und Ohren mit einer Haltung von Neugier, und nehmen Sie wahr, was Sie um sich herum sehen und hören können.

Nun, was haben Sie entdeckt? Wie fühlte es sich an, mit dem Wegdrücken aufzuhören, das Buch abzulegen und auf Ihrem

Schoß ruhen zu lassen? War das weniger ablenkend? Weniger ermüdend? Weniger schmerzlich? Ein Gefühl der Erleichterung? Von Freiheit? War es einfacher, die Welt um Sie herum wahrzunehmen? War es leichter, Ihre Arme und Hände zu bewegen und aktiv zu werden?

Diese Weise, auf unerwünschte Gedanken und Gefühle zu reagieren, ist das genaue Gegenteil von Kämpfen. Wir öffnen uns und schaffen Raum für unsere Gedanken und Gefühle; wir erlauben ihnen, zu ihrer eigenen Zeit zu kommen, zu bleiben und zu gehen. Wir lassen uns nicht von ihnen hin- und herzerren, und wir investieren auch keine kostbare Energie und Aufmerksamkeit in den Kampf mit ihnen und den Versuch, von ihnen wegzukommen. Dies schenkt uns die Freiheit, unsere Zeit und Energie in Hinbewegungen zu investieren. Es macht es uns auch leichter, unsere volle Aufmerksamkeit auf das zu konzentrieren, was wir gerade tun. Das hat zwei Vorteile. Wenn wir konzentriert sind, dann …

a) gelingen uns die Dinge besser.
b) erhalten wir mehr Freude und Befriedigung von potenziell angenehmen Aktivitäten.

Ganz ähnlich wie das Schweben auf Treibsand stellt sich dies nicht auf natürliche Weise ein. Aber die Forschung ist hier kristallklar: Wenn wir auf diese Weise auf unsere Gedanken und Gefühle reagieren, verringern sich die Symptome. Das Angstniveau sinkt, das Stressniveau ebenfalls. Depressionssymptome werden geringer, und sogar körperlicher Schmerz wie beispielsweise bei Erkrankungen wie dem chronischen Schmerzsyndrom nimmt ab.

Es gibt noch einen dritten Vorteil, der für viele Menschen

überraschend ist. Unsere schwierigen Gedanken und Gefühle enthalten oft nützliche Informationen; sie können uns unter anderem auf Probleme aufmerksam machen, die wir angehen müssen, uns wichtige Rückmeldungen über das Leben geben und uns helfen zu erkennen, wenn die Dinge, die wir tun, nicht für uns funktionieren. Wir können diese wertvollen Informationen nicht effektiv nutzen, solange wir damit beschäftigt sind, mit diesen inneren Erfahrungen zu kämpfen, aber wir können es, sobald wir den Kampf aufgeben. (Falls Ihnen das jetzt wie Psychokauderwelsch vorkommt, kein Grund zur Beunruhigung; wir werden dieses Konzept in späteren Kapiteln eingehend erforschen.)

Trotz der 3000 veröffentlichten Studien über die Wirksamkeit der ACT sind manche Menschen sehr skeptisch, was das Aufgeben des Kampfes angeht. Karl zum Beispiel war ein 32-jähriger Geschäftsmann mit einem hohen Maß an Ängsten. Er machte sich ständig Sorgen, krank zu werden, seinen Arbeitsplatz zu verlieren oder von seiner Frau verlassen zu werden, und er machte sich viele selbstverurteilende Gedanken darüber, dass er unwürdig, nicht liebenswert und unzureichend sei. Außerdem neigte er zu »ungesundem Perfektionismus«. (Er strebte ständig danach, alles perfekt zu machen, und zwar in einem solchen Ausmaß, dass dies zu großem Stress und Ängsten führte.) Bei der Arbeit zum Beispiel konnte eine einfache Aufgabe wie das Verfassen einer informellen E-Mail eine Ewigkeit dauern, weil Karl sie vier-, fünf-, sechs- oder siebenmal umschreiben musste, bis sie »perfekt« war. Oft schob er das Erledigen wichtiger Aufgaben auf, weil er befürchtete, sie nicht perfekt ausführen zu können; und wenn er sie dann endlich erledigte, raubte ihm die ständige Besessenheit davon, ein perfektes Endresultat abliefern zu müssen, die ganze Freude an jedem Projekt.

Als ich Karl zum ersten Mal die oben beschriebene Übung mit einem alten Taschenbuch vorführte, sagte er: »Kann ich das nicht einfach so machen?« und warf das Buch quer durch den Raum.

»Ja«, sagte ich, »aber sicher. Sie haben so viele Kampfstrategien, die Ihnen ermöglichen genau das zu tun: Drogen, Alkohol, Ablenkung, Aufschieben und so weiter. Aber wie lange verschwinden die Probleme, bevor sie wiederkommen? Und wie viel kostet es Sie, diese Strategien weiter anzuwenden?« Karl sah weinerlich drein. Ich stand auf und hob das Taschenbuch auf. »Dieses Buch wegzuwerfen ist also funktionell dasselbe, wie es auf Armeslänge zu halten: Sie kämpfen damit und versuchen, es sich vom Hals zu halten. Wir reden davon, etwas radikal anderes zu tun. Wir reden darüber, dies zu tun«, sagte ich und legte das Buch sanft auf meinen Schoß.

Karl schaute zweifelnd. »Sie verstehen nicht«, sagte er. »Meine Ängste sind lähmend. Sie sind unerträglich.«

»Ja«, sagte ich, »im Moment *sind* Ihre Ängste lähmend. Natürlich können Sie dieses Gefühl nicht ertragen.« Ich nahm das Buch in die Hand, fasste es fest mit beiden Händen und hielt es auf Armeslänge. »Solange Sie hauptsächlich so auf Ihre Angst reagieren, wird sie immer lähmend und unerträglich sein. Möchten Sie eine neue Art der Reaktion erlernen, die der Angst ihre Macht nimmt, so dass sie nicht mehr unerträglich und lähmend ist?« Ich ließ das Buch zurück auf meinen Schoß fallen.

Karl nickte. »Großartig«, sagte ich. »Natürlich ist es einfach, das mit einem Buch zu machen. Versuchen wir es doch mal mit echten Gedanken und Gefühlen.«

TEIL 2

VOM UMGANG MIT SCHWIERIGEN GEDANKEN UND GEFÜHLEN

WIE MAN SICH VERANKERT

Haben Sie jemals ein »emotionales Unwetter« erlebt? Beunruhigende Gedanken, die durch Ihren Geist wirbeln wie vom Sturm gepeitschte Blätter? Schmerzliche Emotionen, die wie ein über das Ufer tretender Fluss durch Ihren Körper fluten? »Emotionale Unwetter« unterscheiden sich stark darin, wie intensiv sie sind, wie oft sie auftreten und was sie auslöst. Und sie können eine jegliche Kombination von Gedanken und Gefühlen, die man sich vorstellen kann, beinhalten: Zorn, Angst, Traurigkeit, Einsamkeit, Schuld, Scham, Sorgen, Urteile, traumatische Erinnerungen, erschreckende Bilder, schmerzliche Empfindungen, intensive Gelüste – die ganze Bandbreite. Aber welcher Art das emotionale Unwetter auch sein mag, eines ist sicher: Es reißt uns mit sich fort.

Es gibt zwei hauptsächliche Weisen, auf ein emotionales Unwetter zu reagieren: GEHORCHEN oder KÄMPFEN. Im GEHORCHEN-Modus kontrolliert uns das Unwetter total. Im KÄMPFEN-Modus unternehmen wir alles Mögliche, damit es verschwindet. Und oft GEHORCHEN und KÄMPFEN wir gleichzeitig. Mit anderen Worten, wir »beißen so vollkommen an«, dass es uns fast unmöglich wird, effektiv mit dem umzugehen, was das Unwetter ausgelöst hat.

Lassen Sie uns jetzt für einen Augenblick echte Unwetter

betrachten. Stellen Sie sich vor, Sie besitzen ein Boot, und gerade, als Sie aus dem Hafen auslaufen wollen, hören Sie im Radio, dass ein schwerer Sturm im Anzug ist. Sie würden schnell und sicher in dem Hafen ankern wollen – denn, wenn Sie das nicht täten, würde der Sturm Ihr Boot auf das Meer hinaustreiben. Durch das Ankern werden Sie den Sturm natürlich nicht los – aber es wird Ihr Boot stabilisieren, bis der Sturm vorüber ist. Und gleich werden Sie etwas Ähnliches lernen: Wie man sich verankert, wenn emotionale Unwetter in Ihnen aufbrausen. Doch lassen Sie uns zunächst die Wichtigkeit des Bemerkens und Benennens erörtern.

Bemerken und Benennen

Viele der Fertigkeiten zur Loslösung in diesem Buch beinhalten einen Prozess, den wir als »Bemerken und Benennen« bezeichnen: Bemerken Sie Ihre Gedanken und Gefühle mit Neugier, und benennen Sie sie auf nicht urteilende Weise (zum Beispiel: »Hier ist Angst« oder »Angstgefühl«). Und weil das für die meisten von uns nicht von selbst passiert und es anfänglich merkwürdig erscheint, dies zu tun, ist es wichtig, zu verstehen, worauf es ankommt.

Wenn wir unsere schwierigen Gedanken und Gefühle bemerken und benennen, reduziert dies ihre Auswirkung auf unser Verhalten. Weshalb? Nun, einfach, weil der bloße Akt zu bemerken, was wir denken und fühlen, und es in Worte zu fassen, jenen Teil des präfrontalen Kortex aktiviert (jenen Teil unseres Gehirns, der direkt hinter unserer Stirn liegt) und dies wiederum andere Gehirnaktivitäten mäßigt, die jene emotionalen Unwetter in Ihnen anstacheln.

Im Grunde genommen haben wir umso weniger Kontrolle über unser Handeln – über das, was wir sagen und tun –, je weniger wir uns unserer Gedanken und Gefühle bewusst sind. Erinnern Sie sich daran, was geschah, als Sie Kind waren und der Lehrer den Klassenraum verlassen hat? Ein Chaos brach aus, nicht wahr? Nun, das gleiche Prinzip gilt für unsere Innenwelt. Unser Bewusstsein ist wie der Lehrer, und unsere Gedanken und Gefühle sind wie die Kinder. Wenn wir uns ihrer nicht bewusst werden, dann toben sie sich aus, erzeugen sie Chaos und laufen Amok. Je weniger bewusst wir agieren, desto mehr kontrollieren sie unser Handeln und desto leichter ist es für sie, uns in Wegbewegungen hineinzuziehen.

Kehrt der Lehrer jedoch in das Klassenzimmer zurück, beruhigen sich die Kinder sofort. Etwas Ähnliches geschieht, wenn wir uns unserer Gedanken und Gefühle bewusst werden. Wenn wir sie bemerken und benennen, verlieren sie viel ihrer Macht, uns herumzuzerren. Sie sind noch da, aber wir GEHORCHEN ihnen nicht mehr und KÄMPFEN nicht mit ihnen.

Oft ist es hilfreich, unsere Gedanken und Gefühle mit Worten wie »Ich bemerke« oder »Hier ist« zu benennen. Sie können sich beispielsweise sagen: »Ich bemerke Angst« – »Ich bemerke Taubheit« – »Hier ist Enge in meiner Brust« – »Ich bemerke, dass mein Geist sich Sorgen macht« – »Hier ist eine schmerzliche Erinnerung« – »Hier ist ein Drang zu rauchen.«

Wenn wir damit anfangen, fühlen wir uns dabei zuerst oft merkwürdig oder unbehaglich. Aber es hilft gewöhnlich, uns loszulösen, zumindest ein wenig. Wenn ich in der Alltagssprache sage: »Ich bin wütend«, scheint es so, als *sei ich* dieses Gefühl; doch wenn ich sage: »Ich bemerke Wut« oder »Hier ist ein Gefühl von Wut«, hilft mir das, einen Schritt zurück zu tun und zu betrachten, wie eine Emotion durch mich hindurchgeht.

So ist es auch wenn ich sage: »Ich bin ein Verlierer«; dann sieht es so aus, als *sei ich* dieser Gedanke; doch wenn ich sage: »Ich bemerke den Gedanken, dass ich ein Verlierer bin«, verleiht mir das ein wenig Distanz, so dass ich dies als einen durchziehenden Gedanken erkennen kann und es nicht für die Essenz dessen halte, wer ich bin.

Also hoffe ich, dass Sie bereit sind, mit dem Bemerken und Benennen zu experimentieren (selbst wenn Ihre Argumentationsmaschine massiv versucht, Sie davon abzubringen) und sich die Freiheit nehmen, Ihre eigenen Methoden zu erfinden.

Eine einfache Formel

So, sind Sie bereit, es mit dem Ankerwerfen zu versuchen? Bitte denken Sie daran, dass dies keine Methode ist, die stürmischen Gedanken und Gefühle loszuwerden (genauso wenig wie ein echter Anker das Wetter kontrolliert). Es ist eine Weise, sich selbst zu stabilisieren, so dass der Sturm Sie nicht mitreißt. Es gibt Hunderte von Methoden, sich zu verankern, wenn emotionale Unwetter ausbrechen, aber sie alle folgen einer einfachen Drei-Schritte-Formel. Ich hoffe, dass Sie mit dieser Formel herumspielen und Ihre eigenen Übungen schaffen werden, die Sie jederzeit und überall ausführen können. Sie können sich dies mit dem Akronym AVE merken:

A: Anerkennung Ihrer Gedanken und Gefühle
V: Verbindung mit Ihrem Körper
E: (Sich-)Einlassen auf das, was Sie tun

Lassen Sie uns diese Übung jetzt durchgehen. Ich werde Ihnen die einzelnen Schritte erklären, während Sie sie ausführen. Bevor Sie anfangen, nehmen Sie sich einige Momente Zeit, an etwas zu denken, das in Ihrem Leben heute schwierig ist, und sehen Sie, ob Sie eine Beziehung zu einer gewissen Angst, Traurigkeit, Schuld, Wut, Einsamkeit oder zu anderen schwierigen Gedanken oder Gefühlen herstellen können – damit Sie etwas haben, womit Sie arbeiten können. (Wenn Sie das nicht können, ist das kein großes Problem. Sie können diese Übung ausführen, ganz gleich, wie Sie sich fühlen – ruhig, entspannt, fröhlich, gelangweilt, deprimiert oder taub. Aber die Resultate werden offensichtlicher sein, wenn Sie unglücklich sind.)

A: Anerkennung Ihrer Gedanken und Gefühle

Kleine Kinder sind von Natur aus neugierig auf die Welt. Sie können mit äußerster Faszination einen Vogel, eine Blume oder eine Raupe betrachten, die von den Erwachsenen um sie herum kaum wahrgenommen wird. Verbinden Sie sich mit dieser kindlichen Emotion von Neugier, um wahrzunehmen, was in Ihrer inneren Welt geschieht. Erkennen Sie alles an, was in Ihnen auftaucht: Gedanken, Gefühle (einschließlich Taubheit), Erinnerungen, Empfindungen, Gelüste.

(Beachten Sie: Manche Leute finden es einfacher, Gedanken statt Gefühle zu bemerken; bei anderen ist es umgekehrt. Beginnen Sie damit, zu beachten, was Ihnen am leichtesten fällt, und nehmen Sie dann den schwierigeren Teil in Angriff. Und wenn Sie nur das eine oder das andere bemerken können, dann ist das für den Moment in Ordnung; beim Durcharbeiten des Buches wird sich das ändern.)

Nehmen Sie sich etwa 20 Sekunden Zeit, um zu bemerken, welche Gedanken Ihnen in den Sinn kommen, und etwa 30 Sekunden, um Ihren Körper vom Kopf bis zu den Zehen danach zu scannen, welche Empfindungen präsent sind. Während Sie das tun, benutzen Sie einen Ausdruck wie »Ich bemerke« oder »Hier ist«, um das zu benennen, was Sie bemerken. Zum Beispiel: »Hier ist ein Gefühl des Zorns« – »Ich bemerke Gedanken darüber, wertlos zu sein«.

Das Ziel hierbei ist, Ihre Gedanken und Gefühle anzuerkennen, ohne Ihnen zu GEHORCHEN und ohne gegen sie zu KÄMPFEN. Erinnern Sie sich daran, wie Sie aufgehört haben, das Buch von sich wegzuhalten und es stattdessen auf Ihren Schoß gelegt haben? So, das ist der erste kleine Schritt in diesem Prozess. (Es ist wohlgemerkt nur der erste Schritt – und nur ein kleiner Schritt. Viele weitere werden folgen, also haben Sie bitte Geduld.)

Worauf Sie abzielen ist, einfach anzuerkennen, dass hier und jetzt, in diesem Augenblick, diese Gedanken und Gefühle präsent sind. (Weder GEHORCHEN Sie Ihnen, noch KÄMPFEN Sie gegen sie.) Bemerken und benennen Sie sie, und das ist alles. Bitte machen Sie dies jetzt für wenigstens 20 bis 30 Sekunden (das ist das absolute Minimum; nehmen Sie sich viel mehr Zeit, wenn Sie mögen), bevor Sie weiterlesen.

V: Verbindung mit Ihrem Körper

Jetzt fahren Sie fort, Ihre Gedanken und Gefühle anzuerkennen, und verbinden Sie sich gleichzeitig mit Ihrem Körper. Finden Sie Ihre eigene Weise, dies zu tun, da jeder Mensch in Hinsicht auf das, was das Nützlichste für ihn ist, anders ist. Unten stehen einige Vorschläge, mit denen Sie herumspielen können, doch nehmen Sie sich bitte die Freiheit, sie zu verändern oder Alternativen, die Ihnen besser liegen, ins Spiel zu bringen:

- Pressen Sie Ihre Füße langsam und sanft auf den Boden.
- Richten Sie Ihren Rücken und Ihre Wirbelsäule langsam und sanft auf.
- Pressen Sie Ihre Hände langsam und behutsam zusammen, wobei sich nur die Fingerspitzen berühren.
- Strecken Sie Ihre Arme und Ihren Hals langsam und sanft aus oder lassen Sie Ihre Schultern kreisen.

Wenn es aufgrund von Krankheit, Verletzung oder chronischem Schmerz Einschränkungen für das gibt, was Sie tun können – oder wenn es Körperteile gibt, auf die Sie sich nicht fokussieren möchten –, dann modifizieren Sie diese Übung Ihren Bedürfnissen entsprechend. Vielleicht ziehen Sie es vor,

- langsam und sanft ein- und auszuatmen.
- Ihre Position auf Ihrem Stuhl oder in Ihrem Bett in einer ganz langsamen und ebenso behutsamen Bewegung zu einer bequemeren Haltung hin zu verändern und aufmerksam zu beobachten, welche Muskeln Sie dabei benutzen.
- die Augenbrauen langsam und behutsam so hoch zu heben, wie Sie können, und sie dann wieder zu senken.

Seien Sie kreativ; alles, was Ihnen hilft, sich auf einen Teil Ihres Körpers einzustimmen, vom Tippen mit den Fingern bis zum Wackeln mit den Zehen, ist gut.

Sie können …

- Ihre Handflächen fest aneinanderdrücken und spüren, wie sich die Muskeln in Hals, Armen und Schultern anspannen.
- die Hände fest auf die Armlehnen Ihres Stuhls pressen oder sich kräftig Rücken, Hals und Kopf massieren.
- sich langsam im Raum umsehen und zur Kenntnis nehmen, wie Sie Hals, Kopf und Augen einsetzen.
- sich langsam dehnen (oder eine Yogabewegung ausführen).
- Ihre Daumen drehen, die Handflächen wölben, sich selbst umarmen, die Hände über die Knie gleiten lassen – oder einige von Hunderten anderer möglicher Bewegungen machen.
- einfach Ihre Wirbelsäule nach oben strecken und die Füße fest gegen den Boden pressen, wenn Sie sich in Gesellschaft anderer Leute befinden, die nicht bemerken sollen, dass Sie gerade üben.

Denken Sie daran, dass Sie nicht versuchen, diese schwierigen Gedanken und Gefühle loszuwerden. (Anker lassen keine Stürme verschwinden.) Sie versuchen auch nicht, sich abzulenken.

Das Ziel ist, weiterhin Ihre Gedanken und Gefühle zur Kenntnis zu nehmen und sich gleichzeitig auf Ihren Körper einzustimmen und sich aktiv zu bewegen. Es geht darum, Ihnen mehr Kontrolle über Ihre körperlichen Aktivitäten zu verschaffen – über das, was Sie mit Armen, Händen, Beinen, Füßen sowie Ihrem Gesicht und Mund tun –, so dass Sie effektiver handeln können, während das emotionale Unwetter weiter tobt.

Bitte tun Sie das jetzt, bevor Sie weiterlesen. Nehmen Sie Ihre Gedanken und Gefühle zur Kenntnis und verbinden Sie sich mit Ihrem Körper für mindestens 10 bis 20 Sekunden. (Noch einmal, das ist das absolute Minimum; nehmen Sie sich so viel Zeit, wie Sie mögen.)

E: (Sich-)Einlassen auf das, was Sie tun

Nehmen Sie weiterhin Ihre Gedanken und Gefühle zur Kenntnis, und verbinden Sie sich mit Ihrem Körper … Bekommen Sie, während Sie das tun, ein Gefühl dafür, wo Sie sich befinden und was hier vor sich geht … Fokussieren Sie Ihre Aufmerksamkeit auf das, was Sie gerade tun.

Es geht auch hier wieder darum, kreativ zu sein und Ihre eigenen Methoden zu entwickeln. Im Folgenden nur einige Vorschläge, mit denen Sie herumspielen können:

- Sehen Sie sich im Raum um, und nehmen Sie fünf Dinge, die Sie erblicken, zur Kenntnis.
- Nehmen Sie drei oder vier Dinge wahr, die Sie hören können.
- Bemerken Sie, was Sie riechen, schmecken oder in Ihrer Nase oder Ihrem Mund spüren können.
- Nehmen Sie zur Kenntnis, was Sie tun.

Bitte üben Sie dies jetzt für 10 bis 20 Sekunden (absolutes Minimum), um die Welt um Sie herum wahrzunehmen, und richten Sie dann Ihre volle Aufmerksamkeit wieder auf die gegenwärtige Aktivität, nämlich, dieses Buch zu lesen.

Gut gemacht. Gehen Sie nun die AVE-Schritte noch einmal durch: Anerkennung Ihrer Gedanken und Gefühle,

Verbindung mit Ihrem Körper, Sich-Einlassen auf das, was Sie gerade tun. Nehmen Sie sich mindestens 10 bis 15 Sekunden Zeit für jeden Schritt, oder auch mehr, wenn Sie mögen.

Sie machen das wirklich gut. Führen Sie nun AVE ein drittes Mal durch. Nehmen Sie sich wieder 10 bis 20 Sekunden (oder mehr) Zeit für jeden Schritt.

Und jetzt das Ganze ein viertes und letztes Mal, wobei Sie sich 10 bis 20 Sekunden (oder mehr) Zeit für jeden Schritt nehmen. Beenden Sie diese Übung, indem Sie Ihre volle Aufmerksamkeit auf das richten, was Sie gerade tun (in diesem Fall, ein Buch lesen).

Also, was haben Sie erlebt? Ich hoffe, Sie haben wenigstens eine der folgenden Erfahrungen gemacht:

- Auch, wenn Ihre Gedanken und Gefühle sich wahrscheinlich nicht sehr verändert haben, waren Sie doch in der Lage, ein wenig auf Distanz zu ihnen zu gehen – einen Schritt »zurückzutreten« und sie zur Kenntnis zu nehmen, statt von ihnen mitgerissen zu werden. Sie wurden weniger von ihnen herumgezerrt, geplagt oder beeinflusst.
- Sie vermochten Ihren Körper leichter zu spüren und zu bewegen. Sie hatten größere Kontrolle über Ihre körperlichen Aktivitäten.
- Sie waren präsenter, wacher oder aufmerksamer.
- Sie waren sich stärker dessen bewusst, wo Sie waren, was Sie taten und was Sie dachten und fühlten.
- Sie hatten das Gefühl, sich aus der Verwicklung in Ihre Gedanken zu lösen.

Wenn nichts davon geschehen ist oder Sie Problemen begegnet sind, benutzen Sie bitte die »Problembehandlung« am Ende dieses Kapitels. (Wenn Ihre schwierigen Gedanken und Gefühle reduziert wurden oder verschwunden sind – nun, dann ist das ein Glücksfall, nicht jedoch das Ziel, wie wir gleich erörtern werden.)

Es funktioniert nicht!

»Es funktioniert nicht!«, sagte Karl, als ich ihn durch die obigen Übungen führte.

»Was meinen Sie mit ›funktioniert nicht‹?«, fragte ich.

»Ich fühle mich kein bisschen besser«, sagte er. »Diese Gefühle sind davon nicht verschwunden.«

»Ja, das ist auch nicht das Ziel dieser Übungen«, antwortete ich.

Von Leuten, für die dieser Ansatz neu ist, hört man oft solche Bemerkungen wie die von Karl – selbst, wenn sie all ihre Kampfstrategien aufgelistet und begriffen haben, welche negativen Auswirkungen sie auf die Gesundheit und das Wohlbefinden haben. Und auch nachdem sie gelernt haben, »vom Kampf abzulassen« und wie dies das Ausmaß von schwierigen Gedanken und Gefühlen verringert, ohne dass man versucht hat, sie zu vermeiden oder sie loszuwerden. Und obwohl man weiß, dass Anker keine Unwetter kontrollieren.

Ja, selbst nach alledem braucht diese neue Weise, auf Gedanken und Gefühle zu reagieren, bei vielen Menschen immer noch etwas Zeit, um ins Bewusstsein zu dringen. Wenn Sie also einer von ihnen sind, ist das vollkommen normal. Als dieser Ansatz neu für mich war, brauchte auch ich noch eine ganze Weile, um ihn wirklich zu verstehen. Das war zu erwarten, ist er doch solch eine radikal andere Weise zu reagieren.

Ähnlich wie Karl missverstehen die meisten den Sinn der Verankerung und versuchen, sie als eine weitere Kampfstrategie zu benutzen. Doch dies führt unweigerlich zu Misserfolg und Enttäuschung. Das ist keine schlaue Weise, Ihre Gefühle zu kontrollieren. Die Ziele sind vielmehr,

- mehr Kontrolle über Ihr körperliches Tun zu gewinnen, so dass Sie effektiver agieren können, wenn schwierige Gedanken und Gefühle auftreten.
- den Einfluss Ihrer Gedanken und Gefühle zu reduzieren: Wenn wir uns im Autopilotmodus befinden, dann zerren sie uns hin und her wie eine Marionette an den Fäden (GEHORCHEN-Modus). Aber wenn wir uns ihrer bewusst werden – sie also mit Neugier anerkennen –, dann verlieren sie viel von ihrer Kontrolle über uns.
- das Sich-Sorgen, das Grübeln und das zwanghafte Denken sowie jede andere Weise, sich in unser Denken zu verlieren, zu unterbrechen.
- unsere Wegbewegungen zu unterbrechen (wie zum Beispiel problematisches Kurzschlussverhalten, das uns von dem Leben, das wir aufbauen wollen, entfernt).
- uns zu helfen, unsere Aufmerksamkeit auf die anstehende Aufgabe oder Aktivität zu richten oder neu zu fokussieren – insbesondere, wenn wir nicht bei der Sache oder auf Autopilot sind oder von unseren Gedanken und Gefühlen abgelenkt werden. (Deshalb endet die Übung mit der Aufforderung, Ihre volle Aufmerksamkeit dem zu widmen, was Sie gerade tun.)

Es gibt auch noch andere Vorteile, die wir später im Buch behandeln werden, doch lassen Sie mich zuerst etwas sehr Wichtiges betonen …

Ablenkung ist nicht das Ziel

Das englische Wort für Ablenkung, *distraction*, stammt vom Lateinischen *distrahere* ab, was »wegziehen von« bedeutet. Ablenkungstechniken sind Kampfstrategien, deren Hauptziel es ist, Ihre *Aufmerksamkeit* von unerwünschten Gedanken und Gefühlen *wegzuziehen*. Wenn wir uns verankern, tun wir das genaue Gegenteil: Wir nehmen Gedanken, Gefühle, Emotionen, Empfindungen, Triebe und Erinnerungen, die präsent sind, *aktiv zur Kenntnis*. Wenn wir versuchen, uns abzulenken – bestrebt sind, vor diesen unerwünschten inneren Erfahrungen zu flüchten, sie zu ignorieren oder so zu tun, als seien sie nicht vorhanden –, ist dies einfach eine andere Weise, mit ihnen zu kämpfen. (Als Sie aufgehört haben, das Buch von sich entfernt zu halten und es auf Ihren Schoß gelegt haben, haben Sie nicht versucht, es zu ignorieren oder so zu tun, als existiere es nicht).

Ablenkung ist nicht »falsch« oder »schlecht« – aber hey, Sie wissen bereits, wie man das tut. Wir alle kennen zig Millionen Wege, uns abzulenken, und wir wissen, dass sie oft nicht funktionieren oder bestenfalls kurzfristige Erleichterung bringen. Unser Ziel ist hier also, etwas völlig anderes zu tun, nämlich aus dem Kampf mit Gedanken und Gefühlen auszusteigen und ihnen zu erlauben zu sein, wie sie sind; sie auf Ihrem Schoß ruhen zu lassen und ihnen zu gestatten, zu ihrer eigenen Zeit zu kommen, zu bleiben und zu gehen.

Wenn etwas besonders schmerzlich für Sie ist – wie zermürbende Traurigkeit, extreme Angst oder intensive Einsamkeit –, ist es nicht wahrscheinlich, dass Ihr Schmerz verschwindet, wenn Sie sich verankern. Er wird jedoch oft schnell etwas von seiner Wucht verlieren; seine Kraft wird dahinschwinden, so dass er Sie nicht so leicht hin- und herzerren kann. Und wenn Sie die Übung mehrere Minuten lang fortsetzen – gewöhnlich genügen drei oder vier Minuten, aber manchmal braucht es länger –, dann werden Sie oft ein Gefühl der Ruhe verspüren, auch wenn das Unwetter weiter in Ihnen tobt.

Wenn der Schmerz andererseits nicht so extrem ist – zum Beispiel, wenn Ihre Traurigkeit, Ihr Stress oder Ihre Angst schwach oder mäßig sind –, dann wird der Schmerz geringer werden oder manchmal ganz verschwinden, wenn Sie sich verankern. Wenn dies geschieht, begrüßen und genießen Sie es natürlich, aber denken Sie immer daran: Es ist ein »Bonus«, nicht aber das eigentliche Ziel. Wenn Sie irgendeine Technik, die wir in diesem Buch behandeln, in dem Versuch benutzen, schmerzhafte Gedanken und Gefühle zu vermeiden, sie loszuwerden oder sich von ihnen abzulenken, werden Sie bald enttäuscht oder frustriert sein. Und Ihr Geist wird protestieren: »Das funktioniert nicht!«

Die Reihenfolge verändern

Ich möchte Sie ermutigen, Ihre eigenen Weisen, sich zu verankern, zu schaffen. Es gibt Hunderte von Möglichkeiten, die AVE-Formel zu benutzen. Also denken Sie daran, Sie brauchen sich nicht an die oben genannte Abfolge zu halten, also an:

Anerkennung ⟶ Verbindung ⟶ Sich-Einlassen.

Manche Menschen finden, dass es besser funktioniert, wenn sie sich zuerst mit ihrem Körper verbinden und dann anerkennen, was in ihnen vor sich geht, und sich dann auf das einzulassen, was sie gerade tun:

Verbindung ⟶ Anerkennung ⟶ Sich-Einlassen.

Noch andere bevorzugen:

Verbindung ⟶ Sich-Einlassen ⟶ Anerkennung.

Die Reihenfolge spielt keine Rolle, solange sie *alle drei* Phasen üben (überspringen Sie nicht die Anerkennung, sonst wird dies zur Ablenkung) und mehrere Zyklen durchlaufen. Sie können auch mit verschiedenen Methoden des Benennens experimentieren; manche Menschen gebrauchen lieber ein oder zwei Wörter: »Angst« – »Grübeln« – »Traurigkeit« – »mich bewerten«. Andere ziehen längere Aussagen vor, wie »Ich bemerke ein Gefühl von …« oder »Ich habe Gedanken über…«.

Also bitte … Führen Sie die Verankerung noch einmal für zwei oder drei Minuten durch. Vollführen Sie mindestens zwei oder drei Zyklen von AVE, und beobachten Sie, was passiert.

Was kommt als Nächstes?

Sie mögen sich fragen: »Nachdem ich mich verankert habe, was kommt als Nächstes?« (Selbst, wenn Sie das nicht tun, werde ich es Ihnen sagen.) Erinnern Sie sich an den Punkt der Entscheidung? Hinbewegungen sind Dinge, die im Einklang mit der Art von Person stehen, die Sie sein möchten, und die Sie zu dem Leben hinführen, das Sie aufbauen wollen. Wegbewegungen sind das genaue Gegenteil davon. Wenn Sie also eine Aufgabe oder Aktivität angehen, die eine Hinbewegung ist, dann fahren Sie damit fort. Und während Sie das tun, schenken Sie ihr Ihre ganze Aufmerksamkeit. Warum? Aus zwei guten Gründen.

Zuerst einmal – was brauchen wir am meisten, wenn wir eine Sache gut machen wollen? Es handelt sich weder um Fertigkeiten, Wissen, Erfahrung oder Talent, auch wenn all diese Dinge hilfreich sind. Was wir am meisten brauchen, ist die Fähigkeit, mit unserer Aufmerksamkeit bei der Aufgabe zu bleiben. Es spielt keine Rolle, wie geschickt, sachkundig, erfahren oder talentiert Sie sind: Wenn Sie nicht auf das, was Sie tun, fokussiert bleiben können, werden Sie es nicht gut machen. Das meinen Leistungssportler, wenn sie nach einer unerwartet schlechten Leistung sagen: »Ich war nicht bei der Sache.« Doch das gilt nicht nur für Sportler. Es gilt für alle von uns, ganz gleich, was wir tun: ob wir nun Auto fahren, Abendessen kochen, Liebe machen, Fußball spielen, studieren, im Fitnessstudio trainieren, Kinder beaufsichtigen, ein Buch lesen oder in unserem Beruf arbeiten. Wenn wir nicht bei der Sache sind, unkonzentriert und abgelenkt sind, oder ganz »mechanisch« funktionieren, werden wir diese Dinge nicht gut machen.*

* Dies sind natürlich Ausnahmen von der Regel. Wenn Sie sich beispielsweise betrinken oder sich auf die Couch fallen lassen und vor dem Fernseher abschalten wollen, müssen Sie diesen Aktivitäten nicht wirklich Ihre volle Aufmerksamkeit zuwenden, um sie gut zu machen. Aber für die meisten komplexen Aufgaben und Aktivitäten gilt diese Regel im Allgemeinen.

Der zweite gute Grund besteht darin, dass wir am meisten von unserem Handeln profitieren, wenn wir ihm unsere volle Aufmerksamkeit zuwenden. Je weniger Aufmerksamkeit wir dem schenken, was wir tun, desto geringer ist im Grunde genommen die Befriedigung oder die Freude, die daraus erwächst (aus Gründen, die wir später untersuchen werden).

Wenn Sie also nach der Verankerung gerade eine Hinbewegung ausführen, widmen Sie dieser Aktivität Ihre volle Aufmerksamkeit. Wenn Sie jedoch eine Wegbewegung machen … Lassen Sie diese Aktivität fallen und wechseln zu einer neuen, die eine Hinbewegung ist. (Natürlich ist es sehr viel leichter, dies zu sagen, als es zu tun – insbesondere, wenn Sie an diesem Punkt nicht einmal an irgendeine Hinbewegung denken können. Aber seien Sie versichert, dass Sie, wenn Sie erst einmal das Ende dieses Buches erreicht haben, viele Hinbewegungen in der Hinterhand haben werden, und wenn Sie Ihre neuen Fertigkeiten praktiziert haben, werden Sie ohne Weiteres in der Lage sein, diese Wechsel zu vollziehen.)

Wann und wo?

Je häufiger wir das Verankern praktizieren können, desto besser. Idealerweise üben wir bei emotional mildem Wetter so viel wie möglich, damit wir gut darauf vorbereitet sind, mit Unwettern umzugehen. Gehen Sie also die Schritte von AVE im Lauf des Tages wiederholt durch, wann immer Sie mäßig gestresst, ängstlich, irritierbar, besorgt oder traurig sind. In dem Maße, in dem Ihre Fertigkeiten wachsen, testen Sie sie dann unter härteren Wetterbedingungen. Es kann eine Weile dauern, aber mit fortgesetzter Übung werden Sie feststellen, dass Sie sich selbst bei stärksten Unwettern verankern können. (Sie müssen allerdings wirklich üben; nur darüber zu lesen, wird Ihnen nichts nützen.)

Praktizieren Sie dies auch immer dann, wenn Sie unkonzentriert, abgelenkt oder auf Autopilot sind, um sich erneut zu konzentrieren und einzulassen. Gleiches gilt, wenn Sie sich träge, ausgelaugt, lethargisch fühlen oder »nicht die geringste Lust haben, irgendetwas zu tun« – dann kann dies Ihnen helfen, aufzuwachen, frische Energie zu tanken sowie die Kontrolle über Ihr Handeln zu gewinnen.*

Das Wunderbare an diesen Übungen ist, dass sie so unglaublich leicht in Ihre tägliche Routine integrierbar sind. Sie können sie jederzeit, an jedem Ort und so oft Sie mögen ausführen: eine 30-Sekunden-Version, wenn Sie an einer roten Ampel stehen; oder eine einminütige Version, als Erstes, wenn Sie morgens aus dem Bett aufstehen; eine zweiminütige Version, wenn Sie in einer langsam vorankommenden Schlange stehen; oder eine dreiminütige Version während Ihrer Mittagspause. Sie können sie sogar im Bett liegend ausführen.

Je mehr Sie üben, desto besser. Wenn Sie zehn Minuten am Tag schaffen, ist das toll, 20 sind sogar noch besser. Doch selbst eine Minute ist besser als gar nichts.

Es ist besonders hilfreich, sich zu verankern,

- wenn sich irgendein emotionales Unwetter zusammenbraut.
- wenn Sie aufhören wollen, sich Sorgen oder zwanghaft Gedanken zu machen oder zu grübeln.

---

* Jede Empfehlung in diesem Buch muss an Ihre einzigartige Lebenssituation angepasst werden. Wenn also beispielsweise Ihre Lethargie auf Schlafmangel oder ein gesundheitliches Problem zurückzuführen ist, mag es manchmal besser sein, sich hinzulegen.

- wenn Sie irgendein selbstzerstörerisches Verhalten unterbrechen wollen.
- wenn es Ihnen schwerfällt, sich zu konzentrieren und sich auf das, was Sie gerade tun, einzulassen.
- wenn Sie sich träge oder lethargisch fühlen oder das Gefühl haben, gleich »abzuschalten«.
- wenn Sie immer wieder in Ihre Gedanken und Gefühle »abdriften«.
- jedes Mal, wenn Ihr Körper beginnt, sich »zu verschließen« oder »zu erstarren« (was häufig bei traumabedingten Problemen geschieht).
- wenn verstörende oder traumatische Erinnerungen auftauchen.
- wenn starke, suchtbedingte Gelüste auftreten.
- wann immer Sie aus dem Modus von GEHORCHEN oder KAMPF aussteigen wollen.

Das Verankern ist nur eine von vielen Loslösungsfertigkeiten, die wir in diesem Buch behandeln werden. Sie mögen anfänglich keine große Verbesserung verspüren, oder aber Sie können schnell eine dramatische Veränderung bemerken – oder Sie empfinden etwas zwischen diesen beiden Extremen. Aber wenn Sie regelmäßig und häufig üben, selbst für nur wenige Minuten täglich, wird es Ihnen mit der Zeit große Gewinne eintragen.

Problembehandlung

Wenn Sie keine Probleme haben, sich zu verankern, können Sie die folgenden Abschnitte überspringen und zum nächsten Kapitel übergehen.

Es hat nicht funktioniert

Wenn Menschen dies sagen, dann versuchen sie fast immer, diese Fertigkeit als Kampfstrategie zu benutzen: um sich von unerwünschten Gedanken und Gefühlen abzulenken oder sie loszuwerden. Wir haben diese beiden Probleme in diesem Kapitel bereits angesprochen.

Ich konnte keinen Unterschied feststellen

Dies geschieht normalerweise nur dann, wenn Sie anfangs nicht von Ihren Gedanken und Gefühlen gefangen sind. Wenn Sie nicht festgehakt sind, werden Sie nicht die Erfahrung der Loslösung machen. Wenn dies der Fall war, probieren Sie die Übung erneut aus, aber verbinden Sie sich zuerst mit einigen schwierigen Gedanken und Gefühlen, indem Sie an große Probleme oder Herausforderungen denken. Die andere Möglichkeit ist, dass manchmal am Anfang so viel los ist (all die Anweisungen zu lesen etc.), so dass Sie nicht wirklich in die Übung hineinkommen. Bitte versuchen Sie es dann noch einmal.

Beachten Sie auch, dass der Unterschied manchmal sehr subtil ist: Sie sind nur geringfügig wacher oder achtsamer, oder nur wenig stärker mit Ihrem Körper verbunden und haben nur wenig mehr Kontrolle über Ihr Handeln.

Meine Gefühle sind intensiver geworden

Glücklicherweise kommt es selten zu diesem Problem. Dies geschieht gewöhnlich, wenn Sie Ihren Gefühlen seit langer Zeit aus dem Weg gegangen sind – indem Sie sie abgeschnitten, weggeschoben oder ignoriert haben. Nun, da Sie damit aufgehört haben, entsteht ein Rebound-Effekt. Es ist so, als würde die Emotion (die meistens Angst ist) jetzt aufgeregt auf und ab springen und sagen: »Hey! Es ist höchste Zeit, dass du mir Aufmerksamkeit schenkst! Warum hast du mich so lange ignoriert? Schau mich an! Schau mich an! Hier bin ich! Sieh mal, was ich kann!«

In dem Maße, in dem Sie Ihre Gefühle anerkennen, anstatt sie wegzudrücken, wird dies bei regelmäßiger Praxis aufhören. Sollte es wieder vorkommen, besteht der Trick darin, sich für einige Minuten länger zu verankern. Üben Sie drei oder vier Durchläufe von AVE, wobei Sie sich mindestens eine Minute pro Durchlauf Zeit nehmen – dann sollten Sie beginnen, die weiter oben im Kapitel beschriebenen Ergebnisse zu erfahren.

Muss ich die Gedanken und Gefühle benennen, wenn ich sie anerkenne?

Nein, müssen Sie nicht. (Sie *müssen* niemals etwas von den Dingen, die ich vorschlage, tun. Sie haben immer die persönliche Wahl.) Wenn wir unsere Gedanken und Gefühle mit Neugier zur Kenntnis nehmen, ohne sie tatsächlich zu betiteln, ist das an sich schon nützlich. Aber *wenn* wir sie benennen, gibt dies jeder Loslösungsfertigkeit einen zusätzlichen Schwung.

Ich kann das, was ich fühle, nicht benennen

Manchen Menschen fällt es sehr schwer, ihre Emotionen zu benennen. Dies ist eine Fertigkeit, die Sie erlernen können, aber für den Moment können Sie einfach allgemeine Begriffe, wie »Stress«, »Unbehagen«, »Verletztsein« oder »Schmerz« benutzen.

Es ist schwierig, zu erkennen, was ich fühle

Wenn es Ihnen schwerfällt, sich auf Ihre Gefühle einzustimmen, oder Sie nur ein Gefühl der Taubheit haben, akzeptieren Sie einfach: »Ich bemerke Taubheit« oder »Ich bemerke einen Mangel an Gefühlen in meinem Körper«. In späteren Kapiteln werden Sie neue Fertigkeiten erlernen, die dies beheben werden.

Es fällt mir schwer, meine Gedanken wahrzunehmen

Wenn Sie sie nicht bemerken, oder keine Gedanken zu haben scheinen, dann achten Sie einfach auf Ihre Gefühle.

Ich kann nicht so viele Dinge auf einmal wahrnehmen

Wenn der Versuch, so viele Dinge zu bemerken, Sie überfordert, dann gehen Sie langsamer vor, und verengen Sie Ihren Fokus. Achten Sie in Schritt A auf nur ein Gefühl in Ihrem Körper; oder nehmen Sie einfach Ihre Gedanken anstatt Ihrer Gefühle wahr. In Schritt V bewegen und bemerken Sie einfach nur einen Teil des Körpers. In Schritt E achten Sie nur auf ein oder zwei Dinge, die Sie hören oder sehen können. Mit der Zeit erweitern Sie allmählich Ihren Fokus und bemerken mehrere Dinge gleichzeitig.

Mir wurden noch mehr körperliche Schmerzen bewusst

Manchen Menschen werden beim Üben Nackenschmerzen, Rückenschmerzen, Muskelverspannung oder andere körperliche Schmerzen bewusst. Eine Möglichkeit besteht darin, dies in den Schritt V einzubinden, indem Sie diese Bereiche dehnen oder massieren, um sich mit Ihrem Körper zu verbinden. Die andere Option ist, dies in Schritt A einzubeziehen, indem Sie dieses Unbehagen ohne Kampf anerkennen: »Hier sind Rückenschmerzen«, »Ich bemerke Nackenschmerzen«. Besser noch, üben Sie beide Optionen.

DIE UNENDLICHEN GESCHICHTEN

Stellen Sie sich einmal vor, Sie hätten eine gedankenlesende Maschine, die es Ihnen ermöglicht, sich direkt in mein Gehirn einzuklinken. Würden Sie diese Maschine dazu verwenden, meinen Gedanken zu lauschen, wann immer sie mich niederdrücken oder mir das Leben schwer machen, dann würden Sie all die Selbstverurteilungen im unten stehenden Abschnitt hören. (Wohlgemerkt, nicht alle am selben Tag; Sie müssten sich über mehrere Monate einklinken.) Wenn Sie jetzt diese Gedanken lesen, fragen Sie sich, ob Ihr Geist jemals ähnliche Dinge sagt.

Also, los geht's. Mein Geist liebt es mir zu erzählen: *Ich bin dick; ich bin alt; ich bin blöd; ich bin ein Schwindler; ich bin unfähig; ich habe nicht genug erreicht; ich bin nicht so clever wie andere; ich bin ein Heuchler; ich bin seltsam; ich bin ein Sonderling; wenn Sie wüssten, wie ich wirklich bin, würden Sie mich nicht mögen; ich bin langweilig; ich bin nicht attraktiv; ich bin ein schlechter Vater; ich bin ein mieser Partner; ich bin zu egoistisch; ich bin zu schlecht organisiert; ich bin unbeholfen.*

So, da haben Sie es. Nehmen Sie sich jetzt einen Augenblick Zeit zu bemerken, was Ihr Geist sagt: Ist es etwas wie: »Wow! Der Geist von Russ sieht aus wie meiner!?« Oder ist es eher wie: »Was stimmt mit diesem Typen nicht? Sollte er nicht so etwas wie ein Selbsthilfeguru sein?« Während ich an der aktualisierten Ausgabe dieses Buches arbeite, bin ich 54 Jahre alt, und wenn ich mir die Liste meiner Selbstverurteilungen ansehe, erkenne ich, dass ich die meisten davon während meines ganzen Erwachsenenlebens hatte und etliche von ihnen bereits seit meiner Kindheit. Was heute jedoch anders ist, ist, dass diese Gedanken, wenn sie auftauchen, meistens wie Wasser vom Rücken einer Ente abperlen. Meistens haben sie geringe oder gar keine Auswirkung. Und selbst wenn sie Einfluss haben, kann ich mich gewöhnlich ziemlich schnell von ihnen loslösen. (Ist Ihnen der Ausdruck »meistens« in den letzten zwei Sätzen aufgefallen? Bei diesen Dingen ist man niemals perfekt; es gibt immer noch Raum zur Verbesserung.)

In der Tat sind negative Gedanken ganz normal. Ich halte in der ganzen Welt Vorträge und Seminare ab (sowohl für Mediziner als auch für Laien). Das Publikum variiert von unter 50 bis über 2000 Personen, und ich offenbare ihnen all die Gedanken, die ich Ihnen gerade mitgeteilt habe. Dann sage ich: »Bitte heben Sie die Hand, wenn Ihr Geist manchmal auch zu Ihnen solche Dinge sagt – Sie müssen nicht *genau dieselben*, aber doch ähnlich sein.« Und jedes Mal, wenn ich das tue, schießen fast alle Arme nach oben. Dann sage ich zu ihnen: »Behalten Sie Ihren Arm oben, und sehen Sie sich im Raum um. Sehen Sie, dass Sie nicht allein damit sind. Unsere Gedanken machen alle das Gleiche. Das gehört zum Menschsein dazu.«

Aus Gründen, die im Kapitel »Das Leben ist schwer« erörtert wurden, gehen uns allen eine Menge negativer Dinge im Kopf herum. In der Tat zeigt die Forschung, dass fast 80 Prozent unserer Gedanken einen gewissen negativen Beigeschmack haben. Wenn Ihr Geist also viele schwarz gefärbte Gedanken hegt – willkommen im Klub.

Der große Geschichtenerzähler

Bevor wir nun weitergehen, klären wir am besten, was Gedanken eigentlich sind. Gedanken sind im Grunde Wörter. Wenn Wörter aufgeschrieben werden, nennt man sie »Text«. Wenn Wörter laut ausgesprochen werden, nennen wir sie »Rede«. Und wenn Wörter in unserem Kopf sind, nennen wir sie »Gedanken«.

Zusätzlich zu diesen »Wörtern in unserem Kopf«, haben wir auch »Bilder im Kopf« in Form von »Vorstellungen« oder »Erinnerungen«. Und unsere Gedanken, Vorstellungen und Erinnerungen werden zusammengenommen als Kognitionen bezeichnet. In späteren Kapiteln werden wir uns die Vorstellungen und Erinnerungen ansehen; in diesem Kapitel werden wir die Gedanken erkunden.

Wir Menschen verlassen uns stark auf diese »Wörter in unserem Kopf«. Unsere Gedanken erzählen uns von unserem Leben und wie wir es leben sollen. Sie sagen uns, wie wir sind und wie wir sein sollen, was wir zu tun und was wir zu lassen haben. Und doch sind sie nichts anderes als Wörter – weshalb wir sie in der ACT oft als »Geschichten« oder »Narrative« bezeichnen. Manchmal sind es wahre Geschichten (»Fakten« genannt), und manchmal sind sie unwahr. Doch die meisten unserer Gedanken sind weder wahr noch unwahr. Es sind entweder Geschichten darüber, wie wir das Leben sehen (genannt »Meinungen«, »Einstellungen«, »Urteile«, »Ideale«, »Überzeugungen«, »Theorien«, »Moralvorstellungen«, »Standpunkte«,

»Annahmen« und so weiter) oder darüber, wie wir das Leben leben wollen (genannt »Pläne«, »Strategien« – »Ziele«, »Wünsche«, »Sehnsüchte«, »Werte« und so weiter).

Und wie sehr liebt unser Geist es, Geschichten zu erzählen? Er hört niemals damit auf, nicht wahr? (Nicht einmal, wenn Sie schlafen.) Unser Geist ist permanent dabei, zu vergleichen, zu beurteilen, abzuschätzen, zu kritisieren, zu planen, zu analysieren, zu erinnern, vorherzusagen und sich etwas auszumalen. Er ist wie der größte Geschichtenerzähler der Welt: nie um ein Wort verlegen und brillant darin, unsere Aufmerksamkeit zu fesseln.

Doch die Art und Weise, in der ACT uns hilft, mit unseren Gedanken umzugehen, unterscheidet sich von vielen anderen psychologischen Modellen. Unser Hauptinteresse an jedem einzelnen Gedanken ist nicht, ob er wahr oder unwahr, positiv oder negativ ist. Was uns in erster Linie interessiert, ist: Hat dieser Gedanke uns etwas Nützliches zu bieten? Wenn wir uns von ihm leiten lassen, wird er uns helfen, das Leben aufzubauen, das wir uns wünschen?

»Aber Moment mal!«, höre ich Sie sagen. »Sind negative Gedanken nicht schädlich oder schlecht für uns?« Die Antwort lautet: Nein! (Das ist kein Druckfehler; die Antwort ist definitiv Nein.) Negative Gedanken sind niemals an und für sich schädlich oder schlecht für Sie. »Aber wie kann das sein?«, höre ich Sie fragen. »Verursachen sie nicht Dinge wie Stress, Depressionen oder Angst?« Die Antwort lautet: Nein, das tun sie nicht.

Halten Sie an diesem Punkt einen Moment inne, und hören Sie, was Ihr Geist dazu zu sagen hat? Es ist gut möglich, dass er anderer Meinung ist. Warum? Weil Sie wahrscheinlich gelesen oder gehört haben oder man Ihnen viele Male erzählt hat, dass negative Gedanken sowohl anormal als auch schädlich sind. Und wenn Sie diesen äußerst populären Märchen geglaubt haben, werden Sie eine Überraschung erleben.

Gängige Methoden zum Umgang mit »negativen Gedanken«

Viele psychologische Ansätze betrachten negative Gedanken als ein größeres Problem und machen sie verantwortlich für Depressionen, Angst, niedriges Selbstwertgefühl und so weiter. Man soll dann hart an dem Versuch arbeiten, sie zu eliminieren. Solche Ansätze raten Ihnen gewöhnlich, gegen Ihre Gedanken zu KÄMPFEN, wie etwa:

- Werden Sie negative Gedanken los, indem Sie sich wiederholt bessere und positivere erzählen.
- Lenken Sie sich von solchen Gedanken ab.
- Unterdrücken Sie solche Gedanken.
- Räsonieren Sie mit solchen Gedanken; versuchen Sie zu beweisen, dass sie nicht wahr sind.
- Formulieren Sie Ihre negativen Gedanken in positivere um.

Haben Sie bereits Methoden wie diese ausprobiert? Beinahe jeder hat das getan! Und die Realität ist, dass sie Ihnen zwar kurzfristig Erleichterung verschaffen können, Sie aber damit die negativen Geschichten in Ihrem Kopf nicht dauerhaft loswerden. Sie sind wie Zombies in einem Horrorfilm, die immer wieder zurückkommen. Das liegt an Folgendem …

Es gibt keinen »Löschen«-Schalter im Gehirn

Machen wir schnell ein Experiment. Die drei unten stehenden Sätze sind unvollständig. Wenn Sie sie lesen, versuchen Sie nicht, zu erraten oder auszuklügeln, welche Wörter fehlen: Lesen Sie einfach jeden Satz langsam, und wenn Sie ans Ende gelangen, bemerken Sie, welches Wort Ihr Geist automatisch zur Vervollständigung hervorbringt.

- Alle meine Entchen schwimmen auf dem …
- Guten Abend, gute …
- Das Gras ist immer grüner auf der anderen …

Wenn Sie im deutschsprachigen Raum aufgewachsen sind und Deutsch Ihre Muttersprache ist, hat Ihr Geist die Sätze automatisch mit »See«, »Nacht« und »Seite« vervollständigt. (Wenn Ihnen diese Bezüge fremd sind, erinnern Sie sich bitte an drei allgemein bekannte Sprüche aus Ihrer eigenen Kultur, und lesen Sie weiter.)

Nehmen Sie einmal an, ich würde Sie auffordern, diese Sätze aus Ihrem Gedächtnis zu streichen: »Löschen Sie sie vollständig aus Ihrem Gehirn, so dass Ihnen diese Liedzeilen und Sprichwörter unter keinen Umständen und nie wieder durch den Kopf schießen.« Können Sie das tun? (Wenn Sie denken, Sie können es, versuchen Sie es einmal.) Diese Wörter sind Ihnen für immer eingeprägt.

Dasselbe gilt für all die schwierigen Gedanken, die Jahr für Jahr in Ihrem Kopf aufgetaucht sind. Sie können Sie nicht einfach loswerden. Es gibt keinen »Löschen«-Schalter in Ihrem Gehirn.

Vielleicht haben Sie schon einmal von der Neuroplastizität oder Gehirnplastizität gehört: der Fähigkeit des Gehirns, sich neu zu »verdrahten«, sich zu verändern, indem es seine neuronalen Pfade (die Verbindungen zwischen den Neuronen im Gehirn) anpasst. Aber das Gehirn verändert sich nicht durch Subtraktion, indem es neuronale Pfade löscht. Es ändert sich durch Addition – indem es neue Verbindungen *über* die alten legt. Wir können also diese unerwünschten Gedanken nicht einfach löschen. Aber wir können neue Pfade anlegen, die es uns möglich machen, anders zu reagieren – so dass wir diese unweigerlich auftretenden Gedanken anerkennen und ihnen erlauben können, frei zu kommen, zu bleiben und zu gehen, ohne ihnen an den Haken zu gehen.

Ein anderer Ansatz

Bei diesem Ansatz ist unsere Anschauung von negativen Gedanken eine andere als in den meisten anderen psychologischen Modellen. Negative Gedanken sind an und für sich kein Problem. Sie werden erst problematisch, wenn wir im GEHORCHEN-Modus darauf reagieren.

Im GEHORCHEN-Modus wenden wir den Gedanken unsere ungeteilte Aufmerksamkeit zu, oder wir handeln, als wären sie Befehle, denen wir *gehorchen müssen*, oder wir betrachten sie, als wären sie die *absolute Wahrheit*. Auf diese Weise auf unsere Gedanken zu reagieren, wird mit dem Fachbegriff »Fusion« (Verschmelzung) benannt.

Zu sagen, wir seien »festgehakt« an (oder »fusioniert/verschmolzen mit«) unseren Gedanken, bedeutet im Grunde, dass sie uns beherrschen. Sie dominieren entweder unser

Bewusstsein (das heißt, wir machen uns Sorgen, beschäftigen uns zwanghaft damit oder sind anderweitig »gedankenverloren«) in einem solchen Ausmaß, dass es uns schwerfällt, uns auf etwas anderes zu konzentrieren – oder sie beherrschen unser körperliches Handeln und ziehen uns in selbstzerstörerische Verhaltensmuster (Wegbewegungen) hinein. Um ein besseres Gefühl hierfür zu bekommen, probieren Sie das unten stehende dreiteilige Experiment aus. (Es ähnelt dem Experiment, in dem Sie das Buch von sich weggehalten haben, aber es gibt einige bedeutende Unterschiede.)

Das »Hände als Gedanken«-Experiment

Teil A

Stellen Sie sich vor, dass Sie alles, was Ihnen wichtig ist, vor Augen haben: die erfreulichen, angenehmen Aspekte des Lebens – wie Ihre liebsten Filme, Lieder, Spiele, Nahrungsmittel, Menschen, Orte und Ereignisse – und die schwierigen, unangenehmen Aspekte des Lebens – all die Herausforderungen, Probleme und Scherereien, mit denen Sie umgehen müssen. Legen Sie jetzt die Hände mit nach oben gekehrten Handflächen zusammen, als seien sie die Seiten eines aufgeschlagenen Buches, und stellen Sie sich vor, dass sie all Ihre Gedanken, Vorstellungen und Erinnerungen enthalten.

Teil B

Wenn Sie das Ende dieses Abschnitts erreichen, heben Sie die Hände vor Ihr Gesicht, bis sie Ihre Augen komplett abdecken. Sehen Sie sich um, und nehmen Sie zur Kenntnis, wie Ihre Sicht auf die Welt beschaffen ist, wenn Sie durch die Lücken zwischen Ihren Fingern lugen. Tun Sie dies 15 Sekunden lang, bevor Sie weiterlesen.

So ähnlich ist es also, wenn Sie vollkommen an Ihren Gedanken festgehakt sind. Als die Hände Ihre Augen bedeckten …

- wie viel ist Ihnen da entgangen?
- wie sehr waren Sie von all den wichtigen Dingen da draußen abgeschnitten und getrennt?
- wie schwierig wäre es, sich auf Dinge zu konzentrieren?
- Stellen Sie sich die Aufgabe vor, die Sie erledigen müssen, oder dass die Person, die Sie lieben, vor Ihnen stünde: Wie schwierig wäre es, ihnen Ihre ganze Aufmerksamkeit zuzuwenden?
- Wie schlecht wäre es möglich, aktiv zu werden und die Dinge zu erledigen, die Ihr Leben funktionieren lassen? Wie schwierig wäre es, Auto zu fahren oder ein Abendessen zuzubereiten oder am Computer zu tippen?

Stellen Sie sich vor, Sie würden den *ganzen Tag* lang so herumlaufen: Inwieweit würde es Ihr Leben einschränken? Wenn wir an unseren Gedanken festgehakt sind, fällt es uns schwer, uns auf das zu konzentrieren oder auf das einzulassen, was wir tun. Es ist mühsam, die erfreulichen Aspekte des Lebens zu genießen, und beinahe unmöglich, auf die Probleme und Herausforderungen, die sich uns stellen, effektiv zu reagieren.

Teil C

Stellen Sie sich wieder vor, Ihre Hände seien Gedanken und um Sie herum befände sich alles, was Ihnen wirklich wichtig ist. Wenn Sie das Ende dieses Abschnitts erreichen, heben Sie die Hände wieder vor Ihr Gesicht, so dass sie Ihre Augen bedecken, und betrachten Sie die Welt um sich herum. Tun Sie dies für fünf Sekunden, und legen Sie die Hände dann ganz langsam in Ihren Schoß. Nehmen Sie zur Kenntnis, wie sich Ihre Sicht der Welt verändert. Lassen Sie Ihre Hände dort ruhen, schauen Sie sich mit echter Neugier um, und nehmen Sie wahr, was Sie sehen und hören können.

Wie viel leichter ist es, sich mit den Händen in Ihrem Schoß zu konzentrieren und auf die Welt um Sie herum einzulassen – oder Ihre volle Aufmerksamkeit der Aufgabe, die Sie erledigen müssen, oder der Person, mit der Sie zusammen sind, zuzuwenden? So ist es, wenn Sie von Ihren Gedanken losgelöst sind. (In der ACT wird dies als »kognitive Defusion« bezeichnet.)

Und bedenken Sie, dass Ihre Hände immer noch da sind; Sie haben sie nicht abgehackt und weggeworfen. Wenn es also etwas Nützliches gibt, was Sie mit ihnen tun können – wie ein Auto zu steuern oder ein Abendessen zu kochen oder die Person, die Sie lieben, zu umarmen –, so steht es Ihnen frei, dies zu tun. Gibt es jedoch nichts Nützliches, was Sie damit anfangen können, dann lassen Sie sie einfach dort ruhen. Dasselbe gilt für unsere Gedanken. Wenn wir guten Gebrauch von ihnen machen können, lassen Sie uns das tun. Selbst die schmerzlichsten und verstörendsten negativen Gedanken enthalten, wie wir bald sehen werden, zumindest ein wenig hilfreiche Information für uns. Aber wenn wir nichts Nützliches mit ihnen anfangen können, lassen wir sie einfach ruhen.

»Aber ich möchte sie nicht liegen lassen«, sagte Michelle, nachdem sie diese Übung ausgeführt hatte. »Ich will sie loswerden.« (Vielleicht erinnern Sie sich an Michelle aus dem Kapitel

»Das schwarze Loch der Kontrolle«: Sie machte sich fortwährend Gedanken wie »Ich bin ein hoffnungsloser Fall« – »Ich bin eine miserable Mutter« und »Niemand mag mich«.)

»Natürlich wollen Sie das«, antwortete ich. »Wer würde sich nicht wünschen, all diese üblen Gedanken loszuwerden? Haben Sie nicht viele Jahre lang versucht, das zu erreichen? Sehen Sie sich nur all die Kampfstrategien an, die Sie benutzt haben: positive Affirmationen, positives Denken, Gebet, Meditation, Ablenkung, Therapie, Selbsthilfebücher lesen, mit Ihren Gedanken streiten, Schokolade essen, trinken, die Orte und die Menschen meiden, die diese Gedanken auslösen. Und damit ist nur die Oberfläche angekratzt. Sie haben lange und mühsam gegen diese Gedanken angekämpft! Und die meisten dieser Strategien haben Ihnen kurzfristig etwas Erleichterung verschafft – aber was passiert auf lange Sicht?«

Michelle seufzte. »Sie kehren zurück.«

»Sind Sie also bereit, etwas radikal anderes zu versuchen?« Ich hielt mir die Hände vor die Augen. »Statt dies zu tun«, sagte ich, »würden Sie nicht gern lernen, Folgendes zu tun?« – Und ich legte die Hände in meinen Schoß.

»Ja«, sagte sie. »Aber können Sie mir erst etwas erklären: Warum sagt unser Geist solche Dinge?«

Ihr Geist ist wie ein allzu hilfreicher Freund

Hatten Sie jemals einen dieser übermäßig hilfreichen Freunde, die so engagiert sind, dass sie letztlich eher zu einem Plagegeist werden? Trotz ihrer guten Absichten stehen sie uns im Weg oder erschweren die Dinge. Nun, Sie mögen überrascht (und vielleicht erfreut) sein zu hören, dass Ihr Geist Ihnen eigentlich helfen will, wenn er Ihnen all diese gar nicht hilfreichen Dinge sagt.

Um dies besser zu verstehen, lassen Sie uns einige dieser gängigen Denkkategorien betrachten, die uns immer wieder an den Haken nehmen. Sie werden sehen, dass Ihr Geist Ihnen entweder helfen will, Dinge zu bekommen, die Sie sich wünschen, oder Dinge zu vermeiden, die Sie nicht wollen.

Vergangenheit und Zukunft

Unser Geist zieht uns fortwährend in die Zukunft hinein: Er sorgt sich, entwirft Katastrophenszenarien und sagt den schlimmstmöglichen Ausgang voraus. Warum? Nun, er will Sie damit darauf vorbereiten, aktiv zu werden. Er sagt: »Pass auf. Du könntest verletzt werden. Hüte dich.«

Unser Geist zieht uns auch oft in die Vergangenheit: Er grübelt, hängt schmerzlichen vergangenen Ereignissen nach, gibt sich selbst (oder anderen) die Schuld für Dinge, die wir (oder sie) getan (oder nicht getan) haben. Damit will Ihr Geist Ihnen helfen, aus vergangen Ereignissen zu lernen. Er sagt: »Schlimme Dinge sind geschehen. Du musst daraus lernen, damit du vorbereitet bist und weißt, was zu tun ist, wenn wieder etwas Ähnliches geschehen sollte.«

Beurteilungen

Unser Geist ist eine Beurteilungsfabrik, die niemals aufhört, ihr Produkt herzustellen: »Dies ist gut« – »Das ist schlecht« – »Er ist hässlich« – »Sie ist schön« – »Du kannst diesen Leuten nicht vertrauen« – »Das Leben kotzt mich an« – »Ich habe recht, du liegst falsch!« – »Diese Gefühle sind schrecklich!« Und so weiter. Diese Beurteilungen sind Versuche Ihres Geistes, eine

Landkarte Ihrer Welt zu entwerfen, die Ihnen sagt, was »sicher« und »gut« ist, und die das hervorhebt, was »nicht sicher« und »schlecht« ist.

Und natürlich beurteilen wir uns häufig auch selbst. Mit strengen Urteilen und Selbstkritik versucht unser Geist, uns »zurechtzustutzen« und zu helfen, unser Verhalten zu verändern. Der Geist meint, wenn er uns streng genug an die Kandare nimmt, dann werden wir schon »klarkommen« und »das Rechte tun«.

Gründe

Zuvor haben wir darüber gesprochen, in welcher Hinsicht unser Geist eine »Argumentationsmaschine« ist. Sobald wir auch nur daran denken, etwas Unbequemes, Herausforderndes oder Angsterzeugendes zu tun, spuckt sie all die Gründe aus, warum wir das nicht tun können, nicht tun sollten oder nicht einmal tun müssen: »Ich habe nicht die Zeit/die Energie/das Vertrauen« – »Ich bin zu ängstlich/zu gestresst/zu deprimiert« und so weiter. Das kann auch die Form von Besorgnis annehmen (»Etwas Schlimmes könnte passieren«), von Hoffnungslosigkeit (»Das wird nicht funktionieren«), von Sinnlosigkeit (»Es ist zwecklos«), von Perfektionismus (»Es hat keinen Zweck, das zu tun, wenn ich es nicht perfekt tun kann«) oder von Selbstverurteilung (»Ich bin zu blöd/zu schwach/zu faul, es zu tun«).

All diese Gründe dienen dem gleichen zweifachen Zweck: Ihr Geist versucht, Ihnen unangenehme Gedanken und Gefühle zu ersparen oder Sie vor dem Ausprobieren neuer Dinge zu schützen, die Sie verletzen könnten.

Regeln

Unser Geist liebt es, strenge Regeln aufzustellen für das, was wir können oder nicht können, was wir tun oder lassen sollten: »Du kannst das nicht!« – »Du musst das tun!« – »Du sollst es anders machen!«

Auf diese Weise gibt Ihr Geist Ihnen Richtlinien für Ihr Leben: Tu dies, und alles wird in Ordnung sein; tu das, und du wirst in Schwierigkeiten kommen. Und wieder ist es das Ziel, das zu bekommen, was Sie sich wünschen, und zu vermeiden, was Sie nicht haben wollen.

Ich könnte Ihnen den ganzen Tag lang ähnliche Beispiele geben, aber wahrscheinlich würde ich Sie damit zu Tode langweilen. Die Botschaft, die Sie getrost mit nach Hause nehmen können: Allen wenig hilfreichen Gedanken und Denkprozessen unseres Geistes liegt die Absicht zugrunde, uns zu schützen, unsere Bedürfnisse zu befriedigen, Schmerz zu vermeiden und uns auf wichtige Dinge aufmerksam zu machen, die unserer Beachtung bedürfen.

Wie können wir feststellen, ob wir festgehakt sind?

Wenn wir festgehakt sind, sieht es so aus, als ob

- unsere Gedanken Befehle sind, denen wir gehorchen müssen, oder Regeln sind, die wir befolgen müssen.
- unsere Gedanken sehr wichtig sind – wir ihnen unsere volle Aufmerksamkeit zuwenden müssen.

- unsere Gedanken weise sind – wir ihrem Rat folgen sollten.
- unsere Gedanken die Wahrheit sind – wir ihnen rückhaltlos glauben müssen.

Ich hoffe, Sie beginnen zu erkennen, dass negative Gedanken an und für sich nicht problematisch sind. Sie verursachen nicht direkt Stress, Depression, Angst und so weiter. Nur wenn wir im GEHORCHEN-Modus darauf reagieren, werden sie problematisch.

Wie ich bereits erwähnt habe, ist der Fachbegriff für solche Reaktionen »Fusion« (das heißt »Verschmelzung«). Im täglichen Sprachgebrauch haben wir jedoch viele verschiedene Wörter und Sätze, die sich auf diesen psychischen Prozess beziehen. Wir sprechen davon, in unsere Gedanken »verloren« – »verstrickt« – »verhakt« zu sein oder von ihnen »gefangen genommen« – »mitgerissen« – »herumgestoßen« – »herumgezerrt« oder »verzehrt« zu werden oder »auf ihnen herumzureiten«. Oder wir verweisen auf ihren Einfluss mit Ausdrücken wie »zurückgehalten« – »niedergedrückt« – »ertrinken« – »überschwemmt« – »sinken« – »überflutet« – »geblendet« – »festgefahren« – »niedergeschmettert« – »voreingenommen« oder »besessen«. Diese metaphorischen Ausdrücke veranschaulichen viele der üblichen Nebenwirkungen des Festgehaktseins, insbesondere wie sie uns Energie rauben und unsere Aufmerksamkeit vom Wesentlichen abziehen. Wenn wir uns aber von unseren Gedanken loslösen, verlieren sie ihre Kraft.

Manchmal fragen mich Menschen: »Sie sagen also, wir sollten niemals in unseren Gedanken versunken sein?« Worauf ich antworte …

NEIN!

(Nun, ich sage es nicht genau auf diese Weise.) Um solche Fragen zu beantworten, kehre ich immer wieder zum grundlegenden ACT-Prinzip der Umsetzbarkeit zurück: Funktioniert dies, um das Leben, das Sie sich wünschen, aufzubauen?

Es gibt viele Momente, in denen es nützlich und bereichernd für das Leben ist, in Gedanken versunken zu sein: wenn wir Pläne schmieden oder Probleme lösen oder kreativ sind, oder im Geiste eine Präsentation durchgehen, etwas Wichtiges auswendig lernen oder in der Hängematte in den Sommerferien vor uns hin träumen. Dafür ist keine Loslösung erforderlich. Wenn wir aber in unseren Gedanken auf eine Weise gefangen sind, die uns von einem Leben abhält, das wir uns wünschen, dann ist es an der Zeit, sich von ihnen zu lösen. Lassen Sie uns daher meine absolute Lieblingsmethode zum Loslösen von unseren Gedanken ansehen.

»Ich habe den Gedanken, dass …«

Während Michelle in ihre Gedanken verstrickt war, haben sie ihr Bewusstsein vollkommen beherrscht; sie fühlte sich miserabel, und es fiel ihr schwer, sich auf irgendetwas anderes zu konzentrieren. Aber sie stellte fest, dass sie sich oft mit der folgenden einfachen Technik von ihren Gedanken lösen konnte. Bitte lesen Sie die Anleitung, und probieren Sie die Übung dann aus.

Stellen Sie sich zuerst einen verstörenden, selbstverurteilenden Gedanken in der Form von »Ich bin X« vor, zum Beispiel »Ich bin nicht gut genug« oder »Ich bin inkompetent«. Wählen

Sie einen Gedanken, der oft in Ihnen auftaucht und der Sie auf irgendeine Weise an den Haken nimmt, der Sie niederdrückt, Sie zurückhält, Sie in Wegbewegungen hineinzieht, der Ihr Bewusstsein beherrscht und so weiter. (Wenn Ihnen keine Selbstverurteilung einfällt, benutzen Sie stattdessen eine immer wiederkehrende Sorge – zum Beispiel »Das wird alles schrecklich schiefgehen«.)

Konzentrieren Sie sich dann auf diesen Gedanken, und glauben Sie für zehn Sekunden so fest daran wie möglich.

Nehmen Sie als Nächstes diesen Gedanken, und fügen Sie davor den Satz ein: »*Ich habe den Gedanken, dass* … .« Spielen Sie den Gedanken wieder durch, doch dieses Mal mit dem hinzugefügten Satzteil. Sagen Sie sich selbst innerlich: »*Ich habe den Gedanken, dass* ich X bin.« Beobachten Sie, was passiert.

Wiederholen Sie dies jetzt noch einmal, aber dieses Mal ist der Satzteil ein wenig länger: »*Ich bemerke, dass ich den Gedanken habe, dass* … .« Sagen Sie sich selbst innerlich: »*Ich bemerke, dass ich den Gedanken habe, dass* ich X bin.« Nehmen Sie zur Kenntnis, was geschieht.

Haben Sie es getan? Erinnern Sie sich daran, dass Sie das Fahrradfahren nicht lernen können, indem Sie nur darüber lesen – Sie müssen tatsächlich auf das Fahrrad steigen und in die Pedale treten. Gleichermaßen werden Sie nicht viel von diesem Buch profitieren, wenn Sie die Übungen nur lesen. Sie müssen sie tatsächlich praktizieren. Wenn Sie die Übung also übersprungen haben, gehen Sie bitte zurück, und führen Sie sie jetzt aus.

So, was ist geschehen? Sie werden wahrscheinlich festgestellt haben, dass die Hinzufügung dieser Satzteile Ihnen sofort etwas Abstand von dem eigentlichen Gedanken verschafft hat. Es ist, als wären Sie einen Schritt von ihm zurückgetreten. (Konnten Sie keinen Unterschied feststellen, dann versuchen Sie es noch einmal mit einem anderen Gedanken.)

Sie können diese Technik mit jedem schwierigen Gedanken, der Sie tendenziell an den Haken nimmt, ausführen. Wenn Ihr Geist zum Beispiel sagt: »Das Leben ist zum Kotzen!«, dann erkennen Sie an: »*Ich habe den Gedanken, dass* das Leben zum Kotzen ist!« Falls es Ihnen lieber ist, dann verwenden Sie den Ausdruck »*Ich bemerke*«. Wenn Ihr Geist also sagt: »Ich werde versagen!«, räumen Sie ein: »*Ich bemerke den Gedanken, dass* ich versagen werde!« Eine andere Möglichkeit ist »*Mein Geist sagt mir*«. Zum Beispiel »*Hier ist mein Geist, der mir sagt*, ich sei ein schlechter Mensch«. Diese Formulierungen zu benutzen bedeutet, dass Sie wahrscheinlich weniger von Ihren Gedanken niedergeschlagen oder hin- und hergezerrt werden. Stattdessen können Sie »einen Schritt zurück« tun und diese Gedanken als das erkennen, was sie sind: Wörter, die Ihnen durch den Kopf gehen.

Wir können auch von positiven Gedanken an den Haken genommen werden, was zu Problemen wie Narzissmus, Arroganz, Selbstüberschätzung, unrealistischem Optimismus oder Vorurteilen und Diskriminierung führen kann. Hatten Sie beispielsweise jemals einen Verwandten oder Arbeitskollegen, der meinte: »Ich kann das besser als jeder andere; du musst es auf meine Weise tun, um die besten Ergebnisse zu erzielen« oder »Ich kenne mich darin bestens aus; du kannst mir nichts Neues mehr erzählen« oder »Ich bin dir überlegen«? Diese Gedanken sind in dem Sinne »positiv«, dass sie anderen schmeichelhafte Dinge über einen selbst erzählen. Aber wenn Leute von solchen Gedanken an den Haken genommen werden – mein lieber Mann, was das für Probleme schafft!

Wenn wir uns loslösen (oder mit dem Fachbegriff »defusionieren«), dann erkennen wir:

- Unsere Gedanken sind Klänge, Wörter, Geschichten oder »Sprachfetzen«.
- Unsere Gedanken sind keine Befehle, denen wir gehorchen müssen. Wir müssen nicht tun, was sie uns vorschreiben.
- Unsere Gedanken mögen wichtig oder unwichtig sein; wir schenken ihnen nur dann unsere ganze Aufmerksamkeit, wenn es hilfreich ist, das zu tun.
- Unsere Gedanken mögen weise sein oder auch nicht; wir folgen nicht automatisch dem, was sie vorschlagen.
- Unsere Gedanken mögen wahr sein oder auch nicht; wir glauben ihnen nicht automatisch.

Nun, ich denke, das ist genug Theorie für ein Kapitel. Wie wäre es, wenn wir jetzt etwas Praktisches tun?

Loslösungstechniken im Überfluss!

Es gibt Milliarden verschiedener Loslösungstechniken, und manche mögen anfangs ein wenig nach Effekthascherei aussehen. Betrachten Sie diese Techniken als Stützräder an einem Fahrrad: Sobald Sie Rad fahren können, brauchen Sie sie nicht mehr. Während Sie diese Techniken in diesem und im nächsten Kapitel ausprobieren, erinnern Sie sich daran, sie alle mit einer Haltung der Offenheit und Neugier als ein Experiment anzusehen.

Ich gehe davon aus, dass diese Experimente nützlich sein werden (sonst würde ich sie nicht vorschlagen), aber wie schon gesagt, nicht alles funktioniert für jeden. Jede bestimmte Technik mag große, mäßige oder geringfügige Wirkung haben. (Und manchmal sogar überhaupt keine.) Und in seltenen Fällen kann eine Technik das Gegenteil von dem bewirken, was beabsichtigt war, so dass Sie am Ende stärker festgehakt sind als zuvor. Das ist sehr unwahrscheinlich, aber wenn es vorkommt, dann ist diese Technik offensichtlich nichts für Sie, also lassen Sie sie fallen und gehen zu einer anderen über.

Fangen wir an

Wenn Sie die folgenden Loslösungstechniken anwenden, dann denken Sie daran, dass wir nicht beabsichtigen, einen Gedanken loszuwerden, sondern ihn einfach als das zu sehen, was er ist – eine Reihe von Wörtern – und ihn zu seiner eigenen Zeit kommen, bleiben und gehen zu lassen und weder mit ihm zu kämpfen noch uns von ihm beherrschen zu lassen.

Die nächste Technik fordert unsere musikalischen Fähigkeiten. Aber keine Sorge, niemand außer Ihnen wird zuhören.

Nr. 1: Musikalische Gedanken

Führen Sie sich eine Selbstverurteilung vor Augen, die Sie leicht an den Haken nimmt, zum Beispiel »Ich bin so ein Idiot!«. Behalten Sie diesen Gedanken jetzt im Sinn, und glauben Sie für etwa zehn Sekunden so fest daran wie möglich. Bemerken Sie, welche Wirkung er auf Sie hat.

Jetzt nehmen Sie diesen Gedanken und singen ihn zu der Melodie von *Happy Birthday To You* leise vor sich hin. Nehmen Sie zur Kenntnis, was passiert.

Kehren Sie jetzt zu dem Gedanken in seiner ursprünglichen Form zurück. Glauben Sie wieder zehn Sekunden lang daran. Bemerken Sie, welche Wirkung er auf Sie hat.

Singen Sie nun den Gedanken zu der Melodie von *Jingle Bells* (oder einer anderen Melodie Ihrer Wahl). Beobachten Sie, was passiert.

Alternativen zu der obigen Übung wären einige kostenlose Telefon-Apps, die Ihre Stimme musikalisch begleiten. (Mein momentaner Liebling ist AutoRap.) Sie nehmen im Grunde etwas auf, und die App fügt einen musikalischen Hintergrund hinzu. Die Idee besteht darin, dass Sie Ihren Gedanken laut aussprechen und die App ihn als funky Song wiedergibt.

So, was ist geschehen? Sie haben wahrscheinlich festgestellt, dass Ihr Gedanke mit Musikbegleitung Sie nicht mehr so an den Haken nimmt. Und beachten Sie, dass Sie den Gedanken nicht infrage gestellt haben. Sie haben weder versucht, ihn loszuwerden, mit ihm zu streiten, ob er richtig oder falsch sei, noch haben Sie versucht, ihn wegzudrängen und mit einem positiven Gedanken zu ersetzen. Indem Sie den Gedanken genommen und ihn mit Musik unterlegt haben, haben Sie seine »wahre Natur« erkannt. Sie haben realisiert, dass er wie ein Songtext nicht mehr und nicht weniger ist als eine Aneinanderreihung von Wörtern.

Nr. 2: Die Geschichte benennen

Eine weitere einfache Weise, sich loszuhaken, besteht darin, die Lieblingsgeschichten Ihres Geistes zu identifizieren und ihnen Namen zu geben: die »Verlierer!«-Geschichte oder die »Mein Leben kotzt mich an«-Story oder die »Ich kann das nicht!«-Novelle. Es gibt häufig verschiedene Variationen eines Themas. So kann zum Beispiel die »Niemand mag mich«-Geschichte im Gewand von »Ich bin langweilig« auftreten, die »Ich bin nicht begehrenswert«-Story als »Ich bin dick« und die »Ich bin unzulänglich«-Novelle als »Ich bin dumm« daherkommen. Wenn dann Ihre Geschichten auftauchen, begrüßen Sie sie mit ihrem Namen. So könnten Sie zum Beispiel sagen: »Ach ja, die kenne ich. Das ist ein alter Favorit, die ›Ich bin ein Versager‹-Geschichte.« Oder: »Aha! Hier kommt die ›Ich kann damit nicht umgehen‹-Story.«

Haben Sie erst einmal eine Geschichte erkannt, dann war's das – lassen Sie sie einfach sein. Sie müssen Sie nicht infrage stellen oder wegdrängen und müssen ihr auch nicht viel Aufmerksamkeit widmen. Lassen Sie sie einfach kommen und gehen, wie sie möchte, während Sie Ihre Energie in etwas Sinnvolles kanalisieren.

Nr. 3: Den Prozess benennen

Den Prozess zu benennen, eine Variante der vorangegangenen Methode, ist besonders hilfreich, wenn viele verschiedene Gedanken in rascher Reihenfolge auftauchen. Statt spezifische Gedanken zu bemerken und zu benennen, erkennen und betiteln Sie den Denkprozess an sich. Sie sagen sich innerlich: »Ich bemerke zwanghaftes Denken« oder »Hier ist mein grübelnder Geist«. Oder vielleicht lassen Sie lieber Ausdrücke wie

»Ich bemerke« beiseite und benennen den Prozess stattdessen einfach mit einem Wort: »Sorgen« oder »Tagträume« oder sogar einfach nur »Denken«. Wenn Sie das vorziehen, können Sie auch mehrere Wörter verwenden: »Auf der Vergangenheit herumreiten« – »Über Zurückweisung grübeln« – »Mir selbst Vorwürfe machen« und so weiter.

Diese Technik hilft oftmals, kognitive Prozesse wie Sich-Sorgen, Grübeln und zwanghaftes Denken zu unterbrechen. Schritt 1 ist, den Prozess zu benennen (zum Beispiel »Hier ist Grübeln«). Manchmal reicht das aus, um sich loszulösen. Wenn das nicht genügt, besteht Schritt 2 darin, sich zu verankern. Das zieht Sie aus Ihrem Kopf heraus und hilft Ihnen, sich wieder neu auf das zu fokussieren, was Sie gerade tun.

Übung ist wesentlich

Kommen wir auf Michelle zurück. Sie war in der Lage, zwei Hauptthemen zu erkennen, die sie immer wieder an den Haken nahmen: die »Ich bin wertlos«-Geschichte und die »Ich bin nicht liebenswert«-Story. Ihre Gedanken durch diese Benennung anzuerkennen, half ihr, sich schnell loszulösen. Doch Michelles absolute Lieblingstechnik war die der musikalischen Gedanken. Immer wenn sie sich dabei ertappte, an »Ich bin erbärmlich« oder »Ich bin eine schlechte Mutter« zu glauben, untermalte sie die Wörter mit Musik, und sie verloren augenblicklich ihre ganze Macht.

Sie gab sich allerdings nicht mit *Happy Birthday* zufrieden. Sie experimentierte mit einer breiten Palette von Melodien, von Beethoven bis zu den Beatles. Nach einer Woche, in der sie diese Technik den Tag über immer wieder geübt hatte, stellte sie fest, dass sie die so behandelten Gedanken sehr viel weniger ernst nahm (selbst ohne die Musik). Sie hatte sie nicht ausgelöscht – aber sie quälten sie sehr viel weniger.

Jetzt haben Sie wahrscheinlich eine Unmenge von Fragen, also seien Sie bitte geduldig. In den nächsten drei Kapiteln werden wir die Loslösung von Gedanken (und Erinnerungen und Vorstellungen) sehr viel ausgiebiger behandeln und alle Schwierigkeiten, die Sie damit haben, ausräumen. Bitte üben Sie in der Zwischenzeit wenigstens eine oder zwei der Methoden, die wir bisher behandelt haben: Ich habe den Gedanken, dass …; mein Geist sagt mir …; musikalische Gedanken; die Geschichte benennen; den Prozess benennen.

Darüber hinaus erinnern Sie sich häufig daran, dass

- schwierige Gedanken normal sind; jeder hegt sie.
- Ihr Geist Ihnen nicht ans Leder will, sondern das Gegenteil. Er versucht, allzu hilfreich zu sein.

Benutzen Sie diese Techniken regelmäßig mit unterschiedlichen Gedanken, so oft, wie es Ihnen möglich ist (wenigstens zehnmal am Tag, doch häufiger ist besser). Wann immer Sie sich gestresst, ängstlich, deprimiert, verstört oder verärgert fühlen oder Sie nicht bei der Sache, abgelenkt oder unkonzentriert sind. Fragen Sie sich: »Welche Geschichte erzählt mir mein Geist jetzt gerade?« Sobald Sie sie identifiziert haben, lösen Sie sich los.

Und wenn andere Methoden nicht funktionieren, haben Sie immer noch die Möglichkeit, auf das Verankern zurückzugreifen.

Es ist wichtig, an diesem Punkt keine großen Erwartungen aufzubauen. Manchmal ist es leicht, sich loszulösen; zu anderen Zeiten scheint es geradezu unmöglich zu sein. Spielen Sie deshalb mit diesen Methoden herum, und beobachten Sie, was passiert – aber erwarten Sie keine sofortige Transformation.

Und wenn Ihnen all dies zu kompliziert erscheint, räumen Sie ein: »Ich habe den Gedanken, dass es zu schwierig ist!« Es ist völlig in Ordnung, Gedanken wie »Es ist zu schwer« – »Es ist unnütz« – »Es wird nicht funktionieren« zu haben. Sehen Sie diese Gedanken als das an, was sie sind – Ketten von Wörtern –, und lassen Sie sie sein.

»Das ist ja alles schön und gut«, mögen Sie einwenden. »Aber was, wenn die Gedanken wahr sind?«

Gute Frage …

VOM HAKEN LOSGELÖST

»Aber es ist wahr!«, fauchte Marco. »Ich bin wirklich dick!« Er zog sein T-Shirt hoch. »Sehen Sie sich das an«, sagte er und klatschte sich auf den Bauch. Marco hatte wirklich beträchtliches Übergewicht. Wie viele von uns benutzte er Essen als Kampfstrategie. Er fühlte sich oft traurig, einsam, ängstlich, beschämt, wertlos und unzureichend; und wenn er sein Lieblingsessen aß (Schokolade, Chips, Pizza, Nüsse, Hamburger und Eiscreme), half ihm das für ein Weilchen, seinen unerwünschten Gedanken und Gefühlen zu entfliehen. Aber natürlich führte diese Strategie dazu, dass er sich auf lange Sicht nur noch schlechter fühlte.

Also sagte ich zu Marco: »Die wichtige Frage ist hier nicht, ob Ihre Gedanken wahr sind oder nicht, sondern ob sie hilfreich sind.« Er war etwas überrascht. »Lassen Sie mich erklären«, sagte ich. »Angenommen ich hätte hier einen Zauberstab, einen echten. Ich schwenke ihn, und durch Zauberei verlieren plötzlich alle Ihre schwierigen Gedanken und Gefühle ihre Macht. Sie perlen wie Wasser vom Gefieder einer Ente ab; sie halten Sie nicht länger auf irgendeine Weise davon ab, die Dinge zu tun, die Sie wirklich tun wollen. Wenn das geschähe, würden Sie Ihren Körper dann anders behandeln?«

»Nun«, sagte er, »zuerst einmal würde ich nicht so viel Mist essen.«

»Was würden Sie denn essen?«

»Mehr gesunde Dinge, schätze ich. Und weniger davon.«

»Okay. Noch irgendetwas, das Sie anders machen würden? Wenn Sie Ihren Körper so behandeln könnten, wie Sie ihn tief in Ihrem Herzen wirklich behandeln wollen?«

»Na ja, ich würde mich ganz bestimmt mehr bewegen.«

»Okay, mir scheint, Sie haben hier einen wirklich wichtigen Wert angesprochen. Ich werde ihn »Selbstfürsorge« nennen. Und wenn Sie wahrhaftig nach diesem Wert der Selbstfürsorge leben würden, würden Sie anders handeln: Sie würden gesünder essen und sich mehr bewegen. Ist das richtig?«

»Genau.«

»Gut. In dem Moment, in dem Ihr Geist beginnt, Sie niederzudrücken, indem er Sie mit all diesen Eigenschaften betitelt – dick, faul, abstoßend und so weiter –, werden Sie von ihnen sofort an den Haken genommen, nicht wahr?«

»Genau.«

»Und was passiert dann?«

»Ich bin deprimiert.«

»Und was dann?«

»Ich esse Mist.«

»Richtig. Mit anderen Worten: Von diesen Gedanken an den Haken genommen zu werden, hilft Ihnen nicht, Ihren Wert der Selbstfürsorge zu leben.«

»Nein. Das tut es nicht.«

»Ob Ihre Gedanken nun wahr sind oder nicht, ist hier nicht das Problem. Es geht vielmehr darum, dass es nicht hilfreich ist, wenn Sie sich von ihnen herumzerren lassen. Möchten Sie daher lernen, wie man sich von ihnen loslöst, damit es leichter ist, diese Hinbewegungen zu gutem Essen und Körperübungen zu unternehmen?«

»Ja«, sagte er.

Hilfreich oder wahr

Wahr oder nicht wahr, unsere Gedanken sind wenig mehr als bloß Wörter. Wenn diese Wörter uns etwas Nützliches erzählen, etwas, das uns helfen kann, dann lohnt es sich, auf sie zu hören. Wenn sie nicht hilfreich sind, warum sich damit abgeben?

Angenommen ich mache einige ernsthafte Fehler in meiner Arbeit, und mein Geist sagt mir: »Du bist inkompetent!« Dies ist der Versuch meines Geistes, mir zu helfen: Er weist auf ein Problem hin, das der Aufmerksamkeit bedarf. Aber abgesehen davon, ist er nicht hilfreich. Er sagt mir nicht, was ich tun kann, um die Situation zu verbessern. Er ist einfach nur entmutigend. Mich selbst herunterzumachen, ergibt keinen Sinn. Was ich stattdessen tun muss, ist, aktiv zu werden, die Fehler zu korrigieren, meine Fertigkeiten zu erweitern oder um Hilfe zu bitten.

Sie können viel Zeit darauf verwenden zu entscheiden, ob Ihre Gedanken tatsächlich wahr sind. Ihr Geist wird immer wieder versuchen, Sie in diese Diskussion hineinzuziehen. Doch obwohl dies gelegentlich wichtig ist, ist es die meiste Zeit irrelevant und eine große Energieverschwendung.

Die nützlichere Herangehensweise ist zu fragen: »Hat dieser Gedanke etwas Zweckdienliches zu bieten? Wird er mich, wenn ich mich von ihm leiten lasse, dem Leben, das ich mir wünsche, näher bringen oder mich davon entfernen?« Wenn dieser Gedanke hilfreich ist, dann nehmen Sie ihn klug in Anspruch; lassen Sie sich von ihm leiten. Hat er jedoch nichts Wertvolles zu bieten, lösen Sie sich von ihm.

»Aber«, höre ich Sie fragen, »was, wenn dieser negative Gedanke tatsächlich hilfreich ist?« Was, wenn das Urteil meines Geistes »Ich bin dick« mich wirklich dazu anregt, mich mehr zu bewegen? Gutes Argument. Streng selbstkritisches Denken *kann* uns manchmal motivieren – aber uns auf diese Form von Motivation zu verlassen, kann uns teuer zu stehen kommen. Auch wenn diese Denkweise uns manchmal den Kick gibt zu handeln, hat sie oft den gegenteiligen Effekt: Wir fühlen uns schuldig, deprimiert, frustriert oder ängstlich; und wir sind am Ende demoralisiert oder demotiviert.

Das passiert bei »ungesundem Perfektionismus«. Sie werden von der Regel »Ich muss dies gut machen und tolle Resultate erzielen« an den Haken genommen. Solange Sie dieser Regel erfolgreich folgen, hart arbeiten und diese guten Ergebnisse erzielen, ist Ihr Geist (einigermaßen) zufrieden. Wenn Sie aber nachlassen, verurteilt er Sie erbarmungslos und beschimpft Sie. Dies gibt Ihnen einen Tritt in den Hintern, so dass Sie aktiv werden und wieder hart zu arbeiten beginnen – doch zu welchem Preis? Langfristig ist das Ergebnis Stress, Burn-out oder Erschöpfung.

In späteren Kapiteln betrachten wir gesündere Wege, sich zu motivieren: Methoden, die Ihr Leben eher verbessern als es auslaugen werden. Für den Augenblick genügt es zu sagen, dass Gedanken, die Sie kritisieren, beleidigen, verurteilen, herunterziehen oder Ihnen Vorwürfe machen, Ihre Motivation auf lange Sicht wahrscheinlich eher mindern als fördern. Wenn

Ihnen also beunruhigende Gedanken durch den Kopf gehen, mag es nützlich sein, wenn Sie sich eine oder mehrere der folgenden Fragen stellen:

- Ist dies ein alter Gedanke? Habe ich ihn früher schon gehört? Gewinne ich etwas Nützliches, wenn ich wieder auf ihn höre?
- Wenn ich mich in meinem Handeln von diesem Gedanken leiten lasse, wird mir das helfen, mein Leben zu verbessern?
- Was würde es mir bringen, an diesen Gedanken zu glauben?

Und wenn Sie sich fragen, woher Sie wissen können, ob ein Urteil Ihres Geistes hilfreich ist oder nicht, dann fragen Sie sich: *Wenn ich mich von diesem Gedanken leiten lasse,*

- wird er mir helfen, die Art von Mensch zu sein, der ich sein möchte?
- wird er mir helfen, das zu tun, was ich wirklich tun möchte?
- wird er mir auf lange Sicht helfen, ein besseres Leben aufzubauen?

Ist die Antwort auf irgendeine dieser Fragen Ja, dann ist dieser Gedanke wahrscheinlich hilfreich. (Wenn nicht, ist er wahrscheinlich *nicht* hilfreich.)

Gedanken und Überzeugungen

Wie können wir wissen, an welche Gedanken wir glauben sollten? Die Antwort hierauf hat drei Teile. Erstens: Hüten Sie sich davor, zu sehr an einer Überzeugung festzuhalten. Wir alle haben unsere Glaubenssätze, aber je stärker wir an ihnen festhalten, desto unflexibler werden wir in unseren Einstellungen und Verhaltensweisen. Wenn Sie jemals versucht haben, mit jemandem zu diskutieren, der glaubt, absolut im Recht zu sein, dann wissen Sie, wie sinnlos das ist – die Person wird niemals einen anderen als ihren eigenen Standpunkt akzeptieren. Wir bezeichnen sie als unflexibel, rigide, engstirnig, borniert und festgefahren.

Wenn Sie zudem an Ihre eigene Erfahrung denken, werden Sie erkennen, dass sich Ihre Ansichten im Lauf der Jahre verändern. Die Dinge, von denen Sie einst fest überzeugt waren, mögen Sie heute lächerlich finden. Wahrscheinlich haben Sie zum Beispiel irgendwann in Ihrem Leben an zumindest einige der folgenden Wesen geglaubt: Drachen, Kobolde, Feen, Vampire, Hexen, Zauberer, Hexenmeister, den Nikolaus, den Osterhasen, die Zahnfee. Und beinahe jeder verändert in seinem Leben mit zunehmendem Alter einige seiner Standpunkte über Religion, Politik, Geld, Familie oder Gesundheit. Behalten Sie also ruhig Ihre Überzeugungen – aber halten Sie sie nicht zu fest. Vergessen Sie nicht, dass sie allesamt Gedanken sind (das heißt, Wörter in Ihrem Kopf), ob sie nun »wahr« sind oder nicht.

Zweitens: Wenn dieser Gedanke Ihnen hilft, ein reiches, erfülltes und sinnvolles Leben zu führen, dann ist es vernünftig, ihn als Leitlinie und Motivation zu benutzen. Und vergessen Sie gleichzeitig nicht, dass dieser Gedanke im Wesentlichen immer noch eine Geschichte ist: eine Aneinanderreihung von Wörtern, ein Segment menschlicher Sprache. Lassen Sie sich also von ihm leiten, aber halten Sie ihn keinesfalls allzu fest.

Drittens: Achten Sie sorgfältig auf das, was *tatsächlich* passiert, statt automatisch an das zu glauben, was Ihr Geist sagt. Sie haben vielleicht schon vom »Hochstapler-Syndrom« gehört. Davon sprechen wir, wenn ein Mensch seine Arbeit kompetent erledigt, aber im Grunde genommen glaubt, er sei einfach nur ein Hochstapler, der nicht wirklich weiß, was er tut. Der Hochstapler hält sich selbst für einen Schwindler, der sich durch das Leben mogelt, immer kurz davor, »entlarvt« zu werden.

Menschen mit dem Hochstapler-Syndrom achten nicht genug auf ihre unmittelbare Erfahrung, auf die klar erkennbare Tatsache, dass sie ihren Job effektiv ausführen. Stattdessen richten sie ihr Augenmerk auf einen überkritischen Geist, der ihnen sagt: »Du weißt ja gar nicht, was du tust. Früher oder später werden alle erkennen, dass du nur ein Schwindler bist.« Ein hochkarätiges Beispiel ist der außerordentlich erfolgreiche Popstar Robbie Williams, den oft der Gedanke quält, er könne gar nicht singen.

In meinen frühen Jahren als Arzt wurde ich selbst schlimm vom Hochstapler-Syndrom heimgesucht. Wenn einer meiner Patienten sagte: »Danke, Sie sind ein wunderbarer Arzt«, dachte ich gewöhnlich: »Von wegen. Sie würden das nicht sagen, wenn Sie wüssten, wer ich wirklich bin.« Ich vermochte solche Komplimente nie anzunehmen, weil mein Geist, auch wenn ich meine Arbeit gut machte, mir immer wieder sagte, ich sei untauglich, und ich glaubte ihm.

Immer wenn ich einen Fehler machte, ganz gleich wie banal er war, leuchteten drei Wörter automatisch in meinem Kopf auf: »Ich bin inkompetent.« Damals hat mir das wirklich zu schaffen gemacht, weil ich glaubte, dieser Gedanke sei die absolute Wahrheit. Dann begann ich, an mir selbst zu zweifeln und setzte mich unter Druck wegen all der Entscheidungen, die ich getroffen hatte. Habe ich bei den Magenschmerzen eine Fehldiagnose erstellt? Habe ich das falsche Antibiotikum verordnet? Habe ich etwas Gravierendes übersehen?

Manchmal stritt ich mit dem Gedanken und wies darauf hin, dass jeder einmal einen Fehler macht, auch ein Arzt, und dass keiner der Fehler, die ich gemacht hatte, schwerwiegend gewesen sei. Ich fand, dass ich meine Arbeit im Großen und Ganzen gut erledigte. Bei anderen Gelegenheiten listete ich all die Dinge auf, die ich gut gemacht hatte, und erinnerte mich an all die positiven Rückmeldungen, die ich von Patienten und Kollegen bekommen hatte. Oder aber ich wiederholte positive Affirmationen hinsichtlich meiner Fertigkeiten. Doch durch nichts davon konnte ich mich der negativen Gedanken entledigen oder sie daran hindern, mich zu beunruhigen.

Heutzutage taucht die »Ich bin inkompetent«-Story immer noch oft auf, wenn ich einen Fehler mache, aber im Unterschied zu damals beunruhigt sie mich nur noch selten. Ich weiß, dass diese Wörter bloß eine automatische Reaktion sind, so wie sich unsere Augen beim Niesen schließen. Statt also darüber zu grübeln, wie inkompetent ich sei, korrigiere ich einfach den Fehler und mache unbeirrbar weiter.

Tatsache ist, dass wir uns die meisten Gedanken in unserem Kopf nicht aussuchen. Zweifellos wählen wir *manche* von ihnen *manchmal* – doch die meisten stellen sich von selbst ein.

Wir haben jeden Tag Tausende von nutzlosen oder nicht konstruktiven Gedanken. Und ganz gleich, wie grob, grausam, dämlich, rachsüchtig, kritisch, beängstigend oder geradezu bizarr diese Gedanken sein mögen, wir können sie nicht daran hindern aufzutauchen.

Wir müssen ihnen jedoch nicht GEHORCHEN, bloß weil sie auf der Bildfläche erscheinen. Wir können solche Gedanken behandeln wie die Werbespots, die aufploppen, wenn Sie durch die sozialen Medien scrollen oder im Internet surfen. Sie können das Auftauchen der Werbung nicht verhindern – aber Sie brauchen nicht daraufzuklicken oder das zu kaufen, was sie anpreist. Oder aber Sie können sie wie Junk-Mail in Ihrem Postfach behandeln, die Sie nicht öffnen und nicht lesen müssen. (Leider können wir unsere Junk-Gedanken nicht so einfach wie Junk-Mails löschen; aber ich vertraue darauf, dass Sie verstehen, was ich meine.)

In meinem Fall hatte ich schon lange bevor ich Arzt wurde, mit dem »Ich bin inkompetent«-Narrativ zu tun. In vielen Bereichen meines Lebens, vom Tanzenlernen bis hin zur Bedienung eines Computers, hat jeder Fehler, den ich gemacht habe, denselben Gedanken ausgelöst: »Ich bin inkompetent.« Natürlich ist das nicht immer der genaue Wortlaut. Häufig heißt es auch: »Idiot!« – »Du bist nutzlos!« oder »Kannst du nicht *einmal* etwas richtig machen?« Aber diese Gedanken sind kein Problem, solange ich sie als das sehe, was sie wirklich sind: ein Fetzen »alter Programmierung«, der mir in den Sinn gekommen ist.

Es ist im Grunde genommen so: Je mehr wir uns auf unsere unmittelbare Erfahrung des Lebens einstimmen können (anstatt auf den fortlaufenden Kommentar des Geistes zu hören), desto leichter ist es, Dinge zu tun, die uns dem Leben, das wir uns wünschen, näher bringen. (Aus diesem Grund wenden wir am Ende jeder Übung des Verankerns dem, was wir gerade tun, unsere volle Aufmerksamkeit zu. In späteren Kapiteln werden wir noch weiter daran arbeiten, dieses Vermögen zu entwickeln.)

Lassen Sie uns also ohne weiteres Aufheben mit drei weiteren Methoden der Loslösung von Gedanken herumspielen.

Dem Geist danken

Dies ist eine der einfachsten Methoden der Loslösung. Wenn unser Geist mit denselben alten, wenig hilfreichen Geschichten daherkommt … Dann danken Sie ihm spielerisch und mit einem Sinn für Humor. Sie sagen im Stillen zu sich selbst: »Danke, Geist! Wie aufschlussreich!« oder »Danke für die Mitteilung« oder »Wirklich? Wie faszinierend!« oder einfach »Danke, Geist!« Wenn ich diese Methode anwende, hört sich das in meinem Kopf etwa folgendermaßen an:

Mein Geist: Du bist so lächerlich!

Russ: Danke, Geist.

Mein Geist: Du kannst diese Loslösungstechnik anwenden, aber du bist immer noch lächerlich.

Russ: Danke, Geist. Danke für die Mitteilung.

Mein Geist: Du hältst dich für so clever mit dieser Technik, aber in Wirklichkeit bist du lediglich ein Verlierer.

Russ: Danke, Geist. Ich schätze dein Feedback. Ich weiß, dass du diskutieren willst, aber ich habe anderes zu tun, tut mir leid.

Es ist wichtig, dass wir dies nicht auf sarkastische oder aggressive Weise tun, denn das zieht uns leicht in einen Konflikt mit unseren Gedanken hinein (so wie Sarkasmus und Aggression uns in Konflikte mit anderen Menschen hineinziehen). Wir sollten dies spielerisch, mit Wärme, Leichtigkeit und Humor tun. (Auf YouTube finden Sie ein humorvolles Video auf Englisch, das diese Methode demonstriert: Geben Sie auf YouTube ein: »Russ Harris Thanking Your Mind«.)

Es gibt viele Möglichkeiten, diese Technik abzuwandeln. Sie können sie zum Beispiel mit dem Benennen der Geschichte kombinieren: »Na prima, da haben wir wieder die ›Ich bin ein Versager‹- Story. Besten Dank, Geist!« Oder Sie erkennen die guten Absichten Ihres Geistes an: »Danke, Geist. Ich weiß, du versuchst, mir zu helfen – aber es ist schon in Ordnung, ich habe alles im Griff.« (Und wenn Sie das Dankesagen nicht mögen, können Sie einfach anerkennen: »Ah, hier bist du, Geist, und versuchst zu helfen.«)

Mit dem Text spielen

Wenn Sie Dinge gut visualisieren können, führen Sie diese Übung in Ihrer Vorstellung durch. Wenn Ihnen Visualisierung schwerfällt (so wie mir), dann machen Sie sie am Computer oder Smartphone: Tippen Sie Ihren Gedanken in eine PowerPoint- oder Keynote-Präsentation ein oder in eine der vielen Apps für Smartphones zum Skizzieren, Zeichnen oder Malen.

Wählen Sie einen Gedanken, der Sie oft an den Haken nimmt. Bilden Sie einen kurzen Satz daraus (mit weniger als zehn Wörtern) und beobachten Sie ungefähr zehn Sekunden lang, ob er Sie wirklich an den Haken nehmen kann. Glauben

Sie an ihn. Verstricken Sie sich in ihn. Lassen Sie sich so fest an den Haken nehmen wie möglich.

Jetzt stellen Sie sich den Gedanken als schwarzen Text auf einem Computerbildschirm vor (oder tippen Sie ihn auf Ihrem Gerät wirklich ein).

Spielen Sie nun, ohne ein Wort zu verändern, mit der Formatierung. Ordnen Sie die Wörter zuerst mit großen Abständen voneinander an:

Ich bin nutzlos

Dann ziehen Sie die Wörter ohne Zwischenraum zusammen:

Ichbinnutzlos

Stellen Sie nun die Wörter wieder zurück in ihre normale Formatierung mit schwarzem Text, und spielen Sie jetzt mit verschiedenen Farben, und beobachten Sie, was geschieht. (Sie mögen beispielsweise feststellen, dass ein leuchtendes Rot sie tendenziell an den Haken nimmt, während ein blasses Rosa Ihnen hilft, sich loszulösen.) Versuchen Sie es mit wenigstens drei verschiedenen Farben.

Spielen Sie nun mit den Schriftarten herum. Sehen Sie den Text in *Kursivschrift*, dann in einer stilvollen Darstellung.

Ich bin nutzlos

Dann in einer der spielerischen Schriftarten, die man auf den Umschlägen von Kinderbüchern sieht.

ICH BIN NUTZLOS

Bringen Sie den Text nun wieder in das schlichte schwarze Format zurück, und animieren Sie dieses Mal die Wörter: Lassen Sie sie auf und ab springen, hüpfen oder sich im Kreis drehen.

Setzen Sie den Text wieder in das normale Textformat zurück, und stellen Sie sich dieses Mal vor, dass ein Karaoke-Ball von Wort zu Wort springt. (Und wenn Sie mögen, hören Sie ihn gleichzeitig zu der Melodie von *Happy Birthday* gesungen.)

Was ist geschehen? Haben Sie ein Gefühl von Abstand zu dem Gedanken oder der Loslösung von ihm erfahren? Hat er etwas von seiner Wirkung verloren?

Die Technik der albernen Stimmen

Diese Technik ist besonders wirksam bei wiederkehrender harter Selbstverurteilung. Nehmen Sie einen selbstkritischen Gedanken, der Sie oft an den Haken nimmt und glauben Sie für etwa zehn Sekunden so fest wie möglich daran. Lassen Sie sich so fest es geht an den Haken nehmen.

Suchen Sie sich als Nächstes eine Figur aus einem Zeichentrickfilm mit einer lustigen Stimme aus, wie etwa Mickey Mouse, Bugs Bunny, Shrek, SpongeBob Schwammkopf oder Homer Simpson. Spielen Sie nun aufs Neue die Selbstverurteilung innerlich ab, aber »hören« Sie sie dieses Mal mit der Stimme der Zeichentrickfigur. Beobachten Sie, was geschieht.

Bringen Sie nun den Gedanken in seine ursprüngliche Form, und lassen Sie sich wieder für zehn Sekunden an den Haken nehmen. (Es kann sein, dass Sie dies jetzt schwieriger finden.)

Wählen Sie nun eine Figur aus einem Film oder einer Fernsehshow aus. Ziehen Sie Fantasiecharaktere in Betracht wie Darth Vader, Yoda, Gollum oder jemanden aus Ihrer Lieblingsfernsehserie oder Schauspieler mit einer charakteristischen Stimme wie Wilhelmine Klemm, Arnold Schwarzenegger, Heike Makatsch, Uwe Ochsenknecht, Otto Waalkes oder Anke Engelke. Spielen Sie den Gedanken erneut ab, und »hören« Sie ihn mit dieser neuen Stimme. Beobachten Sie, was passiert.

Versuchen Sie es nun noch einmal, indem Sie irgendeine Stimme wählen, von der Sie glauben, sie könne Ihnen helfen, sich loszulösen: die eines Politikers, eines Sportkommentators, eines Nachrichtensprechers, eines Staatsoberhaupts oder von jemandem mit einem fürchterlichen Akzent. Beobachten Sie, was geschieht.

Als Alternative zu den obigen Experimenten können Sie sich eine Stimmverzerrer-App auf Ihr Smartphone herunterladen. Viele gibt es kostenlos, und sie funktionieren alle auf die gleiche Weise. Sie nehmen Ihre Stimme auf, und die App verzerrt sie dann. Sie kann sich dann so anhören wie ein Roboter, wie ein Gespenst oder ein Chipmunk. Es geht also darum, dass Sie den Gedanken laut in die App sprechen und ihn dann mit unterschiedlichen Stimmen wiedergeben lassen.

Wie ist es gelaufen? Ich schätze, Sie werden mittlerweile von dem Gedanken weniger an den Haken genommen. (Auch wenn das hier nicht das Ziel ist, müssen viele Menschen grinsen oder kichern, wenn sie diese Übung ausführen.) Und seien Sie sich bewusst, dass Sie überhaupt nicht gegen den Gedanken GEKÄMPFT haben: Sie haben nicht versucht, ihn zu verändern, loszuwerden, zu unterdrücken, mit ihm zu streiten, zu diskutieren, ob er richtig oder falsch ist, ihn durch einen positiveren Gedanken zu ersetzen oder sich von ihm ablenken zu lassen. Vielmehr haben Sie ihn als das angesehen, was er ist: als einen Sprachfetzen. Indem Sie dieses Sprachsegment in einer anderen Stimme gehört haben, sind Sie sich bewusst geworden, dass es sich nur um eine Reihe von Wörtern handelt – nicht mehr und nicht weniger –, und so verliert der Gedanke seine Wirkung.

Manche Menschen mögen diese Technik der albernen Stimmen nicht; sie haben das Gefühl, dass sie damit etwas Ernstes trivialisieren. Wenn diese Technik (oder irgendeine andere) sich für Sie so anfühlt, dann verwenden Sie sie nicht. Beim Loslösen geht es nicht darum, ein echtes Problem in Ihrem Leben zu trivialisieren. Das Ziel ist, uns von der Unterdrückung durch unseren Geist zu befreien – unsere Zeit, Energie und Aufmerksamkeit freizusetzen, so dass wir sie in sinnvolle Aktivitäten investieren können (anstatt nutzlos auf unseren Gedanken herumzureiten).

Jana, die unter chronischer Depression litt, fand diese Methode besonders hilfreich. Sie war mit einer sie verbal misshandelnden Mutter, die sie ständig kritisierte und beschimpfte, aufgewachsen. Die Kränkungen, die einst von Seiten Ihrer Mutter kamen, waren nun zu wiederkehrenden Gedanken geworden:

»Du bist dick« – »Du bist hässlich« – »Du bist dumm« – »Du wirst es nie zu etwas bringen« – »Niemand mag dich« ... Wenn diese Gedanken während unserer Sitzungen auftauchten, begann Jana oft zu weinen. Sie hatte viele Jahre (und Tausende von Dollars) auf Therapien verwandt und versucht, diese Gedanken loszuwerden – vergebens.

Jana war ein großer Fan des britischen Comedy-Ensembles Monty Python, und die Figur, die sie auswählte, stammte aus dessen bekanntestem Film *Das Leben des Brian*. In dem Film kritisiert Brians Mutter, die von dem männlichen Schauspieler Terry Jones dargestellt wurde, Brian ständig mit lächerlich schriller, kreischender Stimme. Als Jana ihre Gedanken in der Stimme dieser kreischenden alten Frau »hörte«, konnte sie sie nicht mehr ernst nehmen. Die Gedanken verschwanden nicht sofort, aber sie verloren viel von ihrer Macht über sie, was half, ihre Depression zu überwinden.

Wenn Gedanken sowohl ernst als auch wahr sind

Was tun wir, wenn ein Gedanke sowohl ernst als auch wahr ist? Amina, eine meiner Klientinnen, litt unter einer schweren Kardiomyopathie (einer Herzkrankheit) und hoffte verzweifelt auf eine Herztransplantation, ohne die sie bald sterben würde. Sie erzählte mir, sie könne sich auf nichts konzentrieren, da sie den ganzen Tag in einem dichten Smog angstvoller Gedanken verloren war. All dies waren *ernste und wahre* Gedanken: über ihre Herzerkrankung, die Chancen, einen Organspender zu finden, die Risiken der Operation, die Möglichkeit zu sterben, die Dringlichkeit, ein Testament zu verfassen, und so weiter. Das Problem bestand darin, dass das Leben an ihr vorüberging, während sie in all diese Gedanken verstrickt war. Sie konnte nicht für ihre Lieben da sein; sie konnte sich nicht auf die Filme, Bücher und Songs, die sie liebte, konzentrieren. Also hörte ich ihr mitfühlend zu, erklärte all ihre Ängste als vollkommen natürlich und lehrte sie, sich zu verankern. Dann sprachen wir über das »Benennen der Geschichte«, und sie wählte für sich den Titel »Die Zeit läuft ab«.

Sie war bereit, zu üben, ihre »Die Zeit läuft ab«-Geschichte zu erkennen und zu benennen, wann immer sie im Lauf des Tages auftauchte, und dies mit dem Dank an den Geist abzuwechseln: »Vielen Dank, Geist. Ich weiß, dass du versuchst, mir zu helfen, mit meiner Krankheit umzugehen und das Beste aus der mir bleibenden Zeit zu machen. Das ist in Ordnung, ich habe das im Griff.« Und wenn das nicht half, sollte sie sich verankern und neu fokussieren.

In ihrer nächsten Sitzung nur eine Woche später gelang es ihr wesentlich besser, sich von all diesen Gedanken loszulösen. Sie *glaubte* noch zu 100 Prozent an sie. Natürlich tat sie das, waren sie doch wahr! Jetzt war sie aber in der Lage, sie zu bemerken und zu benennen, sie frei kommen, bleiben und gehen zu lassen, ohne ihnen an den Haken zu gehen. (Natürlich reagiert nicht jeder so dramatisch. Wenn sich also zeigt, dass Sie trotz intensiver Praxis noch immer an den Haken genommen werden, benötigen Sie zusätzliche Methoden wie jene, die im Kapitel »Sich-Sorgen, Grübeln, zwanghaftes Denken« beschrieben werden.)

Wenn wir uns von unseren Gedanken loslösen, dann verlieren sie interessanterweise oft ihre Glaubwürdigkeit. Doch das ist nicht das Ziel. Wir sind nicht in erster Linie daran interessiert, ob eine Vorstellung wahr ist oder falsch. Unsere

Hauptinteressen sind: Hat dieser Gedanke uns etwas Nützliches zu bieten? Kann er uns helfen, das Beste aus unserem Leben zu machen? Wenn wir uns von diesem Gedanken leiten lassen, wird er uns zu dem Leben hinführen, das wir uns wünschen?

Entwerfen Sie Ihre eigenen Loslösungstechniken

Die Techniken, die wir bislang behandelt haben, sind wie die aufblasbaren Schwimmflügel, die kleine Kinder in einem Schwimmbecken benutzen: Sobald sie schwimmen können, brauchen sie sie nicht mehr. Im Lauf der Zeit werden Sie fähig sein, sich loszulösen, ohne solch ausgeklügelte Methoden anzuwenden. (Auch wenn wir schon etwas fortgeschritten sind, wird es allerdings immer noch Zeiten geben, zu denen es nützlich ist, diese Methoden aus unserem psychologischen Werkzeugkasten hervorzuholen.) Warum machen Sie sich nicht den Spaß, in der Zwischenzeit, während Sie noch immer »Schwimmflügel« tragen, Ihre eigenen Techniken zu entwerfen?

Sie brauchen Ihren Gedanken lediglich in einen neuen Kontext zu stellen, in dem Sie ihn »sehen« oder »hören« können – oder beides. Sie könnten Ihren Gedanken als Graffito auf eine Mauer gesprüht, auf ein Plakat gedruckt, auf der Brust des Superhelden aus einem Comicbuch prangend, in die Rinde eines Baums geschnitzt, als von einem Flugzeug gezogenes Banner oder als Tattoo auf dem Arm eines Kinostars visualisieren. Oder stellen Sie sich ihn als Textnachricht, Junk-Mail oder Pop-up-Werbung vor. Sie könnten ihn auch malen oder zeichnen oder als Skulptur meißeln. Sie können ihn sich als tanzend, hüpfend, kreiselnd vorstellen; oder Sie können ihn wie im Abspann eines Films über den Bildschirm laufen lassen. Alternativ könnten Sie Ihren Gedanken vom Radio übertragen, von einem Roboter gesprochen oder von einem Rockstar gesungen »hören«. Lassen Sie Ihrer Kreativität freien Lauf.

Vier Dinge zur Erinnerung

Wenn Sie Loslösung praktizieren, ist es wichtig, sich an folgende vier Dinge zu erinnern:

1. Das Ziel ist nicht, unangenehme Gedanken loszuwerden, sondern sie als das zu sehen, was sie sind – einfach nur Wörter –, und von dem Kampf mit ihnen abzulassen. Manchmal werden sie schnell verschwinden, zu anderen Zeiten jedoch nicht.
2. Wenn Sie sich von einem beunruhigenden Gedanken loslösen, werden Sie sich oft besser fühlen. Dies ist eine wohltuende Begleiterscheinung, aber nicht das eigentliche Ziel. Das Hauptziel der Loslösung besteht darin, sich von der Tyrannei Ihres Geistes zu befreien, damit Sie Ihre Zeit, Energie und Aufmerksamkeit in wichtigere Dinge investieren können. Wenn die Loslösung Sie sich *tatsächlich* besser fühlen lässt, dann genießen Sie es einfach. Aber bitte *erwarten* Sie es nicht.
3. Denken Sie daran, dass Sie ein Mensch sind, es wird also häufig vorkommen, dass Sie diese neuen Fertigkeiten vergessen. Und das ist in Ordnung. In dem Augenblick, in dem Sie erkennen, dass Sie am Haken hängen – selbst wenn das schon seit Stunden der Fall ist –, können Sie sofort eine dieser Techniken anwenden.

4. Keine Technik ist narrensicher. Wenn Sie diese Methoden ausprobieren, kann es sein, dass sie Ihnen wenig oder gar nicht helfen. In dem Fall gehen Sie zurück zur Verankerung. Wenden Sie die AVE-Formel an: Anerkennung Ihrer Gedanken und Gefühle, Verbindung mit dem Körper, Sich-Einlassen auf das, was Sie tun.

Umsetzung in die Praxis

In diesem und im vorherigen Kapitel haben wir folgende Techniken behandelt: »Ich habe den Gedanken, dass …« – »Mein Geist sagt mir, dass …« – »Die Geschichte benennen« – »Den Prozess benennen« – »Musikalische Gedanken« – »Dem Geist danken« – »Mit dem Text spielen« – »Alberne Stimmen« und wie Sie Ihre eigenen Techniken entwerfen können. Wählen Sie nun Ihre bevorzugte Methode aus (wenn es Ihnen schwerfällt, werfen Sie eine Münze), und wenden Sie sie jeden Tag so oft wie möglich an. Und wenn eine Methode nicht funktioniert, versuchen Sie es mit einer anderen. Im Allgemeinen empfehle ich die folgende Abfolge (doch bitte verändern Sie diese nach Bedarf; experimentieren Sie, und finden Sie heraus, was bei Ihnen wirkt):

a) Der erste Schritt ist, einfach zu erkennen und zu benennen, was Sie an den Haken nimmt (benennen Sie beispielsweise die Geschichte, betiteln Sie den Prozess, danken Sie Ihrem Geist oder verwenden Sie einen Satz wie »Ich bemerke, dass …«).
b) Sollten Sie noch immer am Haken hängen, benutzen Sie eine spielerische Technik (Gedanken singen, alberne Stimmen, mit dem Text spielen).

c) Ist es Ihnen danach noch immer nicht gelungen, sich vom Haken zu lösen, verankern Sie sich.

Und nun ein paar warnende Worte. Von jetzt ab werden Sie in fast jedem Kapitel neue Fertigkeiten erlernen, und falls Sie versuchen, sie alle jeden Tag im maximalen Umfang auszuführen, wird Sie das gewiss überfordern. Seien Sie also bitte flexibel. Passen Sie alles Ihrem Lebensstil an. Sie können zum Beispiel an einem Wochentag eine bestimmte Technik üben und eine andere an einem anderen Tag. Idealerweise nehmen Sie sich mindestens fünf bis zehn Minuten täglich Zeit für den Aufbau neuer Fertigkeiten. Wenn das jedoch nicht realistisch ist, versuchen Sie es jeden zweiten oder dritten (oder vierten oder fünften) Tag. Und wechseln Sie die Methoden, mit denen Sie arbeiten, von Tag zu Tag oder von Woche zu Woche oder von Monat zu Monat ab.

Denken Sie auch daran, dass viele dieser Fertigkeiten sich in Ihre tägliche Routine einpassen lassen, ohne dass Sie dafür extra Zeit freihalten müssen. Sie müssen Ihr Leben nicht anhalten, um sie auszuführen, lassen Sie sie vielmehr zu einem Teil Ihres Lebens werden.

Eine letzte Warnung: Dies ist kein »Schnellreparatur«-Ansatz. Während Sie im Lauf der Zeit die neuen Übungen immer wieder anwenden, werden Sie tiefgreifende Veränderungen erfahren, aber dies erfordert Geduld und Ausdauer. Also gehen Sie langsam voran, nehmen Sie sich Zeit, und beobachten Sie, was geschieht, während Sie diese Praktiken in Ihr Alltagsleben integrieren.

Problembehandlung

Die Gedanken sind nicht verschwunden!
Beim Loslösen geht es nicht darum, Gedanken loszuwerden. Vielmehr ist wichtig, sie als das zu erkennen, was sie wirklich sind, und Frieden mit ihnen zu schließen. Manchmal werden sie schnell weiterziehen, manchmal verweilen sie ein wenig. Manchmal verschwinden sie – und kehren dann zurück, wenn Sie es am wenigsten erwarten.

Ich habe mich nicht besser gefühlt!
Wenn Sie diese Techniken in dem Versuch benutzen, Ihre Emotionen zu kontrollieren, werden Sie bald enttäuscht sein. Das ist nicht ihr Zweck. (Wenn das für Sie keinen Sinn ergibt, blättern Sie bitte zurück zum »Hände als Gedanken«-Experiment und wiederholen es.) Natürlich stimmt es, dass die Loslösung oft unangenehme Gefühle reduziert, aber das ist ein Bonus, nicht das Ziel.

Ich hing nur noch mehr am Haken
Dies bedeutet gewöhnlich, dass die gewählte Technik nicht für Sie geeignet ist. Bitte versuchen Sie in diesem Fall eine andere. Manchmal müssen Sie eine ganze Reihe ausprobieren, um herauszufinden, was für Sie am besten funktioniert. Und wenn alles fehlschlägt, verankern Sie sich.

Aber ich mag diese Gedanken nicht! Ich will sie loswerden!
Sie müssen Ihre Gedanken nicht mögen, um vom Kampf abzulassen. Es ist in Ordnung, sich ihrer entledigen zu wollen. Tatsächlich ist das zu erwarten. Aber sich zu wünschen, etwas loszuwerden, unterscheidet sich ziemlich davon, aktiv damit zu ringen. Angenommen Sie haben ein altes Auto, das Ihnen nicht mehr gefällt, aber Sie werden für mindestens einen Monat keine Gelegenheit

haben, es zu verkaufen. Sie können das Auto loswerden *wollen*, und gleichzeitig können Sie anerkennen, dass Sie es noch immer haben und es, ohne zu kämpfen, in Ihrer Garage stehen lassen. Sie müssen Ihren Wagen nicht zu Bruch fahren oder sich selbst unglücklich machen oder sich jeden Abend aufgrund des Umstands, dass Sie das Auto immer noch haben, betrinken.

Wenn sich also zeigt, dass Sie mit einem Gedanken kämpfen (wie wir alle es zeitweilig tun), nehmen Sie das einfach zur Kenntnis. Tun Sie so, als seien Sie ein neugieriger Wissenschaftler, der Sie beobachtet und all die unterschiedlichen Weisen registriert, auf die Sie KÄMPFEN.

BEÄNGSTIGENDE VORSTELLUNGEN, SCHMERZLICHE ERINNERUNGEN

Roxy zitterte. Ihr Gesicht war blass und verhärmt, und ihr standen Tränen in den Augen.

»Wie lautet die Diagnose?«, fragte ich.

»Multiple Sklerose«, flüsterte sie.

Roxy war eine 32 Jahre alte Anwältin, die ihren Beruf mit Leib und Seele ausübte. Eines Tages bemerkte sie bei der Arbeit eine Schwäche und Taubheit in ihrem linken Bein, und innerhalb weniger Tage erhielt sie die Diagnose multiple Sklerose oder MS. MS ist eine Krankheit, bei der die Nerven im Körper degenerieren und alle möglichen körperlichen Probleme verursachen. Das bestmögliche Szenario ist, dass man eine vorübergehende Episode neurologischer Störungen erfährt, von der man sich vollständig erholt, ohne jemals wieder davon beeinträchtigt zu werden. Im schlimmsten Fall verschlimmert sich MS stetig, und Ihr Nervensystem verfällt zunehmend, bis Sie körperlich schwerbehindert sind. Es ist den Ärzten nicht möglich vorherzusagen, wie stark ein Patient betroffen sein wird.

Es überrascht nicht, dass Roxy aufgrund dieser Diagnose große Angst hatte. Sie sah sich immer wieder in einem Rollstuhl sitzen, ihr Körper schrecklich deformiert, ihr Mund verzogen und sabbernd. Jedes Mal, wenn diese Vorstellung in ihrem Kopf auftauchte, war sie entsetzt. Sie versuchte, sich selbst all die üblichen vernünftigen Dinge zu sagen: »Keine Sorge, das wird dir wahrscheinlich nie passieren« – »Deine Aussichten sind hervorragend …« – »Setze dich dann damit auseinander, wenn es eintritt« – »Wozu sich Sorgen machen über etwas, das vielleicht niemals eintreten wird?« Freunde, Familie und Ärzte versuchten ihr mit ähnlichen Ratschlägen, Mut zu machen. Aber verschwand die schreckliche Vorstellung deshalb? Nicht im Geringsten.

Roxy stellte fest, dass sie sich manchmal ablenken oder die Vorstellung aus ihrem Kopf verdrängen konnte, aber sie blieb nicht lange fern, und wenn sie zurückkehrte, schien sie sie noch mehr zu quälen. Diese häufig verwendete, aber unwirksame Kampfstrategie nennt man »Gedankenunterdrückung«, was bedeutet, quälende Wörter oder Vorstellungen aktiv aus dem Kopf zu verdrängen. So mag man sich zum Beispiel jedes Mal, wenn eine unerwünschte Vorstellung auftaucht, sagen: »Nein, denke nicht daran!«, oder »Halt!«, oder Sie können ein Gummiband gegen Ihr Handgelenk schnappen lassen oder die Vorstellung einfach mental wegschieben.

Auch wenn das Unterdrücken von Gedanken für uns alle eine natürliche Reaktion ist, ist die Forschung hier kristallklar: Kurzfristig mögen quälende Gedanken, Erinnerungen und Vorstellungen dadurch verschwinden, aber leider kommt es auf lange Sicht zu einem Rebound-Effekt, und sie kehren häufiger und intensiver zurück als zuvor.

Wir sehen dramatische Beispiele dieser durch Traumata verursachten Störungen. Grauenhafte Erinnerungen an traumatische Ereignisse (wie zum Beispiel Vergewaltigung, Gewalt, sexueller Missbrauch) treten wiederholt auf und werden von schmerzlichen Emotionen begleitet. Viele Menschen können solche Erinnerungen kurzfristig durch verschiedene Methoden verdrängen: Ablenkung, Drogen, Alkohol und all die anderen üblichen Verdächtigen. Doch langfristig kehren sie mit aller Macht zurück.

Vom Trauma einmal abgesehen, neigen die meisten von uns dazu, sich von beängstigenden Vorstellungen über die Zukunft oder schmerzlichen Erinnerungen an die Vergangenheit an den Haken nehmen zu lassen. (Wir können mit allen fünf Sinnen Erinnerungen speichern – mit Sehen, Hören, Riechen, Schmecken und Berühren –, aber in diesem Kapitel konzentrieren wir uns auf die visuellen Elemente.) Wie oft haben Sie »sich gesehen«, wie Sie versagen, abgelehnt werden, krank werden, sterben, etwas Schlechtes tun oder in irgendeine Schwierigkeit geraten? Und wie viel Zeit haben Sie damit zugebracht, auf schmerzlichen Ereignissen aus der Vergangenheit herumzureiten oder sie erneut zu durchleben? Wenn es Ihnen so geht wie mir, ist die Antwort »eine Menge«.

(Übrigens: Rund 10 Prozent der Bevölkerung findet es schwierig oder gar unmöglich, zu visualisieren oder »in Bildern zu denken«. Wenn Sie – so wie ich – dazu gehören, können Sie vielleicht mit einem großen Teil dieses Kapitels nichts anfangen. Aber lesen Sie es trotzdem, damit Sie Ihre Angehörigen verstehen und unterstützen können, wenn sie von mentalen Bildern an den Haken genommen werden. Denken Sie auch daran, dass Sie in diesem Buch überall dort, wo ich sage: »Stellen Sie sich vor«, keine mentalen Bilder »sehen« müssen; Sie können sich mit Wörtern, Konzepten und Ideen eine Vorstellung machen.)

Ihr Geist erzeugt diese Kognitionen, weil er sich um Ihre Sicherheit bemüht: »Du musst darauf vorbereitet sein« – »Lass dies nicht geschehen« – »Schütze dich« – »Pass auf dich auf« – »Sieh, was in der Vergangenheit passiert ist; lass es nicht wieder geschehen«. Ihr Geist handelt nach dem Motto »Safety first!« und wird nie seine vorrangige Aufgabe, auf Sie achtzugeben, preisgeben. Dies bedeutet, dass unangenehme oder entnervende Vorstellungen und Erinnerungen immer wieder auftauchen werden – insbesondere, wenn wir vor signifikanten Herausforderungen stehen. Und wir können eine Menge kostbarer Zeit und Energie vergeuden, wenn wir darauf im GEHORCHEN- oder KÄMPFEN-Modus reagieren. Darüber hinaus werden diese Kognitionen, wenn wir von ihnen an den Haken genommen werden, manchmal so beängstigend sein, dass sie uns abschrecken, die Dinge zu tun, die wir tun möchten.

Viele Menschen vermeiden es zum Beispiel, ein Flugzeug zu besteigen, eine Rede zu halten oder unter Leute zu gehen, weil sie von Vorstellungen an den Haken genommen werden, dass die Situation einen schlechten Ausgang nehmen wird. Auf gleiche Weise können schmerzliche Erinnerungen an Verletzungen oder Missbrauch in früheren Beziehungen Sie davon abhalten, neue, gesündere Beziehungen einzugehen.

Wenn wir von Vorstellungen und Erinnerungen an den Haken genommen werden, dann …

- schenken wir ihnen unsere ungeteilte Aufmerksamkeit (so dass es schwierig ist, sich auf irgendetwas anderes zu fokussieren).
- reagieren wir auf sie, als würden die von ihnen dargestellten Ereignisse hier und jetzt geschehen.
- behandeln wir sie als Bedrohungen, die wir meiden oder loswerden müssen.

Wenn wir uns im Gegensatz dazu von Vorstellungen und Erinnerungen loslösen, dann …

- erkennen wir ihre wahre Natur: Wir betrachten sie als Bilder, die in unserem Geist auftauchen.
- wenden wir ihnen nur dann unsere ganze Aufmerksamkeit zu, wenn sie etwas Nützliches zu bieten haben.
- realisieren wir, dass diese Bilder und Erinnerungen, so unangenehm sie sein mögen, keine Bedrohung darstellen. Sie können schmerzliche Emotionen auslösen, aber sie können uns nicht wirklich verletzen.

Natürlich sind diese problematischen Kognitionen von unangenehmen Emotionen, Gelüsten und Empfindungen begleitet, und in späteren Kapiteln werden wir betrachten, wie man mit diesen Gefühlen umgeht. Fürs Erste lassen Sie uns Folgendes erkunden:

Erste Schritte zur Loslösung von Vorstellungen und Erinnerungen

Sie kennen bereits etliche Methoden zur Loslösung von »Wörtern in Ihrem Kopf«. Sich von Vorstellungen und Erinnerungen zu lösen, funktioniert ähnlich. Oft genügt es, zu bemerken und zu benennen: »Ich hege die Vorstellung von …« – »Ich bemerke eine Erinnerung an …« – »Ich stelle mir die Zukunft vor« – »Ich erlebe die Vergangenheit wieder«.

Bei entsetzlichen Vorstellungen und wirklich grauenhaften Erinnerungen jedoch ist es das Beste, sich zu verankern. Nach mehreren Durchgängen von AVE (Anerkennung der Vorstellung oder Erinnerung und der damit einhergehenden Gefühle;

Verbindung mit Ihrem Körper; Sich-Einlassen auf das, was Sie gerade tun) werden Sie sich wahrscheinlich loslösen.

Weitere Schritte

Lassen Sie uns nun einige Techniken ansehen, die uns helfen können, diese Kognitionen als das zu erkennen, was sie wirklich sind: mentale Bilder, die uns nicht verletzen können. Sobald wir dies erkannt haben, können wir sie ohne KÄMPFEN zu ihrer eigenen Zeit frei kommen, bleiben und gehen lassen. Wir bekämpfen oder beurteilen sie nicht und versuchen auch nicht, sie zu vermeiden.

Ein Wort der Warnung: Die spielerischen Techniken in diesem Abschnitt sind im Allgemeinen hilfreich bei unangenehmen Erinnerungen, etwa an Momente, in denen Sie versagt oder etwas vergeigt haben, abgelehnt oder gedemütigt wurden, oder etwas getan haben, das Sie bereuen. Sie sind jedoch nicht geeignet für wahrhaft schreckliche Erinnerungen. Wenn Sie also von traumatischen Erinnerungen heimgesucht werden, benutzen Sie die unten stehenden Methoden bitte nicht; bleiben Sie beim Bemerken und Benennen und der Verankerung.

Und noch einmal zur Erinnerung: Führen Sie diese Übungen wie Experimente mit echter Neugier auf das aus, was geschehen wird. Wenn Sie eine bestimmte Technik nicht ausüben können oder sie nicht funktioniert, erkennen Sie Ihre Enttäuschung an, und gehen Sie zu einer anderen Übung über. Lesen Sie für jedes Experiment zuerst die Anleitung, und führen Sie sich dann eine problematische Vorstellung oder Erinnerung vor Augen. Und wenn es eine bewegte Vorstellung ist, verdichten Sie sie zu einem zehn Sekunden langen »Videoclip«.

Legen Sie dann das Buch aus der Hand, und probieren Sie die Methode aus (wobei Sie jede Ihnen ungeeignet erscheinende Technik überspringen.)

Bildschirm

Führen Sie sich eine schwierige Vorstellung oder Erinnerung vor Augen, und bemerken Sie, wie sie Sie beeinflusst.

Jetzt stellen Sie sich einen kleinen Fernsehbildschirm gegenüber von Ihnen im Raum vor. Bringen Sie Ihre Vorstellung auf den Bildschirm, und spielen Sie damit herum: Stellen Sie sie auf den Kopf, kippen Sie sie auf die Seite, lassen Sie sie kreisen, deeeehnen Sie sie zu den Seiten hin aus.

Wenn es sich um einen bewegten »Videoclip« handelt, spielen Sie ihn in Zeitlupe ab. Dann lassen Sie ihn rückwärts in Zeitlupe ablaufen. Dann spielen Sie ihn in doppelter Geschwindigkeit vorwärts ab; und dann wieder rückwärts in doppelter Geschwindigkeit.

Regeln Sie die Farbsättigung herab, bis alles schwarz-weiß erscheint.

Regeln Sie die Farbsättigung und Helligkeit hinauf, bis die Farben lächerlich leuchtend und grell erscheinen.

Es geht nicht darum, diese Vorstellung oder Erinnerung loszuwerden, sondern sie als das zu sehen, was sie ist: ein harmloses Bild. Vielleicht müssen Sie das für einen Zeitraum von etwa zehn Sekunden bis hin zu zehn Minuten üben. Wenn Sie danach immer noch festgehakt sind, versuchen Sie es mit der nächsten Methode.

Untertitel

Behalten Sie diese Kognition auf dem Bildschirm, und fügen Sie einen Untertitel hinzu. Zum Beispiel könnte Ihre Vorstellung eines Versagens untertitelt sein mit: »Die Versager-Geschichte.« Wenn Sie es vorziehen, können Sie auch in die humorvolle Richtung gehen, wie »Oje, wieder mal Mist gebaut!« (Solange dies nicht trivialisierend erscheint). Hängen Sie nach 30 Sekunden immer noch am Haken, versuchen Sie Folgendes:

Einen Soundtrack hinzufügen

Behalten Sie die Kognition auf dem Bildschirm, und fügen einen Musik-Soundtrack Ihrer Wahl hinzu. Experimentieren Sie mit ein paar unterschiedlichen Soundtracks: Jazz, Hip-Hop, Klassik, Rock oder Ihrer Lieblingsfilmmusik. Wenn die Vorstellung Sie danach immer noch am Haken hat, versuchen Sie die folgende Übung.

Wechselnde Orte

Stellen Sie sich diese Kognition an einer Vielzahl verschiedener Orte vor. Bleiben Sie 20 Sekunden bei jedem Szenario, bevor Sie zu einem neuen übergehen.

- Stellen Sie sich die Kognition auf dem T-Shirt eines Joggers oder eines Rockstars vor.
- Visualisieren Sie sie auf eine Leinwand gemalt oder auf einem von einem Flugzeug gezogenen Banner.
- Sehen Sie sie als einen Autoaufkleber, als ein Zeitschriftenfoto oder als Tätowierung auf dem Rücken einer Person.
- Stellen Sie sich die Kognition als ein Pop-up auf einem

Computerbildschirm vor oder als Poster im Zimmer eines Teenagers.
- Visualisieren Sie sie als Bild auf einer Briefmarke oder als Zeichnung in einem Comicheft.

Lassen Sie Ihrer Kreativität freien Lauf, alles ist möglich. Und wenn Sie nach alledem noch immer am Haken hängen, dann schlage ich vor, dass Sie einige oder alle der oben stehenden Übungen jeden einzelnen Tag für wenigstens fünf Minuten durchspielen. Anfangs müssen wir uns auf diese Bilder konzentrieren, um die Loslösung zu üben. Aber letztlich ist das Ziel, diese Bilder kommen und gehen zu lassen, ohne ihnen zu viel Aufmerksamkeit zu widmen – so als liefe im Hintergrund der Fernseher, ohne dass Sie wirklich zuschauen.

Ich forderte Roxy auf, diese Übung täglich auszuführen, und innerhalb einer Woche plagte sie das Bild von sich selbst in einem Rollstuhl nicht mehr. Es tauchte immer noch von Zeit zu Zeit auf, aber es beängstigte sie nicht mehr, und sie war in der Lage, es frei kommen, bleiben und gehen zu lassen, während sie sich auf wichtigere Dinge konzentrierte. Je weniger sie versuchte, das Bild zu verdrängen, desto seltener erschien es paradoxerweise. Dies war nicht beabsichtigt, ist aber etwas, das im Allgemeinen als angenehmer Nebeneffekt geschieht.

Konfrontation

Im psychologischen Jargon lautet der Fachbegriff für das, was Sie gerade getan haben, »Konfrontation«. (Im alltäglichen Sprachgebrauch benutzen wir Ausdrücke wie »uns unseren Ängsten stellen« oder »unsere Komfortzone verlassen«.)

Konfrontation bedeutet, bewusst mit schwierigen Dingen in Kontakt zu treten, so dass Sie lernen können, effektiver darauf zu reagieren. Diese schwierigen Dinge können sich in der äußeren Welt befinden (Menschen, Orte, Situationen, Aktivitäten, Ereignisse) oder in Ihrer inneren Welt (Gedanken, Emotionen, Erinnerungen und so weiter).

Konfrontation ist *die* Intervention par excellence auf dem gesamten Feld der Psychotherapie; keine hat stärkere Auswirkungen auf das menschliche Verhalten. Und fast alles in diesem Buch schließt zumindest zu einem gewissen Maß Konfrontation mit ein. Zum Beispiel beinhalten all die Loslösungstechniken, die wir bis hierher behandelt haben – vom Verankern über das Benennen der Geschichte bis zu »Dem Geist danken« –, bewussten Kontakt mit schwierigen Dingen in unserem Inneren (zum Beispiel, mit unseren unerwünschten Gedanken und Gefühlen), damit wir lernen können, effektiver auf diese zu reagieren.

Kehren wir zum Konzept der Neuroplastizität zurück: Konfrontation ermöglicht es Ihnen, neue neuronale Bahnen über die alten zu legen. Wenn also Ihre alten neuronalen Bahnen feuern und diese schwierigen Gedanken und Gefühle wiederauftauchen, werden in Reaktion darauf neue Pfade aktiviert: Das von Ihnen neu Gelernte schaltet sich ein, und Sie lösen sich los.

Und hier kommt wieder »die alte Leier«: Wenn Sie diese Techniken praktizieren, werden Ihre unangenehmen Vorstellungen/Erinnerungen oft verschwinden oder weniger häufig auftreten, und Sie werden sich oft viel besser fühlen. Aber diese Auswirkungen sind lediglich »Zugaben«, nicht das eigentliche Ziel. Freuen Sie sich darüber, wenn sie eintreten, aber machen

Sie sie nicht zu Ihrem hauptsächlichen Ziel, sonst werden Sie bald enttäuscht sein. (Es tut mir leid, dass ich mich derart wiederhole, aber manchen Menschen fällt es sehr schwer, diese Ideen in ihr Bewusstsein einsinken zu lassen.) Das Ziel der Loslösung ist, Ihr Potenzial zur Ausübung von Hinbewegungen und der Konzentration auf das Wesentliche freizusetzen. (Und wenn Ihnen das nicht sinnvoll erscheint, gehen Sie bitte zurück, und wiederholen Sie das »Hände als Gedanken«-Experiment.)

Wenn Sie diese Techniken so anwenden wie beabsichtigt, werden sie Sie vor der Glücksfalle bewahren. Und Sie werden Ihnen auch helfen, sich zu freuen auf …

DAS THEATERSTÜCK DES LEBENS

Das Leben gleicht einem Theaterstück. Auf der Bühne stehen all Ihre Gedanken und Gefühle sowie alles, was Sie sehen, hören, berühren, schmecken und riechen können. Und dieses Theaterstück verändert sich ständig, von Augenblick zu Augenblick. Manchmal ist das, was auf der Bühne auftaucht, absolut wundervoll; zu anderen Zeiten ist es völlig schrecklich. Und es gibt einen Teil von Ihnen, der einen Schritt zurücktreten und die Show ansehen kann; Sie können sich irgendeinen Ausschnitt herauspicken und die Details vergrößern, oder auf Abstand gehen, um das Gesamtbild zu betrachten. Und dieser Teil von Ihnen ist immer vorhanden, er beobachtet die ganze Zeit.

In unserem alltäglichen Sprachgebrauch haben wir keinen guten Begriff für diesen Teil von uns. Ich nenne ihn gern »das beobachtende Ich«. Und dann gibt es einen anderen Bereich, den ich gern »das denkende Ich« nenne: Dies ist der Teil von uns, der denkt, plant, beurteilt, vergleicht, kreiert, sich vorstellt, visualisiert, analysiert, sich erinnert, tagträumt und fantasiert. Wann immer ich den Begriff »Geist« in diesem Buch verwende, beziehe ich mich auf das denkende Ich, nicht auf das beobachtende Ich. Es ist wichtig, sich daran zu erinnern, weil sich das Wort »Geist« im alltäglichen Sprachgebrauch *sowohl* auf das denkende Ich *als auch* auf das beobachtende Ich bezieht, ohne zwischen ihnen zu unterscheiden.

Das beobachtende Ich ist jedoch etwas völlig anderes als das denkende Ich. Zuerst einmal denkt das beobachtende Ich nicht; es beobachtet. (Manchmal wird es auch das »stille Ich« oder der »stille Zeuge« genannt, weil es nie spricht; oder es heißt »das zuschauende Ich«, weil es still zuschaut.) Dieser Teil von uns ist verantwortlich für Konzentration, Aufmerksamkeit und Bewusstheit. Er beobachtet unsere Gedanken, kann sie aber nicht erzeugen. Das denkende Ich denkt über unsere Erfahrung nach – es beschreibt sie, kommentiert sie, analysiert sie, vergleicht sie oder beurteilt sie –, während das »beobachtende Ich« unsere Erfahrung unmittelbar wahrnimmt.

Wenn Sie zum Beispiel Fußball, Basketball oder Tennis spielen, sind Sie wirklich fokussiert. Ihre ganze Aufmerksamkeit ist auf den Ball gerichtet, der auf Sie zukommt. Da ist das beobachtende Ich am Werk. Sie »denken nicht an« den Ball, Sie beobachten ihn.

Nehmen sie nun also an, dass Ihnen Gedanken durch den Kopf schießen wie »Hoffentlich ist meine Griffhaltung richtig« oder »Jetzt muss ich aber einen Korb werfen« oder »Puh, der Ball ist verdammt schnell!«. Das ist Sache des denkenden Ichs. Und natürlich sind solche Gedanken oft eine Ablenkung. Wenn Sie zu sehr von ihnen eingenommen sind, sind Sie nicht mehr ganz auf den Ball fokussiert, und Ihre Leistung wird beeinträchtigt. (Wie oft haben Sie sich schon auf eine Aufgabe konzentriert, nur um durch einen Gedanken wie »Hoffentlich verbocke ich das nicht!« abgelenkt zu werden?)

Das »denkende Ich« und das »beobachtende Ich«

Schließen Sie für etwa eine Minute die Augen, und nehmen Sie einfach zur Kenntnis, was Ihr Geist tut. Seien Sie auf der Lauer nach irgendwelchen Gedanken oder Vorstellungen, so als wären Sie ein Fotograf, der darauf wartet, dass ein exotisches Tier aus dem Unterholz hervorkommt. Wenn keine Gedanken oder Vorstellungen auftauchen, beobachten Sie weiter; früher oder später werden sie sich zeigen – das garantiere ich Ihnen. (Ihr Geist könnte auch sagen: »Ich habe keinerlei Gedanken« – »Ich bringe das nicht fertig« oder »Es funktioniert nicht« – und natürlich *sind* das ja bereits Gedanken.)

Bei geschlossenen Augen »sehen« Sie schwarzen leeren Raum. Wenn Ihnen also Gedanken durch den Kopf schießen, nehmen Sie zur Kenntnis, wo sie innerhalb dieses Raumes lokalisiert sind: vor Ihnen, über Ihnen, hinter Ihnen, neben Ihnen oder in Ihnen.

- Bewegen sie sich oder stehen sie still?
- Wenn sie sich bewegen, dann mit welcher Geschwindigkeit und in welche Richtung?
- Wenn Sie dazu neigen, Ihre Gedanken zu »hören«, etwa so wie eine Stimme in Ihrem Kopf, beobachten Sie, wo die Stimme lokalisiert ist.
- Befindet sie sich oben oder unten, vorn oder hinten in Ihrem Kopf?
- Ist sie laut oder leise, spricht sie schnell oder langsam?

Wenn Sie dieses Experiment für etwa eine Minute ausgeführt haben, öffnen Sie wieder die Augen. Das ist alles. Lesen Sie also diese Anleitungen noch einmal. Legen Sie dann das Buch zur Seite, und probieren Sie es aus.

Hoffentlich haben Sie zwei unterschiedliche, sich aber überschneidende Prozesse erfahren. Das denkende Ich erzeugte Gedanken oder Vorstellungen (und kommentierte das Experiment gewöhnlich auch: »Mache ich das richtig?« – »Was soll mir hier auffallen?«). Das beobachtende Ich bemerkte alle Gedanken und Vorstellungen, die auftauchten (einschließlich aller Kommentare).

In all diesen »Bemerken und Benennen«-Übungen bemerkt das beobachtende Ich die Kognition, und Ihr denkendes Ich benennt sie. Die Unterscheidung von Denken und Beobachten ist wichtig, führen Sie das obige Experiment deshalb bitte noch einmal durch. Schließen Sie die Augen ungefähr eine Minute lang, beobachten Sie, welche Gedanken oder Vorstellungen auftauchen (einschließlich aller Kommentare) und wo sie lokalisiert zu sein scheinen.

Hoffentlich hat dieses Experiment Ihnen geholfen, etwas »Abstand« von Ihren Kognitionen zu gewinnen. Gedanken und Vorstellungen sind aufgetaucht und dann wieder verschwunden, und Sie waren fähig, sie in ihrem Kommen und Gehen wahrzunehmen. Mit anderen Worten: Ihr denkendes Ich erzeugte einige Kognitionen, und Ihr beobachtendes Ich nahm ihr Kommen und Gehen zur Kenntnis.

Unser denkendes Ich ist ein bisschen wie ein Radio, das permanent im Hintergrund spielt. Meistens läuft die Radio-Weltuntergang-Show, die 24 Stunden am Tag negative Geschichten sendet. Sie erinnert uns an Schmerzliches aus der Vergangenheit, warnt uns vor Gefahren in der Zukunft und aktualisiert jeden Tag, was mit uns, mit anderen, mit dem Universum und überhaupt mit allem nicht stimmt. Gelegentlich wird auch etwas Nützliches oder Heiteres gesendet, aber längst nicht so oft wie der negative Kram. Wenn wir also ständig diesen Sender eingestellt haben, ihm bewusst zuhören und alles glauben, was wir hören, ist das ein todsicheres Rezept für Stress und Elend.

Leider lässt sich dieses Radio nicht ausschalten. Nicht einmal Zen-Meister können dieses Kunststück vollbringen. Manchmal setzt das Radio von selbst für einen kurzen Zeitraum aus. Aber wir können es nicht vorsätzlich zum Schweigen bringen (es sei denn, wir schließen es durch Drogen, Alkohol oder eine Gehirnoperation kurz). Tatsächlich ist es im Allgemeinen so: Je mehr wir versuchen, das Radio zum Schweigen zu bringen, desto lauter spielt es.

Aber es gibt einen alternativen Ansatz. Haben Sie jemals im Hintergrund etwas Musik laufen lassen … und Sie waren so in das vertieft, was Sie gerade taten, dass Sie kaum bemerkt haben, dass die Musik spielte? Sie konnten sie hören, aber Sie haben kaum darauf geachtet. Nun, genau das ist es, was wir mit unseren Kognitionen machen wollen. Da wir wissen, dass sie im Grunde »Wörter und Bilder in unserem Kopf« sind, können wir sie wie Hintergrundgeräusche behandeln – sie zu ihrer eigenen Zeit kommen, bleiben und gehen lassen, ohne ihnen viel Aufmerksamkeit zu schenken. Wenn ein nicht hilfreicher Gedanke auftaucht, nehmen wir seine Anwesenheit zur Kenntnis, statt uns auf ihn zu fokussieren. Wir erlauben ihm, da zu sein, und kehren mit unserer Aufmerksamkeit zu dem zurück, was wir gerade tun.

Mit anderen Worten: Wenn das denkende Ich etwas Nicht-Hilfreiches sendet, behandeln wir es wie Hintergrundmusik und fokussieren unsere Aufmerksamkeit auf das, was wir gerade hier und jetzt tun.

Wenn das denkende Ich etwas Nützliches oder Hilfreiches sendet, dann hören wir hin, schenken ihm Beachtung und nutzen es.

Radio Weltuntergang versus Radio Glück

Was ich hier vorschlage, unterscheidet sich sehr vom positiven Denken. Letzteres funktioniert so, als brächte man ein zweites Radio in den Raum, stellte es auf einen anderen Kanal ein (wie Radio Glück oder Radio Rational) und ließe es parallel zum ersten Radio spielen, in der Hoffnung, dieses zu übertönen. Es ist ziemlich schwierig, sich auf etwas zu konzentrieren, wenn wir zwei verschiedene Radios eingeschaltet haben und zwei unterschiedliche Sendungen im Hintergrund laufen.

Beachten Sie auch, dass es ganz anders ist, Musik im Hintergrund laufen zu lassen, ohne ihr viel Aufmerksamkeit zu schenken, als zu versuchen, sie aktiv zu ignorieren. Haben Sie jemals Musik spielen hören und versucht, sie zu *ignorieren*? Oder eine laute Stimme in einem Restaurant? Oder eine Alarmanlage auf der Straße? Was passierte? Je mehr Sie versuchten, diese zu *ignorieren* oder *nicht* zu hören, desto mehr störten sie Sie, nicht wahr?

Die Fähigkeit, Gedanken im Hintergrund kommen und gehen zu lassen, während Sie Ihre Aufmerksamkeit auf das gerichtet lassen, was Sie tun, ist nützlich. Angenommen Sie befinden sich bei einem gesellschaftlichen Anlass, und Ihr

Geist sagt: »Ich bin so langweilig! Ich habe nichts zu sagen. Ich wünschte, ich könnte nach Hause gehen!« Es ist schwer, eine gute Unterhaltung zu führen, wenn Sie von solchen Gedanken eingenommen sind. Ebenso ist es, wenn Sie Autofahren lernen, und Ihr denkendes Ich sagt: »Ich kann das nicht. Ich werde einen Unfall bauen!« Es ist schwer, Auto zu fahren, wenn Sie sich in solchen Gedanken verlieren, statt auf die Straße konzentriert zu sein. Die folgende Technik wird Sie daher lehren, wie Sie Ihre Gedanken »vorbeiziehen« lassen können, während Sie mit Ihrer Aufmerksamkeit bei dem bleiben, was Sie tun. Lesen Sie zuerst die Anweisungen, und probieren Sie sie dann aus.

Zehn langsame Atemzüge

In diesem Experiment ist es wesentlich, Ihren Atem so laaaaangsam und sanft wie möglich fließen zu lassen. Wenn Sie zu schnell, zu tief und zu heftig atmen, erfahren Sie Schwindel, Kribbeln oder Angst. (Solche Reaktionen sind sehr selten, aber wenn bei Ihnen so etwas eintritt, verlaaaaangsamen Sie Ihre Atmung noch mehr, und atmen Sie so *flach* und sanft wie möglich. Nehmen Sie keine tiefen Atemzüge, denn das wird Ihren Schwindel verstärken. Wenn dies das Problem nicht behebt, lassen Sie die Technik sein und folgen den Ratschlägen für alternative Techniken gegen Ende dieses Kapitels.)

- Nehmen Sie eine angenehme Position ein, und schließen Sie entweder die Augen oder richten Sie den Blick auf eine Stelle auf dem Fußboden vor Ihnen.
- Nehmen Sie zehn langsame, sanfte Atemzüge.
- Atmen Sie zuerst vollständig aus, wobei Sie Ihre Lunge

leeren. Tun Sie dies für gezählte drei Sekunden – oder länger, wenn möglich.

- Wenn Ihre Lunge dann geleert ist, atmen Sie sanft ein.
- Ist Ihre Lunge angenehm gefüllt, halten Sie den Atem für weitere drei gezählte Sekunden an.
- Und dann atmen Sie wieder langsam aus (für wenigstens drei gezählte Sekunden).
- Achten Sie darauf, wie sich Ihr Brustkorb hebt und senkt und wie die Luft in Ihre Lunge hinein- und aus ihr hinausströmt.
- Beobachten Sie die Empfindungen, wenn die Luft einströmt, Ihr Brustkorb und Ihre Schultern sich heben und Ihre Lunge sich ausdehnt.
- Beobachten Sie, was Sie fühlen, während die Luft ausströmt, Ihr Brustkorb und Ihre Schultern sich senken und Ihr Atem durch die Nasenflügel ausströmt.
- Konzentrieren Sie sich darauf, Ihre Lunge vollständig zu leeren. Stoßen Sie jedes letzte bisschen Luft sanft aus, während sich Ihre Lunge leert.
- Halten Sie den Atem dann erneut für drei Sekunden an, bevor Sie wieder einatmen.
- Während Sie langsam und sanft einatmen, beobachten Sie, wie Ihre Bauchdecke sich hebt und Ihre Brust sich weitet.
- Während Sie dies praktizieren, lassen Sie Ihre Gedanken und Vorstellungen im Hintergrund kommen und gehen, als seien sie Autos, die draußen vor Ihrem Haus vorbeifahren. (Sie rennen nicht hinaus und versuchen, den Verkehr anzuhalten; sie lassen ihn zu seiner eigenen Zeit kommen, bleiben und gehen.)
- Wenn eine neue Kognition auftaucht, nehmen Sie kurz

ihre Präsenz zur Kenntnis, als würden Sie einem vorbeifahrenden Motorradfahrer zunicken. Sie könnten es hilfreich finden, wenn Sie innerlich zu sich selbst sagen: »Denken.«

- Während Sie dies tun, bleiben Sie mit Ihrer Aufmerksamkeit bei dem Atem, und folgen Sie der Luft, wie Sie in Ihre Lunge ein- und wieder ausströmt.
- Von Zeit zu Zeit wird ein Gedanke Sie an den Haken nehmen und Sie aus der Übung »herausziehen«, so dass Sie den Überblick über das, was Sie gerade tun, verlieren. In dem Moment, in dem Ihnen dies bewusst wird, nehmen Sie es zur Kenntnis. Sagen sie sich selbst innerlich »am Haken«, und erkennen Sie den Gedanken, der Sie an den Haken genommen hat. Dann fokussieren Sie sich sanft wieder auf Ihren Atem.

Bitte lesen Sie diese Anleitung noch einmal, und legen Sie das Buch dann aus der Hand, und probieren Sie dieses Experiment aus.

Wie ist es gelaufen? Die meisten Menschen werden ziemlich oft an den Haken genommen. Das ist völlig normal; es geschieht jedem von uns im Lauf des Tages immer und immer wieder. Einen Augenblick lang sind wir fokussiert, im nächsten Augenblick nimmt unser Geist uns an den Haken und zerrt uns anderswohin. Wenn Sie diese Übung regelmäßig praktizieren, lernen Sie drei wichtige Fertigkeiten:

1. wie Sie Ihre Gedanken frei kommen und gehen lassen können, ohne ihnen zu GEHORCHEN oder gegen sie zu

KÄMPFEN. (Sie versuchen nicht, Ihre Gedanken »auszulöschen« oder Ihren »Geist zu leeren«, sondern Sie werden lernen, die Gedanken zu ihrer eigenen Zeit kommen, bleiben und wieder gehen zu lassen, wie sie wollen.)

2. wie Sie sich auf eine Aufgabe oder Aktivität fokussieren und erkennen können, wenn Ihre Aufmerksamkeit abgeschweift ist.
3. wie Sie sich sanft von den Gedanken, die Sie von der Aufgabe ablenken, loslösen und Ihre Aufmerksamkeit wieder auf das lenken können, was Sie gerade tun.

Wie das Verankern können wir diese Technik zu jeder Zeit, an jedem Ort und je öfter desto besser praktizieren. Ich empfehle Ihnen, sie im Lauf des Tages immer wieder zu üben: Wenn Sie an einer roten Ampel stehen, in einer Schlange warten, sich in einer Warteschleife am Telefon befinden, auf eine Verabredung warten, während der Werbepausen im Fernsehen und sogar im Bett. Üben Sie dies im Prinzip in jeder freien Minute. (Und wenn Sie keine Zeit für zehn volle Atemzüge haben, dann sind auch drei oder vier von Nutzen.)

Wenn Sie dies tun, vergessen Sie nicht, dass es keine Rolle spielt, wie oft Sie an den Haken genommen werden. Jedes Mal, wenn Sie das bemerken und sich loslösen, entwickeln Sie eine wertvolle Fertigkeit.

Wie auch sonst, lassen Sie jede Erwartung fahren. Viele Menschen finden diese Übung entspannend oder beruhigend, aber – ja, Sie haben es bereits erraten – das ist nicht das eigentliche Ziel; es ist einfach eine erfreuliche Nebenwirkung. Zu anderen Zeiten mag es langweilig, frustrierend oder angstauslösend sein. Darum genießen Sie natürlich die Entspannung oder Ruhe, wenn sie eintritt, aber machen Sie diese bitte nicht zu einem Ziel.

Lust auf eine Herausforderung?

Haben Sie Lust auf eine Herausforderung? Auf etwas, das Ihnen bei der Entwicklung der oben stehenden Fertigkeiten eine enorme Hilfe sein wird? Das sieht folgendermaßen aus:

Zusätzlich zu den superkurzen Übungen oben, nehmen Sie sich zweimal am Tag fünf Minuten Zeit für die Praxis, sich auf Ihren Atem zu fokussieren. Sie können beispielsweise fünf Minuten nach dem Aufstehen und fünf Minuten während der Mittagspause üben. Oder wenn Sie wirklich alles auf eine Karte setzen wollen, führen Sie eine 15-minütige Sitzung durch.

Alternativen zur Fokussierung auf den Atem

Manche Menschen möchten alle Arten von Übungen, die eine Fokussierung auf den Atem beinhalten, nicht praktizieren, entweder weil es sie benommen, schwindlig oder ängstlich macht, oder weil sie es langweilig finden. Wenn Sie dazugehören, keine Sorge. Es gibt viele andere Optionen.

Denken Sie daran, die Ziele dieser Übung sind:

a) Ihre Fähigkeit zu trainieren, Ihre Aufmerksamkeit zu sammeln und sich selbst schnell dabei zu erwischen, wenn sie abschweift.
b) unsere Gedanken wie Hintergrundmusik zu behandeln und sie frei kommen, bleiben und gehen zu lassen.

Und wir tun dies aus zwei Hauptgründen:

1. Wir ziehen weitaus mehr Befriedigung aus den Dingen, die wir tun, wenn wir ihnen unsere ungeteilte Aufmerksamkeit schenken.
2. Wir werden mit jeder Herausforderung oder Lösung einer komplexen Aufgabe sehr viel besser fertig, wenn wir fokussiert sind (im Gegensatz zu abgelenkt, unbeteiligt, »abgedriftet« oder »in Gedanken verloren«).

Die gute Nachricht ist, wir können diese Fertigkeiten bei nahezu allen Aufgaben oder Aktivitäten entwickeln. Hier fürs Erste drei Vorschläge (wir werden später mehr behandeln):

1. Sich auf das Gehen fokussieren

Gehen Sie für fünf Minuten mit größtmöglicher Neugier spazieren, und nehmen Sie die Dinge um Sie herum wirklich wahr. Nehmen Sie zur Kenntnis, was Sie sehen und hören, berühren, schmecken und riechen können.

Seien Sie aufmerksam wie ein neugieriges Kind, das diesen Dingen noch nie zuvor begegnet ist.

Währenddessen lassen Sie Ihren Geist plappern wie ein Radio, das im Hintergrund spielt, aber versuchen Sie nicht, ihn zu ignorieren oder zum Schweigen zu bringen.

Während Sie gehen, beobachten Sie weiter die Dinge um Sie herum.

Von Zeit zu Zeit wird es Ihrem Geist gelingen, Sie an den Haken zu nehmen, und Ihnen entgleitet die Übung. In dem Augenblick, in dem Ihnen bewusst wird, dass dies geschehen ist, nehmen Sie den Gedanken, der Sie an den Haken genommen hat, zur Kenntnis, und fokussieren Sie sich wieder auf Ihren Spaziergang.

2. Sich auf Ihren Körper fokussieren

Im Kapitel »Den Körper wieder bewohnen« finden Sie eine »Body Scan« genannte Übung, bei der Sie Ihren Körper von den Zehen aufwärts bis zum Kopf langsam scannen und sich auf die Empfindungen konzentrieren, die dabei auftreten. Es steht Ihnen frei, jetzt dorthin zu blättern, es auszuprobieren und diese Methode zu verwenden, wenn Sie möchten.

3. Sich auf Dehnung fokussieren

Sich auf Dehnung zu fokussieren, ist eine andere gute Möglichkeit. Sie kennen wahrscheinlich zumindest einige grundlegende Dehnungsübungen für Ihren Körper. (Wenn nicht, googeln Sie »grundlegende Dehnungsübungen«, oder wenn Sie bettlägerig sind, »Übungen für Bettlägerige«). Wählen Sie zwei oder drei Dehnungsübungen, und führen Sie sie gaaaanz langsam und sanft aus. Nehmen Sie zur Kenntnis, wie es sich anfühlt, wenn Ihre Muskeln sich strecken. Während Ihre Muskeln sich dehnen, nehmen Sie die Empfindungen in Ihrem Körper zur Kenntnis sowie das Gefühl von Wärme, wenn das Blut in diese Bereiche fließt. Beobachten Sie die Empfindung der Lockerung, Ausdehnung und Geschmeidigkeit. Bemerken Sie, wie die Empfindungen in Ihrem Körper sich ständig verändern – manchmal schmerzhaft, manchmal angenehm.

Machen Sie dies fünf Minuten lang, wobei Sie sich ganz und gar auf die Bewegungen, die Sie ausführen, konzentrieren sowie auf die Gefühle in den Bereichen, die Sie dehnen.

Fokussieren Sie sich wie oben beschrieben immer wieder aufs Neue, während Sie Ihren Geist im Hintergrund plappern lassen.

Sollte sich das seltsam, unnatürlich oder unbequem anfühlen, dann ist das gut! Das bedeutet nämlich, dass Sie etwas Neues, etwas anderes ausprobieren. Das ist ein sicheres Zeichen dafür, dass Sie Ihre Komfortzone verlassen.

DIE KOMFORTZONE VERLASSEN

Jedem Leser dieses Buches kann ich Folgendes garantieren: Sobald Sie beginnen, sich zu dehnen und Ihr Leben in eine neue, sinnvolle Richtung zu lenken, werden schwierige Gedanken und Gefühle auftauchen (zu 100 Prozent garantiert oder Geld zurück!). Das liegt daran, dass das oberste Gebot Ihres Geistes lautet: »Sicherheit zuerst!« Sobald wir beginnen, etwas Neues zu tun, wird unser Geist uns Warnungen in der Form von negativen Gedanken, beunruhigenden Vorstellungen, schlechten Erinnerungen sowie unangenehmen Emotionen, Gelüsten und Empfindungen senden.

Und nur allzu oft erlauben wir diesen »Warnungen«, uns von etwas abzuhalten, das wesentlich ist. Stattdessen halten wir uns weiter an »denselben alten Kram«. Manche Leute nennen dies »in der Komfortzone bleiben«. Ich persönlich glaube allerdings nicht, dass »Komfortzone« eine gute Bezeichnung ist, weil das Leben innerhalb der Komfortzone definitiv nicht komfortabel ist. Sie sollte vielmehr die »Elendszone« oder die »Stagnationszone« oder die »Das-Leben-versäumen-Zone« genannt werden.

Wie auch immer Sie diese Zone nennen wollen, es gibt zwei miteinander verwobene Strategien für das Verlassen dieses trostlosen Bereichs. Erstens: Sie erweitern ständig Ihre

Loslösungsfertigkeiten. Zweitens: Sie verbinden sich mit etwas, das es wert ist, diesen Bereich zu verlassen. Wir werden uns in den nächsten Kapiteln auf die erste Strategie konzentrieren; in diesem Kapitel werden wir die zweite Strategie betrachten, beginnend mit einer Erörterung der …

Werte und Ziele

Werte sind die tiefsten Bestrebungen Ihres Herzens – wie Sie sich selbst und andere sowie die Welt um Sie herum behandeln wollen. Sie sind persönliche Eigenschaften, die Sie in dem, was Sie sagen und tun, ins Spiel bringen möchten. Wenn Sie zum Beispiel tief in Ihrem Herzen nach persönlichen Eigenschaften wie Offenheit, Ehrlichkeit, Liebe und Fürsorge streben, dann würden wir diese Dinge Werte nennen. (Wenn Sie sich jedoch nicht auf diese Weise verhalten möchten, dann sind das nicht Ihre Werte.)

Sobald wir wissen, was unsere Werte sind, können wir sie als Inspiration, Motivation und Leitlinie benutzen. Sie helfen uns, Dinge zu tun, die unser Leben sinnvoller und lohnender machen.

Werte unterscheiden sich deutlich von Zielen. Ziele sind Dinge in der Zukunft, die Sie ansteuern: Dinge, die Sie bekommen, haben, erreichen oder tun wollen. Die meisten unserer Ziele gehören zu einer von drei Kategorien: emotionale Ziele, Verhaltensziele und Ergebnisziele.

Emotionale Ziele

Emotionale Ziele beschreiben, wie wir uns fühlen möchten (zum Beispiel: »Ich möchte mich glücklich fühlen« – »Ich möchte nicht mehr ängstlich sein« – »Ich möchte mehr Selbstvertrauen haben« – »Ich wünsche mir inneren Frieden«).

Verhaltensziele

Diese Ziele beschreiben, wie wir uns verhalten, was wir unternehmen wollen (zum Beispiel: »Ich will mehr Sport treiben« – »Ich möchte mehr freie Zeit mit meinen Freunden oder meiner Familie verbringen« – »Ich möchte reisen«).

Ergebnisziele

Diese Ziele beschreiben Ergebnisse, die wir anstreben: Was wir *bekommen* oder *haben* wollen (zum Beispiel: »Ich wünsche mir mehr Freunde« – »Ich wünsche mir, dass andere Menschen mich lieben, mich gut behandeln, mich respektieren« – »Ich wünsche mir einen gesunden Körper, einen tollen Beruf, ein schönes Haus« – »Ich wünsche mir finanzielle Sicherheit, gute Gesundheit, gleiche Chancen« – »Ich will Macht, Ansehen und Ruhm«).

Aus Gründen, die ich gleich erklären werde, ist es sehr wichtig, den Unterschied zwischen Ergebniszielen und Werten zu verstehen. Wenn Sie sich zum Beispiel wünschen, liebevoll und freundlich zu sein, sind dies Werte. Doch wenn Sie heiraten möchten, ist das ein Ergebnisziel. Beachten Sie, dass Sie Ihre Werte, liebevoll und freundlich zu sein, leben können, selbst wenn Sie nie das Ergebnisziel der Heirat erreichen. (Sie können zum Beispiel liebevoll und freundlich zu sich selbst sein, zu Ihrem Hund, Ihrer Katze, Ihren Freunden oder Ihrer Familie.)

Andererseits können Sie das Ergebnisziel, zu heiraten, erreichen und dennoch Ihre Werte, liebevoll und freundlich zu sein, vernachlässigen (worunter Ihre Ehe leiden wird).

Hier ist ein anderes Beispiel: Nehmen wir an, Sie wollen an Ihrem Arbeitsplatz offen, ehrlich und kooperativ sein. Wenn das der Fall ist, sind dies einige Ihrer beruflichen Werte. Wenn Sie andererseits einen tollen Job anstreben, ist das ein Ergebnisziel. Und bedenken Sie, dass Sie Ihre Werte, offen, ehrlich und kooperativ zu sein, leben können, ganz gleich ob Ihre Arbeit wunderbar oder total nervtötend ist. Sie können diese Werte auch leben, wenn Sie Rentner, arbeitslos oder aufgrund von Krankheit oder Behinderung arbeitsunfähig sind.

Der Unterschied zwischen Werten und Zielen ist besonders wichtig, wenn es um Folgendes geht:

Persönliche Ermächtigung

Haben Sie jemals Bilder von diesen riesigen Flüchtlingslagern in Ländern Afrikas und des Vorderen Orients gesehen: Tausende von Zelten, zusammengepfercht mitten in trockenem, unwirtlichem Ödland? Einige dieser Lager beherbergen bis zu 400 000 Flüchtlinge, die in schrecklichem Elend und großen Entbehrungen um das Überleben kämpfen. Könnte die ACT Menschen, von denen viele grauenvolle Traumata erlebt haben, in solchen fürchterlichen Umständen helfen?

Die Weltgesundheitsorganisation (WHO) hielt das für möglich. Darum hat sie mich 2015 aufgefordert, ein auf der ACT basierendes Programm zu entwerfen, das man in den Flüchtlingslagern anwenden kann, um den Menschen zu helfen, mit dem enormen Dauerstress des Lagerlebens umzugehen. Das

Zehn-Stunden-Programm (fünf Wochen lang zwei Stunden pro Woche) wurde Gruppen von jeweils ungefähr 20 Menschen in Form von Audioaufnahmen überbracht. Während ich an diesem Buch schrieb (2021), hatte die WHO dieses Programm bereits für mehr als fünf Jahre in Lagern in Syrien, der Türkei und Uganda eingesetzt. Und hat es geholfen? Bemerkenswert gut. Die WHO führte sorgfältige Studien dieses Programms durch und veröffentlichte deren Resultate 2020 in *The Lancet*, einer der weltweit angesehensten medizinischen Fachzeitschriften. Erstaunlicherweise erfuhren die Flüchtlinge deutliche Verbesserungen ihres seelischen Befindens, einschließlich massiver Minderung von Depression und posttraumatischem Belastungssyndrom (PTBS).

Ein großer Teil des Programms betraf die Bedeutung von persönlicher Ermächtigung unter den Teilnehmenden durch Verbindung mit ihren Werten. Sehen Sie, in einem Flüchtlingslager ist das Erreichen vieler Ergebnisziele unmöglich: eine bezahlte Arbeit zu bekommen, ein Auto zu besitzen, viel köstliches Essen zu haben, in einem Haus statt in einem Zelt zu wohnen, die eigene zurückgelassene Familie zu sehen und so weiter und so fort. Wenn Sie dieses Buch lesen, werden Sie wahrscheinlich eine Menge Dinge für selbstverständlich halten, die ein Mensch in einem Flüchtlingslager liebend gern hätte, von unbegrenztem Zugang zu Elektrizität und fließendem Wasser bis hin zu einer Fülle von Nahrungsmitteln und Bekleidung.

Was geschieht also jedem von uns – ob unser Leben nun sehr privilegiert oder äußerst unterprivilegiert ist –, wenn wir davon eingenommen oder besessen sind, Ergebnisziele zu erreichen, die (wenigstens für den Moment) unerreichbar sind?

Genau: Wir werden frustriert, unzufrieden, enttäuscht, traurig oder sogar hoffnungslos sein, weil wir das, was wir uns wünschen, nicht bekommen.

Aber mit Werten ist das etwas ganz anderes. Wir können unsere Werte gleich hier und jetzt auf tausend unterschiedliche Weisen leben, selbst wenn es unmöglich ist, unsere Ziele zu erreichen. Um dies in dem Flüchtlingsprogramm zu erläutern, benutzten wir folgendes Beispiel: Angenommen es wäre Ihr Ziel, eine bezahlte Arbeit zu finden, damit Sie die Menschen, die Ihnen etwas bedeuten, unterstützen können. Und nehmen wir an, Ihre Werte – die Art und Weise, auf die Sie Ihre Familie, Freunde und Menschen in Ihrer Umgebung behandeln möchten – wären, freundlich, fürsorglich, liebevoll und hilfsbereit gegenüber den Menschen um Sie herum zu sein. Es mag unmöglich sein, Ihr Ziel zu erreichen ... aber Sie können immer noch Ihre Werte leben. Sie können den Menschen um Sie herum mit kleinen Gesten der Hilfsbereitschaft, Freundlichkeit, Fürsorge und Liebenswürdigkeit helfen.

»Was ist so ermächtigend daran?«, fragen Sie sich womöglich. Nun, je stärker wir von Dingen eingenommen sind, die sich *unserer Kontrolle entziehen*, desto elender und ohnmächtiger werden wir. Doch unsere Werte verbinden uns mit dem, was wir *kontrollieren können*, nämlich mit dem Vermögen, so zu handeln wie die Art von Mensch, der wir sein möchten.

Dies ist wichtig, weil unser Handeln der einzige Weg ist, die Welt um uns herum zu beeinflussen – die Menschen und Situationen, denen wir Tag für Tag begegnen.

Wenn Sie in einem Flüchtlingslager leben, teilen Sie zum Beispiel ein Zelt mit anderen Menschen. Und hier können Sie Ihre Werte, freundlich, warm und fürsorglich gegenüber anderen zu sein, leben. Oder aber Sie können sich von Ihren Werten entfernen und sich auf unfreundliche, kalte und feindselige Weise verhalten. Ihr Handeln wird also Ihre Weise, in jenem Zelt zu leben, beeinflussen. Ihr Handeln wird den Krieg, vor dem Sie geflohen sind, nicht beenden, und es wird auch keinen geliebten Menschen von den Toten wiedererwecken oder Ihr dünnwandiges Zelt in ein Backsteinhaus verwandeln. Aber Ihre Weise, sich zu verhalten, kann die Atmosphäre in Ihrem Zelt entweder verbessern oder verschlechtern; das unterliegt sehr wohl Ihrer Kontrolle.

Je besser wir unsere Werte kennen, desto leichter ist es, ihnen gemäß zu handeln, und je mehr wir unseren Werten gemäß handeln, desto besser können wir unser Leben auf sinnvolle Weise gestalten. Will ich Ihnen also nahelegen, alle Ziele aufzugeben? NEIN! Überhaupt nicht. Im Gegenteil, später im Buch werden wir uns praktische Strategien ansehen, die Ihnen helfen, Ihre Absichten und Träume mit mehr Erfolg zu erreichen. Was ich Ihnen sagen will, ist, dass Werte auf eine Art und Weise augenblicklich ermächtigend sind, auf die es Ziele nie sein können. Warum? Weil wir unsere Werte immer in einem kleinen Rahmen leben können, ganz gleich wie unser Leben aussieht.

Wenn jemand zum Beispiel in Armut lebt und an einer schweren chronischen Krankheit leidet oder die Person Vorurteilen oder Diskriminierung aufgrund von Geschlecht, Religion oder Hautfarbe ausgesetzt ist, ist sie vielen anderen gegenüber stark benachteiligt, und aufgrund dieser Benachteiligung mag sie viele Ziele haben, die zur Zeit nicht erreichbar sind – und es vielleicht niemals sein werden. Sie kann jedoch immer noch ihre Werte leben und nach ihnen handeln. Sie kann immer noch wählen, wie sie sich selbst und andere und die Welt um sie herum behandeln will, während sie weiterhin in schwierigen Umständen lebt.

Um ein noch extremeres Beispiel zu nehmen: Angenommen Sie leiden an einer unheilbaren, fortschreitenden Krankheit im Endstadium. Wenn dem so ist, werden Sie niemals das Ziel von »guter Gesundheit« erreichen. Aber Sie *können* nach Ihren Werten, freundlich und liebevoll mit sich selbst zu sein, leben.

Ich benutze oft den Ausdruck »Realitätsgefälle« zur Beschreibung solch schwieriger Umstände wie den oben genannten. Ein »Realitätsgefälle« ist jede schmerzliche Lücke zwischen der Realität, die Sie sich wünschen, und der Realität, in der Sie sich befinden. Und je größer diese Kluft ist, desto größer der Schmerz, der damit einhergeht. (Wenn Sie sich also gegenwärtig einem großen Realitätsgefälle gegenübersehen, werden viele schwierige Gedanken und Gefühle auftauchen, und Sie werden alle Loslösungsfertigkeiten in diesem Buch brauchen, um gut damit umgehen zu können.)

Manche Realitätslücken lassen sich niemals schließen. Wenn zum Beispiel jemand, den Sie lieben, gerade gestorben ist, ist es nicht möglich, diese Kluft zu schließen. Andere Realitätslücken *lassen sich* schließen (zum Beispiel, wenn Sie an Krebs erkranken, dieser jedoch heilbar ist). Das kann allerdings lange, lange Zeit dauern und große Anstrengungen erfordern. Werte ermächtigen uns dazu, effektiv mit einem großen Realitätsgefälle umzugehen, ob wir die Lücke nun schließen können oder nicht.

Finden Sie irgendetwas hiervon ein bisschen verwirrend? Wenn ja, sind Sie nicht allein. Das Konzept der Werte unterscheidet sich so sehr von dem sehr viel vertrauteren Konzept der Ziele, dass es oft eine Weile dauert, es zu verstehen. Darum werden wir dieses Konzept wiederholt behandeln, angefangen mit einem raschen Blick auf …

Eine Werte-Checkliste

Werte sind die tiefsten Bestrebungen Ihres Herzens danach, wie Sie sich als ein Menschenwesen verhalten wollen. Sie beschreiben, wie Sie sich selbst, andere und die Welt um Sie herum behandeln wollen. Unten finden Sie eine Liste der üblichsten Werte. Dies sind nicht die »richtigen« Werte, denn es gibt weder »richtige« noch »falsche«. Werte sind wie Eiscremesorten. Sie mögen Schokolade vorziehen, jemand anderer mag eher Vanille. Das bedeutet nicht, dass die Vorliebe dieser Person richtig und Ihre falsch ist oder umgekehrt. Es bedeutet lediglich, dass Sie verschiedene Geschmäcker haben. Hier geht es also nicht um die »richtigen« oder »besten« Werte; sie sollen Ihnen nur ein paar Ideen vermitteln. (Und wenn Ihre Werte hier nicht genannt sind, gibt es am Schluss genug Raum, sie hinzuzufügen.)

Greifen Sie einen Lebensbereich heraus, den Sie fördern, verbessern oder erkunden möchten (beispielsweise Beruf, Ausbildung, Gesundheit, Freizeit, Elternschaft, Freundschaft, Spiritualität, intime Beziehungen). Überlegen Sie dann, welche Werte in der folgenden Liste am besten diesen Satz vervollständigen: *In diesem Bereich meines Lebens möchte ich folgendermaßen sein: …*

Lesen Sie die Liste durch, und wenn ein Wert Ihnen in diesem Lebensbereich sehr wichtig vorkommt, schreiben Sie ein S daneben. Wenn er einigermaßen wichtig ist, schreiben Sie ein E, und wenn er kaum wichtig ist, ein K.

Gängige Werte: eine Checkliste*

In diesem Bereich meines Lebens möchte ich folgendermaßen sein:

1. **Abenteuerlich:** bereit für neue, aufregende Erfahrungen
2. **Achtsam/präsent:** vollkommen präsent in dem und konzentriert auf das, was ich tue
3. **Annehmend:** offen mir selbst, anderen, dem Leben, meinen Gefühlen (usw.) gegenüber, sie zulassend oder in Frieden mit ihnen
4. **Aufrichtig:** mit mir selbst und anderen ehrlich, wahrhaftig und aufrichtig
5. **Ausdrucksstark:** meine Gedanken und Gefühle durch das, was ich sage, vermittelnd
6. **Authentisch:** wahrhaftig, echt und mir selbst treu
7. **Beharrlich/engagiert:** bereit, trotz Problemen oder Schwierigkeiten weiterzumachen
8. **Beschützend:** für das Wohl und die Sicherheit von mir und anderen sorgend
9. **Dankbar:** das würdigend, was ich empfangen habe
10. **Durchsetzungsfähig:** ruhig, fair und respektvoll für meine Rechte einstehend, das verlangend, was ich will, unvernünftige Forderungen ablehnend
11. **Ermutigend:** unterstützend, inspirierend und das Verhalten, das ich befürworte, belohnend
12. **Fair/gerecht:** mit Fairness und Gerechtigkeit mir und anderen begegnend
13. **Fleißig:** sorgfältig, tüchtig und engagiert

---

14. **Flexibel:** bereit und fähig, mich verändernden Umständen anzupassen
15. **Fokussiert:** fokussiert und konzentriert auf das, was ich tue
16. **Freundlich:** warm, offen, fürsorglich und umgänglich mit anderen
17. **Fürsorglich/selbstfürsorglich:** aktiv für mich, andere, die Umwelt usw. sorgend
18. **Geschickt:** Dinge gut machend, mein Wissen, meine Erfahrung und meine Ausbildung einsetzend
19. **Hilfreich:** gebend, helfend, beitragend, teilnehmend oder teilend
20. **Kooperativ:** bereit, anderen zu helfen und mit ihnen zusammenzuarbeiten
21. **Kreativ:** einfallsreich, erfinderisch oder innovativ
22. **Liebenswürdig:** rücksichtsvoll, hilfreich oder fürsorglich mir selbst und anderen gegenüber
23. **Liebevoll:** mir und anderen Liebe, Zuneigung oder große Fürsorge entgegenbringend
24. **Mitfühlend/selbstmitfühlend:** freundlich auf meinen Schmerz und den anderer reagierend
25. **Mutig:** tapfer oder kühn; mich angesichts von Furcht, Bedrohung oder Risiko behauptend
26. **Neugierig:** unvoreingenommen und interessiert, bereit zu erkunden und zu entdecken
27. **Offen:** mich offenbarend, anderen meine Gedanken und Gefühle zeigend
28. **Ordentlich:** sauber und organisiert
29. **Respektvoll/selbstrespektvoll:** mich selbst oder andere fürsorglich und mit Bedacht behandelnd

30. **Spielerisch:** humorvoll, lebenslustig, unbeschwert
31. **Unabhängig:** für mich selbst entscheidend, wie ich lebe und was ich tue
32. **Unterstützend:** hilfreich, ermutigend und da für mich und andere
33. **Verantwortungsvoll:** vertrauenswürdig, verlässlich und für mein Handeln verantwortlich
34. **Vergebend:** Animositäten und Groll mir und anderen gegenüber loslassend
35. **Vertrauensvoll:** bereit, an die Ehrlichkeit, Aufrichtigkeit, Verlässlichkeit oder Kompetenz anderer zu glauben
36. **Vertrauenswürdig:** loyal, ehrlich, gewissenhaft, aufrichtig, verantwortungsvoll und verlässlich
37. **Andere:**
38. **Andere:**
39. **Andere:**
40. **Andere:**

Bitte schreiben Sie alle Werte auf, die Ihnen besonders wichtig erscheinen, oder notieren Sie sie gedanklich, so dass Sie später darauf zurückgreifen können.

Die Reise und das Ziel

Sie haben wahrscheinlich schon häufiger diesen Spruch gehört: »Es ist nicht das Ziel, das zählt; es ist die Reise.« Ich persönlich würde sagen, beide zählen. Das Ziel ist ganz ohne Zweifel wichtig. Denn eine Reise nach Schweden ist nicht dasselbe wie eine Reise nach Afghanistan. Aber der Weg, auf dem man dort hingelangt, ist ebenfalls sehr bedeutsam, besonders, wenn es keine Garantie dafür gibt, dass wir auch tatsächlich dort ankommen werden.

Der Bestimmungsort, zu dem Sie sich aufmachen, ist ein Ziel. Ihre Werte hingegen beschreiben, wie der Reisende, der Sie sein wollen, geartet ist: Wie möchten Sie sich selbst und andere sowie die Dinge, denen Sie auf dem Weg begegnen, behandeln? Möchten Sie, während Sie zu Ihrem Bestimmungsort unterwegs sind, lieber freundlich und hilfsbereit gegenüber anderen Reisenden sein, denen Sie begegnen, oder gemein, aggressiv oder distanziert? Möchten Sie offen, neugierig und wertschätzend gegenüber Ihren Erfahrungen sein? Oder lieber verschlossen, gleichgültig oder missbilligend? Möchten Sie Ihren Körper fürsorglich oder nachlässig behandeln?

Bedenken Sie, dass Sie als Reisender Ihre Werte leben können, bei jedem Schritt auf Ihrem Weg – selbst, wenn Sie letztlich anderswo als an Ihrem Ziel ankommen. Behalten Sie diese Unterscheidung im Sinn, und lassen Sie uns eine andere Übung machen, um einige Ziele herauszukitzeln.

Angenommen es gäbe Zauberei …

Nehmen Sie sich einige Momente Zeit, um über die unten stehenden Fragen nachzudenken. Es sind etliche, also nehmen Sie sich die Freiheit, einige zu überspringen. Aber denken Sie zumindest über zwei oder drei von ihnen nach.

Angenommen Sie könnten mit Zauberei herbeiführen, dass all Ihre schwierigen Gedanken und Gefühle wie Wasser vom Gefieder einer Ente abperlen, sie ihre Macht über Sie verlieren und Sie nicht länger niederdrücken oder zurückhalten …

- welche Projekte, Aktivitäten oder Aufgaben würden Sie dann angehen, wieder aufnehmen oder fortsetzen?
- was oder wem würden Sie dann nicht länger aus dem Weg gehen?
- was würden Sie dann beginnen zu tun oder intensivieren?
- auf welche Weise würden Sie sich selbst dann anders behandeln?
- wie würden Sie andere in Ihren wichtigsten Beziehungen dann anders behandeln?

Bitte nehmen Sie sich einige Minuten Zeit, um sich intensiv über zumindest zwei bis drei dieser Fragen Gedanken zu machen. Besser noch, Sie schreiben Ihre Antworten auf, um später darauf zurückgreifen zu können. Wenn Sie über diese Fragen nachdenken, was kommt Ihnen in den Sinn? Vorstellungen von Dingen, die schiefgehen? Erinnerungen an Versagen? Angstgefühle? Ein Gefühl der Beklemmung in der Brust, Magenkrämpfe oder andere unangenehme Empfindungen? Gründe dafür, diese Dinge nicht zu tun?

Wenn so etwas auftaucht, ist das völlig normal. Und ich kann Ihnen garantieren, dass diese problematischen Gedanken und Gefühle immer wieder auftauchen werden. Wir können sie nicht auslöschen, aber wir können sehr gut darin werden, uns von ihnen loszulösen. Bald werden Sie lernen, wie man sich von Emotionen, Empfindungen und Drängen loslöst; jetzt bleiben wir aber erst einmal bei den Kognitionen.

Ich empfehle Ihnen dringend, diese Loslösungsfertigkeiten zu üben, zu üben und nochmals zu üben: Je mehr Sie Ihre Kognitionen als das erkennen können, was sie sind – nämlich Wörter und Bilder in Ihrem Kopf –, desto weniger negativen

Einfluss werden sie auf Ihr Leben haben. (Und wenn Ihre »Argumentationsmaschine« wie am Fließband eine Reihe von Ausflüchten dafür herstellt, nicht zu üben, nehmen Sie dies zur Kenntnis, und benennen Sie es. Vielleicht danken Sie sogar Ihrem Geist: »Danke, Geist. Ich weiß, dass du mich vor dem Unbehagen, solche herausfordernden Dinge anzugehen, bewahren willst, aber es ist in Ordnung, ich kann damit umgehen.«)

Ich möchte Sie ermutigen, zusätzlich zu all der Loslösungspraxis ein wenig mit Ihren Werten herumzuspielen. Aber bitte, machen Sie keine große Sache daraus. Sie müssen lediglich ein oder zwei Werte pro Tag auswählen und nach Gelegenheiten Ausschau halten, sie in Ihre Aktivitäten einfließen zu lassen. Angenommen Sie würden zum Beispiel »Freundlichkeit« auswählen: Wenn Sie dann durch Ihren Tag gehen, suchen Sie nach kleinen Möglichkeiten, freundlich zu handeln – mit freundlichen Worten und freundlichen Gesten. Führen Sie dies als Experiment aus, und sehen Sie, was geschieht.

Aber Vorsicht: Ihr Geist kann Sie mit Fragen wie diesen verunsichern: »Welche Werte soll ich denn wählen?« oder »Wie soll ich wissen, ob dies die richtigen Werte sind?« Bei dieser Übung gibt es nur zwei Zielsetzungen: a) Spielen Sie mit einigen Werten herum und b) nehmen Sie zur Kenntnis, was geschieht. Es spielt daher im Grunde keine Rolle, welche Werte Sie auswählen. Wenn es zu schwer ist, sich zu entscheiden, gehen Sie in der Ordnung der Zahlen wie in der Liste oben vor. Spielen Sie einige Tage mit einem Wert oder mit zweien und beobachten Sie, was passiert. Wählen Sie dann ein oder zwei andere Werte und beschäftigen sich mit diesen. Und so weiter und so weiter.

Im nächsten Kapitel werden wir zunächst einmal eine Eigenschaft betrachten, die unglaublich wichtig für den Umgang mit Schmerz und Leiden ist. Und wenn diese Eigenschaft noch nicht zu Ihren Werten gehört, hoffe ich, dass sie es bald werden wird. Wovon ich spreche, ist …

DER WERT DER FREUNDLICHKEIT

Stellen Sie sich vor, Sie befänden sich auf einer äußerst strapaziösen und gefährlichen Reise, und es passierten alle möglichen schrecklichen Dinge. Sie haben ein Hindernis nach dem anderen überwunden, viele Blessuren davongetragen, sind erschöpft, und alles tut Ihnen weh, und Sie mühen sich ab, weiterzugehen. Aber Sie sind auf dieser Reise nicht gänzlich allein; Ihnen steht ein Begleiter zur Seite.

Lassen Sie uns jetzt einmal annehmen, Sie hätten die Wahl zwischen zwei verschiedenen Gefährten. Möglichkeit Nummer eins ist ein Gefährte, der sagt: »Das ist doch gar nicht so schlimm. Stell dich nicht so an. Finde dich einfach damit ab und geh weiter!« Ihre zweite Option ist ein Begleiter, der sagt: »Das ist wirklich Mist. Aber hey, wir stecken hier zusammen drin. Ich halte dir den Rücken frei und stehe dir bei jedem Schritt zur Seite.«

Ich habe buchstäblich Tausende von Menschen befragt: »Welchen Gefährten würden Sie vorziehen?« Bislang hat noch jeder den zweiten Begleiter gewählt (wobei die Leute mich oft dabei angesehen haben, als hätte ich gerade eine ziemlich dumme Frage gestellt). Dann frage ich: »Welche Art Gefährte sind Sie für sich selbst? Behandeln Sie sich mehr wie der erste oder wie der zweite?« Fast jeder antwortet: »Wie der erste.«

Das Absurde daran ist, dass die meisten von uns instinktiv freundlich, verständnisvoll und unterstützend sind, wenn ein naher Freund oder ein geliebter Mensch sehr leidet; doch wir finden es sehr schwer, uns selbst auf dieselbe Weise zu behandeln. Wenn ich zuerst die Vorstellung von Freundlichkeit sich selbst gegenüber einführe, ist es tatsächlich erstaunlich, wie häufig Menschen negativ auf diese Vorstellung reagieren – insbesondere, wenn ich sie bei ihrem anderen Namen, »Selbstmitgefühl«, nenne.

Sobald Menschen das Wort »Selbstmitgefühl« hören, legt sich ihre »Argumentationsmaschine« mächtig ins Zeug und bringt wie am Fließband eine lange Liste an Gründen hervor, dem Selbstmitgefühl aus dem Weg zu gehen. Sie nehmen es als schwach, dumm, nutzlos, passiv, egoistisch oder demotivierend wahr. Manches Mal beharren sie sogar darauf, dass sie so schlechte Menschen seien, dass sie kein Selbstmitgefühl verdienten. Wir werden uns diesen Einwänden in Kürze zuwenden, aber lassen Sie uns erst klarstellen …

Was bedeutet »Selbstmitgefühl«?

Es gibt viele verschiedene Definitionen von Selbstmitgefühl und kein universales Übereinkommen auf eine von ihnen. Meine eigene Definition umfasst lediglich sechs Wörter: *den Schmerz anerkennen, mit Freundlichkeit reagieren.*

Mit anderen Worten, Selbstmitgefühl bedeutet, Ihren eigenen Schmerz, Ihre Verletzung und Ihr Leiden anzuerkennen – und sich als Reaktion darauf selbst mit Freundlichkeit und Fürsorglichkeit zu behandeln.

Den meisten von uns fällt Selbstmitgefühl nicht auf

natürliche Weise leicht. Wir lernen es nur dann, wenn wir einen Weg der Therapie, des persönlichen Wachstums oder der spirituellen Entwicklung einschlagen. Wenn Schmerz auftaucht, sind unsere Standardreaktionen, ihm zu GEHORCHEN (ihm zu erlauben, uns herumzuzerren und uns vorzuschreiben, was wir tun sollen) oder zu KÄMPFEN.

Selbstmitgefühl ist vollkommen anders als die beiden obigen Reaktionen. Wir erkennen unseren Schmerz einfach an und behandeln uns freundlich. Und obwohl die Menschen seit Tausenden von Jahren hauptsächlich in der Religion von diesem Konzept erfuhren, gehört es heutzutage ganz und gar in den Bereich der Wissenschaft. Hunderte von wissenschaftlichen Studien in den besten psychologischen Zeitschriften haben die zahlreichen Vorzüge von Selbstmitgefühl für Gesundheit, Wohlbefinden und Glücklichsein aufgezeigt. Und die gute Nachricht ist: Sie haben bereits begonnen, es zu praktizieren.

Wie das? Nun, Selbstmitgefühl beginnt einfach damit, den Schmerz, den wir erleiden, ehrlich anzuerkennen – ohne allerdings darin hängen zu bleiben oder darin zu schwelgen. Und es ist vollkommen anders als Selbstmitleid, das eher wie Folgendes klingt: »Ich halte das nicht länger aus. Ich habe mich noch nie so schlecht gefühlt. Warum ausgerechnet ich? Das ist nicht fair. Niemand sonst macht so etwas durch. Ich kann damit nicht umgehen.« Selbstmitleid hilft niemals; es macht alles nur noch schlimmer.

Selbstmitgefühl bedeutet, dass wir unseren Schmerz auf eine schlichte, freundliche und ehrliche Weise anerkennen – so, wie wir den Schmerz eines leidenden Freundes anerkennen. Sie haben dies in den letzten vier Kapiteln geübt, in der Phase der

Anerkennung von AVE und immer dann, wenn Sie schwierige Gedanken und Gefühle bemerkt und benannt haben.

Wenn Sie die Gedanken und Gefühle nicht genau bestimmen können, verwenden Sie gern Begriffe wie »Leiden« – »Schmerz« – »Kummer« oder »Verlust« (zum Beispiel »Hier ist Leid« oder »Ich bemerke Schmerz«). Vielleicht möchten Sie auch zusätzliche Formulierungen hinzufügen wie »Hier und jetzt« oder »Dies ist ein Moment von«. Warum? Weil uns das dann, wenn wir sagen, »Hier und jetzt bemerke ich Angst« oder »Dies ein Moment der Einsamkeit«, hilft, uns daran zu erinnern, dass unsere Gedanken und Gefühle sich so wie das Wetter ständig verändern. Selbst inmitten des größten Leidens wandeln sich unsere Kognitionen und Emotionen von Augenblick zu Augenblick. Manchmal fühlen wir uns besser, zu anderen Zeiten schlechter. »Hier und jetzt« bemerken wir womöglich Traurigkeit; aber später tauchen andere Gefühle auf. Bitte spielen Sie mit diesen Worten herum, und bilden Sie Sätze, die für Sie passend sind. Die Psychologin Kristin Neff, die weltweit führende Forscherin auf dem Gebiet des Selbstmitgefühls, schlägt vor: »Dies ist ein Moment des Leidens« – ein poetischer Ausdruck, der vielen Menschen gefällt. Doch manche Leute (wie ich) bevorzugen alltäglichere Formulierungen, wie etwa »Das tut wirklich weh«.

Unseren Schmerz anzuerkennen ist bloß der erste Schritt zum Selbstmitgefühl; als Nächstes müssen wir dann mit echter Freundlichkeit reagieren. Doch bevor wir damit beginnen, lassen Sie uns noch einmal folgende Einwände betrachten:

Einwände gegen Selbstmitgefühl

Oben habe ich bereits einige der üblichen Protestäußerungen gegen Selbstmitgefühl erwähnt. Schauen wir sie genauer an, um zu sehen, ob sie gerechtfertigt sind. Beginnen wir mit »schwach« oder »dumm«. Wenn ein guter Freund oder ein geliebter Mensch leidet und Sie auf dessen Schmerz eingehen und freundliche Dinge sagen oder tun, um ihn zu unterstützen, wäre das dann »schwach« oder »dumm«? Natürlich nicht. So ist es auch nicht schwach oder dumm, wenn Sie sich selbst auf diese Weise behandeln (selbst wenn Ihr Geist so etwas behauptet).

Wie ist es mit »nutzlos« oder »passiv«? Nun, die Hunderten von Studien, die ich oben erwähnt habe, zeigen, dass Selbstmitgefühl definitiv nicht nutzlos ist, wenn Ihnen Ihre Gesundheit und Ihr Wohlbefinden wichtig sind. Selbstmitgefühl hilft Ihnen, besser mit Widrigkeiten und Stress umzugehen, schützt Sie vor Depression und fördert die Erholung nach Rückschlägen. Und es ist zweifellos keine »passive« Reaktion, auf die Herausforderungen des Lebens zu antworten. Es ist vielmehr eine Weise, sich selbst aktiv zu unterstützen. Es bedeutet nicht, dass Sie aufgeben; Selbstmitgefühl schenkt Ihnen mehr Energie, so dass Sie sich den Schwierigkeiten stellen, Ihre Probleme angehen und diese Hinbewegungen ausführen können.

Und was ist mit der Vorstellung, es sei »egoistisch«? Nun, wenn Sie jemals in einem Flugzeug gereist sind, wissen Sie, was die Flugbegleiter über die Sauerstoffmasken sagen: Setzen Sie zuerst Ihre Maske auf, bevor Sie versuchen, einer anderen Person zu helfen. Sie können das Selbstmitgefühl auf dieselbe

Weise verstehen. Wenn Sie sich um sich selbst kümmern, werden Sie anderen besser helfen können.

Und was ist mit »demotivierend«? Kommen wir noch einmal zurück zu Michelle (aus dem Kapitel »Das schwarze Loch der Kontrolle«). Dies war ihr Haupteinwand gegen Selbstmitgefühl: »Ich muss streng mit mir selbst umgehen«, sagte sie. »Auf diese Weise bekomme ich die Dinge gebacken. Es motiviert mich. Wäre ich freundlich mit mir selbst, brächte ich nie etwas zustande.« Diese Vorstellung ist unglaublich verbreitet, besonders unter Perfektionisten und Erfolgstypen. Und ja, kurzfristig kann es oft motivierend sein, streng mit sich umzugehen. Doch die langfristigen Kosten dieser Motivationsweise sind enorm: Stress, Angst, Depression, Erschöpfung, niedriges Selbstwertgefühl oder Burn-out.

Um das besser zu verstehen, denken Sie an Ihren liebsten Mannschaftssport. Stellen Sie sich zwei Mannschaften aus gleichermaßen talentierten Spielern vor, die beide einen Trainer haben. Der erste Trainer motiviert die Spieler auf harte, urteilende und kritische Weise. Er konzentriert sich auf alles, was die Spieler falsch machen: »Das war jämmerlich!« – »Ihr seid unbrauchbar!« – »Ihr versucht es nicht einmal!« – »Ich fasse es nicht, dass ihr das getan habt!« – »Wie oft soll ich euch das noch sagen?« – »Ihr habt dies vermurkst, das vermasselt und habt jenes vollkommen versaut.«

Der zweite Trainer motiviert die Spieler durch freundliches, förderndes Feedback und Ermutigung. Er erkennt sowohl an, was richtig, als auch was falsch gemacht wird: »Ihr habt A, B und C heute wirklich gut gemacht. Ich sehe, dass ihr bei D und E vorankommt. Und ich fand's toll, dass ihr daran gedacht habt, mit H und I zu reagieren, als J passiert ist. Mir ist aufgefallen, dass ihr ein wenig Schwierigkeiten mit P, Q und Z hattet; lasst uns mal näher ansehen, was da los ist und wie ihr das verbessern könnt. Klar, ich weiß, ihr habt X und Y nicht hingekriegt, aber okay, wir sind eben alle Menschen, wir machen alle Fehler. Macht euch deswegen nicht fertig; lasst uns das nochmal durchgehen und sehen, was ihr das nächste Mal anderes machen könnt, wenn so was noch einmal passiert.«

Es gibt eine große Menge wissenschaftlicher Forschung zu dieser Thematik, und die Ergebnisse sind kristallklar: Hartes, kritisches und urteilendes Coaching mag kurzfristig positive Resultate bringen, aber auf lange Sicht führt es zu demotivierten Spielern und schwacher Leistung. Freundliches, förderndes Coaching ist auf lange Sicht sehr viel effektiver; die Spieler sind motivierter und bringen mehr Leistung.

Haben Sie jemals einen Trainer/Lehrer/Vorgesetzten oder ein Elternteil gehabt, der die harte kritische Methode bei Ihnen angewendet hat? Wenn ja, wie fanden Sie das? (Eine Antwort darauf ist wohl kaum nötig.) Etwas weiter in diesem Buch werden wir sehr viel effektivere Methoden der Motivation betrachten, die Ihnen in Verbindung mit Selbstmitgefühl nicht nur den Anfang erleichtern und Sie am Ball bleiben lassen, sondern Ihnen auch Gesundheit und Erfolg bescheren.

Lassen Sie uns zum Schluss noch diesen Einwand ansehen: »Ich bin so eine Katastrophe, ich verdiene keine Freundlichkeit!«

Diese Geschichte ist üblich für Menschen, die eine schreckliche Kindheit gehabt haben – Vernachlässigung, Missbrauch, Trauma, Verlassenwerden und so weiter. Ihre Eltern oder Betreuer mögen Sie ganz direkt als Enttäuschung bezeichnet haben (auf tausend und eine unterschiedliche Weise), oder sie haben Ihnen das durch ihre Art und Weise, Sie schlecht zu behandeln, zu erkennen gegeben. Aber diese Geschichte ist auch bei Menschen verbreitet, die eine ziemlich gute Kindheit gehabt haben.

Und noch einmal, dies sagt Ihr Geist, der versucht, Ihnen auf seine eigene fehlgeleitete Weise zu helfen. Wie der erste Trainer im obigen Szenario glaubt Ihr Geist, Strenge sei der beste Weg, Sie dazu zu bringen, in Form zu kommen, sich am Riemen zu reißen und ein besserer Mensch zu sein. Betrachten Sie diese Geschichte also in Hinsicht auf ihren Nutzen: Wenn Sie zulassen, dass sie Ihr Handeln diktiert, Sie herumzerrt, Ihnen sagt, was Sie tun und lassen sollen … bringt Sie das dem Leben, das Sie sich wünschen, näher, oder entfernt es Sie davon?

Wenn diese Geschichte Ihnen hilft, Hinbewegungen zu machen – sich wie die Art von Person zu verhalten, die Sie sein möchten, und das Leben aufzubauen, das Sie sich wünschen – und sie zu Ihrer Gesundheit, Ihrem Wohlbefinden und Ihrem Glück beiträgt … dann stellt sie offensichtlich kein Problem dar. Aber wenn sie Sie in die andere Richtung führt, müssen Sie eine Wahl treffen: Wollen Sie ihr folgen? Oder werden Sie sich loslösen und mit einem anderen Ansatz experimentieren?

Freundlichkeit in Worten und Taten

Wie würden Sie eine Person behandeln, die Ihnen viel bedeutet und die mit schmerzlichen Gedanken und Gefühlen oder ernstlichen Problemen zu ringen hat? Wie würden Sie die Botschaft übermitteln: »Ich sehe deinen Schmerz, du bist mir wichtig, und ich bin für dich da«? Was würden Sie sagen oder tun?

Bitte denken Sie für wenigstens zwei Minuten darüber nach, bevor Sie weiterlesen.

Selbstmitgefühl bedeutet, dass Sie sich selbst ebenso behandeln, wie Sie einen geliebten Menschen behandeln würden. Was Ihnen auch immer beim Nachdenken in den Sinn gekommen ist – jetzt ist es an der Zeit, es auf Ihre eigene Person anzuwenden. Beginnen wir mit einem Blick auf …

Freundliches Selbstgespräch

Ein freundliches Selbstgespräch zu führen bedeutet, sich selbst auf wohlwollende, ermutigende und unterstützende Weise anzusprechen, etwa in der Art des zweiten Trainers und des zweiten Reisegefährten. Aber denken Sie daran, das Gehirn verändert sich durch Addition und nicht durch Subtraktion. Wir versuchen also nicht, die alten neuronalen Pfade, die zu harscher Selbstkritik führen, auszulöschen. Wir legen vielmehr neue Pfade darüber, die zu Freundlichkeit gegenüber uns selbst führen. (Wenn also die harschen, selbstverurteilenden Selbstgespräche auftauchen – wie das bei den meisten von uns oft geschieht –, dann versuchen wir nicht, mit ihnen zu streiten, sie zu vermeiden oder sie loszuwerden; wir bemerken und benennen sie einfach.)

Welche freundlichen Dinge sollten wir zu uns selbst sagen? Es gibt sooooo viele Möglichkeiten! Angenommen wir ringen damit, eine schwierige, aber wichtige Aufgabe zu bewältigen, und unser Geist sagt: »Das ist zu schwierig« oder »Ich schaffe das nicht«. Zuerst könnten wir unserem Geist danken und sagen: »Danke, Geist, ich weiß, du versuchst, mich dazu zu bringen aufzugeben, um mir Unannehmlichkeiten zu ersparen. Aber es ist schon in Ordnung, ich kann damit umgehen.« Dann können wir versuchen, uns selbst freundlich zu ermutigen: »Ich kann damit umgehen« – »Ich schaffe das«.

Oder nehmen wir an, dass wir, nachdem wir einen Fehler gemacht haben, an den Haken des Gedankens gehen: »Ich bin ein Versager.« Unser freundliches Selbstgespräch könnte dann folgendermaßen lauten: »Aha, hier ist wieder einmal die ›Versager‹-Geschichte. Okay, ich weiß, ich habe das vermasselt, aber hey, ich bin eben nur ein Mensch. Jeder macht einmal Fehler.«

Wenn Sie einer perfektionistischen Regel an den Haken gegangen sind, könnten Sie sagen: »Ich habe den Gedanken, dass ich diese Sache perfekt erledigen muss. Aber hey, ich muss das nicht wirklich tun. ›Gut genug‹ ist okay.«

Wenn es Ihnen schwerfällt, Ihr Verhalten zu ändern und Sie wieder in alte Muster zurückfallen, könnte Ihr Geist sagen: »Das ist hoffnungslos, ich kann mich einfach nicht ändern.« Ihre selbstmitfühlende Antwort darauf könnte sein: »Hier ist wieder die ›Ich gebe auf‹-Geschichte, aber ich falle nicht darauf herein. Was ich hier zu tun versuche, ist wirklich schwer, und heute war ein schlechter Tag. Ich werde es morgen noch einmal versuchen. Mit der Zeit wird es besser werden.«

An dieser Stelle gebe ich Ihnen einen praktischen Rat: Es sind nicht nur die Wörter, die zählen, sondern auch die Weise, wie Sie sie sagen. Also achten Sie auf den Tonfall Ihrer »inneren Stimme«. Ist er streng, sarkastisch oder gefühllos, wird er nicht die gewünschte Wirkung haben. Die Stimme muss freundlich und fürsorglich klingen.

Wann immer im Lauf des Tages schwierige Gedanken und Gefühle auftreten, geht es also darum anzuerkennen, dass sie vorhanden sind und dass sie schmerzlich sind … und sich dann daran zu erinnern, mit Freundlichkeit und Fürsorge auf sie zu reagieren. Um uns dabei zu helfen, ist es nützlich, einen einfachen Slogan parat zu haben, den Sie zu sich selbst sagen können. Kristin Neff, die Expertin im Bereich des Selbstmitgefühls, die ich bereits erwähnt habe, empfiehlt folgende Formulierung: »Dies ist ein Moment des Leidens. Möge ich freundlich zu mir selbst sein.« Ich persönlich ziehe jedoch etwas Kürzeres und Einfacheres vor. Mein Selbstmitgefühl-Slogan ist: »Dies tut wirklich weh. Sei freundlich.« Wenn Ihnen eine dieser Formulierungen gefällt, benutzen Sie sie; wenn Sie lieber einen eigenen Satz verwenden möchten, umso besser.

Spielen Sie mit dieser Art von Selbstgespräch herum, und zwar stets in einem freundlichen Tonfall. Und finden Sie Ihren eigenen Weg und Ihren eigenen Stil der Rede (der völlig anders klingen kann als die oben angeführten Beispiele). Und wenn Ihnen nichts einfällt, bedenken Sie: »Was würde ich zu einem Freund sagen, der etwas Ähnliches durchmacht?«

Jetzt gehen wir vom freundlichen Selbstgespräch zum gleichermaßen wichtigen freundlichen Handeln über.

Freundliches Handeln

Beim Selbstmitgefühl geht es nicht nur darum, was wir uns selbst sagen, sondern auch, was wir für uns selbst *tun*: wohlwollendes, fürsorgliches und unterstützendes Handeln. Und es gibt wirklich unendlich viele Möglichkeiten. Zu dem selbstmitfühlenden Handeln könnte gehören: dieses Buches zu lesen; Loslösungsfertigkeiten zu praktizieren; Mußestunden mit anderen zu verbringen; grundlegende Selbstfürsorge wie gesund essen und regelmäßige Bewegung; uns Zeit für Ruhe und Entspannung zu nehmen; uns Hobbys, Sport oder anderen angenehmen, erholsamen Aktivitäten zu widmen und so weiter.

Das Großartige an der Sache ist, dass Sie nichts Dramatisches tun müssen. Selbst die winzigste Geste der Selbstfreundlichkeit zählt. Um Ihnen eine Vorstellung zu geben, sind hier einige kleine selbstfreundliche Dinge, die ich heute getan habe. Ich habe meinen Rücken und Hals gedehnt; eine lange, heiße Dusche genommen; mit dem Hund gespielt; mich beim Ansehen alberner YouTube-Videos mit meinem Sohn amüsiert; etwas Gesundes gefrühstückt; und irgendwann habe ich auch für einige Minuten im Freien gesessen und meine Augen geschlossen, um einfach nur dem Gesang der Vögel zu lauschen und die Sonne auf meinem Gesicht zu spüren.

Jetzt nehmen Sie sich zwei Minuten Zeit, um zu überlegen: Wie kann ich mir gegenüber freundlich handeln a) in den nächsten Stunden und b) während der nächsten Tage?

Bitte schreiben Sie Ihre Antworten auf. Praktizieren Sie diese Dinge in den nächsten Stunden und Tagen wirklich, und nehmen Sie zur Kenntnis, was Sie dabei empfinden. Genießen Sie dieses freundliche und fürsorgliche Tun wahrhaftig. (Und wenn Sie es nicht tun, nehmen Sie zur Kenntnis, wie Ihr Geist es Ihnen ausgeredet hat: Welche Gründe hat er angeführt? Welche Regeln hat er Ihnen aufoktroyiert?)

Wohin von hier aus?

Bislang haben wir drei wesentliche Elemente von Selbstmitgefühl behandelt: Loslösung von strengen, verurteilenden Selbstgesprächen; Anerkennung unseres Schmerzes und Leidens und uns selbst freundlich zu behandeln. In den kommenden Kapiteln werden wir ein anderes wichtiges Element behandeln: die Loslösung von schmerzlichen Emotionen.

Problembehandlung

Es fühlt sich merkwürdig an; das bin nicht ich; so etwas tue ich nicht

Anfangs mag sich Selbstmitgefühl seltsam oder unnatürlich anfühlen – so als seien es nicht wirklich Sie. Das wäre eine völlig normale Reaktion. Dies ist eine neue psychologische Fertigkeit. Vielleicht wird es Ihnen ganz natürlich vorkommen, nachdem Sie es zehntausend Mal praktiziert haben; aber so wird es nicht von Anfang an sein. Sind Sie bereit, etwas zu tun, das sich merkwürdig, seltsam oder »nicht wie Sie« anfühlt, um sich ein besseres Leben aufzubauen?

Es flößt mir Angst ein

Wenn Sie auf eine lange Geschichte von tief verwurzelter Selbstverurteilung, -hass oder -verachtung zurückblicken, kann Selbstmitgefühl anfänglich Angst auslösen. Denn es ist eine radikal andere Weise, mit sich selbst umzugehen. Ihr Geist ist misstrauisch: »Was ist das? Ich kenne das nicht. Es ist anders. Es ist merkwürdig. Ich weiß nicht, was passieren könnte.« Sie sind sich dieser Gedanken womöglich nicht bewusst – vielleicht fühlen Sie sich einfach nur ängstlich –, aber das ist es, was sich in Ihrem Kopf abspielt.

Eine andere Weise, diese Angst zu verstehen, ist, dass es sich anfühlt, als würden Sie »die Regeln brechen«. Lange Zeit hat Ihr Geist Sie beherrscht wie ein Tyrann: Er hat die Gesetze und Gebote festgelegt und Ihnen verboten, sie zu brechen. Das schließt die Regel ein:

»ES IST DIR NICHT ERLAUBT, FREUNDLICH ZU DIR SELBST ZU SEIN!«

Die Regeln zu brechen fühlt sich riskant an (etwas Schlimmes könnte passieren, wenn Sie dabei erwischt werden). Deshalb kommt es ganz natürlich zu Angstgefühlen.

Die Angst wird abnehmen, wenn Sie regelmäßig Selbstmitgefühl praktizieren, bis es zu einer vertrauten Erfahrung wird. In den frühen Stadien der Übung wird sie jedoch vorhanden sein. Die Frage lautet also: Sind Sie bereit, kurzfristig einige ängstliche Gedanken und Gefühle auszuhalten, um auf lange Sicht ein besseres Leben aufzubauen?

Es schürt meine negativen Selbstgespräche

Manchmal können freundliche Selbstgespräche ein Sperrfeuer strenger Selbstverurteilung auslösen. Sie können davon ausgehen, dass dieses Sperrfeuer abnehmen und später aufhören wird. Wann immer es dazu kommt, bemerken und benennen Sie es – und wenn das nicht hilft, verankern Sie sich.

Es hat meine Gefühle nicht verschwinden lassen

Das sollte es auch nicht. Dies ist keine Kampfstrategie. Das Ziel ist, Ihre Gefühle anzuerkennen und sie zuzulassen, ohne gegen sie zu kämpfen (so wie das Buch in den Schoß zu legen, siehe Kapitel »Vom Kampf ablassen«), während Sie gleichzeitig sich selbst gegenüber freundlich und unterstützend sind. Wenn schwierige Gedanken und Gefühle abnehmen oder verschwinden – wie es oft geschieht –, ist das ein Bonus, nicht jedoch das eigentliche Ziel.

AN EINEM GEFÜHL FESTGEHAKT

Sie wandern durch die verschneite Wildnis Alaskas und stehen plötzlich einem Grizzlybären gegenüber. Was würden Sie tun? Schreien? Um Hilfe rufen? Weglaufen? Wir werden auf diese heikle Situation bald zurückkommen, aber zuerst lassen Sie uns eine andere herausfordernde Frage angehen: Was sind Emotionen?

Die Wissenschaftler tun sich schwer, zu irgendeinem Konsens darüber zu kommen, was Emotionen sind, doch die meisten Experten stimmen in zwei Punkten überein:

1. Jeder Emotion liegt eine komplexe Abfolge von Veränderungen im gesamten Körper zugrunde, die das Gehirn und Nervensystem, das Herz und den Blutkreislauf, die Lunge und die Atmung, die Organe des Bauchraumes, Muskeln und Hormone mit einschließt.
2. Diese körperlichen Veränderungen bereiten uns darauf vor zu handeln.

Während diese Veränderungen in unserem Körper stattfinden, verursachen sie Empfindungen wie »Schmetterlinge im Bauch« – einen »Kloß im Hals« oder »Herzklopfen«. Gleichzeitig entsteht der Drang, auf ganz spezifische Weise zu handeln: zum Beispiel, zu weinen, zu lachen, zu schreien, zu brüllen oder sich zu verstecken. Die Wahrscheinlichkeit, dass wir dann auf eine ganz bestimmte Weise agieren, wenn wir eine bestimmte Emotion erfahren, wird »Handlungstendenz« genannt. Beachten Sie hier das Schlüsselwort »Tendenz«. Eine Tendenz bedeutet, dass wir dazu *neigen*, etwas zu tun; es bedeutet nicht, dass wir es tun *müssen*, dass wir keine Wahl haben.

Wenn Sie zum Beispiel befürchten, zu spät zu kommen, können Sie dazu *tendieren*, die Geschwindigkeitsbegrenzung zu überschreiten. Aber Sie haben *die Wahl*, gesetzestreu und sicher zu fahren, wenn Sie es wollen. Doch wie wir schon im Kapitel »Der Punkt der Entscheidung« gesehen haben, haben wir desto weniger Wahl, je weniger wir fähig sind, uns von unseren Emotionen loszulösen.

Mit anderen Worten, je besser wir uns loslösen können, desto mehr Kontrolle haben wir über unsere physischen Vorgänge – unsere Körperhaltung, unseren Gesichtsausdruck, die Worte, die wir sagen, die Lautstärke und den Tonfall unserer Stimme und die Bewegungen, die wir mit den Armen, Beinen, Händen und Füßen ausführen. Diese Fähigkeit ist unglaublich nützlich. Sind wir in der Lage, unsere körperlichen Vorgänge zu kontrollieren, wenn wir starke Emotionen erfahren, dann erlaubt uns dies, auf eine Weise zu reagieren, die zu besseren Resultaten führt: Wir können Angst haben, aber mutig reagieren; wütend sein, aber gelassen handeln.

Einmal angenommen ich wäre wütend auf meinen Sohn im Teenageralter (ja, das passiert). Wenn ich der Vater bin, der ich sein möchte, werde ich mir still meines inneren Wutanfalls bewusst, und ich verankere mich und übernehme die Kontrolle über mein Handeln. Ich spreche mit sanfter, geduldiger Stimme zu ihm, mit lockeren Armen und geöffneten Händen, und ich erkläre ihm entschieden und geduldig, was das Problem ist und was ich von ihm erwarte. Und wenn ich das tue, dann ist das sehr viel förderlicher für unsere Beziehung als die Situationen, in denen ich mich von meiner Wut an den Haken habe nehmen lassen und mich wie ein Silberrücken-Gorilla aufführe: mit geschwellter Brust und vorstehendem Kinn, mit wedelnden Armen und Geschrei. Wie die meisten Eltern wissen, führt das Anschreien der Kinder zwar kurzfristig zu dem erwünschten Resultat, doch auf lange Sicht ist es nicht förderlich, um eine gesunde Beziehung aufzubauen. (Außerdem gebe ich dann ein wirklich schlechtes Vorbild ab; tut mir leid, mein Sohn!)*

Die erste Fertigkeit, die wir in diesem Buch erlernt haben, war, uns zu verankern, was uns eine Möglichkeit bietet, uns von unseren Emotionen loszulösen und die Kontrolle über unsere physischen Vorgänge zu erlangen. Aber das ist gerade einmal die Spitze des Eisbergs. In den nächsten Kapiteln werden wir erkunden, was Emotionen sind, welchem Zweck sie dienen, wie man sich von ihnen loslösen kann, und wie wir sie tatsächlich einsetzen können, um unser Leben zu verbessern. Wir beginnen mit einem Blick auf …

Die Kampf-oder-Flucht-Reaktion

Die Kampf-oder-Flucht-Reaktion ist ein primitiver Überlebensreflex, der vom Mittelhirn ausgeht. Wir finden ihn bei allen Säugetieren, Vögeln, Reptilien, Amphibien und bei den

---

* Ich kann die Selbsthilfebücher, in denen die Autoren perfekt, makellos und unfehlbar zu sein scheinen, nicht ausstehen. Wir sind alle Menschen, und wir bauen alle Mist.

meisten Fischen. Er geht davon aus, dass Sie dann, wenn Sie von etwas bedroht werden, die beste Überlebenschance haben, wenn Sie entweder weglaufen (Flucht) oder standhalten und sich verteidigen (Kampf). Wann immer also das Gehirn eine signifikante Bedrohung wahrnimmt, wird augenblicklich die Kampf-oder-Flucht-Reaktion aktiviert. Unser Körper wird von Adrenalin überflutet; die großen Muskeln in unseren Armen, Beinen, unserem Hals und unseren Schultern ziehen sich in Bereitschaft zum Handeln zusammen, und unser Herz und unsere Lunge pumpen schneller mehr mit Sauerstoff angereichertes Blut in unsere Muskeln. All dies bereitet uns optimal auf Flucht oder Kampf vor.

In wirklich gefährlichen Situationen – wenn wir durch ein Kriegsgebiet reisen oder ein wildes Tier abwehren – ist dies eine lebensrettende Reaktion. Aber im modernen Leben befinden sich die meisten von uns selten in einer wahrhaft lebensbedrohlichen Lage – und unglücklicherweise wird unsere Kampf-oder-Flucht-Reaktion oft in Situationen ausgelöst, in denen sie eher ein Hindernis als eine Hilfe ist.

Noch einmal: Dies kommt daher, dass unser allzu hilfreicher Geist mit unserem Körper zusammenarbeitet, um unser Überleben zu sichern. Da er im »Safety first«-Modus funktioniert, sieht unser Geist fast überall eine potenzielle Gefahr: in einem launischen Partner, einem kontrollierenden Chef, einem Strafzettel, einem neuen Job, einem Verkehrsstau, einer langen Warteschlange in der Bank, einer hohen Hypothek, einem wenig schmeichelhaften Spiegelbild im Spiegel – was auch immer. Zudem kann unser Geist auch unsere eigenen Gedanken, Erinnerungen, Vorstellungen Emotionen und Empfindungen als Bedrohung interpretieren. Diese inneren Erfahrungen sind offensichtlich nicht lebensbedrohlich, aber unser Gehirn und unser Körper reagieren, als seien sie es. Das führt zu Emotionen wie Furcht, Angst oder Panik (der Fluchtreaktion entsprechend) und Gereiztheit, Wut oder Zorn (der Kampfreaktion entsprechend).

Die Reaktion der Starre

Ich habe bereits erwähnt, dass der Vagus-Nerv starke schmerzliche Gefühle im Körper abstellen kann, was zu emotionaler Taubheit führt. Ebendieser Nerv kann den Körper auch zeitweilig »erstarren« lassen oder »verschließen«. Dies geschieht, wenn eine Bedrohung so extrem ist, dass unser Gehirn Flucht oder Kampf für ausweglos hält (zum Beispiel wenn jemand durch einen Felssturz verschüttet wurde oder ein kleines Kind von einem Erwachsenen missbraucht wurde).

Wenn bei einer extremen Bedrohung die Versuche, zu kämpfen oder zu fliehen, aussichtslos erscheinen, dann übernimmt der Vagus das Ruder und wechselt in den Modus der Notabschaltung. Dies macht den Körper bewegungsunfähig, verlangsamt den Herzschlag und die Lungenaktivität, senkt den Blutdruck und hält nicht lebenswichtige Prozesse, wie etwa die Verdauung, an. In den frühen Stadien der Abschaltung kann jemand »erstarrt«, »auf der Stelle festgenagelt« oder »vollkommen paralysiert« sein. Der Vagus stellt in diesen schrecklichen Situationen auch die Gefühle ab, um uns vor Entsetzen und körperlichem Schmerz zu bewahren.

Die Reaktion der Starre ist ein machtvoller Überlebensmechanismus. Sie kann Sie in Situationen überleben lassen, in denen Flucht oder Kampf unmöglich sind oder die Dinge wahrscheinlich noch schlimmer machen. Die Reaktionen der Starre können jedoch noch lange nachdem die traumatische Situation vorbei ist, fortdauern – manchmal noch Jahrzehnte später –, und sie werden oft durch starke Emotionen und schmerzliche Erinnerungen ausgelöst. Wenn Sie regelmäßig diese Art von traumabedingter Erstarrung erfahren, dann ist die Verankerung eine überaus nützliche Praxis. Sie hilft Ihnen, Ihren Körper wieder »aufzuschließen«, wieder Kontrolle über Ihren Körper zu erlangen und wieder am Leben teilzunehmen. Es geht darum, sie häufig zu üben, indem Sie sofort damit beginnen, sobald Sie die ersten Anzeichen einer Starre bemerken, und sie fortführen, bis Sie die Kontrolle über Ihren Körper wiedererlangt haben und für Ihr Leben präsent sind.

Taubheit ist die häufigste Nebenwirkung dieser Starre-Reaktion, aber sie kann auch Zustände fördern wie etwa Apathie, Verzweiflung oder Hoffnungslosigkeit.

Elemente einer Emotion

Jede Emotion, die wir erfahren – Zorn, Traurigkeit, Schuld, Furcht, Scham, Abscheu, Liebe, Freude, Neugier und so weiter –, enthält immer drei miteinander verwobene Elemente: Empfindungen, Kognitionen und Triebe. Lassen Sie uns diese Elemente in Hinblick auf Angst erkunden.

Empfindungen

Bei den meisten von uns sind physische Empfindungen im Körper ein starker Aspekt einer Emotion. Wenn wir beispielsweise Angst verspüren, mögen wir in verschiedenen Bereichen des Körpers Muskelanspannung bemerken sowie Zittern,

Schwitzen, Taubheit, Bauchkrämpfe, einen Kloß im Hals, Enge in der Brust, Herzrasen und so weiter. (Bedenken Sie, dass keine zwei Personen irgendeine Emotion auf genau dieselbe Weise erfahren; was Sie in Ihrem Körper fühlen, könnte den oben angeführten Empfindungen entsprechen oder aber völlig anders sein.)

Kognitionen

Kognitionen sind ein allen Emotionen innewohnendes Element. Wenn wir zum Beispiel Angst verspüren, mögen wir Gedanken haben wie »Es wird nicht funktionieren« – »Etwas Schlimmes wird passieren« oder »Ich halte dies nicht aus« und so weiter. Kognitionen können auch Folgendes beinhalten:

a) den Namen, den wir einer Erfahrung geben (zum Beispiel beschreiben wir sie als »Angst« oder sprechen von einem »nervösen«, »hibbeligen«, »zittrigen«, »äußerst angespannten« Gefühl).
b) die Bedeutung, die wir ihr geben (zum Beispiel »Ich fühle mich ängstlich, also bin ich in Gefahr«).
c) die Vorstellungen oder Erinnerungen, die damit einhergehen (zum Beispiel Erinnerungen an andere Gelegenheiten, zu denen Sie Angst hatten oder Vorstellungen von Dingen, die Sie fürchten).

Triebe

Alle Emotionen gehen mit Trieben einher. So kann zum Beispiel mit Angst der Trieb oder Drang einhergehen, sich Sorgen zu machen, Bestätigung zu suchen, Drogen zu nehmen, Alkohol zu trinken, eine Zigarette zu rauchen, sich abzulenken, eine schwierige Situation zu vermeiden oder zu verlassen, und so weiter. Allerdings beinhaltet ein Trieb selbst Kognitionen und Empfindungen. Wenn Sie zum Beispiel den »Drang verspüren, Alkohol zu trinken«, werden Sie »Wörter und Vorstellungen im Kopf haben«, die mit dem Trinken von Alkohol zu tun haben. Und wenn Sie sich auf Ihren Körper einstimmen, werden Sie die (oft subtilen) Empfindungen dieses Drangs verspüren: vielleicht Wärme und Feuchtigkeit im Mund oder ein Prickeln auf der Zunge und in der Kehle, oder eine zunehmende Anspannung und Ruhelosigkeit in Ihren Gliedmaßen und Ihrem Kiefer. Eine Emotion ist also im Grunde genommen ein loses Bündel von Empfindungen und Kognitionen, die in zahllosen komplexen Weisen ständig miteinander interagieren.

Müssen wir unseren Emotionen GEHORCHEN?

Die Antwort auf diese Frage ist ganz einfach: Nein! Besitzen wir keinerlei Loslösungsfertigkeiten, dann werden uns unsere Emotionen natürlich beherrschen. Doch je größer unsere Loslösungsfähigkeit ist, desto mehr steht es uns frei zu wählen, wie wir uns bei ihrem Auftreten verhalten. Ich bin sicher, dass Sie irgendwann in Ihrem Leben schon einmal Angst gehabt, und dennoch getan haben, was Sie tun mussten, auch wenn Sie lieber davongelaufen wären. Wir alle haben solche Erfahrungen gemacht, wenn wir vor einer wichtigen Prüfung standen, jemanden um ein Date gebeten haben, zu einem Vorstellungsgespräch gegangen sind, vor einer Gruppe sprechen mussten oder eine gefährliche Sportart ausgeübt haben.

Wie Sie bereits wissen, habe ich Angst, wann immer ich eine Rede in der Öffentlichkeit halten soll. Und dennoch ist mein Publikum, wenn ich dies preisgebe, immer erstaunt. »Aber Sie wirken so ruhig und souverän« wird mir oft gesagt. Das liegt daran, dass ich, obwohl ich Angst *verspüre* (Herzrasen, mein Magen dreht sich um, und meine Hände tropfen buchstäblich vor Schweiß), nicht ängstlich *handle.* Ich verspüre den Drang herumzufuchteln, schnell zu atmen und schnell zu sprechen – und doch tue ich das genaue Gegenteil. Ich entscheide mich bewusst dafür, langsam zu reden, langsam zu atmen und mich langsam zu bewegen. Das trifft für praktisch alle Menschen zu, die vor einem Publikum sprechen: Selbst nach jahrelanger Erfahrung empfinden sie gewöhnlich Angst, aber das bemerken Sie nie, weil sie ruhig *handeln.*

Kehren wir jetzt zu unserer Wanderung durch die Wildnis von Alaska zurück, wo Sie sich plötzlich einem Grizzlybären gegenübersehen. Ihre Kampf-oder-Flucht-Reaktion wird aktiviert, Sie fürchten sich sehr, und Sie verspüren den Drang, kehrtzumachen und wegzurennen. Aber wenn Sie Ihr Überlebenshandbuch gelesen haben, dann wissen Sie, dass das keine gute Idee ist. Wenn Sie sich umwenden und weglaufen, wird das den Verfolgungsinstinkt des Bären auslösen. Er wird hinter Ihnen herjagen, Sie mit Leichtigkeit einholen – und in null Komma nichts werden Sie zu einem Imbiss. Was Sie tun müssen, ist, gaaaaanz laaaaangsam zurückweichen, keine abrupten Bewegungen oder lauten Geräusche machen und dem Bären niemals den Rücken zuwenden. (Sagen Sie also nicht, Sie hätten nichts in diesem Buch gelernt!)

Viele Menschen haben überlebt, weil Sie diesem Rat gefolgt sind. Es geht mir darum, diesen Punkt zu verdeutlichen: Auch wenn wir wenig Kontrolle über unsere Gefühle haben, besitzen wir doch sehr viel Kontrolle über unser Handeln. Dies wird später wichtige praktische Anwendungen haben, denn wenn

Sie bedeutende Veränderungen in Ihrem Leben vornehmen wollen, ist es erheblich hilfreicher, sich auf das zu konzentrieren, was Sie kontrollieren *können,* als auf das, was Sie nicht kontrollieren können.

Wenn uns starke Emotionen an den Haken nehmen, kann es sein, dass wir alle möglichen Dinge tun, die wir später bereuen. Während wir im GEHORCHEN-Modus sind, mögen wir Dinge zerschlagen, schreien, andere Leute beschimpfen, exzessiv trinken oder uns auf alle möglichen zerstörerischen oder selbstschädigenden Verhaltensweisen einlassen. Aber wenn wir uns bewusst dem zuwenden, was wir fühlen, und achtsam darauf sind, wie wir uns verhalten, dann können wir, ungeachtet dessen, wie stark die Emotionen sind, aus dem GEHORCHEN-Modus aussteigen und unser Handeln effektiv kontrollieren. Selbst wenn wir wutentbrannt, betrübt oder ängstlich sind, können wir uns immer noch entscheiden, aufzustehen oder uns hinzusetzen, unseren Mund zu öffnen oder zu schließen, ein Glas Wasser zu trinken, einen Telefonanruf anzunehmen, ruhig zu sprechen oder uns am Kopf zu kratzen.

Wie unsere Emotionen uns helfen

Emotionen sind wie das Wetter – sie sind stets präsent und ändern sich unablässig. Sie sind permanent in Bewegung wie Ebbe und Flut, variieren zwischen mild und intensiv, angenehm und unangenehm, vorhersagbar bis völlig unerwartet. Eine »Stimmung« bezieht sich auf den allgemeinen »Ton« einer Emotion über einen bestimmten Zeitraum. So ist eine »schlechte Stimmung« so etwas wie ein wolkenverhangener Tag, während eine spezifische Emotion wie etwa Wut oder

Angst so etwas wie ein Regenschauer ist. Aber was hat es mit Emotionen auf sich? Inwiefern helfen sie uns?

Unsere Emotionen dienen drei wesentlichen Zwecken: Kommunikation, Motivation und Beleuchtung. Lassen Sie uns einen kurzen Blick auf alle drei werfen.

Kommunikation

Emotionen erlauben es uns, auf wertvolle Weise mit anderen zu kommunizieren. Zum Beispiel:

- Furcht kommuniziert: »Pass auf; es droht Gefahr!« oder »Ich empfinde dich als bedrohlich.«
- Wut kommuniziert: »Das ist nicht fair oder gerecht« – »Du dringst in mein Territorium ein« oder »Ich verteidige, was mir gehört.«
- Traurigkeit kommuniziert: »Ich habe etwas Wichtiges verloren.«
- Schuld kommuniziert: »Ich habe einen Fehler begangen und möchte ihn richtigstellen.«
- Liebe kommuniziert: »Ich mag dich« – »Ich möchte dir nahe sein.«

Wenn wir mit vertrauenswürdigen, fürsorglichen Menschen interagieren, wird eine solche Kommunikation oft wertvoll sein. Wenn zum Beispiel ein guter Freund sieht, dass Sie verängstigt oder traurig sind, wird er meist mit Freundlichkeit und Unterstützung reagieren. Wenn ein Freund mitbekommt, dass Sie sich für etwas schuldig fühlen, das ihn verletzt hat, dann ist es wahrscheinlicher, dass er Ihnen verzeiht. Wenn er merkt, dass Sie zornig über etwas sind, das er tut, dann mag er innehalten und sich die Sache noch einmal überlegen.

Offensichtlich ist diese Form der Kommunikation kein perfektes System. Manchmal senden wir »die falschen Signale« oder andere interpretieren unsere Signale falsch. Doch zumeist funktioniert das System recht gut.

Motivation

Wir werden von unseren Emotionen auch motiviert. Die englischen Wörter *emotion*, *motivate*, *motion* und *move* stammen alle von dem lateinischen Wort *movere* ab, das »sich bewegen« bedeutet. Emotionen bereiten uns darauf vor, unseren Körper auf bestimmte Weise zu bewegen und auf eine Weise zu agieren, die wahrscheinlich hilfreich und für unser Leben förderlich ist. Zum Beispiel:

- Furcht motiviert uns zu Ausweichmanövern und schützt uns vor Gefahr.
- Angst motiviert uns, uns auf Dinge vorzubereiten, die uns verletzen oder schaden können.
- Wut motiviert uns, uns zu behaupten und für das, was uns wichtig ist, zu kämpfen.
- Traurigkeit motiviert uns, langsamer zu machen, lockerer zu werden, eine Pause einzulegen, uns auszuruhen und zu erholen.
- Schuld motiviert uns, über unser Verhalten nachzudenken sowie darüber, wie es sich auf andere auswirkt, und es dann, wenn wir sie verletzt haben, wiedergutzumachen.
- Liebe motiviert uns, liebevoll und unterstützend zu sein, Anteil zu nehmen und fürsorglich zu sein.

Beleuchtung

Und schließlich beleuchten unsere Emotionen das, was uns wichtig ist. Sie machen uns darauf aufmerksam, dass etwas Wichtiges geschieht, etwas, worum wir uns kümmern und womit wir umgehen müssen. Sie »werfen ein Licht« auf unsere tiefsten Wünsche und Bedürfnisse; sie erinnern uns an das, was uns am Herzen liegt, was uns wirklich etwas bedeutet. Sie sind »Geschenke bringende Boten«: Sie weisen uns auf Probleme hin, die wir lösen müssen, und auf Aktivitäten, die uns helfen können, unser Leben zu verbessern. Zum Beispiel:

- Furcht beleuchtet die Bedeutung von Sicherheit und Schutz.
- Wut beleuchtet, wie wichtig es ist, unser Territorium zu verteidigen, eine Grenze zu schützen oder aufzustehen und für das zu kämpfen, was uns gehört.
- Traurigkeit beleuchtet die Bedeutung von Ruhe und Erholung nach einem Verlust.
- Schuld beleuchtet die Bedeutung unseres Umgangs mit anderen und die Notwendigkeit, soziale Beziehungen instand zu setzen.
- Liebe beleuchtet die Bedeutung von Verbundenheit, Intimität, Bonding, Fürsorge und Anteilnahme.

Wenn starke Emotionen auftauchen, können wir deren Weisheit oft mit zwei einfachen Fragen herausfiltern: »Inwiefern sagt mir diese Emotion, was wirklich wichtig ist? Was rät sie mir, worum ich mich kümmern muss?« Zu dieser Weisheit werden wir jedoch keinen Zugang bekommen, wenn wir uns im GEHORCHEN- oder KÄMPFEN-Modus befinden, also vor der Emotion fliehen oder sie bekämpfen oder uns von ihr wie eine Marionette herumzerren lassen. Wir müssen eine radikal neue Weise der Reaktion auf unsere Emotionen erlernen, indem wir erst einmal herausfinden, wie man den Kampfschalter umlegt.

DER KAMPFSCHALTER

Stellen Sie sich vor, an der Rückseite Ihres Geistes befände sich ein »Kampfschalter«. Und wenn er auf AN steht, dann kämpfen Sie heftig gegen alle emotionalen Schmerzen, die Ihnen begegnen.

Lassen Sie uns nun annehmen, dass ein Gefühl der Angst auftaucht. Wenn der Kampfschalter auf AN steht, nehmen wir dieses Gefühl als *großes Problem* wahr. »O nein!«, sagt unser Geist. »Hier ist Angst. Ich hasse dieses Gefühl. Das kann nicht gut für mich sein. Ich frage mich, was sie in meinem Körper anrichtet. Ich wünschte, sie würde verschwinden.«

So, damit haben wir jetzt Angst vor unserer Angst. »O nein«, sagt unser Geist. »Diese Angst WIRD NOCH GRÖSSER! Sie ist einfach schrecklich.« An diesem Punkt werden wir dann vielleicht traurig über unsere Angst: »Warum muss das immer wieder passieren? Ich wünschte, ich müsste nicht auf diese Weise leben.« Und dann werden wir zu allem Übel auch noch wütend: »Das ist nicht fair! Ich hasse es!« Jetzt haben wir also Wut über unsere Traurigkeit und über unsere Angst vor unserer Angst. Unser emotionaler Schmerz schnellt in die Höhe. Kennt jemand den Teufelskreis?

Die Dinge verlaufen jedoch ganz anders, wenn unser Kampfschalter auf AUS steht. Welche Emotion auch immer auftaucht, ganz gleich, wie unangenehm sie ist, wir kämpfen nicht dagegen an. Wir nehmen sie zur Kenntnis und erlauben ihr, da zu sein. Angst taucht auf, und natürlich ist sie unangenehm, und wir wollen oder mögen sie nicht – aber wir *lassen sie zu.*

Mit unserem Kampfschalter auf AUS darf unser Angstniveau steigen und fallen, wie die Situation es diktiert. Manchmal wird es hoch sein, manchmal niedrig, und manchmal ist überhaupt keine Angst vorhanden. Aber ganz gleich, wie hoch oder niedrig das Angstniveau sein mag, wir verschwenden keine kostbare Zeit und Energie auf den KAMPF.

Im Grunde genommen ist der Kampfschalter ein Emotionsverstärker. Stellen Sie ihn AN, und Sie haben Angst vor der Angst, oder Wut über die Angst, oder Traurigkeit über die Traurigkeit, oder Schuldgefühle über Ihre Wut, oder irgendeine andere Kombination, die Sie sich ausdenken mögen. Aber damit ist es nicht genug. Steht der Schalter fest auf AN, dann holen wir all unsere liebsten Kampfstrategien hervor (die wir im Kapitel »Das schwarze Loch der Kontrolle« erkundet haben). Und wie Sie wissen, ist das *in Maßen* kein Problem. Steht der Schalter auf AN, dann benutzen wir diese Strategien allerdings *exzessiv* und *unangemessen*, was zu gesundheitlichen Problemen, verpassten Gelegenheiten, Beziehungsproblemen, vergeudeter Zeit und Energie, noch mehr emotionalem Schmerz, größerem seelischen Leiden und so weiter führt.

Steht der Kampfschalter auf AUS, dann

- können unsere Emotionen frei durch uns hindurchfließen und zu ihrer eigenen Zeit kommen, bleiben und gehen.

- vergeuden wir keine Zeit und Energie auf den KAMPF, was bedeutet, dass wir sie in sinnvollere Aktivitäten investieren können.
- erzeugen wir kein zusätzliches Leiden durch die Verstärkung unserer Emotionen.

Aber mit dem Kampfschalter auf AN:

- stecken unsere Emotionen fest – und bleiben uns laaaaange Zeit erhalten.
- vergeuden wir eine Unmenge an Zeit und Energie auf den Kampf gegen sie.
- verstärken wir unsere Emotionen und erzeugen eine Menge von unnötigen Schmerzen.

Nehmen wir den Fall von Rachel, einer 43-jährigen Rechtsanwaltsgehilfin. Rachel leidet an einer Angststörung, einer Erkrankung, die durch plötzliche Episoden überwältigender Furcht, »Panikattacken« genannt, charakterisiert ist. Während einer Panikattacke hat der sie Erleidende typischerweise ein intensives Gefühl drohenden Unheils, begleitet von belastenden Empfindungen wie Atemlosigkeit, Brustschmerzen, heftigem Herzpochen, Erstickungsanfällen, Schwindel, Kribbeln in Händen und Füßen, Hitze-und Kältewallungen, Schwitzen, Schwächegefühl und Zittern. Dies ist eine verbreitete Störung, die in jedem Jahr bis zu 3 Prozent der erwachsenen Bevölkerung heimsucht.

Rachels Hauptproblem ist nicht die Angst. Das Problem ist ihr KAMPF gegen die Angst. Sie versteht sie als etwas Fürchterliches und wird alles tun, um sie zu vermeiden oder loszuwerden. Sobald sie eine körperliche Empfindung verspürt, die auch nur im Geringsten der Angst ähnelt – so wie Herzrasen oder Enge in der Brust –, löst diese Empfindung allein weitere Angst aus. Und siehe da – ein Teufelskreis. Ihr Angstniveau steigt, und diese unerwünschten Empfindungen werden nur noch stärker, was wiederum noch mehr Angst auslöst – und bald befindet sie sich in einem Zustand ausgewachsener Panik.

Rachels Welt verengt sich immer mehr. Sie vermeidet es jetzt, Kaffee zu trinken, sich Thriller anzusehen oder irgendeiner körperlichen Betätigung nachzugehen. Warum? Weil all diese Dinge ihr Herz schneller schlagen lassen, was wiederum den ganzen Teufelskreis auslöst. Sie weigert sich also, einen Aufzug zu benutzen oder ein Flugzeug zu besteigen, auf verkehrsreichen Straßen zu fahren, überfüllte Einkaufszentren zu besuchen oder an größeren geselligen Veranstaltungen teilzunehmen. Warum? Weil sie weiß, dass sie sich in diesen Situationen ängstlich fühlen könnte, was sie, koste es, was es wolle, vermeiden will!

Rachels Fall ist extrem, aber wir alle tun in geringerem Ausmaß dasselbe. Wir alle vermeiden manches Mal Herausforderungen, um dem Stress oder der Angst, die damit einhergehen, zu entkommen. Und in Maßen ist das kein Problem. Aber je größer das Vermeiden, desto größer ist auf lange Sicht das Leiden.

Wie können wir nun den Kampfschalter auf AUS stellen? Mit einer anderen Loslösungsfertigkeit namens …

RAUM SCHAFFEN

Jedes schmerzliche Gefühl hat Ihnen etwas Wichtiges zu sagen. Es sagt Ihnen, dass Sie sich die Dinge zu Herzen nehmen. Dass es etwas gibt, das Ihnen wirklich wichtig ist. Und dies ist etwas, das Sie mit jedem lebenden Menschen auf diesem Planeten gemeinsam haben. Wenn es eine Kluft gibt zwischen der Wirklichkeit, die wir uns wünschen, und der Wirklichkeit, in der wir leben, dann tauchen schmerzliche Gefühle auf. Und je größer dieses Realitätsgefälle ist, desto größer ist der Schmerz, der auftaucht.

All diese schmerzlichen Gefühle, die Sie haben, sind kein Zeichen von Schwäche, »Geisteskrankheit« oder Unvollkommenheit. Sie sind Zeichen dafür, dass Sie ein normales, lebendiges, fürsorgliches Menschenwesen sind. Und gegen diese Gefühle in den Krieg zu ziehen, führt zu nichts Hilfreichem. Können Sie also vom Kämpfen ablassen und Frieden mit ihnen schließen?

Bereit für eine Herausforderung?

Sind Sie bereit für eine bedeutsame Herausforderung, die eine große Auswirkung auf Ihr Leben haben könnte? Wir haben oben bereits den Fachbegriff »Konfrontation« erwähnt, der besagt, dass Sie sich schwierigen Dingen aussetzen, um zu erlernen, auf effektivere Weise damit umzugehen. Diese Herausforderung beinhaltet also: mit einem schwierigen Gefühl in Kontakt zu treten und zu lernen, Raum dafür zu schaffen, anstatt im GEHORCHEN- oder im KÄMPFEN-Modus darauf zu reagieren.

Vielleicht erinnern Sie sich daran, dass Emotionen zwei miteinander verwobene Elemente beinhalten: Kognitionen und Empfindungen. Wir haben bereits Kognitionen betrachtet, darum wollen wir uns jetzt auf Empfindungen konzentrieren – also darauf, was wir *in unserem Körper fühlen* – in den Gliedmaßen, im Kopf, im Hals, im Rücken, in der Brust, im Bauch und im Becken.

Da diese Arbeit oft eine ziemliche Herausforderung darstellt, ist eine gute Vorbereitung wesentlich für den Erfolg. Bevor wir damit anfangen, müssen wir fünf Dinge angehen:

1. Werden Sie sich über Ihre Motivation klar

Was hat genug Bedeutung für Sie, dass Sie bereit sind, freiwillig in Kontakt mit einer unangenehmen Emotion zu gehen und zu üben, Raum für sie zu schaffen? Lautet Ihre Antwort: »Weil ich mich gut/glücklich/ruhig/zuversichtlich/entspannt fühlen möchte« oder »Weil ich aufhören möchte, mich ängstlich/traurig/einsam/schuldig zu fühlen«, dann reicht das nicht. Wir wissen, dass wir uns auf lange Sicht mit der ACT-Herangehensweise an das Leben erheblich besser fühlen werden – mehr als 3000 wissenschaftliche Studien bestätigen dies. Wenn dies jedoch Ihre hauptsächliche Motivation ist, dann gehen Sie wieder in die Glücksfalle, da Sie versuchen, Ihre Gefühle zu kontrollieren.

Deshalb möchten Sie, dass Ihre Motivation auf Hinbewegungen basiert. Stellen Sie sich die Frage: Wenn ich besser darin wäre, mich von diesen Emotionen loszulösen …

- welche Hinbewegungen würde ich unternehmen?
- welche Projekte, Aktivitäten oder Aufgaben würde ich angehen, wieder aufnehmen oder fortsetzen?
- auf welche Weise würde ich mich selbst anders behandeln?
- was würde ich in meinen wichtigsten Beziehungen anders sagen oder tun?

Wenn Sie aus dem Kapitel »Die Komfortzone verlassen« bereits Antworten auf diese Fragen haben, ist das wunderbar. Wenn aber nicht, denken Sie jetzt darüber nach. Vervollständigen Sie diesen Satz (im Kopf oder auf Papier): Ich werde diese neue Fertigkeit erlernen, damit ich bedeutende Hinbewegungen machen kann wie …

____

____

____

2. Wählen Sie den Schwierigkeitsgrad aus

»Raum zu schaffen« für Ihre Gefühle ist eine übertragbare Fertigkeit. Sie können sie auf jede Art von Emotion, Drang oder Empfindung anwenden, ganz gleich, wie groß oder klein, intensiv oder schwach diese sein mag. Am besten beginnen Sie mit einem schwächeren Gefühl, das nicht zu schwierig ist; beim nächsten Mal versuchen Sie etwas Anspruchsvolleres.

Niemand erwartet von einem Segelanfänger, dass er ein Boot ohne jede Ausbildung durch einen schweren Sturm steuern kann. Der Anfänger erlernt zuerst die Grundlagen des Segelns bei gutem Wetter und ruhiger See. Hat er erst mal unter milden Bedingungen geübt, sich mit der Ausrüstung vertraut gemacht und alle Manöver gelernt – dann wird er sich auch bei rauer See und schlechtem Wetter hinauswagen. Ein ähnlicher Ansatz ist angeraten, wenn Sie für schwierige Gefühle Raum schaffen. Beginnen Sie nicht mit solchen Gefühlen, die Sie total überwältigen. Fangen Sie mit kleineren, weniger herausfordernden Gefühlen an. Wenn nötig, beginnen Sie mit gerade einmal einer kleinen Empfindung irgendwo in Ihrem Körper. Arbeiten Sie sich dann allmählich zu größeren Herausforderungen vor.

3. Rechnen Sie damit, dass Ihr Geist sich einmischt

Wahrscheinlich wird Ihr Geist Ihnen beim Raumschaffen nicht helfen. Es ist wesentlich wahrscheinlicher, dass er Ihre Gefühle beurteilen und Ihnen furchterregende Geschichten darüber erzählen oder behaupten wird, dass Sie damit nicht umgehen können. Oder aber er könnte sagen: »Gib dich nicht mit diesen Übungen ab; es reicht aus, darüber zu lesen.« (Vielleicht schlägt er Ihnen auch vor, sie »später« zu machen, wohl wissend, dass Sie das wahrscheinlich nicht tun werden.)

Hier ist die Gelegenheit, die Fertigkeiten, die Sie gelernt haben, anzuwenden. Behandeln Sie Ihre Gedanken wie Autos, die an Ihrem Haus vorbeifahren – Sie wissen, dass sie da sind, aber

Sie müssen nicht jedes Mal aus dem Fenster schauen, wenn eines vorbeifährt. Lassen Sie sie kommen und gehen, wie es ihnen gefällt, und bleiben Sie auf Ihre Aufgabe fokussiert. Und wenn ein Gedanke Sie an den Haken nimmt (so wie das Geräusch kreischender Reifen Sie zum Fenster ziehen würde), dann nehmen Sie dies sanft zur Kenntnis, sobald Sie sich dessen bewusst werden, und konzentrieren sich erneut.

4. Seien Sie bereit, sich zu verankern (falls nötig)

Wenn emotionale Unwetter aufziehen, ist das Mittel erster Wahl, sich zu verankern. Ich erwarte nicht, dass das bei dieser Übung passiert – doch wenn es dazu kommt, verankern Sie sich. Denn sind Sie erst einmal gut verankert, dann können Sie wählen: Entweder Sie setzen das Experiment von dort fort, wo Sie es unterbrochen haben, oder Sie beenden es und versuchen es später mit etwas weniger Herausforderndem erneut.

5. Mit einem schwierigen Gefühl Kontakt aufnehmen

Die folgende Technik ist für alle Emotionen, Triebe und Empfindungen geeignet. Haben Sie erst einmal den Dreh heraus, dann können Sie sie auf buchstäblich *jegliches* Gefühl anwenden (selbst auf Taubheit oder Leere). Wenn bereits ein schwieriges Gefühl vorherrscht, dann arbeiten Sie damit. Wenn nicht, dann rufen Sie eines hervor und wenden eine der unten stehenden Methoden an.

1. Eine Methode besteht darin, lebhaft eine schmerzliche Erinnerung wachzurufen. (Bitte beherzigen Sie meine frühere Warnung: Wählen Sie keine extrem grauenvolle

Erinnerung aus. Nehmen Sie etwas relativ Unangenehmes – zum Beispiel einen Streit mit einem geliebten Menschen, eine schmerzliche Zurückweisung oder einen Fehler, den Sie bereuen, aber nichts Traumatisches.) Gestalten Sie die Erinnerung so lebendig wie möglich; erleben Sie das Ereignis, als geschähe es in diesem Augenblick, und verbinden Sie sich mit der Emotion.

2. Eine andere Methode besteht darin, sich ein unangenehmes Ereignis vor Augen zu führen, das sich in der nahen Zukunft bedrohlich abzeichnet – etwas, vor dem Sie große Angst haben oder über das Sie sich Sorgen machen –, und stellen Sie sich lebhaft vor, dass dies tatsächlich hier und jetzt passiert.
3. Eine dritte Methode besteht darin, für etwa eine Minute bei einem größeren gegenwärtigen Problem zu verweilen, das Sie als belastend empfinden, wie etwa eine wichtige Aufgabe, deren Erledigung Sie auf die lange Bank schieben, ein gesundheitliches Problem oder ein Beziehungsproblem.

Wie Sie Ihre Emotionen zähmen

Fertig mit der Vorbereitung? Dann lassen Sie uns anfangen. Ich nenne diese Übung »Zähmen der Emotionen«; sie hat vier Schritte:

1. Zur Kenntnis nehmen: Bemerken und benennen Sie, was in Ihrem Körper auftaucht.
2. Zulassen: Geben Sie Ihrem Gefühl die Erlaubnis, da zu sein. Lassen Sie es »sein«.

3. Raum schaffen: Öffnen Sie sich für dieses Gefühl, und lassen Sie es frei durch sich hindurchfließen.
4. Das Bewusstsein ausdehnen: Erweitern Sie Ihren Fokus, um die Welt um Sie herum mit einzuschließen.

Sie werden bemerken, dass diese Übung sich weitgehend mit der Verankerung überschneidet. Die Komponenten »Zur Kenntnis nehmen« und »Zulassen« gleichen der Anerkennungsphase der Verankerung, mit ihrer Betonung des Bemerkens, Benennens und Zulassens. Und die Komponente »Das Bewusstsein ausdehnen« verbindet die Phasen von Verbindung und Sich-Einlassen der Verankerung. Der Hauptunterschied zwischen diesen beiden Übungen besteht in der Komponente des »Raumschaffens«; dies ist der Teil, in dem wir intensiv an der Öffnung unserer Gefühle arbeiten.

Diese Übung besteht aus vier grundlegenden Schritten, aber Schritt 1 und 3 enthalten mehrere Unterkomponenten. Wenn Sie also die ganze Übung mehrere Male absolviert haben, möchte ich Sie ermuntern, Ihre eigene Version zu erstellen, indem Sie die kleineren Komponenten in jeder Ihnen gefallenden Reihenfolge mischen und anpassen (und das auslassen, was Ihnen nicht gefällt).

Bitten lesen Sie alle Anleitungen wenigstens ein Mal durch, so dass Ihnen klar ist, worum es geht. Dann gehen Sie zurück zum Anfang und setzen sie in die Praxis um. Drei Punkte im Text hintereinander sagen Ihnen, dass Sie etwa drei bis fünf Sekunden innehalten und sich bewusst auf das konzentrieren sollen, was Ihnen vorgeschlagen wurde.

Nehmen Sie sich bitte für die Übung Zeit, nur keine Eile. Und wenn es einen Teil gibt, den Sie nicht ausführen können oder nicht verstehen, dann überspringen Sie ihn einfach und gehen zum nächsten Schritt weiter; es gibt kein Element, ohne das die Übung nicht funktioniert.

Zu Beginn der Übung setzen Sie sich aufrecht mit geradem Rücken und den Fußsohlen flach auf dem Boden auf Ihren Stuhl. Dann schließen Sie entweder die Augen, oder Sie richten den Blick auf einen Punkt auf dem Boden vor Ihnen. Und sobald Sie ein schwieriges Gefühl haben, mit dem Sie arbeiten können …

1. Nehmen Sie zur Kenntnis

Teil A: Bemerken Sie, was Sie tun

Nehmen Sie eine Haltung der Neugier ein, als wären Sie ein Kind, das etwas entdeckt, dem es nie zuvor begegnet ist. Und mit diesem Gefühl echter Neugier nehmen Sie zur Kenntnis, wie Sie sitzen … bemerken Sie Ihre Füße auf dem Boden … die Haltung Ihres Rückens … wo Ihre Hände sind und was sie berühren.

Und ganz gleich, ob Ihre Augen offen oder geschlossen sind, nehmen Sie wahr, was Sie sehen können … und bemerken Sie, was Sie hören … und riechen … und schmecken.

Und nehmen Sie zur Kenntnis, was Sie denken … und fühlen … und tun.

Teil B: Den Körper wahrnehmen

Jetzt scannen Sie Ihren Körper rasch von Kopf bis Fuß. Beginnen Sie an Ihrem Scheitelpunkt, und gehen Sie abwärts.

(Gibt es bestimmte Körperteile, die Sie vermeiden möchten, dann tun Sie das für den Moment – aber achten Sie genau darauf, was Sie vermeiden, da Sie später damit arbeiten müssen, wie Sie im Kapitel »Den Körper wieder bewohnen« sehen werden.)

Bemerken Sie die Empfindungen in Kopf … Gesicht … Kiefer … Kehle … Hals … Schultern … Brustkorb … Oberarmen … Unterarmen … Händen … Bauch … Becken und Hintern … Oberschenkeln … Waden … und Füßen.

Teil C: Nehmen Sie Ihr Gefühl zur Kenntnis

Konzentrieren Sie sich jetzt auf den Teil des Körpers, in dem Sie diese Emotion (oder Taubheit) am intensivsten spüren. Und beobachten Sie dieses Gefühl genau, als seien Sie ein neugieriges Kind, das auf etwas Neues und Faszinierendes gestoßen ist.

(Während Sie das tun, lassen Sie Ihren Geist vor sich hin plappern wie ein Radio, das im Hintergrund spielt, und bleiben Sie aufmerksam auf das Gefühl fokussiert. Und jedes Mal, wenn Ihre Gedanken Sie an den Haken nehmen und Sie aus der Übung herausziehen, nehmen Sie dies in dem Augenblick, in dem Ihnen das bewusst wird, zur Kenntnis, lösen Sie sich los und fokussieren sich aufs Neue.)

Bemerken Sie, wo diese Empfindung beginnt und aufhört … und erfahren Sie so viel darüber wie möglich.

Wenn Sie einen Umriss um die Empfindung ziehen würden, welche Form würde er dann haben? … Ist er zweidimensional oder dreidimensional? Auf der Oberfläche Ihres Körpers oder innerhalb, oder beides? … Wie weit reicht die Empfindung in Sie hinein? … Wo ist sie am intensivsten? … Wo ist sie am schwächsten?

(Und wann immer Sie realisieren, dass Sie an den Haken gegangen sind, nehmen Sie dies einfach zur Kenntnis, lösen sich los und fokussieren sich wieder auf die Empfindung.)

Beobachten Sie sie mit Neugier … Ist sie im Zentrum intensiver als an den Rändern? Pulsiert oder vibriert etwas darin? … Ist sie leicht oder schwer? … Bewegt sie sich oder steht sie still? … Wie hoch oder niedrig ist ihre Temperatur? … Gibt es irgendwelche heißen oder kalten Punkte? …

Bemerken Sie die unterschiedlichen Elemente darin.

Erkennen Sie, dass es sich nicht nur um *eine* Empfindung handelt; es gibt Empfindungen innerhalb der Empfindungen.

Nehmen Sie die verschiedenen Schichten darin wahr.

Teil D: Das Gefühl benennen

Nehmen Sie sich einen Augenblick Zeit, um das Gefühl zu benennen.

Sagen Sie sich im Stillen: »Ich bemerke ein Gefühl von XYZ.«

(Wenn Sie es nicht zu benennen wissen, erfüllen »Schmerz«, »Verletzung« oder »Unbehagen« diesen Zweck.)

2. Zulassen

Versuchen Sie, das Gefühl einfach da sein zu lassen.

Sie müssen es nicht mögen oder es haben wollen; lassen Sie es einfach zu.

Einfach da sein lassen.

Sagen Sie sich im Stillen etwas wie: »Dieses Gefühl mag ich nicht oder will ich nicht haben, aber ich lasse es zu.« Oder sagen Sie einfach nur das Wort »Zulassen«.

Vielleicht fühlen Sie den starken Drang, mit dem Gefühl zu kämpfen oder es wegzuschieben. Wenn das der Fall ist, nehmen Sie den Drang zur Kenntnis, ohne auf ihn zu reagieren. Und fahren Sie fort, die Empfindung zu beobachten.

Versuchen Sie nicht, das Gefühl loszuwerden oder zu verändern. Ihr Ziel ist einfach nur, es zuzulassen.

Lassen Sie es sein.

3. Raum schaffen

Teil A: Hineinatmen

Sobald Sie dieses Gefühl bemerken, atmen Sie in es hinein.

Stellen Sie sich vor, dass Ihr Atem um dieses Gefühl herum- und in es hineinfließt.

Spüren Sie, wie der Atem in es hinein- und um es herumfließt.

Teil B: Sich drum herum ausdehnen

Und es ist so, als würde sich dieser ganze Raum in Ihnen auf geradezu magische Weise um das Gefühl herum öffnen.

Sie öffnen sich um das Gefühl herum.

Sie schaffen Raum dafür.

Sie dehnen sich drum herum aus.

(Sie zielen darauf ab, ein Gespür dafür zu bekommen, sich um das Gefühl herum zu öffnen, anstatt Druck auf es auszuüben. Eine andere Möglichkeit besteht darin, alle Muskeln um diesen Punkt herum so stark wie möglich anzuspannen, und die Spannung dann langsam zu lösen.)

In es hineinatmen … sich öffnen … sich drum herum ausdehnen.

Und während Sie fortfahren, dieses Gefühl zu beobachten, finden Sie heraus, ob noch etwas darunter liegt. Wenn zum Beispiel Wut oder Taubheit an der Oberfläche liegt, dann findet sich darunter vielleicht Furcht, Traurigkeit oder Scham.

Versuchen Sie nicht, ein neues Gefühl erscheinen zu

lassen. Wenn ein neues Gefühl auftaucht, ist das in Ordnung; wenn nicht, ist auch das in Ordnung. Was für ein Gefühl auch immer in diesem Augenblick präsent ist, geben Sie ihm Raum.

Teil C: Empfinden Sie es als Objekt

Spüren Sie das Gefühl, als sei es ein physisches Objekt. (Sie müssen es nicht visualisieren; spüren Sie einfach seine physischen Eigenschaften.)

Welche Größe und Form hat es als Objekt?

Scheint es flüssig, fest oder gasförmig zu sein?

Bewegt es sich oder steht es still?

Wenn Sie seine Oberfläche berühren könnten, wie würde es sich anfühlen? … Nass oder trocken? … Rau oder glatt? … Heiß oder kalt? … Weich oder hart?

Bekommen Sie ein Gefühl für dieses »Objekt« in Ihrem Inneren, und beobachten Sie es von allen Seiten.

Wenn Sie gern visualisieren, stellen Sie sich seine Farbe vor – und ob es transparent oder undurchsichtig ist.

Beobachten Sie dieses Objekt neugierig. Atmen Sie in es hinein, und öffnen Sie sich um es herum.

Sie müssen es nicht mögen oder haben wollen. Lassen Sie es einfach zu.

4. Das Bewusstsein ausdehnen

Das Leben ist wie ein Theaterstück … und auf der Bühne stehen all Ihre Gedanken und Gefühle sowie alles, was Sie sehen, hören, berühren, schmecken und riechen können.

Was wir in dieser Übung bisher getan haben: Wir haben die Bühnenbeleuchtung gedimmt und einen Scheinwerfer auf ein

Gefühl gerichtet. Nun ist es an der Zeit, auch die anderen Lichter hochzufahren.

Lassen Sie dieses Gefühl zu, vom Scheinwerfer beleuchtet zu sein, und beleuchten Sie auch Ihren Körper.

Nehmen Sie Ihre Arme und Beine, Ihren Kopf und Hals wahr.

Und bemerken Sie, dass Sie, ungeachtet dessen, was Sie fühlen, Ihre Arme und Beine kontrollieren können; bewegen Sie sie, um es zu überprüfen.

Nun strecken Sie sich und nehmen wahr, wie Sie sich strecken.

Beleuchten Sie nun auch den Raum um Sie herum. Öffnen Sie die Augen, sehen Sie sich um, nehmen Sie zur Kenntnis, was Sie sehen können … und bemerken Sie, was Sie hören können.

Und achten Sie darauf, dass da noch viel mehr ist als dieses Gefühl. Es befindet sich in einem Körper, in einem Raum, wo Sie an etwas sehr Wichtigem arbeiten.

So, da Sie nun die ganze Übung durchgelesen haben, geht es jetzt darum, zurückzugehen und sie tatsächlich Schritt für Schritt auszuführen.

Und wenn Sie nicht besonders scharf auf eine bestimmte Komponente sind (zum Beispiel, um das Gefühl herum zu atmen oder seine Farbe zu visualisieren), dann überspringen Sie diesen Punkt. Ich empfehle Ihnen jedoch, jede Komponente zumindest ein Mal auszuprobieren.

Sind Sie bereit, es wirklich zu versuchen? Also dann los!

Wie ist es gelaufen? Ich hoffe, Sie hatten die Empfindung, vom Kampf mit dem Gefühl abzulassen, eine Empfindung des »Seinlassens« (so wie Sie das Buch im Kapitel »Das schwarze Loch der Kontrolle« auf dem Schoß haben ruhen lassen). Und falls es Ihnen schwergefallen ist, das zu tun, sind Sie damit nicht allein. Den meisten Menschen geht es so. Kinder aufzuziehen, sich fit zu halten, eine Beziehung zu pflegen, eine Karriere aufzubauen, ein Kunstwerk zu schaffen, sich für die Umwelt engagieren: All diese sinnvollen Herausforderungen bringen gewisse Schwierigkeiten mit sich. Warum sollte es deshalb anders sein, wenn man Raum für schmerzliche Gefühle schafft? Wie bei jeder neuen Fertigkeit ist der Anfang schwer – aber mit einiger Übung wird es leichter.

Das war eine lange Übung, also bedenken Sie, dass Sie sie in kürzere Abschnitte aufteilen können. Nehmen Sie irgendeine Komponente, und machen Sie beispielsweise eine einminütige Übung daraus. Oder Sie kombinieren zwei oder drei Komponenten zu einer zwei- oder dreiminütigen Übung. Im Grunde können Sie die Teile, die Sie mögen, nehmen und sie nach Ihrem Geschmack ausfeilen und Ihre eigenen Übungen zum »Raumschaffen« in der von Ihnen gewünschten Zeitspanne kreieren.

Zusätzlich sind freundliche Selbstgespräche oft hilfreich, wenn schwierige Emotionen auftauchen. Vielleicht mögen Sie sich selbst wohlwollend an einige einfache Wahrheiten über die Natur von Emotionen erinnern:

- »Diese Emotion ist normal; sie ist eine natürliche Reaktion auf eine schwierige Situation.«
- »Emotionen sind wie Wellen: Sie steigen, erreichen ihren Höhepunkt und fallen wieder.«

- »Ich bin bereit, Raum für dieses Gefühl zu schaffen, auch wenn ich es nicht mag.«
- »Ich muss nicht zulassen, dass das Gefühl mich kontrolliert; ich kann es haben und mich für Hinbewegungen entscheiden.«
- »Wie alle Gefühle wird auch dieses zu seiner eigenen Zeit kommen, bleiben und gehen.«
- »Dies ist ein sehr schmerzlicher Moment. Jeder Mensch fühlt sich gelegentlich so.«

Denken Sie auch daran, dass einer der wesentlichen Zwecke von Emotionen das »Beleuchten« ist. Wenn Sie also, nachdem Sie Raum für eine Emotion geschaffen haben, noch zusätzlich eine Minute Zeit haben, möchten Sie vielleicht deren Weisheit erschließen. Stellen Sie sich zwei einfache Fragen: »Sagt mir diese Emotion vielleicht, was wirklich wichtig ist? Was rät sie mir, zu beachten?« Oft (nicht immer) werden Sie schnell eine nützliche Antwort finden: Ihre Emotion weist auf ein Problem hin, mit dem Sie sich befassen müssen; auf eine Furcht, der Sie sich stellen müssen; auf ein Verhalten, das Sie ändern müssen; auf einen Verlust, den Sie verarbeiten müssen, oder auf eine Beziehung, die wirklich wichtig ist. (Wenn Ihnen jedoch keine Antworten in den Sinn kommen, beginnen Sie nicht, darüber zu grübeln! Nutzen Sie dies stattdessen als Erinnerung daran, Selbstmitgefühl zu üben.)

Üben Sie im Lauf eines jeden Tages, für eine Bandbreite verschiedener Gefühle – sowohl milde als auch starke – Raum zu schaffen. Nutzen Sie jede Gelegenheit. Experimentieren Sie mit längeren und mit kürzeren Versionen; Sie können sogar 20 bis 30 Sekunden lange Versionen praktizieren. Wenn Sie im Verkehrsstau stehen, sich in einer langsam voranschiebenden Warteschlange befinden oder auf einen verspäteten Freund warten, üben Sie, Raum zu schaffen. Dann nutzen Sie Ihre Zeit wenigstens konstruktiv dazu, eine lebensverändernde Fertigkeit zu entwickeln. Sie werden feststellen, dass es umso leichter wird, sich für Hinbewegungen zu entscheiden, je mehr Sie diese Fertigkeit entwickeln. Jedes einzige Mal, wenn Sie eine Emotion zähmen, ist dies ein Schritt in Richtung auf das Leben, das Sie sich wünschen.

Problembehandlung

Ich fühle keine Emotionen in meinem Körper; sie sind alle in meinem Kopf

Dies weist darauf hin, dass Sie von Ihrem Körper abgetrennt sind. Das Kapitel »Den Körper wieder bewohnen« wird hier Abhilfe schaffen.

Ich fühle überhaupt nichts; ich bin einfach wie betäubt

Üben Sie für den Moment, Raum für Ihre Taubheit zu schaffen. Finden Sie den Bereich, der sich besonders gefühllos, tot, hohl oder leer anfühlt, und üben Sie die vier Schritte zum Zähmen von Gefühlen. Wenn Sie dies tun, tauchen oft andere Gefühle auf. Der Schlüssel zur Überwindung der Taubheit wird jedoch im Kapitel »Den Körper wieder bewohnen« behandelt.

Ich vermag meine Emotionen zu spüren, aber es fällt mir schwer zu erkennen, was sie sind; ich kann sie nicht benennen

Wenn es Ihnen schwerfällt, Ihre Emotionen zu erkennen und zu benennen, ist das eine Fertigkeit, die zu entwickeln sich lohnt. Warum? Weil eine Fülle wissenschaftlicher Forschung zeigt, dass je weniger Sie fähig sind, dies zu tun, desto eher werden Ihre Emotionen Sie an den Haken nehmen und Sie hin- und herzerren.

Ich fühle mich von all diesen neuen Fertigkeiten überfordert; ich habe keine Zeit, sie zu praktizieren

Ja, wenn Sie versuchen, zu viel zu tun, wird es Sie überfordern! Bitte befolgen Sie also den Ratschlag gegen Ende des Kapitels »Das Theaterstück des Lebens« (kurz vor dem Abschnitt zur Problembehandlung).

Was soll ich tun, nachdem ich Raum geschaffen habe?

Nachdem Sie Raum geschaffen haben, tun Sie Ihren Werten entsprechend etwas, das sinnvoll ist und Ihr Leben bereichert. Setzen Sie diese Hinbewegungen in Gang. (Sobald wir Raum für unangenehme Gefühle geschaffen und uns in sinnvolle Aktivitäten vertieft haben, werden interessanterweise oft angenehme Gefühle beginnen aufzutauchen. In diesem Fall, genießen Sie sie. Aber wie ich schon oft gesagt habe, ist dies nicht das Hauptziel. Unser Ziel besteht darin, uns sinnvollen Aktivitäten zu widmen, ganz gleich, welche Gefühle gerade präsent sind. Dies ist es, was das Leben auf lange Sicht erfüllend macht.)

Ich habe versucht, Raum für das Gefühl zu schaffen, aber es war zu überwältigend

Wählen Sie nur *eine* problematische Empfindung aus, und bleiben Sie darauf fokussiert. Versuchen Sie, nur für diese eine Empfindung Raum zu schaffen. Sobald Sie das getan haben und Sie für mehr bereit sind, fahren Sie fort und wählen eine weitere aus. Wenn nicht, dann lassen Sie es für heute gut sein, und sehen Sie, ob Sie nächstes Mal die Übung auf zwei Empfindungen und so weiter ausdehnen können. Wenn das zu schwierig ist, arbeiten Sie mit den Strategien, die wir im Kapitel »Den Körper wieder bewohnen« behandeln werden, und kehren Sie dann zu diesem Kapitel zurück.

Es ist schwer, auf eine Empfindung fokussiert zu bleiben

Mit einiger Übung wird es leichter. Versuchen Sie einstweilen, Ihr Bestes zu geben, und wenn Ihre Aufmerksamkeit zu einer anderen Empfindung abschweift, dann fokussieren Sie sich neu, sobald Sie dessen gewahr werden.

Die Gefühle zogen allmählich weiter – aber dann kamen sie zurück

Viele unangenehmen Gefühle werden wiederholt auftauchen. Wenn ein geliebter Mensch gestorben ist, dann können Sie mehrere Wochen oder Monate lang von Wellen der Traurigkeit überschwemmt werden. Und wenn Krebs oder eine andere schwere Krankheit bei Ihnen diagnostiziert wurde, werden immer wieder Wellen der Angst aufsteigen. Wie das Sprichwort sagt: »Du kannst die Wellen nicht aufhalten, aber du kannst lernen, sie zu surfen.«

Wie kann man diese Methode bei Panikattacken anwenden?

Eine Panikattacke besteht aus drei Elementen:

1. Sie werden von beängstigenden Gedanken an den Haken genommen: »Ich werde verrückt« – »Ich bekommen gleich einen Herzinfarkt« – »Ich werde sterben«.
2. KAMPF gegen die Angst, der diese augenblicklich verstärkt.
3. Hyperventilation (sehr schnelles Atmen), das zu unangenehmen, aber harmlosen Empfindungen wie Schwindel, Erröten, Kopfschmerzen und Kribbeln in den Gliedmaßen führt. Hyperventilation kann auch zu dem Gefühl führen, nicht richtig atmen zu können, so als würden Sie nicht genug Luft bekommen. Dies passiert, weil Sie so schnell atmen, dass Sie Ihre Lunge beim Ausatmen nicht vollständig leeren. Deshalb versuchen Sie beim nächsten Atemzug, Luft in die bereits halbvolle Lunge zu ziehen.

Die Lösung:

a) Eine Panikattacke ist eine Art emotionales Unwetter; deshalb besteht Ihr erster Schritt darin, sich zu verankern. Während der Phase der Anerkennung sorgen Sie dafür, Ihre Gedanken zu bemerken und zu benennen: »Ich bemerke Gedanken über das Sterben« – »Hier ist die ›Herzinfarkt‹-Geschichte«.

b) Hören Sie auf, gegen die Angst zu kämpfen; versuchen Sie nicht, sie zu vermeiden, zu kontrollieren oder loszuwerden. Zähmen Sie sie stattdessen mit den vier Schritten.

c) Anstatt zu hyperventilieren, praktizieren Sie die Methode des langsamen, sanften Atmens, die im Kapitel »Das Theaterstück des Lebens« beschrieben wird. Damit werden Sie beim Ausatmen Ihre Lunge vollständig leeren – und genau das müssen Sie tun, wenn Sie das Gefühl haben, nicht Luft holen zu können. Nur wenn Ihre Lunge leer ist, werden Sie normal einatmen können. (Beachten Sie: In sehr seltenen Fällen hilft diese Art des langsamen, sanften Atmens nicht. In diesem Fall lassen Sie sie sein, und konsultieren Sie einen Arzt oder Therapeuten.)

Viele Selbsthilfeansätze empfehlen »selbstberuhigende« Strategien, wenn man sich schlecht fühlt, wie etwa ein heißes Bad nehmen, Musik hören, ein gutes Buch lesen, eine heiße Schokolade genießen, sich massieren lassen, mit dem Hund Gassi gehen, einen Sport treiben, den wir lieben, Zeit mit Freunden verbringen. Empfehlen Sie das auch?

Wenn Sie diese Aktivitäten in erster Linie dazu benutzen, sich von unangenehmen Gedanken abzulenken, dann werden sie sehr wahrscheinlich nicht befriedigend oder erfüllend sein. Es ist schwierig, eine Aktivität zu schätzen, wenn Sie sie anwenden, um etwas Bedrohliches oder Beängstigendes zu vermeiden. Außerdem besteht bei jeder Art der Ablenkung immer das Risiko eines Rebound-Effekts. Deshalb empfehle ich, dass Sie Ihre Gefühle zuerst einmal mit den vier Schritten zähmen. Dann, *nachdem* Sie sich geöffnet und Raum für sie geschaffen haben, fragen Sie sich: »Welche sinnvolle Aktivität möchte ich jetzt gern ausüben?« Das kann eine »selbstberuhigende« Maßnahme wie eine der oben erwähnten sein, oder auch etwas ganz anderes. Was immer es sein mag, tun Sie es einfach und wenden Sie dieser Aktivität Ihre ganze Aufmerksamkeit zu, damit Sie es gut ausführen und das Beste daraus machen können.

Ich habe meine Gefühle für ein Weilchen zulassen können, aber dann habe ich wieder begonnen zu kämpfen
Das ist ganz normal. Oft müssen wir diese Praxis wieder und immer wieder durchführen (und nochmals wieder und wieder und wieder).

Was kann ich tun, wenn starke Gefühle an meinem Arbeitsplatz oder in einer anderen Situation auftauchen, in der ich mich nicht einfach hinsetzen und diese Methode praktizieren kann?
Mit einiger Praxis brauchen Sie nur wenige Sekunden, um sich zu verankern oder langsam und sanft zu atmen und Ihre Gefühle zu zähmen. Anschließend können Sie Ihre Aufmerksamkeit auf effektives Handeln lenken.

Es gefällt mir nicht wirklich, Raum zu schaffen
Sie müssen das nicht mögen. (Ich selbst mag es jedenfalls nicht.) Die Frage ist jedoch: Auch wenn Sie es nicht mögen, sind Sie *bereit*, Raum für schmerzliche Gefühle zu schaffen, um ein sinnvolles Leben aufzubauen? Wenn nicht, gehen Sie noch einmal zurück zum Kapitel »Das schwarze Loch der Kontrolle«, und rufen Sie sich in Erinnerung, was es Sie kostet zu KÄMPFEN.

MIT FREUNDLICHKEIT ZÄHMEN

»Was soll dieser New-Age-Schwachsinn?« Das war Karls erste Reaktion, als ich ihm eine »Freundliche Hände«-Übung empfahl. Ziemlich vielen Leute widerstrebt es anfangs, solch eine Übung auszuprobieren, weil sie glauben, das sei ein merkwürdiger, blumiger »Hippie-Kram« oder »Gefühlsduselei«. Das ist verständlich, denn die Übung der »Freundlichen Hände« beinhaltet: a) eine Hand oder beide Hände auf verschiedene Körperteile zu legen (oder sie leicht über der Oberfläche schweben zu lassen), und b) »Freundlichkeit nach innen zu senden«. Doch wenn die Menschen sich von ihren Zweifeln und Urteilen abkoppeln und es tatsächlich versuchen, dann finden sie fast immer, dass dies eine effektive Methode ist, sich gleichzeitig loszulösen, Raum zu schaffen *und* Selbstmitgefühl zu üben. Wir haben uns im Kapitel »Der Wert der Freundlichkeit« zwar auf freundliche Selbstgespräche fokussiert, aber viele Menschen finden die Selbstberührung wesentlich machtvoller. Sie kann uns helfen, auf einer Ebene, die tiefer reicht als Worte, wahrhaftig auf fürsorgliche, unterstützende Weise für uns selbst da zu sein.

Für mich persönlich sind die »Freundliche Hände«-Übungen die erste Anlaufstelle, wann immer ich intensiven emotionalen Schmerz empfinde. Sie sind auch immer das Erste, was ich meinen Klienten, Freunden und Familienmitgliedern empfehle, wenn Sie mit Kummer, Verlust oder tiefer Verletzung umgehen müssen. Auch wenn Sie hochgradig skeptisch sind, empfehle ich Ihnen, mit diesem Prozess zu experimentieren und zu beobachten, was geschieht. Der unten stehende Text ist lediglich ein Beispiel für eine »Freundliche Hände«-Übung. Wenn Sie diese absolviert haben, werden wir weitere Optionen erkunden.

Eine Übung in freundlicher Selbstberührung

Nehmen Sie eine bequeme Position ein. Und wenn gerade kein schwieriges Gefühl präsent ist, lösen Sie eines auf im vorherigen Kapitel beschriebene Weise aus.

Stellen Sie jetzt fest, wo in Ihrem Körper Sie das Gefühl am stärksten empfinden.

Wo ist es? Wie fühlt es sich an?

Beobachten Sie es mit Neugier.

Und benennen Sie es.

Drehen Sie jetzt eine Hand mit der Handfläche nach oben und versuchen Sie, Ihre Hand mit einem Gefühl der Freundlichkeit zu füllen.

Sie haben diese Hand bereits vielfach auf freundliche Weise benutzt. Vielleicht haben Sie die Hand eines anderen Menschen gehalten, als er beunruhigt war, oder Sie haben ein weinendes Baby gewiegt oder einen Freund in Not umarmt oder jemandem bei einer schwierigen Aufgabe geholfen. Füllen Sie Ihre Hand jetzt mit solch einem Gefühl der Freundlichkeit.

Legen Sie diese Hand jetzt sanft auf Ihren Körper, entweder über das Gefühl oder über Ihr Herz.

(Wenn Sie es vorziehen, Ihren Körper nicht zu berühren, lassen Sie die Hand kurz über der Oberfläche schweben.)

Und sehen Sie, ob Sie diese Freundlichkeit nach innen senden können. Vielleicht können Sie es spüren, sich vorstellen oder empfinden, wie ein Gefühl der Wärme, Freundlichkeit und Unterstützung in Sie hineinfließt.

Lassen Sie Ihre Hand dort leicht und sanft ruhen oder schweben.

Spüren Sie deren Wärme in Ihren Körper strömen.

Stellen Sie sich vor, dass Ihr Köper um den Schmerz herum weich wird, lockerer wird und sich weitet.

Halten Sie diesen Schmerz oder diese Taubheit ganz sanft. Halten Sie ihn so, als wäre er ein schreiendes Baby, ein jaulender junger Hund oder ein zerbrechliches Kunstwerk.

Laden Sie diese sanfte Tätigkeit mit Fürsorge und Wärme auf, so als würden Sie jemandem, der Ihnen am Herzen liegt, die Hand zur Unterstützung reichen.

Lassen Sie Freundlichkeit aus Ihren Fingern ausströmen.

Benutzen Sie jetzt beide Hände. Legen Sie eine Hand auf Ihr Herz und die andere auf Ihren Magen, und lassen Sie sie dort sanft liegen oder darüber schweben.

Seien Sie freundlich zu sich selbst: Verbinden Sie sich mit sich selbst, sorgen Sie für sich, und schenken Sie sich Wohlbefinden und Unterstützung.

Und sagen Sie sich im Stillen ein paar freundliche Worte – die Art von Worten, die Sie zu einem geliebten Menschen sagen würden, der etwas Ähnliches empfindet.

Wenn Sie nicht so recht wissen, was Sie sagen sollen, versuchen Sie »Das tut wirklich weh; sei freundlich« oder »Das ist schwierig – aber ich schaffe es«.

Und senden Sie immer weiter Wärme und Freundlichkeit.

Versuchen Sie nicht, Ihren Schmerz loszuwerden, sondern schaffen Sie Raum für ihn.

Lassen Sie den Schmerz zu, wie er im Moment gerade ist.

Geben Sie ihm reichlich Raum.

Und senden Sie weiter Wärme und Freundlichkeit.

Wenn Sie sich einen Augenblick Zeit nehmen, dieses Gefühl anzuerkennen, ist das ein Zeichen dafür, dass es Ihnen wichtig ist.

Es sagt Ihnen, dass es dort etwas Wichtiges gibt, das Ihnen wirklich am Herzen liegt.

Da ist eine Kluft zwischen dem, was Sie wollen und dem, was Sie haben.

Dies ist etwas, das Sie mit jedem lebenden, fürsorglichen Menschen auf diesem Planeten gemeinsam haben.

Je größer dieses Realitätsgefälle ist, desto größeren Schmerz empfinden wir.

Können Sie also Frieden damit schließen … auch wenn es wehtut?

Und weiterhin Wärme und Freundlichkeit für sich selbst schicken,

während Sie diese Übung beenden …

und Ihren Körper ein wenig dehnen und bewegen …

und sich auf die Welt um Sie herum einlassen?

Wie ist es für Sie gelaufen? Wenn es Ihnen nicht viel gebracht hat, dann mag diese Übung für Sie vielleicht nicht passend sein; aber ich empfehle Ihnen, sie trotzdem noch einmal auszuprobieren, wobei Sie die unten stehenden Vorschläge berücksichtigen. Wenn die Übung hilfreich für Sie war, ermutige ich Sie, sie häufig anzuwenden und sie zu Ihrer Routine des »Zähmens der Gefühle« hinzuzufügen: Führen Sie alle vier Schritte der Übung mit Ihren Händen auf dem Körper (oder darüber schwebend) aus, und senden Sie sich Freundlichkeit. Diese Übung lässt sich auch gut im Bett praktizieren, wenn Sie aufgrund von Angst eine schlaflose Nacht haben oder früh mit einem Gefühl von Angst und Verzweiflung aufwachen.

Als Alternative zu der obigen Übung können Sie mit einigen der folgenden Optionen experimentieren:

- Legen Sie beide Hände auf Ihre Brust.
- Legen Sie beide Hände auf Ihren Bauch.
- Umarmen Sie sich selbst sanft.
- Umarmen Sie sich selbst, wobei Sie auch sanft Ihre Arme streicheln.
- Massieren Sie sanft einen Bereich, wo Sie Enge oder Anspannung verspüren.
- Halten Sie Ihr Gesicht sanft in den Händen – und massieren Sie leicht oder stärker Ihre Schläfen.

Die Übung der »Freundlichen Hände« zu benutzen, kann Ihnen auch bei der machtvollen Übung des Drangsurfens helfen.

Drangsurfen

Haben Sie jemals an einem Strand gesessen und die Wellen beobachtet? Sie einfach kommen und gehen sehen? Eine Welle beginnt klein und baut sich langsam auf. Dann nimmt sie langsam Fahrt auf und wird größer. Sie wächst weiter und bewegt sich vorwärts, bis sie ihren Höhepunkt, der Wellenkamm genannt wird, erreicht. Wenn die Welle dann ihren Höhepunkt erreicht hat, ebbt sie allmählich ab. Das Gleiche geschieht mit einem Trieb oder Drang. Er beginnt klein, nimmt allmählich zu, erreicht einen Höhepunkt und versiegt dann wieder.

Wenn ein Drang auftaucht, reagieren wir gewöhnlich mit dem GEHORCHEN-Modus (wir geben ihm nach) oder dem KÄMPFEN-Modus (wir widersetzen uns ihm). Beim Drangsurfen geben wir ihm weder *nach* noch widersetzen wir uns ihm, sondern wir öffnen uns und schaffen Raum für ihn. Wenn Sie einer Ozeanwelle genügend Spielraum geben, wird sie einen Wellenkamm erreichen und dann gefahrlos abebben. Aber was geschieht, wenn diese Welle auf Widerstand trifft? Haben Sie jemals eine Welle gesehen, wie sie sich auf dem Strand bricht oder gegen die Felsen prallt? Das ist laut, chaotisch und potenziell zerstörerisch!

Das »Drangsurfen« ist genau das, was das Wort besagt: Wir behandeln unseren Trieb oder Drang wie eine Welle und »surfen« ihn, bis er verebbt. Dieser Begriff wurde in den 1980er-Jahren von den Psychologen Alan Marlatt und Judith Gordon als Teil ihrer bahnbrechenden Arbeit mit Drogenabhängigen geprägt. Die gleichen Prinzipien, die sie zur Befreiung von Sucht benutzt haben, lassen sich auf *jede Art* von Drang anwenden: sei es der Drang, den ganzen Tag im Bett zu bleiben, einen Kurs abzubrechen, Schokolade zu essen, sich zu rächen, Alkohol zu trinken, eine wichtige Aufgabe aufzuschieben, sich selbst zu verletzen, etwas zu zerschlagen, sich vor Freunden und Familie zu verstecken oder jemanden, den Sie lieben, anzuschreien.

Denken Sie daran, dies ist keine Methode, Triebe oder Gelüste zu vermeiden oder loszuwerden; wir erlauben ihnen zu ihrer eigenen Zeit, aufzusteigen und abzuebben, ohne auf sie einzuwirken. Was natürlich die Frage aufwirft:

Wie lange hält ein Drang an?

Die meisten Triebe und Gelüste dauern ungefähr drei Minuten vom Anfang bis zum Ende der »Welle« (wenngleich sie auch länger andauern können). Manchmal, wenn ich das sage, protestieren die Leute, dass ihre Wellen »ewig« weiter- und weitergehen. Worauf ich mitfühlend antworte: »Ja, das stimmt. Im Moment tun sie das. Aber es gibt einen guten Grund dafür. Es liegt daran, dass Sie genau das tun, was wir alle natürlich und instinktiv tun, nämlich uns ihnen zu widersetzen.«

Es gibt sehr viele Weisen, unseren inneren Trieben zu widerstehen: Wir können gegen sie kämpfen, über sie grübeln, uns Sorgen über sie machen; wir können versuchen, uns abzulenken, sie wegzudrängen oder andere Strategien der Kontrolle über Emotionen anwenden. Und wenn wir auf diese Weise reagieren (wenn wir den KAMPF-Schalter auf EIN stellen), ja, dann lässt das die Dränge *tatsächlich* ewig anhalten. Doch wenn wir ihnen Raum geben, dann steigen und fallen die Wellen ziemlich schnell.

In herausfordernden Situationen wird es natürlich mehr als eine Welle geben. Solange die Herausforderung anhält, werden diese Wellen weiter steigen und fallen – und noch einmal. Und obwohl sie typischerweise ziemlich schnell steigen und fallen, sinken sie oft nicht auf null hinab. Aber solange wir ihnen Raum geben, statt zu KÄMPFEN, steht es uns frei, unsere Energie in etwas Sinnvolles zu investieren.

Drangsurfen auf einen Blick

Um einen Drang zu surfen, anstatt einen »Wipe-out« zu erleiden, verändern wir ein wenig die Technik des »Zähmens der Emotionen«, die Sie im vorigen Kapitel ausprobiert haben.

Zur Kenntnis nehmen

Nehmen Sie den Drang wahr, und benennen Sie ihn. Wo in Ihrem Körper spüren Sie ihn am stärksten? Ist er an einer bestimmten Stelle angesiedelt (wird zum Beispiel Ihr Mund wässerig?), oder äußert er sich eher als ein Gefühl der Unruhe in den Beinen oder einer Anspannung im Nacken? Benennen Sie ihn: »Hier ist ein Drang zu …«

Zulassen

Gestatten Sie Ihrem Drang, da zu sein.

Raum geben

Öffnen Sie sich für diesen Drang. Lassen Sie ihn zu seiner eigenen Zeit frei aufsteigen, seinen Höhepunkt erreichen und wieder fallen.

Das Bewusstsein ausdehnen

Weiten Sie Ihren Fokus. Nehmen Sie den Drang zur Kenntnis, verbinden Sie sich dabei auch mit Ihrem Körper, und nehmen Sie die Welt um Sie herum wahr.

Der Hauptunterschied zur Technik des »Zähmens der Emotionen« besteht darin, dass wir uns, während wir das Drangsurfen üben, den Trieb als Welle vorstellen und ihn mit Neugier beobachten, wie er steigt, den Höhepunkt erreicht und abebbt.

Dabei mag es hilfreich sein, ihn auf einer Skala von 0 bis 10 zu bewerten. Das erlaubt es uns zu verfolgen, ob er gerade steigt, den Höhepunkt erreicht oder fällt. Zum Beispiel: »Ich verspüre den Drang zu rauchen, und der ist jetzt bei 7.« – »Oh, er steigt auf 8.« – »Und jetzt ist er bei 9.« – »Noch immer bei 9.« – »Jetzt fällt er auf 8.« – »Jetzt auf 6.« Und so weiter.

Als zusätzliche Verstärkung dieser Übung können wir freundliche Worte und freundliche Hände hinzufügen. Wir können uns mit echter Fürsorge und Freundlichkeit im Stillen sagen: »Das ist eine hohe Welle, aber ich kann sie surfen«, oder »Ich bin in großer Versuchung, diesem Drang zu GEHORCHEN, aber ich werde ihn steigen und fallen lassen, ohne auf ihn zu reagieren.« Und wir können eine freundliche Hand (oder zwei Hände) wie zuvor beschrieben auf den Körper legen.

PRÄSENT SEIN

Als Soula 33 Jahre alt wurde, organisierte ihre beste Freundin eine Überraschungsparty in einem Café. Zuerst war Soula außer sich vor Freude, dass all ihre engsten Freunde und ihre Familie ihr zu Ehren zusammengekommen waren. Doch als der Abend voranschritt, begann sie sich traurig und allein zu fühlen. Als sie sich im Raum umsah, begann ihr Geist, ihr die »Einsam und allein«-Geschichte zu erzählen. »Sieh dir deine Freunde an. Sie leben alle in einer langjährigen Beziehung, sind verheiratet und haben Kinder, und du hast noch nicht einmal einen Freund! Du bist jetzt 33, um Himmels willen! Die Zeit läuft dir davon. Bald wirst du zu alt sein, um Kinder zu bekommen. Sieh sie dir nur alle an, wie sie Spaß haben. Sie wissen nicht, wie es sich anfühlt, jeden Abend in eine leere Wohnung zurückzukehren. Was gibt es da zu feiern? Alles, was dich erwartet, ist alt, einsam und unglücklich zu sein.«

Und Radio Weltuntergang spielte weiter und weiter in voller Lautstärke. Und je mehr Soula sich darauf einstimmte, desto mehr entfremdete sie sich von der Party, die um sie herum im Gange war. Sie kostete kaum das Essen, hörte kaum die Unterhaltungen; sie wurde zunehmend von der Wärme, der Freude und der Liebe, die sie umgaben, abgetrennt.

Natürlich war es wahr, dass Soula Single war und älter wurde und dass die meisten ihrer Freunde in langjährigen Beziehungen lebten. Aber erinnern Sie sich an die Schlüsselfrage: Ist diese Geschichte hilfreich? In diesem Fall war sie das ganz offensichtlich nicht. Es war nur wieder ein weiteres Beispiel dafür, wie der Geist als allzu hilfreicher Freund versuchte, sie in Alarmbereitschaft in Hinsicht auf *ein Problem gewöhnlich das gelöst werden musste*! Und dies war keinesfalls eine einzelne Episode. Seit mehr als einem Jahr bildete die »Einsam und allein«-Geschichte jetzt für Soula einen der Hauptgründe, unglücklich zu sein, indem sie sie immer wieder an den Haken nahm und ihre Depression nährte.

Leider sind solche Szenarios nur allzu häufig. Je mehr wir in unsere Gedanken und Gefühlen verstrickt sind, desto mehr verlieren wir den Kontakt zu dem, was um uns herum in der Welt geschieht. Dies geschieht insbesondere bei Depressionen und Angst. Bei Angst neigen wir dazu, von Geschichten über die Zukunft an den Haken genommen zu werden: darüber, wie Dinge schrecklich schiefgehen können und wie schlecht wir ganz bestimmt damit umgehen werden. Bei Depressionen werden wir von Geschichten aus der Vergangenheit an den Haken genommen: Geschichten über all die Dinge, die schiefgelaufen sind, und welche schlimmen Auswirkungen sie auf uns gehabt haben. Doch selbst wenn Sie nie unter Depression oder Angst gelitten haben, sind Sie sicherlich oft von Sich-Sorgen, Grübeln oder zwanghaftem Denken an den Haken genommen worden. Woher ich das weiß? Weil Sie ein Mensch sind, und es uns allen passiert.

Denn in Wirklichkeit werden wir alle immer wieder durch unsere Gedanken und Gefühle an den Haken genommen und infolgedessen aus unserem Leben gerissen. Das geschieht typischerweise mehrfach am Tag. Sind Sie jemals mit dem Auto irgendwohin gefahren und konnten sich, als Sie das Ziel erreichten, nicht wirklich an die zurückgelegte Strecke erinnern? Wurden Sie jemals gefragt: »Was hast du heute gemacht?« Und wussten nicht zu antworten? Ist es Ihnen schon einmal passiert, dass Sie etwas geknabbert haben, ohne sich dessen bewusst zu sein? Haben Sie beim Lesen schon einmal das Ende einer Seite erreicht und festgestellt, dass Sie kein einziges Wort mitbekommen haben? Oder sind Sie jemals aus dem Zimmer gegangen, um etwas zu holen, nur um festzustellen, dass Sie nicht mehr wussten, was? Haben Sie sich jemals mit jemandem unterhalten und plötzlich realisiert, dass Sie keine Ahnung hatten, was die andere Person gerade gesagt hatte (weil Sie »meilenweit entfernt« waren)? Wir alle erfahren so etwas, immer wieder. Wir sind »in unsere Gedanken verloren«, und unsere Aufmerksamkeit schweift von dem ab, was wir gerade tun: Wir sind körperlich präsent, nicht jedoch psychisch.

Stellen Sie sich vor, dass Sie sich mit jemandem unterhalten und sich dabei in Gedanken verfangen wie »Er denkt, ich bin langweilig« – »Ich muss meine Steuererklärung machen« oder »Hoffentlich habe ich die Vordertür beim Weggehen abgeschlossen«. Je mehr Sie von solchen Gedanken an den Haken genommen werden, desto weniger sind Sie in die Unterhaltung eingebunden. Und das Gleiche gilt für alles, was Sie tun, ob sie nun Auto fahren, ein Abendessen kochen oder Liebe machen: Je mehr Sie durch Ihre Gedanken absorbiert werden, desto weniger sind sie bei der Sache, die Sie tun.

Selbstverständlich gibt es auch Zeiten, zu denen es nützlich und lebensförderlich ist, in unsere Gedanken vertieft zu sein – zum Beispiel, wenn wir Ideen für ein kreatives Projekt ersinnen, mental eine Rede üben, ein wichtiges Ereignis planen oder einfach ein Kreuzworträtsel lösen. Wenn wir auf nützliche, lebensförderliche Weise in Gedanken vertieft sind, die uns auf ein Leben hinbewegen, das wir uns wünschen, dann wäre der Ausdruck »an den Haken genommen« (oder »fusioniert«) nicht passend. Wir verwenden »an den Haken genommen« nur, wenn wir in Gedanken verloren sind, die uns von dem Leben, das wir uns wünschen, entfernen.

Was läuft schief, wenn wir nicht präsent sind?

Wenn wir geistig nicht präsent sind, das heißt, unsere volle Aufmerksamkeit nicht dem zuwenden, was wir gerade tun, leiden wir auf zweierlei wesentliche Weise: Wir verpassen die Dinge oder führen sie schlecht aus. Lassen Sie uns einen kurzen Blick auf beide Möglichkeiten werfen:

Das Leben verpassen

Dies ist das einzige Leben, das wir haben, daher müssen wir das Beste aus ihm machen. Wenn wir nur »halb präsent« sind, verpassen wir es. Es ist so, als würden wir unseren Lieblingskinofilm mit Sonnenbrille ansehen oder unsere Lieblingsmusik mit Ohrstöpseln anhören oder eine Massage bekommen, während wir einen dicken Neoprenanzug anhaben. Wie oft haben Sie es verpasst, eine tiefe Verbindung mit einem guten Freund oder einem geliebten Menschen einzugehen, weil Sie nicht vollkommen präsent waren? Wie oft ist Ihnen viel von der Freude am Essen entgangen, weil Sie es auf Autopilot hinuntergeschlungen haben? Um den Reichtum und die Fülle des

Lebens würdigen zu können, müssen Sie »da sein«, während es geschieht!

Die Dinge schlecht machen

Um den großen Schriftsteller Leo Tolstoi zu zitieren: »Denke immer daran, dass es nur eine wichtige Zeit gibt: Heute. Hier. Jetzt.« Es ist die wichtigste Zeit, weil es die einzige Zeit ist, in der wir Handlungsmacht besitzen. Um ein sinnvolles Leben aufzubauen, müssen wir aktiv werden. Und die Macht zu handeln existiert nur in diesem Augenblick. Die Vergangenheit ist bereits geschehen, und die Zukunft existiert noch nicht, deshalb können wir immer nur hier und jetzt aktiv werden. Und um effektiv zu handeln, müssen wir geistig präsent sein: dessen bewusst, was geschieht, wie wir reagieren und wie wir zu antworten wünschen. Wenn wir uns im Autopilotmodus befinden, die Dinge mechanisch erledigen, sie unkonzentriert oder desinteressiert behandeln, dann üben wir sie schlecht aus. Wir patzen, begehen Fehler und sagen oder tun oft Dinge, die wir später bereuen.

Wie können wir also präsenter sein?

Gute Frage. Sie haben viele verschiedene Methoden, sich von Ihren Gedanken und Gefühlen loszulösen, erlernt: Sich-Verankern, Bemerken und Benennen, die Aufmerksamkeit fokussieren und immer wieder neu fokussieren, für Emotionen Raum schaffen und Drangsurfen. All diese verschiedenen Loslösungstechniken werden als »Achtsamkeitsfertigkeiten« bezeichnet.

Ich habe »Achtsamkeit« bis jetzt nicht erwähnt, weil es so viele ungenaue und irreführende Vorstellungen davon gibt. Die

Leute denken zum Beispiel oft, es handele sich um eine religiöse Praxis, eine Art von Meditation, eine Entspannungstechnik, eine Methode, den »Geist zu leeren« oder die Gefühle zu kontrollieren, oder um eine Form des positiven Denkens. Aber aus dem, was Sie bisher in diesem Buch gelesen haben, können Sie klar erkennen, dass keine dieser Vorstellungen korrekt ist.

Es sind viele Definitionen von »Achtsamkeit« im Umlauf, und es gibt kein universales Einverständnis über eine von ihnen. Ich definiere sie folgendermaßen:

Achtsamkeit ist ein Satz psychischer Fertigkeiten für ein effektives Leben, der beinhaltet, mit Offenheit, Neugier und Flexibilität aufmerksam zu sein.

Wenn wir uns also verankern, uns von wenig hilfreichen Geschichten loslösen, Raum schaffen für schwierige Gefühle, Drangsurfen, uns immer wieder neu auf die vorliegende Aufgabe fokussieren, dann sind das alles unterschiedliche Weisen, Achtsamkeit zu praktizieren. Zentral für diese Fertigkeiten ist eine spezielle Weise, aufmerksam zu sein: mit Offenheit, Neugier und Flexibilität. Wenn wir bemerken, benennen, zulassen und Raum schaffen, ist das *Offenheit* – das genaue Gegenteil von Kampf. Außerdem streben wir nach *Neugier* – daher meine wiederholten Aufforderungen, die Dinge wie ein »neugieriges Kind« zu betrachten. Das ist wichtig, denn selbst wenn etwas sehr schwierig und unangenehm ist, können wir, indem wir wahrhaftig neugierig sind, etwas Nützliches lernen – entweder, was dessen wahre Natur betrifft oder wie wir effektiv darauf reagieren können.

Wir streben nicht nur Offenheit und Neugier an, sondern auch *flexible* Aufmerksamkeit. Wenn ich mich bei einem Abendessen in einem Restaurant mit Ihnen unterhalte, möchte ich auf unser Gespräch fokussiert sein. Doch wenn ich plötzlich Rauch rieche, der aus der Küche kommt, dann möchte ich meine Aufmerksamkeit darauf verlagern herauszufinden, was da los ist.

Lassen Sie uns noch einmal zu der Idee zurückkehren, dass das Leben ein sich ständig veränderndes Theaterstück ist. Auf der Bühne stehen all Ihre Gedanken, Gefühle, Erinnerungen, Gelüste und Empfindungen sowie alles, was Sie sehen, hören, berühren, schmecken und riechen können. Und es gibt einen Teil von Ihnen, der in das Geschehen hineinzoomen oder sich daraus zurückziehen oder zu jeder Zeit einen bestimmten Aspekt beleuchten kann. Dieser Teil von Ihnen, der all das wahrnimmt – Ihr »beobachtendes Ich« –, spielt eine zentrale Rolle in allen Achtsamkeitsfertigkeiten. Zuweilen benutzen Sie Ihr beobachtendes Ich, um Ihre Gedanken zu beleuchten oder eine bestimmte Emotion ins Scheinwerferlicht zu stellen. Zu anderen Zeiten richten Sie seine Aufmerksamkeit auf die Welt um Sie herum und werfen ein Licht auf Ansichten, Klänge und Gerüche. Manchmal benutzen Sie es, um Einzelheiten zu vergrößern und einen Bereich hervorzuheben. Zu wieder anderen Zeiten verwenden Sie es, um die gesamte Bühne auszuleuchten.

Wir sprechen hier von *flexibler* Aufmerksamkeit, der Fähigkeit, unser Gesichtsfeld zu verengen, auszuweiten, den Fokus beizubehalten oder zu verlagern, je nachdem, was im Moment am hilfreichsten ist. Wenn Sie achtsam durch eine Landschaft wandern und all die Aussichten, Geräusche und Gerüche in sich aufnehmen, ist das ein sehr breiter Fokus der Aufmerksamkeit. Doch wenn Sie Ihren Beruf als Bombenentschärfer achtsam ausüben, dann möchten Sie einen extrem engen Fokus beibehalten können (oder ka-wumm!).

Das beobachtende Ich, flexible Aufmerksamkeit, Loslösung, Raum schaffen, Drangsurfen, Bemerken und Benennen, Sich-Verankern: All diese Ausdrücke beschreiben verschiedene Aspekte der »Achtsamkeit«. Und wir erlernen all diese Fertigkeiten zu demselben übergeordneten Zweck, nämlich uns zu helfen, präsent zu sein, so dass wir effektiver handeln und mehr Erfüllung in unserem Leben erfahren können. Und wie Sie sehen, ist nichts Religiöses an irgendeiner dieser Praktiken – keine Meditation, kein positives Denken und keine Bemühung darum, sich zu entspannen, »den Geist zu leeren« oder Ihre Gefühle zu kontrollieren. (Wenn wir diese Übungen ausführen, werden unangenehme Emotionen natürlich oft reduziert, verschwinden schwierige Gedanken häufig und stellen sich oft angenehme Gefühle der Ruhe und Entspannung ein. Doch diese Auswirkungen sind nur ein Bonus, nicht aber das eigentliche Ziel.) Hier folgen nun vier einfache Achtsamkeitsübungen, die Sie leicht in Ihre tägliche Routine einfügen können, ohne sich zusätzliche Zeit dafür freihalten zu müssen.*

Vier einfache Übungen

Ich werde Sie nun durch vier einfache Übungen zum Präsentsein leiten. In jedem Fall bitte ich Sie, Ihre Aufmerksamkeit auf irgendeinen Aspekt Ihrer Erfahrung in diesem Augenblick zu

* Achtsamkeit wird häufig dem Buddhismus zugeschrieben, aber das ist nicht zutreffend. Der Buddhismus ist nur 2600 Jahre alt, doch Achtsamkeitsübungen findet man bereits im Judentum, dem Yoga und dem Daoismus, die weit über 4000 Jahre zurückreichen. Die ACT gründet sich also nicht auf alte östliche Traditionen; sie ist ein moderner, weltlicher, wissenschaftlich begründeter Ansatz, der auf einen Zweig der Verhaltenstherapie mit dem schwindelerregenden, zungenbrecherischen Namen »funktionaler Kontextualismus« zurückgeht.

fokussieren. Sollten ablenkende Gedanken und Gefühle aufsteigen, ist das Ziel,

- sie kommen und gehen zu lassen wie vorbeifahrende Autos und Ihre Aufmerksamkeit bei der Aufgabe zu lassen.
- wenn Ihre Aufmerksamkeit abgeschweift ist (und das wird passieren, das verspreche ich Ihnen), sich wieder auf die Übung zu konzentrieren.

Jedes Experiment dauert lediglich 30 Sekunden (es gibt also keine Ausrede dafür, sie nicht alle auszuführen).

Experiment 1: Die Umgebung wahrnehmen

Nachdem Sie diesen Abschnitt durchgelesen haben, legen Sie das Buch beiseite, und nehmen Sie Ihre Umgebung wahr. Bemerken Sie so viel wie möglich von dem, was Sie sehen, hören, berühren, schmecken und riechen können. Wie hoch ist die Temperatur? Ist die Luft bewegt oder still? Welcher Art ist das Licht, und woher kommt es?

Nehmen Sie mindestens fünf Laute wahr, die Sie hören, mindestens fünf Objekte, die Sie sehen, und mindestens fünf Dinge, die Sie auf der Oberfläche Ihres Körpers spüren (wie etwa die Luft auf Ihrem Gesicht oder der Stuhl an Ihrem Rücken oder Ihre Füße auf dem Boden). Legen Sie das Buch jetzt beiseite, und tun Sie dies 30 Sekunden lang. Nehmen Sie wahr, was geschieht.

Experiment 2: Den Körper wahrnehmen

Verbinden Sie sich mit Ihrem Körper, während Sie diesen Absatz lesen. Bemerken Sie, wo Ihre Arme und Beine sind und in welcher Position sich Ihre Wirbelsäule befindet. Scannen

Sie Ihren Körper innerlich von Kopf bis Fuß; bemerken Sie die Empfindungen in Kopf, Brust, Armen, Bauch und Beinen. (Sollte es Teile Ihres Körpers oder Empfindungen in ihm geben, die Sie nicht mögen, achten Sie darauf, wie Sie versuchen, sie zu vermeiden). Legen Sie das Buch zur Seite, schließen Sie die Augen, und üben Sie dies 30 Sekunden lang. Nehmen Sie zur Kenntnis, was geschieht.

Experiment 3: Den Atem wahrnehmen

Während Sie dies lesen, nehmen Sie Ihren Atem wahr. Bemerken Sie das Heben und Senken Ihres Brustkorbs sowie die Luft, die durch Ihre Nasenlöcher aus- und einströmt. Folgen Sie der Luft beim Einatmen in die Nase. Nehmen Sie wahr, wie Ihre Lunge sich ausdehnt. Spüren Sie, wie Ihr Bauch sich nach außen wölbt. Folgen Sie der Luft beim Ausatmen, wenn die Lunge sich leert. Legen Sie das Buch beiseite, schließen Sie die Augen, und üben Sie dies für 30 Sekunden. Nehmen Sie zur Kenntnis, was passiert.

Experiment 4: Laute wahrnehmen

Fokussieren Sie sich in diesem Experiment einfach nur auf die Laute, die Sie hören können. Bemerken Sie die Geräusche, die von Ihnen stammen (zum Beispiel von Ihrem Atem und Ihren Bewegungen), Laute, die aus dem Sie umgebenden Zimmer kommen sowie Geräusche von draußen. Legen Sie das Buch jetzt zur Seite, schließen Sie die Augen, und tun Sie dies 30 Sekunden lang. Nehmen Sie zur Kenntnis, was geschieht.

Was ist Ihnen aufgefallen? Hoffentlich drei Dinge:

- dass wir uns immer in einem sensorischen Festmahl befinden, dessen wir uns gewöhnlich allerdings nicht bewusst sind.
- dass es sooooo leicht ist, von Gedanken und Gefühlen abgelenkt zu werden.
- dass wir uns in dem Moment, in dem wir bemerken, dass wir abgelenkt wurden, loslösen und neu fokussieren können.

Lassen Sie uns nun die Verbindung zwischen dem Präsentsein und der Heilung von Langeweile betrachten.

Die Heilung von Langeweile

»Präsentsein« beinhaltet, unsere volle Aufmerksamkeit mit Offenheit und Neugier dem zuzuwenden, was hier und jetzt geschieht. Wenn wir auf diese Weise präsent sind, geraten wir nicht in Konflikt mit der Realität.

Es kommt zu Konflikten mit der Realität, wenn wir durch die Beurteilung von Dingen als schlecht oder falsch an den Haken genommen werden. Unser Geist sagt uns, dass die Dinge nicht so sein sollten, wie sie sind, dass wir nicht so sein sollten, wie wir sind, dass die Realität im Unrecht ist und wir im Recht sind. Er sagt uns, das Leben wäre anderswo besser oder wir wären glücklicher, wenn wir nur anders wären. Wenn diese Gedanken uns an den Haken nehmen, ziehen sie uns in einen dicken psychischen Nebel hinein, der unsere Sicht der Welt überschattet und verschleiert.

Doch das Leben ist ganz anders, wenn wir mit Offenheit und Neugier aufmerksam sind. Zuerst einmal ist dies viel weniger langweilig. Langeweile entsteht, wenn wir der Geschichte »Hier gibt es nichts von Interesse« an den Haken gehen. Darauf folgt gewöhnlich eine andere Geschichte darüber, wie viel interessanter und erfreulicher das Leben wäre, wenn wir nur etwas anderes tun würden. Unser Geist fühlt sich leicht gelangweilt, weil er glaubt, schon alles zu wissen. Er ist schon dort gewesen, hat dies schon einmal getan, hat diese Show gesehen und jenes T-Shirt gekauft. Ob wir nun die Straße entlanggehen, zur Arbeit fahren, eine Mahlzeit verzehren, einen Schwatz halten oder unter der Dusche stehen, der Geist hält das alles für selbstverständlich. Schließlich hat er all diesen Kram bereits zahllose Male getan. Statt uns also zu helfen, uns auf die Realität einzulassen, »trägt er uns fort« in eine andere Zeit und an einen anderen Ort. Infolgedessen verbringen wir einen Großteil unserer Zeit nur »halb wach«, des Reichtums unserer Erfahrung kaum bewusst. Das Theaterstück des Lebens geht weiter – doch die Beleuchtung ist so schwach, dass kaum etwas sichtbar ist.

Aber die gute Nachricht ist, dass unser beobachtendes Ich ständig auf Stand-by ist. Wir können es jederzeit benutzen, um die Beleuchtung auf der Bühne hochzufahren. Indem wir mit Offenheit und Neugier aufmerksam sind, können wir uns mit der enormen Länge, Breite und Tiefe der menschlichen Erfahrung verbinden, ganz gleich, ob sie neu und aufregend oder vertraut und unbequem ist. Das Faszinierende ist, dass wir eine Erfahrung, die wir für vertraut, langweilig oder banal halten, oft in einem neuen und interessanten Licht sehen können, wenn wir ihr auf diese Weise Aufmerksamkeit schenken. Damit Sie dies selbst erfahren können, nehmen Sie zur Kenntnis, was geschieht, wenn Sie …

Die Aufmerksamkeit auf dieses Buch fokussieren

In diesem Experiment geht es darum, einen frischen Blick auf das Buch in Ihren Händen zu werfen, es mit »neuen Augen« zu sehen. (Wenn Sie dies auf einem Gerät lesen oder ihm als Hörbuch zuhören, dann holen Sie sich bitte ein Buch – irgendein Buch tut es –, damit Sie mitmachen können.) Stellen Sie sich vor, Sie seien ein neugieriger Wissenschaftler und hätten noch nie ein Objekt wie dieses gesehen. Nehmen Sie das Buch in die Hand, und fühlen Sie sein Gewicht. Fühlen Sie den Einband auf Ihren Handflächen. Fahren Sic mit einem Finger langsam eine Seite hinab, und spüren Sie deren Beschaffenheit. Heben Sie das aufgeschlagene Buch zu Ihrer Nase, und riechen Sie an dem Papier. Schlagen Sie langsam einige Seiten um, und bemerken Sie das Geräusch, das dies hervorruft. Betrachten Sie das Cover, und bemerken Sie das auf seiner Oberfläche widergespiegelte Licht. Nehmen Sie seine Gestaltung, Farben, Beschaffenheit und Umrisse wahr. Schlagen Sie dann wahllos irgendeine Seite auf, und bemerken Sie die Formen des weißen Raumes um den Text herum.

Wie fanden Sie das? Sie lesen dieses Buch jetzt schon geraume Zeit, und bislang haben Sie diese unterschiedlichen Aspekte wahrscheinlich für selbstverständlich gehalten. Dasselbe gilt für beinahe jeden Aspekt Ihres Lebens. Deshalb möchte ich Sie mit folgender Praxis bekannt machen:

Eine durch und durch angenehme Übung

Die leichteste Methode, unser Vermögen, präsent zu sein, zu entwickeln, besteht darin, unsere volle Aufmerksamkeit alltäglichen Aktivitäten, die potenziell angenehm und erfreulich sind, zuzuwenden. Häufig tun wir das in neuen, anregenden und vergnüglichen Situationen ganz spontan. Vielleicht haben Sie während eines Spaziergangs auf dem Lande den Anblick von Feldern, Tieren, Bäumen und Blumen genossen, sich an dem Hauch einer lauen Sommerbrise erfreut und den Singvögeln gelauscht. Oder Sie hingen während eines intensiven Gesprächs mit einem geliebten Menschen an dessen Lippen, haben ihm in die Augen geschaut und die Nähe zwischen ihnen gespürt. Oder Sie haben, während Sie mit einem Kind oder einem geliebten Haustier gespielt haben, völlig die Zeit und alle Sorgen vergessen.

Leider halten diese Momente selten lange an. Früher oder später nimmt der Geist unsere Aufmerksamkeit mit einer fesselnden Geschichte an den Haken und zieht uns aus der Erfahrung heraus. Doch mit einiger Übung können wir das erkennen, wenn es eintritt, und uns loslösen und erneut fokussieren. Und wir können noch einen Schritt weiter gehen, und die Erfahrung aktiv auskosten – sie wirklich würdigen. Je mehr wir in der Lage sind, dies zu tun, desto mehr Befriedigung und Erfüllung werden wir von den vielen Freuden des Lebens erlangen (von denen wir viele für selbstverständlich halten oder »verpassen«, weil wir auf Autopilot sind). Um diese Fähigkeit also zu entwickeln, können wir …

Die Aufmerksamkeit auf etwas Erfreuliches fokussieren

Üben Sie dies jeden Tag mit wenigstens ein oder zwei erfreulichen Aktivitäten. Achten Sie darauf, dass diese Tätigkeit Ihren Werten entspricht und nicht von Vermeidung motiviert ist – das heißt, es ist etwas, das Sie tun, weil es wichtig und sinnvoll ist und das Leben bereichert und nicht einfach nur ein Versuch, »schlechte Gefühle« zu vermeiden. Die Aktivität muss nichts Spektakuläres sein. Es kann etwas so Einfaches sein wie Mittag essen, die Katze streicheln, den Hund ausführen, den Vögeln lauschen, mit Ihren Kindern schmusen, in der Sonne sitzen oder Ihre Lieblingsmusik hören.

Wenn Sie diese Aktivität ausführen, tun Sie so, als sei dies das erste Mal in Ihrem Leben. Achten Sie wirklich auf das, was Sie sehen, hören, riechen, berühren oder schmecken können, und genießen Sie jeden Augenblick. Konzentrieren Sie sich mit all Ihren fünf Sinnen total auf das, was Sie tun. Sie können dies zum Beispiel üben, wenn Sie das nächste Mal warm duschen. Bemerken Sie die verschiedenen Geräusche des Wassers, wie es aus dem Duschkopf spritzt, auf Ihren Körper trifft und durch den Abfluss gurgelt. Achten Sie auf die Empfindungen, wenn das Wasser an Ihrem Rücken und Ihren Beinen hinabfließt. Nehmen Sie den Duft der Seife und des Shampoos wahr. Bemerken Sie die aufsteigenden Dampfwolken. Achten Sie darauf, wie Ihr Körper reagiert. Bemerken Sie, wie ein behagliches Gefühl entsteht.

Wenn Gedanken und Gefühle auftauchen, nehmen Sie ihre Präsenz zur Kenntnis, lassen Sie sie sein, und fokussieren Sie sich wieder auf das Duschen. Sobald Sie feststellen, dass Ihre Aufmerksamkeit abgeschweift ist (was sie unweigerlich tun wird), nehmen Sie dies zur Kenntnis, lösen Sie sich los, und fokussieren Sie sich aufs Neue auf die Dusche – und genießen Sie jeden Augenblick.

Zwei nicht ganz so erfreuliche, aber sehr wertvolle Übungen

Wir werden dieses Kapitel mit zwei für die Entwicklung des Präsentseins wertvollen Übungen abschließen. Und das Tolle ist, Sie müssen keine Extrazeit aufwenden, um sie in Ihren Alltag einzufügen. Sie erledigen Ihre täglichen Routinen wie gewöhnlich, doch Sie üben dabei, präsent zu sein. Sie werden nicht so angenehm sein wie die vorherigen Übung, weil Sie sich dabei bewusst herausfordern. Es geht darum, wenigstens zwei Aktivitäten pro Tag auszuwählen, die Sie langweilig, lästig oder nervig finden. Nehmen Sie Aufgaben, die Sie normalerweise widerwillig oder auf Autopilot erledigen und die Sie so schnell wie möglich hinter sich zu bringen versuchen.

Wenn die folgenden Vorschläge Ihnen nicht passend erscheinen, kreieren Sie Ihre eigenen Versionen. Und praktizieren Sie beide idealerweise zumindest einmal täglich. (Können Sie mehr als das tun, ist das toll; je mehr desto besser. Aber selbst einmal in der Woche ist sehr viel besser als gar nicht.)

Die Aufmerksamkeit auf Ihre Morgenroutine fokussieren

Wählen Sie eine Aktivität aus, die Teil Ihrer täglichen Morgenroutine ist, wie Zähne putzen, Haare kämmen, das Bett machen, sich rasieren oder Make-up auflegen. (Duschen zählt hier nicht, weil das eine an sich erfreuliche Aktivität ist; Sie sollten etwas wählen, das langweilig, lästig oder nervig ist.) Schenken Sie dieser Aktivität Ihre volle Aufmerksamkeit und achten Sie darauf, was Sie sehen, hören, berühren, schmecken und riechen können, so als seien Sie ein neugieriges Kind, das diese Aktivität zum ersten Mal entdeckt. Lassen Sie Ihren Gedanken und Gefühlen freien Lauf, und wenn Sie an den Haken gehen, kennen Sie den Dreh: anerkennen, loslösen und neu fokussieren.

Anfänger sollten dies nur mit einem Teil ihrer täglichen Morgenroutine praktizieren. Wenn Ihre Fähigkeit gewachsen ist, weiten Sie die Routine auf andere Bereiche aus.

Die Aufmerksamkeit auf eine lästige Pflicht lenken

Wählen Sie eine lästige Pflicht, die Sie nicht mögen, die jedoch langfristig hilfreich ist. Das kann sein: Wäsche bügeln, Geschirr spülen, das Auto waschen, eine gesunde Mahlzeit kochen, die Kinder baden, das Hauseselchen massieren* – oder jede andere Aufgabe, die Sie liebend gern vermeiden würden. Jedes Mal, wenn Sie dies tun, schenken Sie ihr Ihre ungeteilte und neugierige Aufmerksamkeit.

Wenn Sie zum Beispiel Wäsche bügeln,

- nehmen Sie die Farbe und die Form der Wäsche wahr.
- nehmen Sie die Muster, die durch Falten und Schatten entstehen, wahr.
- bemerken Sie, wie sich die Muster verändern, wenn die Falten verschwinden.

---

* Letzteres habe ich nur gesagt, um zu sehen, ob Sie mir zuhören.

- achten Sie auf das Zischen des Dampfes, das Quietschen des Bügelbretts, das schwache, flüsternde Geräusch des über den Stoff gleitenden Bügeleisens.
- bemerken Sie, wie Ihre Hand das Bügeleisen hält sowie die Bewegung von Arm und Schulter.
- sollte Langeweile oder Frustration auftauchen, nehmen Sie dies zur Kenntnis, schaffen Sie Raum dafür, und fokussieren Sie sich wieder auf das, was Sie gerade jetzt tun.
- geben Sie Ihren Gedanken und Gefühlen freien Lauf, und üben Sie nach Bedarf Anerkennen, Loslösen und Neu-Fokussieren.

Umsetzung in die Praxis

Indem Soula übte und ihr Vermögen, präsent zu sein, zunahm, begann sie, die Dinge zu schätzen, die Teil ihres Lebens waren, statt sich stets auf das zu fokussieren, was ihr fehlte. Sie war in der Lage, sich besser mit den Menschen, die sie liebte, zu verbinden, sich besser auf schwierige Aufgaben bei der Arbeit zu konzentrieren und deutlich mehr Freude und Befriedigung aus den kleinen Dingen des Lebens zu gewinnen. Dies alles trug wesentlich dazu bei, ihre Depression aufzulösen. (Ich möchte jedoch nicht, dass der Eindruck entsteht, dies sei eine »Schnellreparatur« gewesen, die ihr Leben über Nacht verändert hätte. Es war nur ein Teil von Soulas Reise. Wir werden ihr später in diesem Buch wieder begegnen, um zu sehen, was sie sonst noch getan hat.)

Ich erwarte ähnliche Auswirkungen auf Ihr Leben. Die täglichen Übungen, die ich oben vorgeschlagen habe – die Aufmerksamkeit auf eine erfreuliche Aktivität zu fokussieren sowie einen Teil Ihrer Morgenroutine und eine das Leben verbessernde, aber lästige Pflicht herauszugreifen –, sind ein guter Anfang. Und warum sollten Sie im Verlauf des Tages nicht außerdem regelmäßig die Übung »Die Umgebung wahrnehmen« praktizieren? Das Ziel besteht darin, diese Praktiken allmählich auf immer mehr Bereiche Ihres Lebens auszudehnen, bis Sie einen Punkt erreichen, an dem Sie sie nicht mehr als »Praktiken«, »Übungen« oder »Experimente« verstehen: Sie sind einfach auf natürliche Weise präsent.

Mit der Zeit führt dies zu einer wahrhaft tiefgreifenden Veränderung Ihrer Lebensweise: Anstatt Ihr Leben »zu verpassen«, beginnen Sie, »das Beste daraus zu machen«.

DEN KÖRPER WIEDER BEWOHNEN

Je mehr wir von unserem Körper »abgetrennt« sind, desto weniger fühlen wir. Das liegt daran, dass die Empfindungen in unserem Körper (von all den physiologischen Veränderungen, die darin stattfinden) den Kern einer jeden Emotion bilden. Wenn Sie also Emotionen und Triebe vor allem »in Ihrem Kopf« erfahren, so weist das darauf hin, dass Sie weitgehend von Ihrem Körper »abgeschnitten« sind. Sie nehmen mit den kognitiven Elementen der Emotionen Kontakt auf, doch Sie stimmen sich nicht auf die Empfindungen ein. Und wenn alles, was Sie fühlen, Taubheit, Leere oder Leblosigkeit ist (wie es bei Traumata oder heftigeren Depressionen üblich ist), dann ist das ein Anzeichen von extremer Abtrennung.

Etwa 10 Prozent der Bevölkerung findet es schwierig, Zugang zu ihren Emotionen zu finden. (Das geht oft Hand in Hand mit der Schwierigkeit, Emotionen zu benennen.) Die gute Nachricht ist, dass Sie viel leichter Zugang zu Ihren Emotionen bekommen, wenn Sie üben, sich auf Ihren Körper einzustimmen – und die positiven Auswirkungen sind groß:

- **Vitalität.** Sie werden ein Gefühl von Vitalität, »ins Leben zurückkommen«, »sich gänzlich als Mensch fühlen« bekommen.

- **Freude und Lust.** Sich von Ihrem Körper abzutrennen, hilft Ihnen, schmerzliche Gefühle zu vermeiden – aber es schneidet Sie auch von erfreulichen Emotionen und Gefühlen wie Freude und Glücklichsein ab. Sich also mit Ihrem Körper zu verbinden, verschafft Ihnen Zugang zur vollen Bandbreite von Emotionen und Gefühlen – sowohl schmerzlichen (wie zum Beispiel Traurigkeit, Wut und Angst) als auch angenehmen (wie zum Beispiel Liebe, Zufriedenheit und Freude).
- **Kontrolle über Ihr Handeln.** Je weniger Sie sich Ihrer Emotionen bewusst sind, desto weniger Kontrolle haben Sie über Ihr Handeln. Wenn wir uns unserer Gefühle bewusst werden, verlieren sie viel von ihrer Fähigkeit, uns an den Haken zu nehmen und hin- und herzuzerren.
- **Weise Wahl, kluge Entscheidungen.** Eine Fülle an Forschungsergebnissen zeigt, dass wir in dem Maße, in dem wir Kontrolle über unsere Handlungen haben, effektivere und klügere Entscheidungen für unser Leben treffen können.
- **Intuition, Vertrauen, Sicherheit.** Gefühle in unserem Köper warnen uns oft vor Bedrohungen und Gefahren, die unser bewusster Geist nicht wahrnimmt. Ohne Zugang zu diesen Informationen – oft »Intuition« oder »Bauchgefühl« genannt – setzen wir uns ungewollt Risiken aus oder lassen uns ausnutzen.
- **Sicherheit in Ihrem eigenen Körper.** Fühlen Sie sich unsicher in Ihrem eigenen Körper? Wenn Sie sich sicherer in Ihrem Körper fühlen möchten, dann fangen Sie am besten an, ihn allmählich zu erforschen und bessere Weisen einzuüben, mit den schwierigen Gefühlen, denen Sie

begegnen, umzugehen. Wenn Sie diese Arbeit nicht leisten, wird Ihr Körper weiterhin wie eine dunkle Höhle voller Monster sein, die Sie unter allen Umständen vermeiden wollen.

- **Erfolg im Leben.** Es gibt eine direkte Korrelation zwischen Erfolg im Leben und dem, was Psychologen »emotionale Intelligenz« nennen: nämlich effektiv mit Ihren Emotionen umzugehen und sie gut zur Motivation, Kommunikation und Beleuchtung (siehe Kapitel »An einem Gefühl festgehakt«) einzusetzen. Zu lernen, sich auf Ihren Körper einzustimmen und Zugang zu Ihren Emotionen zu gewinnen, spielt dabei eine wichtige Rolle für die Zunahme emotionaler Intelligenz.
- **Bessere Beziehungen aufbauen.** Einer der wichtigsten Faktoren für die Gestaltung eines sinnvollen und erfüllenden Lebens ist die Kultivierung von starken, gesunden Beziehungen. Und ganz gleich, mit wem Sie diese Beziehungen eingehen – mit einem Partner, mit Freunden, Kindern, Familie, Arbeitskollegen oder Mitgliedern Ihrer Gemeinde –, wird es ein großer Nachteil für uns sein, wenn wir keinen direkten Zugang zur ganzen Bandbreite unserer Emotionen haben. Warum? Gute Beziehungen aufzubauen erfordert emotionale Intelligenz, nicht nur, was den Umgang mit unseren eigenen Gefühlen betrifft, sondern auch in Hinblick auf unsere Fähigkeit, uns in andere Menschen einzufühlen und mit ihnen zu interagieren.

Haben Sie jemals einen Teil eines Films im Fernsehen ohne Ton angesehen? Das ist nicht sehr befriedigend. Die Bilder mögen großartig sein, aber ohne Musik, Dialoge und Soundeffekte entgeht Ihnen viel von der Erfahrung. Wenn Sie gut aufpassen, können Sie dem, was in dem Film geschieht, noch zu einem gewissen Maß folgen, aber es kommt leicht zu Missverständnissen. So ähnlich ist es, wenn wir mit anderen interagieren, während wir von unseren eigenen Gefühlen abgetrennt sind. Es führt zu Konflikten, Spannungen und Komplikationen, weil wir leicht missverstehen, was unsere Mitmenschen wollen oder nicht wollen – ihre Absichten, ihre Gefühle –, oder wir nicht erkennen, wie unser eigenes Verhalten sich auf sie auswirkt.

Viele der Übungen in diesem Buch helfen Ihnen, sich auf Ihren Körper einzustimmen; dazu gehören die Komponente der »Verbindung mit Ihrem Körper« der Verankerung (Kapitel »Wie man sich verankert«), das Fokussieren auf Dehnung (Kapitel »Das Theaterstück des Lebens«), die Zähmung Ihrer Gefühle (Kapitel »Raum schaffen«) sowie die Übung der freundlichen Hände (Kapitel »Mit Freundlichkeit zähmen«). Wenn es Ihnen jedoch schwerfällt, Zugang zu Ihren Emotionen zu bekommen, dann ist es hilfreich, regelmäßig Folgendes zu praktizieren:

Body Scans

Body Scans beinhalten das Abscannen Ihres Körpers (oder eines Teils von ihm), sich auf die Empfindungen, die dabei auftauchen, einzustellen, sie mit Neugier wahrzunehmen und ihnen zu erlauben, da zu sein. Body Scans können sehr unterschiedlich in ihrer Dauer sein, von 30 Sekunden bis zu 30 Minuten. Normalerweise fängt man mit einer kürzeren Übung von zwei bis drei Minuten an und steigert die Dauer mit der Zeit, und je öfter Sie den Scan ausführen, desto besser. Einmal am Tag wäre ideal, aber einmal die Woche ist besser als gar nichts.

Und wenn Sie bestimmte Körperbereiche vermeiden, stellen Sie sich der Herausforderung: Richten Sie Ihre Aufmerksamkeit im Lauf der Zeit allmählich auf diese Zonen. Wählen Sie jeden Tag (oder jede Woche) einen Bereich aus, den Sie gewöhnlich vermeiden, und schenken Sie ihm für eine bestimmte Zeitspanne Ihre volle Aufmerksamkeit. Sie können sich beispielsweise beim ersten Mal nur für zwei Sekunden darauf fokussieren, beim nächsten Mal für vier Sekunden und es auf sechs Sekunden beim dritten Mal steigern. Wenn Sie es schaffen, Ihren Fokus 10 bis 15 Sekunden dort zu halten, wählen Sie einen anderen schwierigen Bereich, an dem Sie arbeiten. Erweitern Sie allmählich Ihr »Gebiet«, bis Sie schließlich Ihren Körper von Kopf bis Fuß scannen können, ohne irgendwelche Zonen zu vermeiden. (Und wenn dies schwierige Gedanken und Gefühle auslöst, werden Sie Ihre Loslösungsfertigkeiten selbstverständlich sinnvoll einsetzen.)

Wenn es in einem Bereich überhaupt kein Gefühl zu geben scheint, dann erzeugen Sie eins – entweder, indem Sie den Körperteil bewegen (zum Beispiel mit den Zehen wackeln), ihn kräftig mit Ihrer Hand massieren oder einen Muskel in diesem Bereich anspannen.

Unten folgt ein kurzer Body Scan, mit dem Sie experimentieren können. Während des ersten Durchgangs verweilen Sie ungefähr 15 Sekunden lang bei jeder Anleitung, so dass die Übung rund drei Minuten dauert. Verlängern Sie dann allmählich die Dauer der Übung, indem Sie sie auf 25, 35 oder 45 Sekunden ausdehnen. Bitte lesen Sie die Anweisungen einmal durch, damit Sie wissen, was es damit auf sich hat, und probieren Sie die Übung dann aus.

Ein kurzer Body Scan

Bringen Sie sich in eine bequeme Position, und schließen Sie entweder die Augen oder richten Sie den Blick auf einen Punkt auf dem Boden vor Ihnen. Das Ziel ist, den Körper langsam zu scannen, indem Sie Ihre Aufmerksamkeit voll und ganz auf die Gefühle richten, denen Sie begegnen – ganz gleich wie schwach sie auch sein mögen. Beobachten Sie jede Situation, als wären Sie ein neugieriges Kind, das niemals zuvor so etwas erfahren hat. KÄMPFEN sie nicht gegen die Empfindungen, die Sie bemerken – ob sie nun angenehm, neutral oder unangenehm sind –, und lassen Sie sie einfach da sein.

Während Sie dies tun, lassen Sie Ihren Geist wie ein Radio, das im Hintergrund spielt, vor sich hin plappern (aber versuchen Sie nicht, ihn zu ignorieren oder zum Schweigen zu bringen). Natürlich werden Sie von Zeit zu Zeit an den Haken genommen und verlieren den Überblick über die Übung. In dem Augenblick, da Sie bemerken, dass dies passiert ist, erkennen Sie an, was Sie an den Haken genommen hat, und konzentrieren sich wieder auf Ihren Körper.

Nehmen sie sich 15 Sekunden Zeit, um mit Neugier die Empfindungen wahrzunehmen, die Sie in jedem der folgenden Bereiche spüren können:

- Füße und Zehen
- Knöchel
- Waden
- Oberschenkel

- Gesäß und Becken
- Bauch
- Brust
- Hände und Finger
- Unterarme
- Oberarme
- Schultern
- Hals
- Kopf

So, wie ist die Übung gelaufen? Viele Menschen empfinden sie anfangs als eine Herausforderung; sie beklagen sich, es sei unbequem, langweilig oder schwer, fokussiert zu bleiben. Doch mit regelmäßiger Praxis wird sich die Übung bezahlt machen.

Der Body Scan lässt sich auch gut im Bett durchführen, wenn Sie sich herumwälzen und keinen Schlaf finden. Das ist so viel besser, als einfach nur dazuliegen, sich Sorgen zu machen, zu grübeln und sich in etwas hineinzusteigern.

SICH SORGEN, GRÜBELN, ZWANGHAFTES DENKEN

»MACH DIR DOCH KEINE SORGEN!«

Wie oft haben Sie diesen vermeintlich nützlichen Rat gehört? Oder die raffiniertere Version: »Wenn es etwas gibt, das du daran ändern kannst, dann tu es; wenn du nichts daran ändern kannst, hat es doch keinen Zweck, sich deswegen Sorgen zu machen.« Oder die weniger ausgeklügelte Variante: »Kopf hoch, vielleicht wird es nie geschehen.«

Es ist leicht zu sagen »Mach dir doch keine Sorgen«, aber sehr schwer, es in die Tat umzusetzen. Die Weisen, auf die die Menschen oft versuchen, ihren Sorgen ein Ende zu bereiten – wie bei vielen der Kampfstrategien, die wir im Kapitel »Das schwarze Loch der Kontrolle« erkundet haben –, verschlimmern in Wirklichkeit ihre Situation auf lange Sicht. Insbesondere haben Methoden wie Sorgen zu unterdrücken, sich abzulenken, sich zu sagen

»REIß DICH ZUSAMMEN«

oder zu versuchen, »nicht daran zu denken« wahrscheinlich einen Rebound-Effekt: Sie mögen Ihnen (wenn Sie Glück haben) kurzfristig Erleichterung verschaffen, aber auf lange Sicht kehren diese Sorgen mit aller Macht zurück. Dasselbe gilt für das Grübeln und zwanghaftes Denken. Diese mentalen Prozesse, in die wir uns manchmal verstricken, sind nicht so leicht anzuhalten. Es ist möglich, sie zu unterbrechen, aber das erfordert Anstrengung. Doch bevor wir uns dem widmen, müssen wir für uns folgende Frage beantworten:

Warum tue ich dies immer wieder?

Über diese Frage grübeln die Leute am häufigsten. Und sie verdient eine gute Antwort. Grübeln, Sich-Sorgen und zwanghaftes Denken sind im Grunde alles Prozesse der Problemlösung. Wenn wir grübeln, neigen wir dazu, uns auf Probleme in der Vergangenheit zu fixieren: *Warum ist diese schlimme Sache passiert?* (oder *Warum passiert es immer wieder?*) Wenn wir uns Sorgen machen, sind wir von Problemen in der Zukunft eingenommen: *Was, wenn diese schlimme Sache passiert?* Zwanghaftes Denken mag die Vergangenheit, die Gegenwart oder die Zukunft betreffen, oder auch eine alternative Wirklichkeit: *Wie anders würde mein Leben sein, wenn nur XYZ.*

Unser Geist ist im Grunde genommen eine Problemlösungsmaschine, die sich auf zwei Hauptprobleme konzentriert: a) Wie bekomme ich, was ich mir wünsche, und b) wie kann ich vermeiden, was ich nicht will? Wenn wir grübeln, uns Sorgen machen oder zwanghaft denken, können wir uns das als »Problemlösung auf Hochtouren« vorstellen: Unser Geist geht das Problem immer und immer wieder durch und versucht verzweifelt, eine gute Lösung zu finden. Doch es ist wie bei einem Auto, das im Sand feststeckt: Der Motor läuft auf Vollgas, die Räder drehen durch, aber das Auto kommt nicht von der Stelle.

Mit anderen Worten: Grübeln, sich Sorgen machen und zwanghaft denken sind alles Formen *uneffektiver* Problemlösung. Diese kognitiven Prozesse verzehren eine Unmenge an Zeit, Energie und Aufmerksamkeit, und sie liefern in der Regel nur unglaublich langsam eine Lösung.

Warum also machen wir damit immer weiter? Nun, diese Prozesse werden stets durch irgendeine Art von Problem ausgelöst: Das können zum Beispiel schwierige Situationen, Gedanken, Gefühle oder eine Kombination aus diesen sein. Und als Reaktion auf diese Auslöser grübeln wir, machen uns Sorgen, oder denken zwanghaft in dem Versuch, das Problem zu lösen. Und es gibt vier »Hauptvorteile«, die wir dafür bekommen:

1. **Wir entkommen – zeitweilig – den unangenehmen Gefühlen.**
   Wenn wir in unsere Gedanken verstrickt sind, lenkt das unsere Aufmerksamkeit von ungewollten Gefühlen in unserem Körper ab.
2. **Wir bekommen eine Antwort auf das Problem.**
   Es mag lange dauern, aber letztlich fällt uns (gewöhnlich) eine Antwort oder Lösung ein. Darum sagen viele Leute: »Mir Sorgen zu machen hilft, mich auf das Schlimmste vorzubereiten« oder »Grübeln hilft mir, mich selbst zu verstehen«.
3. **Es fühlt sich wie harte Arbeit an.**
   Diese kognitiven Prozesse sind anstrengend, und deshalb haben wir das Gefühl, hart an unseren Problemen zu arbeiten, etwas Produktives zu tun und Fortschritte zu machen.

4. **Es hilft uns, den beschwerlichen Schritt, aktiv zu werden, zu vermeiden.**
   Wenn wir in diese kognitiven Prozesse verstrickt sind, vermeiden wir es oft, schwierige oder risikoreiche Maßnahmen zu ergreifen: Wir halten uns fern von herausfordernden Situationen, vermeiden es, harte Entscheidungen zu treffen, und schieben Dinge, vor denen wir Angst haben, auf die lange Bank. (In der Geschäftswelt bezeichnet man dies als »Analyse-Paralyse«.) Dies beschert uns kurzfristige Linderung all dieser schwierigen Gedanken und Gefühle – insbesondere der Angst, der Selbstzweifel und der Furcht vor dem Versagen –, die garantiert auftauchen, wenn wir dann endlich *aktiv werden* oder diese Entscheidung treffen.

Uns werden vielleicht nicht all diese Vorteile zuteil, aber normalerweise doch einige davon. (Es gibt gewöhnlich noch andere Vorteile, wie etwa Sympathie, Unterstützung oder Verständnis vonseiten anderer.) Und natürlich entscheiden wir uns nicht bewusst, uns Sorgen zu machen, zwanghaft zu denken oder zu grübeln, um diese Vorteile zu erlangen. Tatsache ist, dass sich die meisten von uns nicht einmal dieser Vorteile *bewusst* sind (bis ein allwissender Selbsthilfeguru so freundlich ist, uns darauf hinzuweisen). Aber nichtsdestoweniger treten diese Vorteile auf. (Psychologen nennen diese Konsequenzen oder Ergebnisse unseres Verhaltens, die dieses im Lauf der Zeit verstärken oder bekräftigen, »verstärkende Konsequenzen«.) Und diese Gewinne reichen aus, uns weiterhin diese Dinge tun zu lassen, selbst wenn Logik und Verstand uns sagen, dass sie uns nicht zu dem Leben verhelfen, das wir uns wünschen.

Die Gewinne, die wir aus dem Grübeln, Sich-Sorgen oder zwanghaften Denken gewinnen, werden oftmals erst dann sichtbar, wenn wir mit diesen Gewohnheiten brechen – insbesondere die Gewinne Nummer eins (den Gefühlen zu entkommen) und Nummer vier (den beschwerlichen Schritt, aktiv zu werden, zu vermeiden). Wenn wir diese mentalen Prozesse unterbrechen und abbrechen, kommt es oft zu einer kurzfristigen *Zunahme* des emotionalen Unbehagens: Wir müssen all diese unangenehmen Gefühle, die wir kurzfristig vermeiden wollten, erfahren, insbesondere Angst und Furcht. Und wenn diese Gefühle auftauchen, ist unsere automatische Reaktion darauf, sofort wieder zum Grübeln, Sich-Sorgen oder zwanghaften Denken zurückzukehren. (Und noch einmal: Dies passiert weitgehend automatisch; wir entscheiden uns nicht absichtlich dazu, wir sind uns dessen nicht einmal bewusst.)

So, nun wissen Sie, warum Sie es weiterhin tun und warum es so schwer ist, mit Gewohnheiten zu brechen. Die nächste Frage ist …

Sind Sie bereit, das Notwendige zu tun?

Wenn Sie diese mentalen Prozesse weniger durchlaufen möchten (niemand kann sie jemals völlig anhalten), erfordert dies

- die Bereitschaft, neue Fertigkeiten zu erwerben, um sie zu unterbrechen.
- die Bereitschaft, für die häufig auftretende kurzzeitige Zunahme des emotionalen Unbehagens – insbesondere der Angst – Raum zu schaffen. (Langfristig wird Ihr emotionales Unbehagen natürlich abnehmen. Es ist ein

Tauschgeschäft: kurzzeitiger Schmerz gegen langfristigen Gewinn.)

Nehmen Sie sich also einen Moment Zeit, um zu erwägen: Was ist Ihnen so wichtig, dass Sie bereit sind, diese Dinge zu tun? Wenn Sie beispielsweise weniger grübeln, sich Sorgen machen oder zwanghaft denken würden,

- inwiefern würde das in Ihrer engsten Beziehung hilfreich sein?
- wie würde es sich auf Ihre Gesundheit und Ihr Wohlbefinden auswirken?
- wie würde es sich auf Ihre Arbeitsleistung auswirken?
- mit wem würden Sie präsenter sein?
- worauf wären Sie stärker fokussiert?
- was würden Sie mit der zusätzlichen Zeit und Energie, die freigesetzt würden, anfangen?

Bitte denken Sie zumindest einige Minuten über diese Fragen nach, und beantworten Sie sie für sich; stellen Sie sich dann die Frage: »Bin ich, um von diesen Vorteilen zu profitieren, bereit, das dafür Nötige zu tun – neue Fertigkeiten zu üben und Raum für die kurzzeitige Zunahme von Unbehagen zu schaffen?«

Wenn die Antwort auf diese Frage Nein lautet, seien Sie bitte freundlich zu sich selbst. Sich deswegen fertigzumachen, wird nicht helfen. Üben Sie also Selbstmitgefühl. Lösen Sie sich von jeglicher Selbstverurteilung, geben Sie Gefühlen wie Traurigkeit, Enttäuschung oder Frustration Raum, und sagen Sie etwas Wohlwollendes zu sich selbst. Erinnern Sie sich selbst daran, dass wir manchmal bereit sind, die schweren Sachen im Leben anzugehen – und manchmal eben nicht –, und dass das in

Ordnung ist. Das macht das Menschsein aus. Niemand ist vollkommen. Vielleicht sind Sie im Augenblick nicht dazu bereit, werden es aber hoffentlich zu einem späteren Zeitpunkt sein.

Wenn Ihre Antwort jedoch Ja ist, dann experimentieren Sie bitte so viel es Ihnen möglich ist mit den folgenden Strategien:

Bemerken und Benennen; präsent sein, fokussieren und neu fokussieren

Wenn Ihr Geist nicht zu aufgedreht ist, genügt ein wenig Bemerken und Benennen, um jene Aktivität zu unterbrechen: »Hier sind die Sorgen wieder« – »Zwanghaftes Denken an meine Gesundheit« – »Danke, Geist, ich weiß, dass du versuchst, mir zu helfen, aber ich werde damit auf eine bessere Weise umgehen.«

In Kombination damit fokussieren wir uns immer wieder aufs Neue auf das, was wir gerade tun, indem wir ihm unsere ungeteilte Aufmerksamkeit zuwenden.

Sich verankern

Wenn sich Ihr Geist auf Hochtouren dreht, dann ist am besten, sich zu verankern:

Erkennen Sie Ihre Gedanken und Gefühle an: »Hier ist mein rasender Geist« – »Hier ist Enge in meiner Brust«; öffnen Sie sich, und erlauben Sie ihnen, da zu sein.

Verbinden Sie sich mit Ihrem Körper: Dehnen Sie sich langsam, richten Sie sich auf, bewegen Sie sich oder atmen Sie bewusst.

Lassen Sie sich auf das ein, was Sie gerade tun: Fokussieren Sie erneut Ihre Aufmerksamkeit auf die vorliegende Aktivität.

Wiederholen Sie diesen Zyklus mindestens dreimal oder viermal.

Raum schaffen und Selbstmitgefühl

Wenn unangenehme Gefühle auftauchen (was wahrscheinlich eintreten wird), schaffen Sie Raum für sie, indem Sie die Techniken aus den Kapiteln »Raum schaffen« und »Mit Freundlichkeit zähmen« benutzen, die am besten bei Ihnen funktionieren, wie etwa Bemerken und Benennen, mit Neugier beobachten, in die Gefühle hineinatmen, sie sich als ein Objekt vorstellen, sich um sie herum ausdehnen oder eine freundliche Hand auf sie legen. Und behandeln Sie sich selbst freundlich: Erkennen Sie Ihr Leiden an, und reagieren Sie mit freundlichen Worten und Taten darauf. Dazu könnte gehören, sich selbst daran zu erinnern, dass dieses kurzzeitige Unbehagen im Dienst langfristiger positiver Lebensveränderungen steht.

»Störende« Gedanken, Gefühle und Erinnerungen bemerken, benennen und zulassen

Der Trigger für diese kognitiven Prozesse ist manchmal ein störender Gedanke, ein störendes Gefühl oder eine störende Erinnerung (zum Beispiel wiederkehrende Gedanken, Gefühle oder Erinnerungen, die unwillkürlich auftauchen, unerwünscht oder ärgerlich sind). Wenn wir diese »Störenfriede« wegdrängen, unterdrücken oder uns von ihnen ablenken lassen, setzen wir einen Teufelskreis in Gang: Sie verschwinden auf kurze Sicht, aber es gibt einen Rebound-Effekt, und sie kehren mit größerer Häufigkeit oder Intensität zurück. Wenn Sie also auftreten, dann bemerken und benennen wir sie, öffnen uns und lassen sie zu. Und, wenn notwendig, kombinieren wir dies mit der Verankerung. Auf diese Weise unterbrechen wir den Teufelskreis.

Häufig verwenden und weitreichend einsetzen

Sie können die oben beschriebenen Strategien auf jeden kognitiven Prozess anwenden, den Sie problematisch finden, einschließlich solcher Dinge wie Tagträumen und Fantasieren. Und sie sind auch eine große Hilfe bei wiederkehrenden schwierigen Erinnerungen. Wenn Erinnerungen uns an den Haken nehmen, dann GEHORCHEN wir ihnen entweder (wir schenken ihnen all unsere Aufmerksamkeit, so dass das Leben an uns vorbeigeht) oder wir KÄMPFEN gegen sie (wobei wir all die üblichen Methoden mit all den üblichen Konsequenzen verwenden). Alles, was wir weiter oben behandelt haben, kann in Hinsicht auf Erinnerungen hilfreich sein: Bemerken und Benennen, Sich-Verankern, Raum für die Gefühle schaffen, die damit einhergehen, Selbstmitgefühl praktizieren und sich immer wieder auf das, was wir gerade tun, fokussieren und erneut fokussieren. Es gibt keinen »Löschen«-Schalter im Gehirn, keine Möglichkeit, schmerzliche Erinnerungen auszumerzen. Doch wenn Sie freundlich zu sich selbst sind und Ihren Erinnerungen ohne jeden Kampf gestatten, präsent zu sein, dann werden Sie im Lauf der Zeit sehr wahrscheinlich zwei Dinge bemerken: Sie werden weniger oft auftauchen, und sie verlieren zunehmend ihre Wirkung.

Wir können diese Strategien auch benutzen, um das Grübeln über unsere Emotionen zu unterbrechen.

Grübeln über unsere Emotionen

Wenn wir grübeln, uns Sorgen machen oder zwanghaft über unsere Emotionen nachdenken, dann fühlen wir uns gewöhnlich noch schlimmer. Um diesen Prozess in Gang zu bringen, sagt unser Geist Dinge wie:

- »Warum fühle ich so etwas?« Diese Frage bringt Sie dazu, all Ihre Probleme, eins nach dem anderen, durchzugehen, in dem Versuch herauszufinden, was Ihre Gefühle verursacht hat. Das führt natürlich dazu, dass Sie sich noch schlechter fühlen, weil es die Illusion erzeugt, dass Ihr Leben aus nichts als Problemen besteht.
- »Womit habe ich das verdient?« Diese Frage bringt Sie dazu, sich selbst zu beschuldigen. Sie käuen all die »schlimmen« Dinge wieder, die Sie begangen haben, damit Sie herausfinden können, warum das Universum beschlossen hat, Sie zu bestrafen. Das Resultat ist, dass Sie sich letztlich wertlos, nutzlos, »schlecht« und unzureichend fühlen.
- »Warum bin ich so?« Diese Frage führt dazu, dass Sie Ihre gesamte Lebensgeschichte nach Gründen durchforsten, warum Sie so sind, wie Sie sind. Häufig führt dies zu Gefühlen von Groll, Verbitterung und Hoffnungslosigkeit. Und oft läuft es darauf hinaus, unseren Eltern, den Genen oder der Biochemie des Gehirns die Schuld zu geben.
- »Ich schaffe das nicht!« Zu den Variationen dieses Themas gehört: »Ich ertrage das nicht« – »Ich kann damit nicht umgehen« – »Ich werde einen Nervenzusammenbruch

erleiden«. Ihr Geist trichtert Ihnen im Grunde die Geschichte ein, dass Sie zu schwach sind, um etwas Bestimmtes zu schaffen, und dass etwas Schlimmes passieren wird, wenn Sie sich weiterhin so fühlen.

- »Ich sollte mich nicht so fühlen.« Dies ist ein Klassiker! Hier zettelt der Geist einen Streit mit der Realität an. Diese sieht so aus: Sie fühlen sich tatsächlich so, wie Sie sich jetzt fühlen. Aber Ihr Geist sagt: »Die Realität stimmt nicht! Sie sollte nicht so sein, wie sie ist! Hör damit auf! Ich will die Wirklichkeit haben, die ich mir wünsche!« Das kann uns stundenlang darüber nachgrübeln lassen, wie viel besser unser Leben wäre, wenn wir uns nur anders fühlen würden.

Was ist also die Alternative?

Die Alternative zum Grübeln, Sich-Sorgen oder zwanghaften Denken über unsere Emotionen ist, sie zu bemerken und zu benennen und sie zuzulassen, Raum für sie zu schaffen und uns selbst freundlich zu behandeln. Und wenn Sie eine Minute erübrigen können, fragen Sie sich: »Was, meint die Emotion, ist sie wirklich wichtig für mich? Was sollte ich als Nächstes angehen?« Wie ich im Kapitel »Raum schaffen« bereits ausgeführt habe, weist diese Emotion oft (aber nicht immer) auf etwas sehr Wichtiges hin: ein Problem, das Sie in Angriff nehmen müssen, eine Furcht, der Sie sich stellen sollten, ein Verhalten, das zu ändern wichtig wäre, eine Beziehung, die Ihnen am Herzen liegt oder ein Verlust, mit dem Sie fertig werden müssen.

In den Strom ein- und wieder aus ihm auftauchen

Alle oben dargestellten Methoden können Ihnen helfen, das Grübeln, Sich-Sorgen oder zwanghafte Denken signifikant zurückzuschneiden. Die Resultate werden jedoch noch besser ausfallen, wenn Sie »In den Strom eintauchen und wieder aus ihm auftauchen« praktizieren. Die Anwendung dieser von der Arbeit des Psychologen Adrian Wells inspirierten Technik erfordert weniger als sechs Minuten. (Und wie alles in diesem Buch, ist die Wirkung umso größer, je häufiger Sie üben. Einmal am Tag wäre ideal, aber selbst einmal in der Woche ist besser als gar nichts.)

Wenn wir grübeln, uns sorgen, zwanghaft denken, tagträumen oder fantasieren, werden wir von dem »Strom unserer Gedanken« mitgerissen. In dieser Übung tauchen wir wiederholt in diesen Gedankenstrom ein und wieder daraus auf. Wir erkennen, wann immer der Strom uns mitgerissen hat, und wir »ziehen uns aus ihm heraus«. Teil A der Übung – in angenehme Gedanken eintauchen und wieder aus ihnen auftauchen – ist einfacher. Teil B – in unangenehme Gedanken eintauchen und wieder aus ihnen auftauchen –, ist eine größere Herausforderung, aber absolut essenziell. Sie müssen lernen, dies mit einem Gedankenstrom jeglicher Art zu machen, egal ob angenehm oder schmerzlich.

Lesen Sie zuerst alle Anweisungen durch, damit Sie wissen, worum es geht; dann gehen Sie zurück und führen die Übung aus. Sie werden dazu einen Timer benötigen, wie etwa Ihre Uhr oder eine Telefon-App.

Teil A: In einen angenehmen Strom ein- und wieder aus ihm auftauchen

Schritt 1: Stellen Sie den Timer auf 30 Sekunden. Schalten Sie ihn an, und beginnen Sie sofort, über etwas Angenehmes tagzuträumen oder zu fantasieren. Versinken Sie so weit wie möglich in den Tagtraum oder die Fantasie.

Schritt 2: Sobald der Timer nach 30 Sekunden klingelt, verankern Sie sich für etwa 15 bis 30 Sekunden. (Sie müssen für diesen Schritt nicht den Timer einstellen; schätzen Sie einfach die Zeit.) Während Sie sich verankern, versichern Sie sich, dass Sie die Gedanken und Gefühle, die präsent sind, anerkennen (denken Sie daran, das ist *keine* Ablenkung). Sie mögen beispielsweise still zu sich selbst sagen: »Hier sind einige angenehme Gedanken.« Sobald Sie dann verankert sind, seien Sie sich dessen bewusst, dass Sie eine Wahl haben: Sie *können* zurück in den Strom gehen, oder Sie *können* Ihre Aufmerksamkeit auf das, was Sie gerade tun, fokussieren.

Stellen Sie dann den Timer wieder auf 30 Sekunden.

Schritt 3: Tauchen Sie jetzt wieder in den Strom angenehmer Gedanken ein, und verlieren Sie sich für eine halbe Minute in ihm.

Schritt 4: Wenn der Timer klingelt, verankern Sie sich für 15 bis 30 Sekunden. Dann werden Sie sich dessen bewusst, dass Sie eine Wahl haben: in den Strom zurückzukehren oder sich am Leben zu beteiligen.

Schritt 5: Stellen Sie den Timer ein letztes Mal ein, tauchen Sie erneut in Ihren Strom angenehmer Gedanken ein, und bleiben Sie dort für 30 Sekunden.

Schritt 6: Wenn der Timer klingelt, verankern Sie sich wieder für 15 bis 30 Sekunden.

Teil B: In einen unangenehmen Strom ein- und wieder aus ihm auftauchen

Teil B stellt eine größere Herausforderung dar, aber überspringen Sie ihn nicht, wenn Sie Ergebnisse erzielen wollen. Er ist genauso wie Teil A, nur dass Sie anstelle angenehmer Tagträume oder Fantasien beginnen, sich Sorgen zu machen, zu grübeln oder zwanghaft zu denken.

Schritt 1: Rufen Sie sich etwas, über das Sie sich Sorgen machen, grübeln oder zwanghaft nachdenken, ins Gedächtnis, und stellen Sie den Timer wieder auf 30 Sekunden. Dann lassen Sie sich so fest wie möglich an den Haken nehmen: Für eine halbe Minute machen Sie sich Sorgen, grübeln Sie oder denken Sie zwanghaft nach, so stark Sie können.

Schritt 2: Wenn der Timer klingelt, verankern Sie sich für etwa 30 Sekunden. Und versichern Sie sich erneut, dass Sie alle präsenten schwierigen Gedanken und Gefühle anerkennen (um zu verhindern, dass sie sich in eine Ablenkung verwandeln). Sie können zum Beispiel still zu sich sagen: »Hier ist Angst« oder »Hier sind einige beängstigende Gedanken«. Sobald Sie dann verankert sind, seien Sie sich bewusst, dass Sie eine Wahl haben: Sie *können* zurück in den Strom gehen oder Sie *können* Ihre Aufmerksamkeit auf die Welt um Sie herum und auf das, was Sie auch gerade tun, fokussieren.

Stellen Sie als Nächstes den Timer auf 30 Sekunden.

Schritt 3: Verlieren Sie sich nun für weitere 30 Sekunden wieder in dem Strom; stellen Sie sicher, dass Sie sich heftig Sorgen machen, grübeln oder zwanghaft nachdenken.
Schritt 4: Wenn der Timer klingelt, verankern Sie sich für 15 bis 30 Sekunden. Dann werden Sie sich dessen bewusst, dass Sie zwei Optionen haben: in den Strom zurückzukehren oder präsent für Ihr Leben zu sein.
Schritt 5: Stellen Sie sich den Timer ein letztes Mal, tauchen Sie wieder in den Strom schwieriger Gedanken ein, und lassen Sie sich von ihm für eine halben Minute mitreißen.
Schritt 6: Wenn der Timer klingelt, verankern Sie sich wieder für etwa 30 Sekunden.

Nun, da Sie wissen, wie es geht, kehren Sie bitte zurück, und führen Sie die Übung durch, bevor Sie weiterlesen.

So, wie ist es gelaufen? Wenn es Ihnen erging wie den meisten Menschen, so fanden Sie es manchmal schwierig, den Strom zu verlassen, und manchmal wollten Sie ihn auch nicht verlassen! Und ist das nicht so, wie wenn wir uns im Lauf des Tages Sorgen machen, grübeln oder zwanghaft denken? Auch wenn wir wissen, dass es nicht hilfreich ist, verspüren wir doch den Drang, damit weiterzumachen. Sie haben jedoch hoffentlich gegen Ende der Übung festgestellt, dass es etwas leichter war, sich loszulösen und neu zu fokussieren. Wenn nicht, versuchen Sie es erneut, und arbeiten Sie dieses Mal richtig hart daran, sich zu verankern, wenn der Timer klingelt. Stellen Sie sicher, dass Sie die schwierigen Gedanken und Gefühle, die vorhanden sind, bemerken und benennen (Sie versuchen nicht, sich davon abzulenken), während Sie auch Ihren Körper bewegen und Ihre Aufmerksamkeit wieder auf die Welt um Sie herum lenken.

Die Absicht dahinter ist, diese Fertigkeit mehrfach am Tag anzuwenden: Sobald Sie bemerken, dass Sie sich in dem Strom Ihrer Gedanken verloren haben, verankern Sie sich für 15 bis 30 Sekunden. Werden Sie sich dann Ihrer Wahlmöglichkeit bewusst: in den Strom zurückzukehren und sich von ihm mitreißen zu lassen oder vollkommen präsent für alles zu sein, was Sie gerade tun.

Bedeutet dies, dass wir unsere Probleme einfach ignorieren? **NEIN!** Im Kapitel »Ein Schritt nach dem anderen« werden Sie lernen, Ihre Probleme von Ihren Werten geleitet effektiv anzusprechen, und einen Aktionsplan für den Umgang mit ihnen zu erstellen. Wenn Sie möchten, können Sie jetzt zu diesem Kapitel weiterblättern. Aber wenn Sie sich noch ein wenig zurückhalten können, dann lassen Sie uns Folgendes ansehen:

EINE DOKUMENTATION ÜBER SICH ERSTELLEN

Was mögen Sie am wenigsten an sich? Ich habe Tausenden von Menschen diese Frage gestellt, entweder einzeln oder in Gruppen, und hier sind einige der häufigsten Antworten:

- Ich bin schüchtern/ängstlich/bedürftig/fragil/passiv.
- Ich bin dumm/einfältig/unorganisiert.
- Ich bin dick/hässlich/schlapp/faul.
- Ich bin egoistisch/überkritisch/arrogant/eitel.
- Ich bin wertend/zornig/gierig/aggressiv/unausstehlich.
- Ich bin ein Underachiever/Versager/Verlierer.
- Ich bin langweilig/uninteressant/vorhersehbar/zu ernst.

Dies ist lediglich eine kleine Auswahl an Antworten, die alle auf dasselbe Grundthema hinweisen, nämlich: »Ich bin nicht gut genug.« Das ist eine Botschaft, die unser Geist uns immer und immer wieder sendet. Erinnern Sie sich an die beiden Trainer, über die wir im Kapitel »Der Wert der Freundlichkeit« gesprochen haben: den harten, kritischen und den freundlichen, ermutigenden? Hier ist es unser Geist, der die Methoden des harten, kritischen Trainers benutzt. Dies ist ein fehlgeleiteter Versuch, uns zu helfen, »uns zu verbessern« – »uns weiterzuentwickeln« – »erfolgreicher zu sein« – »uns anzupassen« oder »mehr zu erreichen« – indem wir unsere Schwächen und Fehler hervorheben und übertreiben. Und dieses ständige Sperrfeuer von Selbstverurteilungen führt dazu, dass wir uns unzulänglich, unwürdig oder nicht liebenswert fühlen.

Was können wir also dagegen tun? Wir haben uns bereits die üblichen Strategien angesehen, die viele Menschen anwenden, um gegen negative Gedanken zu KÄMPFEN: sie herauszufordern; sie wegzudrücken; sich abzulenken; Menschen, Orte und Aktivitäten, die sie auslösen könnten, zu vermeiden; Drogen, Alkohol oder andere Substanzen zu verwenden, um sich ein wenig Linderung zu verschaffen; es anderen Menschen recht zu machen; zu versuchen, perfekt zu sein, und so weiter. Und wir haben erörtert, dass diese Methoden, obwohl sie häufig kurzfristig Linderung schaffen, diese Gedanken auf die Dauer nicht eliminieren (es gibt keinen »Löschen«-Schalter im Gehirn) und sie zudem beträchtliche Kosten verursachen. Allerdings haben wir bislang noch nicht das bekannteste Selbsthilfekonzept in der westlichen Welt angesprochen:

DIE MACHT DER SELBSTWERT-SCHÄTZUNG

Lehrer, Eltern, Coachs, Therapeuten, Freunde und Familie – sie alle sagen uns, wie wichtig es sei, eine »hohe Selbstwertschätzung« zu haben; und die meisten von uns sagen genau dies wiederum anderen. (Und gewiss habe ich das auch getan, bevor ich die ACT entdeckte.) Weshalb ist diese Idee so weit verbreitet? Nun, offensichtlich ist es nicht hilfreich, von der »Nicht gut genug«-Geschichte an den Haken genommen zu werden. Für den »gesunden Menschenverstand« liegt daher die Lösung darin, die negative Geschichte durch eine positive zu ersetzen: Fokussiere dich auf die Stärken, die Erfolge und die guten Seiten deines Charakters. Baue ein positives Selbstbild auf, und halte nur gründlich genug daran fest, um die alte »Nicht gut genug«-Geschichte in Schach zu halten.

Aber funktioniert dieser Ansatz wirklich? Haben Sie das nicht schon einmal ausprobiert? Wenn ja, dann wissen Sie, dass es bei diesem Ansatz vier große Probleme gibt:

1. **Sie können Ihren Geist nicht überzeugen.** Sie versuchen mit aller Kraft, Ihren Geist davon zu überzeugen, dass Sie ein »guter Mensch« sind. Sie bringen Argumente vor: »Ich bin gut in meiner Arbeit; ich trainiere regelmäßig; ich ernähre mich gesund; ich helfe anderen Leuten – das bedeutet im Grunde genommen, ich bin ein guter Mensch.« Und wenn es Ihnen wirklich gelingt, daran zu glauben, ein »guter Mensch« zu sein, dann haben Sie in dem Augenblick eine »hohe Selbstwertschätzung«. Aber ein solcher Augenblick dauert meist nicht lange an. Schon bald wendet Ihr Geist ein: »Ja, aber eigentlich machst du dir selbst etwas vor. Tief in deinem Inneren kennst du die Wahrheit, nämlich, dass du *nicht gut genug* bist.«
2. **Es ist mühselig.** Wenn Sie diesen Weg einschlagen, müssen Sie Ihrem Geist ständig beweisen, dass Sie *wirklich* ein guter Mensch sind. Sie müssen so viele positive

Gedanken wir möglich anführen, damit Sie permanent die »Nicht gut genug«-Geschichten widerlegen können. Und es steht eine ganze Armee an Selbstverurteilungen bereit, die nur darauf wartet vorzustoßen! In dem Moment, in dem Sie einen Fehler machen – in dem Moment, in dem Sie aufhören, all die Dinge zu tun, die rechtfertigen, dass Sie ein »guter Mensch« sind –, greift die Armee an. Sie unterbrechen einige Tage Ihre Übungen und bekommen zu hören: »Siehst du? Du wusstest, dass das nicht anhalten würde!« Sie verlieren die Beherrschung mit einem Freund und bekommen zu hören: »Was für ein lausiger Freund bist du denn?« Sie begehen einen Fehler bei der Arbeit und bekommen den Kommentar: »Puh, was bist du für ein Verlierer!«

3. **Die »schweren Geschütze« verlängern nur die Schlacht.** An diesem Punkt der »Schlacht mit ihren Gedanken« fahren viele Leute die »schweren Geschütze« auf: Sie beginnen, »positive Affirmationen« zu verwenden. Diese unglaublich weit verbreitete Selbsthilfetechnik besteht darin, sich positive Botschaften wie folgende zu wiederholen: »Ich verdiene das Beste« – »Ich werde jeden Tag in jeder Hinsicht immer besser« – »Ich liebe mich, wie ich bin« – »Ich bin voller Kraft und Mut« – »Ich bin dafür verantwortlich, wie ich mich fühle, und heute wähle ich das Glücklichsein«. Ein großes Problem bei dieser Methode liegt darin, dass die meisten Menschen nicht wirklich glauben, was sie sich da vorsprechen. Es ist ein wenig so, als würde man sagen: »Ich bin Superman« oder »Ich bin Wonder Woman«. Sie können sich das noch so oft wiederholen, Sie würden es doch nicht wirklich glauben, oder?

4. **Positives zieht Negatives an.** Ein weiteres Problem liegt darin, dass eine jegliche positive Selbstbeurteilung, die wir benutzen, auch wenn sie »wahr« ist, natürlicherweise dazu neigt, eine negative Reaktion anzuziehen. Wenn wir sagen: »Ich bin ein ›guter Mensch‹«, tendiert unser Geist dazu zu widersprechen: »Nein, bist du nicht! Denk mal daran, was du XYZ angetan hast!« Selbst wenn wir sagen: »Ich akzeptiere mich«, antwortet unser Geist auf typische Weise: »Nein, tust du nicht! Denk doch mal an deine Oberschenkel, Falten, Dehnungsstreifen, Zähne oder deinen Bierbauch! Und was ist mit all den schlechten Gewohnheiten?«

Wollen Sie also wirklich Ihre Tage damit verbringen, Ihre eigenen Gedanken zu bekämpfen? Ihrem Geist zu beweisen, dass Sie ein guter Mensch sind? Dauernd Ihren Wert zu rechtfertigen oder zu verdienen? Wenn Sie diesen Weg einschlagen, können Sie sehr wohl eine »fragile Selbstwertschätzung« entwickeln. Dies ist unter Perfektionisten und zwanghaften Leistungsmenschen äußerst verbreitet, deren Selbstwertschätzung stark von ihrem Erfolg bei der Arbeit abhängig ist. Bringen Sie gute Leistungen, fühlen sie sich großartig; aber sobald die Leistung nachlässt (wie sie es früher oder später immer tun wird), stürzt Ihre Selbstwertschätzung in den Keller. Dies führt Sie in einen Teufelskreis, in dem Sie sich zunehmend unter Druck setzen, um immer bessere Leistungen zu erbringen, was zu hohem Stress, Erschöpfung, »Burn-out« und sogar Depression führt.

Die Realität sieht so aus: Ganz gleich, wie sehr Sie dagegen ankämpfen mögen, die »Nicht gut genug«-Geschichte wird immer auf die eine oder andere Weise zurückkehren. Wollen Sie also den Rest Ihres Lebens damit verbringen, dagegen anzukämpfen? Würden Sie nicht einem erfüllten Leben ohne all diese Mühen den Vorzug geben? Wenn wir ein reicheres, sinnvolleres Leben aufbauen wollen, dann gibt es etwas Besseres als eine hohe Selbstwertschätzung. Aber bevor wir dazu kommen, lassen Sie uns eine Dokumentation ansehen:

Eine Dokumentation über Afrika

Haben Sie schon einmal einen Dokumentarfilm über Afrika angeschaut? Was haben Sie gesehen? Krokodile, Löwen, Antilopen, Gorillas und Giraffen? Stammestänze? Krieg? Nelson Mandela? Malerische Marktplätze? Überwältigende Gebirge? Schöne Dörfer auf dem Lande? Von Armut heimgesuchte Slums? Verhungernde Kinder? Sie können eine Menge beim Anschauen einer Dokumentation lernen, aber eines ist sicher: Eine Dokumentation *über* Afrika ist nicht dasselbe wie Afrika selbst.

Eine Dokumentation kann Ihnen *Eindrücke* von Afrika vermitteln – Videobilder und Audioaufnahmen, die es *repräsentieren.* Aber eine Dokumentation kann Ihnen keine *Erfahrung echten Lebens* in Afrika vermitteln: den Geschmack und den Geruch des Essens; das Gefühl von der Sonne auf Ihrer Haut; die Feuchtigkeit des Dschungels; die Trockenheit der Wüste; die Beschaffenheit von Elefantenhaut; die Freude, direkt mit den Menschen zu sprechen. Wie brillant der Film auch gedreht sein mag, selbst wenn er 1000 Stunden dauerte, er lässt sich nicht mit der Erfahrung, *wirklich dort* gewesen *zu sein*, vergleichen. Warum nicht? Weil eine Dokumentation *über* Afrika nicht dasselbe ist wie Afrika *selbst*!

Gleichermaßen würde eine Dokumentation über Sie nicht dasselbe sein wie Sie selbst. Auch wenn die Dokumentation 10 000 Stunden lang wäre und alle wesentlichen Szenen Ihres Lebens, alle Arten von Gesprächen mit Menschen, die Sie kennen, behandelte und alle faszinierenden Einzelheiten über Ihre tiefsten Geheimnisse enthielte – selbst dann wäre die Dokumentation nicht Sie.

Um dies wirklich zu verdeutlichen, denken Sie an den Menschen, den Sie auf diesem Planeten am meisten lieben. Und jetzt sagen Sie mir, mit wem würden Sie am liebsten Ihre Zeit verbringen: mit der tatsächlich lebenden Person oder mit einer Dokumentation über diese Person?

Es gibt einen erheblichen Unterschied zwischen dem, wer wir sind, und jeder Art von Dokumentation, die man über uns verfassen könnte – ganz gleich, wie »wahrheitsgetreu« diese Dokumentation sein mag. Und ich habe »wahrheitsgetreu« in Anführungszeichen gesetzt, weil sämtliche Dokumentationen hoffnungslos voreingenommen sind; sie zeigen stets nur einen winzigen Teil des großen Bildes. Seit dem Aufkommen digitaler Videos zeigt die typische einstündige Fernsehdokumentation »das Beste« von buchstäblich Dutzenden, wenn nicht Hunderten von Stunden an Bildmaterial, das für ein Höchstmaß an dramatischen Effekten stark bearbeitet wurde und den Standpunkt des Filmemachers widerspiegelt. Daher wird die Dokumentation zwangsläufig voreingenommen sein!

Denn der menschliche Geist ist so etwas wie der größte Dokumentarfilmer der Welt. Er filmt permanent 24 Stunden am Tag, 168 Stunden die Woche und fast 9000 Stunden im Jahr. Wenn Sie das Alter von 30 Jahren erreicht haben, hat Ihr Geist bereits mehr als eine Viertelmillion Stunden gefilmt.

Und wie viel Prozent dieses Films bleiben in Ihrem Langzeitgedächtnis gespeichert? 5 Prozent? 1 Prozent? Längst nicht so viel! Ein winziger Bruchteil von 1 Prozent. (An wie viel des gestrigen Tages erinnern Sie sich? Oder von letzter Woche? Oder vom letzten Monat? An wie viel von all den Büchern, die Sie gelesen haben, von allen Filmen, die Sie gesehen haben, von allen Gesprächen, die Sie geführt haben, von allen Mahlzeiten, die Sie gegessen habe, erinnern Sie sich?)

Ihr Geist erstellt also diese unglaublich voreingenommene Dokumentation über den Menschen, der Sie sind – und schneidet mehr als 99,99 Prozent von allem, was Sie in Ihrem Leben getan haben, heraus. Und dann sagt er: »Das bist du. So bist du.« Der Untertitel dieser Dokumentation lautet: »Ich bin nicht gut genug.« Und das Problem ist, wir glauben, dass wir die Dokumentation *sind*!

Wenn aber eine Dokumentation über Afrika nicht Afrika ist, und eine Dokumentation über einen geliebten Menschen nicht dieser geliebte Mensch ist … dann ist eine Dokumentation über Sie auch nicht Sie. Und ganz gleich, was in dieser Dokumentation aufscheint, sei es falsch oder wahr, positiv oder negativ, älteren oder jüngeren Datums, seien es Tatsachen oder Meinungen, Erinnerungen oder Vorhersagen … Die Dokumentation wird *niemals* Sie sein. Diese Dokumentation ist nicht mehr oder weniger als eine geschickte Konstruktion von Gedanken, Bildern und Erinnerungen und allen Gefühlen, die damit einhergehen.

Ich bezeichne diese Dokumentation oft als die »Große Geschichte«, weil sie alle Überzeugungen und Vorstellungen und Urteile über »Wer bin ich?« – »Warum bin ich so?« – »Was kann ich tun und was nicht?« – »Wie bin ich so geworden?« – »Was ist an mir gut/positiv?« – »Was ist an mir schlecht/negativ?« – »Was sind meine Stärken und Schwächen?« und so weiter umfasst. Technisch gesehen nennen wir dies unser »Selbstverständnis«.

Es ist gut, ein Selbstverständnis zu haben, weil es uns ermöglicht, über uns selbst nachzudenken, was für unser persönliches Wachstum wesentlich ist. Aber wir wollen, dass unser Selbstverständnis leicht ist, und nicht, dass es uns an den Haken nimmt. Erinnern Sie sich an die zwei Weisen, an den Haken zu gehen: GEHORCHEN und KÄMPFEN? Im GEHORCHEN-Modus schenken wir diesem Selbstverständnis unsere gesamte Aufmerksamkeit, behandeln es als die absolute Wahrheit, und tun alles, was immer es uns sagt. Und im KÄMPFEN-Modus versuchen wir krampfhaft, es loszuwerden. Doch keine dieser beiden Reaktionen ist auf lange Sicht hilfreich.

Ein gesünderer Ansatz ist, uns mit einer bevorzugten Methode von der »Großen Geschichte« loszulösen. Wir können Sie bemerken und benennen: »Hier ist die ›Nicht gut genug‹-Geschichte.« Wir können uns verankern. Raum schaffen für all die schmerzlichen Gefühle, die die Geschichte auslösen kann, während wir uns mit freundlichen Worten und Taten unterstützen. Und wir können uns auf das, was wir tun, immer wieder aufs Neue fokussieren: vollkommen präsent sein, während unser Selbstverständnis im Hintergrund »schwebt«.

Wir können auch aufhören, uns davon zu überzeugen, »ein guter Mensch« zu sein, oder unsere Selbstwertschätzung zu beweisen oder zu rechtfertigen. Welche Urteile unser Geist auch immer über uns fällen mag – seien sie negativ *oder* positiv –, wir betrachten sie als das, was sie sind (Wörter und Bilder in unserem Kopf), und lassen sie kommen und gehen wie vorbeifahrende Autos.

Stattdessen können wir die »Große Geschichte« leichtnehmen, ganz gleich wie negativ sie auch sein mag: »Danke, Geist. Ich weiß, dass du versuchst, mir zu helfen, indem du streng zu mir bist.«

Dasselbe gilt selbst dann, wenn die Geschichte positiv ist. Lassen Sie uns auf alle Fälle unsere guten Seiten, Stärken und Erfolge anerkennen und wertschätzen – aber wenn unser Geist daraus eine Geschichte macht, wie »Ich bin wundervoll« – »Ich bin brillant« – »Ich bin der Größte« – »Ich weiß es am besten« – »Ich bin besser als sie«, dann zieht uns das leicht in Arroganz, Narzissmus, Selbstgerechtigkeit, übertriebenes Selbstvertrauen oder ein falsches Gefühl von Überlegenheit hinein. Wenn also Ihr Geist beginnt, Ihnen zu sagen, dass Sie wundervoll sind, nehmen Sie es auf die leichte Schulter: »Danke, Geist. Ich weiß, du versuchst, mir zu helfen, indem du nett zu mir bist.«

Mit anderen Worten, klammern Sie sich nicht zu sehr an positive oder negative Geschichten über sich selbst. Nehmen Sie sie alle leicht. Sei es eine kleine Geschichte (wie ein Selbsturteil) oder die »Große Geschichte« (Ihr Selbstverständnis), erinnern Sie sich, wenn sie auftaucht, dass es *unendlich viel mehr über Sie zu erfahren gibt als dies*. Diese Geschichte ist eine mentale Konstruktion, ein Gewirr von Wörtern und Bildern in Ihrem Kopf, zusammengehalten von Empfindungen in Ihrem Körper. Und sie kann auch nicht im Geringsten den Reichtum, die Fülle und die Komplexität des gesamten Menschenwesens enthalten, das Sie sind. Eine Dokumentation über Afrika ist nicht Afrika; und eine Dokumentation über Sie ist nicht Sie.

Natürlich wird Ihr denkendes Ich nicht mit allem in diesem Kapitel einverstanden sein. Es wird darauf bestehen: »Das *bist* du! So *bist* du!« Aber mit Ihrem beobachtenden Ich können Sie einen Schritt zurück tun und die wahre Natur dieser Geschichten erkennen: Sie sind alle Wörter und Bilder und Empfindungen, die auf dieser sich ständig verändernden Bühne des Lebens auftreten, bleiben und gehen. Und Sie müssen diesen Geschichten nicht GEHORCHEN oder gegen sie KÄMPFEN. Stattdessen können Sie Selbstakzeptanz und Selbstmitgefühl praktizieren.

Selbstakzeptanz und Selbstmitgefühl

Selbstakzeptanz beinhaltet eine realistische Selbsteinschätzung – die Anerkennung unserer »guten Seiten« *und* unserer »schlechten Seiten«, unserer Stärken *und* unserer Schwächen, unserer Erfolge *und* unserer Misserfolge – während wir uns von der Selbstverurteilung loslösen und akzeptieren, dass wir Menschen und daher unvollkommen sind.

Doch das umzusetzen, ist nicht leicht. Es tut weh, unsere schlechten Seiten anzuerkennen; das kann viele schmerzliche Gedanken und Gefühle auslösen. Deshalb müssen wir auch Selbstmitgefühl üben und anerkennen, wie schwer und schmerzlich es ist, Mensch zu sein. Wir müssen die strengen Selbstverurteilungen benennen und »unserem Geist danken«, uns selbst mit Worten echter Freundlichkeit ansprechen und Raum schaffen für schmerzliche Gefühle, während wir auf freundliche Weise für uns selbst sorgen.

Zur gleichen Zeit werden wir dann in Übereinstimmung mit unseren Werten aktiv und verbessern unser Leben dadurch, dass wir tun, worauf es ankommt. Und wir richten unsere volle Aufmerksamkeit auf das, was wir tun, so dass wir es gut bewerkstelligen und den größtmöglichen Gewinn daraus ziehen können.

Tun wir dies wieder und immer wieder, werden wir allmählich ein tiefes Selbstwertgefühl entwickeln, welches weit über das hinausgeht, was wir dadurch erreichen können, dass wir uns negativen Gedanken stellen oder positive Affirmationen praktizieren. Doch wahrscheinlich müssen wir zunächst einige Zeit darauf verwenden, unsere Vergangenheit zu heilen.

DIE VERGANGENHEIT HEILEN

Ich bin neun Jahre alt, stehe vor dem Büro des Schulleiters und höre zitternd, wie er am Telefon meine Mutter anschreit. »Es ist eine Schande!«, schreit er. »Ihr Sohn kommt ungewaschen zur Schule, mit stinkendem Haar und schmutziger Kleidung, und er riecht oft nach Urin. Ich habe in Schulen der ärmsten Viertel der Stadt gearbeitet, doch ich habe noch nie so verwahrloste Kinder gesehen. Ich schicke ihn jetzt zu Ihnen nach Hause. Ich habe die Sozialarbeiter informiert, und sie werden Sie später am Tag aufsuchen.«

Für den Weg von der Schule nach Hause braucht man fünf Minuten, aber mir scheinen es Stunden zu sein. Meine Mutter, noch im Morgenmantel, den sie den ganzen Tag lang trägt, öffnet die Eingangstür und zerrt mich am Haar ins Haus. Sie ohrfeigt mich, schlägt mich und zieht mich immer wieder an den Haaren, wobei sie Dinge schreit wie: »Wie kannst du mir so etwas antun? Wie kannst du mich so blamieren? Sieh dich an! Du bist dreckig! Du bist abscheulich. Warum wäschst du dich nicht? Du bist neun Jahre alt und kein Baby mehr! Wie kannst du es wagen, so stinkend und schmutzig zur Schule zu gehen?«

Nachdem sie mich genug geprügelt hat, lässt sie mich den abscheulichen Saustall saubermachen, damit das Haus für die

Sozialarbeiter einigermaßen respektabel aussieht. Dann befiehlt sie mir, ein Bad zu nehmen und mir die Haare zu waschen.

Um ihr nicht Unrecht zu tun, muss ich hinzufügen, dass meine Mutter selbst litt. Sie war selbst in ihrer Kindheit von meinem gewalttätigen Großvater schrecklich misshandelt worden und verbrachte während des Zweiten Weltkriegs zwei traumatische Jahre in einem japanischen Kriegsgefangenenlager. Und ungefähr ein Jahr vor diesem oben beschriebenen Vorfall hatte mein Vater uns verlassen und war in ein anderes Land übergesiedelt, was dazu führte, dass meine Mutter in eine tiefe Depression verfiel. Sie verbrachte die meiste Zeit ihrer Tage vollkommen weggetreten durch verschreibungspflichtige Medikamente: stark abhängig machende Beruhigungsmittel, die Barbiturate genannt und heute nur noch selten benutzt werden. Sie hatte so viel mit sich selbst zu tun, dass sie kein Auge für meine Bedürfnisse hatte.

Ich war inzwischen so verstört, dass ich jede Nacht ins Bett machte. Am Morgen zog ich mich dann an, ohne mich gewaschen zu haben, machte mir selbst Frühstück und zog los zur Schule – während meine Mutter immer noch schlief. Der Schulleiter übertrieb also nicht, wenn er sagte, ich würde nach Urin riechen.

Alles in allem hatte ich eine ziemlich beschissene Kindheit: viel Vernachlässigung, von meinem Vater verlassen und von zwei nahen Verwandten misshandelt. Und ich weiß, dass viele meiner Leser ebenfalls eine schwere Kindheit hatten – einige sogar noch schlimmer als meine. Ein äußerst weitverbreitetes Ergebnis einer solchen Kindheit ist, dass die »Dokumentation von mir« extrem negativ ausfällt und man eine starke

Gewohnheit, hart mit sich selbst ins Gericht zu gehen, entwickelt. (Das ist allerdings auch bei Menschen, die eine gute Kindheit gehabt haben, ziemlich verbreitet – aus Gründen, die wir später behandeln werden.)

Wenn wir uns jahrelang an strenge Selbstverurteilung gewöhnt haben und dazu neigen, an einer negativen Dokumentation über das, was wir sind, festzuhalten, wird Selbstfreundlichkeit noch um einiges schwieriger: Wir finden die Vorstellung, freundlich zu uns sein, merkwürdig, ungewohnt, unbequem und sogar angsteinflößend. Wenn Sie also Widerstände gegen die Einübung von Selbstmitgefühl haben, dann seien Sie gewiss, Sie sind nicht allein. Das geht vielen Menschen so. Ich persönlich hatte bereits seit Jahren mit Selbstmitgefühl gerungen, als ich auf die unten stehende Übung stieß, die uns einen Weg zur Umgehung des Widerstands aufzeigt. (Wenn Sie bereits Selbstmitgefühl *praktiziert haben*, wird diese Übung Ihnen helfen, es zu vertiefen.)

Beistand leisten

Vielen von uns fällt es zumindest anfänglich schwer, als Erwachsene Mitgefühl mit sich selbst zu haben: ihren Schmerz anzuerkennen und mit Freundlichkeit darauf zu reagieren. Aber wir können in unserer Vorstellung in der Zeit zurückreisen, das kleine Kind »finden«, das wir einmal waren, dessen Kämpfe und Leiden anerkennen und uns ihm zuwenden und zur Seite stehen. In dieser »Beistand leisten«-Übung stellen Sie sich also vor, dass Sie in Ihre Kindheit oder Teenagerjahre zurückreisen – zurück in eine Zeit, als Sie auf irgendeine Weise verletzt waren, zu leiden oder zu kämpfen hatten, die

Erwachsenen um Sie herum Ihnen jedoch nicht die Freundlichkeit, Fürsorge und Unterstützung entgegenbrachten, die Sie wirklich benötigt hätten. Dann stellen Sie sich das »heutige Ich« vor, das dem »jüngeren Ich« den Beistand leistet, den es damals nicht bekam.

Beachten Sie: *Gehen Sie in der Zeit nicht direkt zu einem schrecklich traumatischen Ereignis zurück.* Es ist oft überwältigend, diese Art von Arbeit allein zu leisten, und sie kann nach hinten losgehen. Wenn Sie Flashbacks oder beängstigende traumatische Erinnerungen haben, suchen Sie einen Therapeuten auf, der auf die Behandlung von Traumata spezialisiert ist. In einer »Beistand leisten«-Übung gehen Sie nicht zu dem traumatischen Ereignis selbst zurück, sondern in eine Zeit Stunden, Tage oder gar Wochen nach dem Ereignis.

Sobald Sie in der Zeit zurückgereist sind und das »jüngere Ich« gefunden haben, stehen Sie ihm auf eine Weise bei, die es sich wünscht. Die meisten Menschen benutzen mitfühlende Worte und Gesten, aber dies geschieht in Ihrer Vorstellung, und deshalb können Sie tun, was immer Sie mögen – solange es freundlich und unterstützend ist.

Ich werde Sie jetzt durch eine »Beistand leisten«-Übung führen. Die Übung beginnt mit der Verankerung. Und wenn im Lauf der Übung etwas Überwältigendes geschieht (das ist nicht unbedingt zu erwarten – seien Sie einfach vorsichtig), dann unterbrechen Sie die Übung bitte und verankern sich erneut.

Dem jüngeren Ich beistehen

Sie werden jetzt eine Reise in Ihrer Imagination machen. Bei manchen Menschen kommen die Vorstellungen in lebendigen bunten Bildern, bei anderen sind es vage verschwommene und undeutliche Bilder, und bei wieder anderen sind es überhaupt keine Bilder, sondern sie benutzen Wörter, Ideen und Begriffe. Wie auch immer Sie es sich vorstellen, ist es in Ordnung.

Sie werden sich vorstellen, dass Sie in der Zeit zurückreisen, um eine jüngere Version Ihrer selbst zu besuchen, und zwar zu einem Zeitpunkt in Ihrem Leben, da Sie zu kämpfen hatten und die Menschen um Sie herum nicht in der Lage waren, Ihnen die Fürsorge und Unterstützung zu geben, die Sie gebraucht hätten. Dies könnte ein Zeitpunkt sein, als Sie ein Kind, Teenager oder junger Erwachsener waren.

Nehmen Sie eine angenehme Haltung ein, und verwenden Sie einige Momente darauf, sich zu verankern: Nehmen Sie zur Kenntnis, was in Ihrer Innenwelt geschieht; verbinden Sie sich durch Bewegung, Dehnung oder die Atmung mit Ihrem Körper und lassen Sie sich auf die Welt um Sie herum ein: Bemerken Sie, was Sie sehen, hören und berühren können.

Sobald Sie verankert sind, schließen Sie entweder die Augen oder richten Sie Ihren Blick auf den Boden vor Ihnen, und lassen Sie Ihrer Imagination freien Lauf.

Stellen Sie sich vor, dass Sie eine Zeitmaschine besteigen oder durch eine Art Portal gehen oder in ein magisches leuchtendes Licht eintreten. Und stellen Sie sich vor, dass Sie dies in der Zeit zurück zu einem Besuch Ihres »jüngeren Ichs« führt, in eine Zeit, da Sie einsam, traurig oder ängstlich waren oder auf irgendeine andere Weise gelitten haben.

Steigen Sie aus der Zeitmaschine (oder dem magischen Licht) aus, und nehmen Sie Kontakt zu Ihrem »jüngeren Ich« auf. Sehen Sie sich diese Person genau an, und versuchen Sie zu spüren, was sie gerade durchmacht. Weint sie? Ist sie wütend oder ängstlich? Empfindet sie Schuld oder Scham? Was benötigt diese junge Person dringend: Liebe, Freundlichkeit, Beistand, Verständnis, Vergebung oder Akzeptanz?

Sagen Sie diesem »jüngeren Ich« mit einer freundlichen, ruhigen und sanften Stimme, dass Sie wissen, was geschehen ist, dass Sie wissen, was es durchmacht und wie sehr das wehtut.

Sagen diesem »jüngeren Ich«, dass es niemand anderen braucht, um diese Erfahrung zu bestätigen, weil Sie bereits darum wissen.

Sagen Sie dem »jüngeren Ich«, dass es diese schwere Zeit in seinem Leben bereits hinter sich hat und sie jetzt nur noch eine ferne Erinnerung ist.

Sagen Sie diesem »jüngeren Ich«, dass Sie für es da sind, dass Sie wissen, wie sehr es wirklich Schmerzen leidet, und dass Sie ihm auf jede erdenkliche Weise beistehen wollen.

Fragen Sie diese junge Person, ob es etwas gibt, das sie braucht oder sich von Ihnen wünscht – und geben Sie ihr, worum auch immer sie bittet. Bittet die Person Sie, sie an einen besonderen Ort zu bringen, dann tun Sie das. Bieten Sie ihr eine Umarmung, einen Kuss, freundliche Worte oder irgendeine Art von Geschenk an. Dies ist eine Übung der Imagination, deshalb können Sie ihr alles geben, was sie sich wünscht. Wenn dieses »jüngere Ich« nicht weiß, was es will, oder es Ihnen nicht vertraut, dann lassen Sie es wissen, dass dies in Ordnung ist; es muss nichts sagen oder tun.

Sagen Sie dieser jungen Person alles, was ihr helfen kann zu verstehen, was geschehen ist, und (wenn dies geschehen ist) helfen Sie ihr, sich keine Vorwürfe mehr zu machen.

Sagen Sie ihr, dass Sie für sie da sind, dass sie Ihnen am Herzen liegt und Sie alles tun werden, um ihr zu helfen, dies durchzustehen.

Strahlen Sie weiter in jeder Hinsicht Fürsorge und Freundlichkeit aus: durch Worte, Gesten und Taten – oder, wenn Sie das vorziehen, durch Magie oder Telepathie.

Sobald Sie das Gefühl haben, dass dieses »jüngere Ich« Ihre Fürsorge und Freundlichkeit akzeptiert hat, ist es an der Zeit, wieder Abschied zu nehmen. Machen Sie ihm eine Art von Geschenk, das die Verbindung zwischen ihnen symbolisiert. Das kann für ein jüngeres Kind ein Spielzeug oder ein Teddybär sein; für ein älteres Kind mag es ein Kleidungsstück, ein Buch, ein Hightech-Gerät oder ein magisches Objekt sein, oder irgendetwas anderes, das Ihnen einfällt.

Verabschieden Sie sich, und lassen Sie die Person wissen, dass Sie sie wieder besuchen werden. Dann besteigen Sie Ihre Zeitmaschine (oder treten Sie in das Licht ein) und kommen zurück in die Gegenwart.

Verankern Sie sich jetzt für etwa eine Minute. Nehmen Sie zur Kenntnis, was in Ihnen auftaucht. Verbinden Sie sich mit Ihrem Körper, und strecken Sie sich ausgiebig. Nehmen Sie wieder teil an der Welt um Sie herum: Benutzen Sie Ihre Augen und Ohren, und bemerken Sie, wo Sie sich befinden und was Sie gerade tun.

Ich hoffe, dass Sie diese Übung hilfreich fanden und sie Ihnen geholfen hat, eine Empfindung des Selbstmitgefühls zu erzeugen. Oft ist es hilfreich, dies regelmäßig zu üben; und bei jeder Gelegenheit, da Sie dies tun, können Sie einen anderen Zeitpunkt für Ihren Besuch auswählen.

Nachdem Sie die Übung abgeschlossen haben, fragen Sie sich selbst: Wie kann ich mich selbst so wie jenes junge Kind behandeln? Mit welchen kleinen Worten oder Gesten der

Freundlichkeit, Fürsorge und des Beistands kann ich mir helfen, meinen Tag zu bewältigen?

Echos der Vergangenheit

Wir können das, was in der Vergangenheit geschehen ist, nicht ändern, aber wir können verhindern, dass es uns vorschreibt, wer wir sind. Die Geschichte unserer Vergangenheit hat unsere Art und Weise, zu denken, zu fühlen und zu handeln beeinflusst – aber was auch immer eingetreten ist und wie es sich auf uns ausgewirkt hat, wir können an jedem Punkt neue Weisen, in der Welt zu sein, erlernen und das Beste aus unserem Leben hier und jetzt machen.

Echos der Vergangenheit werden weiterhin in der Gegenwart auftauchen. Alte Denkmuster werden reaktiviert; alte Verhaltensmuster werden sich neue Geltung verschaffen; und alte Muster des Fühlens werden wieder im Körper auftreten, insbesondere, wenn sich »alte Wunden« wieder öffnen. Wir können sie nicht auslöschen, aber wir können immer besser darin werden, diese alten Muster bewusst wahrzunehmen und effektiv darauf zu reagieren, wenn sie in Erscheinung treten. In der Phase des Anerkennens bei der Verankerung könnten wir sagen: »Hier zeigt sich wieder eine alte Programmierung« oder »Hier ist wieder das alte Muster«. Wenn wir Gedanken bemerken und benennen, können wir sagen: »Hier ist eine alte Stimme aus der Vergangenheit.« Wenn wir Raum geben, können wir sagen: »Hier ist der Schmerz einer alten Wunde.«

Und wenn uns alte Erinnerungen heimsuchen, dann können wir nicht nur all die oben genannten Strategien verfolgen, sondern wir können auch für einen Moment innehalten und überlegen:

- Hat mir diese Erinnerung etwas Brauchbares zu bieten?
- Was sagt sie über das aus, was mir wichtig ist?
- An welche Werte erinnert sie mich?

Was legt Sie Ihnen nahe, das Sie heute in der Welt tun könnten, um dazu beizutragen, sie besser zu machen oder zu verhindern, dass solche Dinge noch einmal passieren?

Diese schwierigen Erinnerungen sind noch ein weiteres Beispiel für Ihren Geist als allzu hilfsbereiter Freund, der allzu eifrig versucht, Ihnen zu helfen, aus vergangenen Erfahrungen zu lernen und daran zu wachsen. Sehen Sie also, ob Sie etwas Brauchbares in diesen Erinnerungen finden. Sie werden dabei nicht *immer* erfolgreich sein, aber oft.

Wenn Sie dann mit diesen Erinnerungen abgeschlossen haben, richten Sie Ihre Aufmerksamkeit wieder auf die Gegenwart. Nehmen Sie zur Kenntnis, wo Sie sind und was Sie tun – gerade hier und gerade jetzt. Denn jedes Mal, wenn Sie dies tun, helfen sie sich, die Kunst der Wertschätzung zu entwickeln.

DIE KUNST DER WERTSCHÄTZUNG

Haben Sie jemals voller Staunen einen strahlenden Sonnenuntergang oder unglaublich großen Vollmond betrachtet, oder Ozeanwellen, die an die Felsenküste brandeten? Haben Sie jemals völlig hingerissen in die Augen Ihres Kindes oder Ihrer Partnerin geschaut? Oder in dem Duft von frischgebackenem Kuchen oder dem wohlriechendem Parfüm von Jasmin oder Rosen geschwelgt? Oder haben Sie voller Entzücken einen Vogel singen, eine Katze schnurren oder ein Kind lachen gehört?

Jeder Tag bietet uns mannigfache Gelegenheiten, die Welt, in der wir leben, wertzuschätzen. Das Praktizieren Ihrer Fertigkeiten im Fokussieren und Genießen wird Ihnen helfen, das Beste aus Ihrem Leben eben jetzt zu machen, selbst wenn Sie etwas unternehmen, um es zum Besseren zu verändern. Weitverbreitete Redewendungen wie »Zähle deine Segnungen« oder »Halte inne und rieche die Rosen« weisen auf den Überfluss in unserem Leben hin. Wir sind von wunderbaren Dingen umgeben, aber traurigerweise halten wir sie gewöhnlich für selbstverständlich. Hier daher einige Anregungen dafür, aufzuwachen und den Reichtum der Welt um Sie herum zu erfahren:

- Wenn Sie etwas essen, nehmen Sie die Gelegenheit wahr, es zu genießen, es ganz und gar zu schmecken. Lassen

Sie Ihre Gedanken kommen und gehen und konzentrieren Sie sich auf die Geschmäcker in Ihrem Mund. Wenn wir essen und trinken, sind wir uns zumeist kaum dessen bewusst, was wir tun. In Anbetracht dessen, dass Essen eine genussvolle Aktivität ist, warum sich nicht die Zeit nehmen, es voll und ganz zu würdigen? Anstatt Ihr Essen hinunterzuschlingen, nehmen Sie es langsam zu sich – kauen Sie es wirklich. (Schließlich würden Sie sich keinen Film im Schnelldurchlauf ansehen, warum also Ihr Essen auf diese Weise konsumieren?)

- Das nächste Mal, wenn es regnet, achten Sie auf den Klang des Regens: den Rhythmus, die Tonhöhe und das An- und Abschwellen der Lautstärke. Nehmen Sie die verschlungenen Muster der Regentropfen auf den Fensterscheiben wahr. Und wenn der Regen aufhört, machen Sie einen Spaziergang, und nehmen Sie die Frische der Luft zur Kenntnis und wie die Gehsteige glänzen, als hätte man sie poliert.
- Das nächste Mal, wenn es sonnig ist, nehmen Sie sich einige Momente Zeit, die Wärme und das Licht zu würdigen. Bemerken Sie, wie alles strahlender wird: Häuser, Blumen, Bäume, der Himmel, die Menschen. Machen Sie einen Spaziergang, lauschen Sie den Vögeln, und nehmen Sie zur Kenntnis, wie sich die Sonne auf Ihrer Haut anfühlt.
- Wenn Sie jemanden umarmen oder küssen – oder auch nur jemandem die Hand schütteln –, seien Sie ganz bei der Sache. Nehmen Sie zur Kenntnis, was Sie fühlen. Lassen Sie Ihre Wärme und Offenheit durch diesen Kontakt strömen.

- Betrachten Sie die Menschen, die Ihnen am Herzen liegen, mit neuen Augen, so als hätten Sie sie noch nie zuvor gesehen. Tun Sie dies mit Ihrer Ehefrau oder Ihrem Partner, mit Freunden, Familienmitgliedern, Kindern, Mitarbeitern und Arbeitskollegen. Achten Sie darauf, wie sie gehen, reden, essen und trinken und mit Gesicht, Körper und Händen gestikulieren. Achten Sie auf ihren Gesichtsausdruck. Bemerken Sie ihre Gesichtszüge und ihre Augenfarbe.
- Bevor Sie morgens aus dem Bett steigen, nehmen Sie einige langsame, sanfte Atemzüge, und konzentrieren Sie sich auf die Bewegung Ihrer Lunge. Kultivieren Sie ein Gefühl des Staunens darüber, dass Sie lebendig sind und dass Ihre Lunge Sie die ganze Nacht lang mit Sauerstoff versorgt hat, selbst während Sie im Tiefschlaf waren.

Genießen, aber nicht festklammern

Bislang haben wir in diesem Buch eine Menge Zeit mit unangenehmen Gedanken und Gefühlen verbracht, aber sehr wenig mit den angenehmen. Das ist Absicht. Wie wir zuvor bereits erkundet haben, kämpfen wir umso länger gegen die unangenehmen Gefühle, je mehr Gewicht wir darauf legen, angenehme Gefühle zu haben. Dadurch erzeugen wir einen Teufelskreis von Kampf und Leiden. Angenehme Gefühle werden genauso wie alle anderen Gefühle kommen und gehen. Also lassen Sie uns diese Gefühle genießen und würdigen, wenn sie kommen, aber uns nicht daran festklammern!

Mit anderen Worten, wenn Sie sich das nächste Mal glücklich und ruhig, freudig und zufrieden oder anderweitig gut fühlen, nehmen Sie die Gelegenheit wahr, voll auszukosten, wie sich das anfühlt. Nehmen Sie zur Kenntnis, was Sie in Ihrem Körper spüren. Achten Sie darauf, wie Sie atmen, reden oder gestikulieren. Bemerken Sie alle Gelüste, Gedanken, Erinnerungen, Empfindungen und Bilder. Nehmen Sie sich einige Momente Zeit, diese Emotion zu würdigen; freuen Sie sich daran. Aber versuchen Sie nicht, sie festzuhalten. Behandeln Sie angenehme Gefühle genauso wie Sie es mit den unangenehmen getan haben: Nehmen Sie sie zur Kenntnis, lassen Sie sie zu, und lassen Sie sie zu ihrer eigenen Zeit frei kommen, bleiben und gehen.

Das Beste daraus machen

Wenn Sie Ihre Augen öffnen und die Dinge bewusst wahrnehmen, die Sie zuvor für selbstverständlich gehalten haben, werden Sie mehr Gelegenheiten dafür erkennen. Sie werden stärker stimuliert und interessiert sein, Sie werden zufriedener sein, und Ihre Beziehungen werden sich verbessern. Ich formuliere das gern folgendermaßen: *Das Leben gibt denen am meisten, die das meiste aus dem machen, was das Leben ihnen gibt.*

Präsent sein, sich öffnen und das Wichtige tun

Damit sind wir am Ende des zweiten Teils dieses Buches angekommen. Bislang haben wir uns hauptsächlich auf Ihre Fähigkeit, »präsent zu sein«, konzentriert (Ihre Aufmerksamkeit auf das Wichtige zu fokussieren, und das, was Sie tun, zu bemerken und sich darauf einzulassen) sowie »sich zu öffnen« (sich von Gedanken und Gefühlen loszulösen und ihnen zu erlauben, frei zu kommen, zu bleiben und zu gehen). In Teil 3 werden wir Ihre Fähigkeit entwickeln, »das Wichtige zu tun«: sich mit Ihren Werten zu verbinden und sie in effektives, das Leben verbesserndes Handeln zu übertragen.

Diese drei kurzen Losungen – *präsent sein, sich öffnen und das Wichtige tun* – fassen das gesamt ACT-Modell ziemlich gut zusammen. Je größer unsere Fähigkeit ist, *präsent zu sein* und *uns zu öffnen*, desto leichter ist, sich von schwierigen Gedanken und Gefühlen loszulösen und unsere Wegbewegungen zu unterbrechen. Und je mehr wir *das Wichtige tun*, desto besser wird unser Leben. Das unten stehende Diagramm verdeutlicht dies.

Der Fachbegriff für unsere Fähigkeit, präsent zu sein, sich zu öffnen und das Wichtige zu tun, lautet »psychische Flexibilität«. Und die Forschung hierzu ist kristallklar: Je größer unsere psychische Flexibilität ist, desto besser unsere Gesundheit und unser Wohlbefinden und desto größer unser Glück.

Wenn wir uns daranmachen, das Leben zu schaffen, das wir uns wünschen, werden wir natürlich mit vielen Ängsten, Widrigkeiten und Herausforderungen konfrontiert – daher sind unangenehme Gedanken und Gefühle unvermeidbar. Doch dadurch, dass wir präsent sind und uns öffnen (uns verankern, bemerken und benennen, Raum schaffen, Selbstmitgefühl üben, uns immer wieder aufs Neue fokussieren, genießen und würdigen, usw.), können wir solche Hindernisse immer leichter überwinden und das tun, was nötig ist, um ein besseres Leben aufzubauen.

TEIL 3

DAS LEBEN SINNVOLL GESTALTEN

EIN LEBENSWERTES LEBEN

Vor einigen Jahren hat mein guter Freund Fred ein geschäftliches Unternehmen begonnen, das schrecklich schiefging. Infolgedessen verloren seine Frau und er fast alles, was sie besaßen, ihr Haus eingeschlossen. In dieser prekären finanziellen Lage beschlossen sie, von der Stadt aufs Land zu ziehen, so dass sie irgendwo in einer annehmbaren Bleibe mit bezahlbarer Miete leben konnten. Fred fand dort eine Arbeit an der örtlichen Internatsschule, die hauptsächlich von Teenagern aus China und Korea besucht wurde.

Dieser Job hatte keinerlei Beziehung zu Freds vorheriger geschäftlicher Erfahrung. Seine Pflichten bestanden darin, für Sicherheit und Ordnung im Schülerwohnheim zu sorgen, sicherzustellen, dass die Jugendlichen ihre Hausaufgaben machten und zur rechten Zeit im Bett waren. Er übernachtete außerdem in dem Pensionat und half den Kindern, sich für die Schule am nächsten Morgen bereit zu machen.

Viele Menschen in Freds Situation wären zutiefst deprimiert gewesen. Denn schließlich hatte er sein Geschäft, sein Haus und seine Ersparnisse verloren und hing nun in einem schlecht bezahlten Job fest, der ihn fünf Nächte in der Woche von seiner Frau fernhielt! Aber Fred erkannte, dass er die Wahl hatte zwischen zwei Einstellungen: Er konnte sich in seinen Verlusten ergehen, sich fertigmachen und sich das Leben zur Hölle machen – oder er konnte das Beste aus seiner Situation machen.

Glücklicherweise wählte er das Letztere.

Fred schöpfte aus seinen Kernwerten: hilfsbereit, unterstützend, fürsorglich und ermutigend zu sein. Diesen Werten entsprechend begann er, die Kinder nützliche Dinge zu lehren, wie etwa ihre Kleidung zu bügeln oder einfache Mahlzeiten zu kochen. Er organisierte außerdem den allerersten Talentwettbewerb der Schule und half den Kindern, einen humorvollen Dokumentarfilm über das Internatsleben zu drehen. Obendrein wurde er der inoffizielle Berater der Schüler. Viele kamen zu ihm, um Hilfe und Rat bei verschiedenen Schwierigkeiten zu suchen: Beziehungsproblemen, Familienproblemen, Problemen in der Schule und so fort. Keines dieser Dinge gehörte zu Freds Jobbeschreibung, und er bekam keine zusätzliche Bezahlung dafür. Er tat dies schlicht und einfach, weil er seinen Werten des Gebens und der Fürsorge gemäß handelte. Infolgedessen wurde ein Job, der mühsam und kein bisschen erfüllend hätte sein können, sinnvoll und befriedigend.

Hatte Fred eine Menge schmerzlicher Gedanken und Gefühle? Darauf können Sie wetten! Er litt sehr – wie es jedem Menschen gehen würde, der sich einem großen Realitätsgefälle ohne jegliche Aussicht auf eine baldige Regelung gegenübersähe. Als Fred beschloss, seinen Werten entsprechend zu leben, löste das nicht auf magische Weise all seine Probleme und machte ihn bis ans Ende seiner Tage glücklich. Aber es verbesserte seine Lebensqualität und gestaltete sein Leben sinnvoller und erfüllender. Stellen Sie sich vor, er wäre jeden Tag bei der Arbeit von Gedanken an den Haken genommen worden, wie »Das Leben ist zum Kotzen!« – »Ich hasse diesen Job« – »Ich habe alles ruiniert« – »Ich bin ein hoffnungsloser Verlierer«. Was hätte er alles verpasst, hätte er seine Tage in Gedanken verloren und mit seinen Gefühlen kämpfend verbracht, anstatt seinen Werten entsprechend zu leben und präsent zu sein?

Werte und Ziele

Im Kapitel »Die Komfortzone verlassen« habe ich Werte beschrieben als *die tiefsten Bestrebungen Ihres Herzens – wie Sie sich selbst und andere sowie die Welt um Sie herum behandeln wollen.* Ich werde dies in Kürze genauer erläutern, aber lassen Sie uns zuerst betrachten, welche Vorteile es hat, unsere Werte zu kennen und anzuwenden:

- **Erstens** helfen sie uns, weisere Entscheidungen zu treffen, so dass wir Dinge tun können, die in der Regel besser funktionieren.
- **Zweitens** sind sie wie ein innerer Kompass, der uns helfen kann, unseren Weg zu finden, und der uns ein Gefühl von Sinnhaftigkeit geben kann.
- **Drittens** motivieren sie uns und verleihen uns die Kraft zu tun, was wirklich wichtig ist.
- **Viertens** verleihen sie dem Leben etwas Farbe, wenn es grau und trübe ist.
- **Fünftens** schenken Sie uns, wenn wir ihnen entsprechend handeln, ein Gefühl der Erfüllung – das Gefühl, uns selbst treu zu sein, das Leben auf unsere Weise zu leben und uns wie die Art von Person zu verhalten, die wir wirklich sein möchten.

Es ist wichtig, den Unterschied zwischen Werten und Zielen zu verstehen. Ein Wert ist eine Eigenschaft, die wir in unserem Verhalten zum Ausdruck bringen wollen; eine Eigenschaft, die die Worte, die wir benutzen und wie wir sie sagen, leitet, sowie unser Handeln und die Qualität von dessen Ausführung bestimmt. Im Gegensatz dazu beschreibt ein Ziel, was wir haben, bekommen, erreichen oder vollenden wollen. Wenn Sie also »einen tollen Job« haben wollen, ist das ein Ziel; doch wenn Sie »verantwortungsbewusst und verlässlich« sein wollen, sind dies Werte. Hier ein paar Beispiele:

- Einen Partner finden = Ziel. Liebevoll sein (ob Sie nun einen Partner haben oder nicht) = Wert.
- Ein Haus kaufen, in dem Ihre Familie leben kann = Ziel. Ihrer Familie gegenüber fürsorglich und unterstützend sein (ob Sie nun ein Haus kaufen oder nicht) = Werte.
- Nach Übersee verreisen = Ziel. Beim Reisen neugierig, offen und wertschätzend sein (selbst wenn Sie sich nur auf den Weg zu Ihrer Arbeit machen) = Werte.
- Ein Kind bekommen = Ziel. Liebevoll und nährend sein (ob Sie nun ein Kind haben oder nicht) = Werte.
- Viele Freunde haben, Leute dazu bringen, mich zu mögen, oder beliebt sein = Ziele. Warmherzig, offen und verständnisvoll sein (ob Sie nun viele Freunde haben oder nicht) = Werte.
- Von dieser Krankheit genesen oder diese Verletzung heilen = Ziele. Für sich sorgen, sich unterstützen und Selbstmitgefühl haben (ganz gleich in welchem Gesundheitszustand Sie sich befinden) = Werte.

Beachten Sie bei den obigen Beispielen, dass Sie Ihren Werten gemäß leben können, ganz gleich, ob Sie Ihr jeweiliges Ziel erreichen oder nicht. Wenn Sie also ein Diplom haben, reich oder berühmt oder mächtig sein wollen, ein Haus oder ein Auto oder einen tollen Körper besitzen möchten oder wollen, dass die Menschen Sie gut behandeln, oder wenn Sie gesund werden möchten … Dann sind das alles Ziele. Werte bestimmen, wie Sie sich selbst, andere und die Welt um Sie herum behandeln wollen – sowohl heute als auch in der Zukunft –, während Sie Ihre Ziele verfolgen, wenn Sie sie erreichen und wenn Sie sie *nicht* erreichen.

Stellen Sie sich Werte vor als »das, was Sie auf den Tisch des Lebens stellen möchten«. Auf dem riesigen Tisch des Lebens gibt es viele Gerichte. Manche dieser Gerichte lieben wir, wie unsere Lieblingsmusik oder eine warme und fürsorgliche Verbindung mit einem nahen Gefährten. Einige dieser Gerichte hassen wir, wie etwa eine schreckliche Krankheit oder der Tod eines geliebten Menschen. Und die übrigen Gerichte liegen irgendwo dazwischen.

Die Gerichte auf dem Tisch des Lebens verändern sich ständig von Augenblick zu Augenblick. Und wir mögen darüber schimpfen, dass die Speisen, die wir haben wollen, nicht auf dem Tisch stehen, oder über die Speisen wüten, von denen wir uns gewünscht hätten, dass sie uns *nicht* serviert werden. Doch obwohl dies ganz normale Reaktionen sind, sind sie nicht hilfreich. Eine nützlichere Herangehensweise wäre zu überlegen: *Was wollen wir auf den Tisch des Lebens stellen?* Ganz gleich, wie der Tisch gedeckt ist, es gibt immer viel, was wir dazu beitragen können: Liebe, Freundlichkeit, Fürsorge, Neugier, Offenheit, Mut, Weisheit, Selbstmitgefühl oder jeden anderen

Wert, für den wir uns entscheiden. Wir können diese Eigenschaften bewusst durch unsere Worte, unseren Taten und unser Handeln verwirklichen. Und genau das ist gemeint, wenn wir davon sprechen »unseren Werten entsprechend zu leben«.

Im Kapitel »Die Komfortzone verlassen« haben wir über Menschen gesprochen, die in Flüchtlingslagern unter Bedingungen von Entbehrung und Not leben, die wir uns kaum vorstellen können, und unter denen alle Arten von Privilegien, die wir für selbstverständlich halten – wie Freiheit, Nahrung, Wasser, Unterkunft, medizinische Versorgung und Elektrizität – für die Flüchtlinge völlig unerreichbar sind. Dennoch ist es ihnen möglich, jeden Tag in kleinem Rahmen ihr Leben nach ihren Werten zu leben. Und je mehr sie das tun, desto besser ist ihre Lebensqualität innerhalb des Lagers. Dies ist eine sehr bedeutsame Einsicht, insbesondere, wenn Sie sich in einer Situation befinden, die Sie dessen beraubt, was Sie sich am meisten wünschen, oder die Sie davon abhält, viele der Dinge zu tun, die Sie tun möchten (wenn Sie beispielsweise im Gefängnis oder Krankenhaus sind, in einem grauenhaften Job feststecken oder an einer chronischen Krankheit oder Verletzung leiden).

Unseren Werten entsprechend zu leben, heißt jedoch nicht, all unsere Ziele aufzugeben. Lassen Sie uns zu Fred zurückkehren. Er behielt seinen Job, weil er Geld zum Leben verdienen musste; und jeden Tag bei der Arbeit lebte er seinen Werten gemäß. Er gab jedoch nicht sein Ziel auf, eine Arbeit zu finden, die er sich wirklich wünschte. Er war schon immer ein exzellenter Organisator und Manager mit besonderem Interesse für Theater- und Musikveranstaltungen gewesen, und in diesem Bereich wollte er am liebsten arbeiten. Nach vielen Monaten erfolgloser Bewerbungen für alle möglichen Jobs fand

Fred schließlich einen als Organisator eines örtlichen Kunstfestivals. Es war eine Arbeit, die ihn erfüllte, ihm ein gutes Gehalt einbrachte und ihm erlaubte, sehr viel mehr Zeit mit seiner Frau zu verbringen.

Freds Geschichte ist ein großartiges Beispiel dafür, dass wir unseren Werten entsprechend leben und gleichzeitig unsere Ziele weiterverfolgen können. Sie ist auch ein gutes Beispiel dafür, wie wir eine jegliche Arbeit aufwerten können – auch wenn es eine ist, die wir uns nicht wünschen –, indem wir unsere Werte in die Waagschale werfen. Auf diese Weise können wir die Arbeit, die wir haben, befriedigender gestalten, während wir nach einem besseren Job suchen oder uns dafür ausbilden. Im nächsten Kapitel werden wir uns ansehen, wie man sich realistische Ziele setzt und die Chancen erhöht, sie zu erreichen, doch für den Moment werden wir uns weiterhin auf Werte konzentrieren. Warum? Weil ein stark auf Ziele fokussiertes Leben ein Leben der chronischen Unzufriedenheit ist. Um zu verstehen, warum dem so ist, betrachten wir Folgendes:

Zwei Kinder auf der Rückbank des Autos

Zwei Kinder sitzen auf der Rückbank des Autos, und die Mutter fährt sie zum drei Autostunden entfernten Disneyland. Eines der Kinder ist total auf das Ziel fixiert: *zum Disneyland gelangen!* Der Junge rutscht ungeduldig und frustriert auf dem Sitz hin und her. Alle paar Minuten jammert er: »Sind wir immer noch nicht da?« – »Mir ist langweilig« – »Wie lange dauert das noch?« (Kommt Ihnen das bekannt vor?)

Der zweite Junge hat genau dasselbe Ziel – *zum Disneyland gelangen!* – aber er ist auch in Kontakt mit seinen Werten von

Verspieltheit und Neugier. Also spielt er Spiele wie »Ich sehe was, was du nicht siehst« und schaut aus dem Fenster, wobei er die Kühe und Schafe auf den Feldern bemerkt, die riesigen Lkws bewundert, die vorbeirauschen, und freundlichen Fußgängern zuwinkt. Er lebt im Augenblick und schätzt den Ort, an dem er sich befindet, anstatt sich auf den zu fixieren, wo er sich nicht befindet.

Wenn sie in Disneyland ankommen, werden beide Kinder glücklich sein, weil sie ihr Ziel erreicht haben, aber nur eines der Kinder hat die Fahrt genossen. Dann auf dem Rückweg nach Hause jammert der erste Junge wieder: »Sind wir immer noch nicht da?«, während der andere wieder das Beste aus der Fahrt macht.

Stellen Sie sich nun ein anderes Szenario vor: Das Auto hat eine Panne *auf dem Weg* zum Disneyland, so dass die Kinder dort niemals ankommen. Beide sind enttäuscht, aber für welches der Kinder hat sich die Fahrt am meisten gelohnt?

Gehen wir durch das Leben wie das erste Kind, so ist es ermüdend, immer einem Ziel nach dem anderen hinterherzujagen. Der Geist nimmt uns mit Geschichten an den Haken, wie: »Ich werde glücklich sein, nachdem ich den Job ergattert habe, abgenommen, einen Partner gefunden oder eine Beförderung bekommen habe, ein Kind bekommen, ein Auto gekauft, dieses Projekt beendet habe. Und wenn wir zulassen, dass solche Geschichten unser Leben bestimmen, dann werden wir laaaaange Perioden der Unzufriedenheit und Frustration erleben, während wir wie verrückt unseren Zielen nachjagen – unterbrochen von kurzen Glücksmomenten, wenn wir sie erreicht haben. (Und natürlich verfliegen diese angenehmen Gefühle schnell, sobald sich das nächste Ziel abzeichnet.)

Ein *wertebestimmtes* Leben wird immer erfüllender sein als ein *zielbestimmtes* Leben, weil wir jeden Schritt auf dem Weg zu unseren Zielen genießen (auch wenn wir diese nicht erreichen).

Ein lebenswertes Leben

Viele meiner Klienten stellen Fragen wie: »Worum geht es im Leben?« – »Ist das etwa alles?« – »Warum kann ich mich für nichts begeistern?« – »Warum ist mein Leben so öde/leer/langweilig?«. Andere sagen Dinge wie: »Das Leben kotzt mich an!« – »Vielleicht stünde es um die Welt besser ohne mich« – »Ich habe nichts zu bieten« – »Manchmal wünsche ich mir, ich könnte ins Bett gehen und nie wieder aufwachen.« Solche Gedanken sind nicht nur unter den 10 Prozent der Erwachsenen üblich, die an Depression leiden, sondern irgendwann in ihrem Leben auch bei der übrigen Bevölkerung. Werte sind jedoch ein machtvolles Gegenmittel: Sie sind eine Weise, Ihrem Leben Ausrichtung und Sinn zu geben.

Alles, was wir tun, wird sinnvoller und erfüllender sein, wenn es in erster Linie von unseren Werten motiviert ist. Wir können im GEHORCHEN-Modus zur Arbeit gehen und von Regeln wie »Ich muss diese Arbeit leisten, um die Rechnungen bezahlen zu können« an den Haken genommen werden. Und wir können im KÄMPFEN-Modus zur Arbeit gehen und versuchen, schwierige Gedanken und Gefühle zu vermeiden: »Die Arbeit hilft mir, dem Gefühl, ein Verlierer zu sein, zu entfliehen.« Andererseits können wir von unseren Werten motiviert zur Arbeit gehen: »Ich lebe meine Werte, unterstützend und fürsorglich für meine Familie zu sein.«

Wir können auch täglich bei unserer Arbeit von dem Gedanken an den Haken genommen werden: »Dieser Job kotzt mich an.« Oder wir können jeden Tag als eine Gelegenheit verstehen, unseren Werten gemäß zu leben, beispielsweise hilfreich, ehrlich und kooperativ zu sein. Dies wird einen langweiligen Job nicht zu einem Traumjob machen, aber es wird ihn sinnvoller und erfüllender machen. Und das Gleiche gilt für alles, was wir jemals tun, insbesondere für all jene langweiligen, nervigen und stressigen Dinge, die wir tun müssen, um unser Leben zu verbessern.

Aber hey, das ist genug der Theorie. Lassen Sie uns etwas Praktischeres tun.

Sich verbinden und gedanklich eintauchen

Diese Übung beinhaltet, dass Sie an jemanden denken, der Ihnen am Herzen liegt, und darüber nachdenken, was Sie gern zusammen mit diesem Menschen unternehmen würden. (Wenn Sie das nicht visualisieren können, ist das kein Problem; bekommen Sie einfach ein Gefühl dafür.)

Teil A

Denken Sie an jemanden, der Ihnen am Herzen liegt und der derzeit in Ihrem Leben eine Rolle spielt – jemanden, der Sie gut behandelt und mit dem Sie gern Zeit verbringen. Und erinnern Sie sich an eine Zeit aus der jüngeren oder fernen Vergangenheit, zu der Sie zusammen waren und etwas unternommen haben, was Sie lieben. Das muss nichts Spektakuläres sein; es kann einfach etwas sein wie zusammen rumhängen, etwas trinken oder essen gehen, ein Spiel spielen, einen Spaziergang machen, baden gehen, sich unterhalten, zusammen einen Ausflug machen, sich umarmen und küssen, einen Ball kicken, mit den Kindern spielen … was immer Ihnen Spaß macht.

Sobald Sie sich für eine Erinnerung entschieden haben, gestalten Sie sie so lebendig wie möglich. Durchleben Sie sie, als geschähe dies hier und jetzt. Spüren Sie sie, fühlen Sie sie, und rufen Sie sie wieder wach. Wo befinden Sie sich? Was tun Sie gerade? Was können Sie sehen, hören, berühren, schmecken oder riechen?

Nehmen Sie die andere Person in dieser Erinnerung wahr: Wie sieht sie aus? Wie ist sie gekleidet? Was sagt oder tut sie? Wie ist der Klang ihrer Stimme, ihr Gesichtsausdruck, ihre Körperhaltung?

Machen Sie das Beste aus dieser Erinnerung. *Fühlen* Sie sie wirklich. Wie fühlt es sich an, etwas, das Ihnen Freude macht, mit jemandem zu unternehmen, der Sie gut behandelt? Würdigen Sie es. Schwelgen Sie darin. Genießen Sie es.

Tun Sie dies bitte für mindestens eine Minute, bevor Sie weitergehen.

Teil B

Gehen Sie nun einen Schritt zurück, und betrachten Sie die Erinnerung, als sähen Sie sie auf einem Fernsehbildschirm (oder bekommen Sie das Gefühl, diese Erinnerung zu studieren/zu untersuchen).

Fokussieren Sie sich nun auf sich selbst, als jemand, der *innerhalb* dieser Erinnerung ist. Was sagen und tun Sie? Wie interagieren Sie mit der anderen Person?

Beachten Sie insbesondere, wie Sie die andere Person behandeln. Wie reagieren Sie auf Ihr Gegenüber?

Sind Sie zum Beispiel offen, liebevoll, freundlich, lebenslustig, spielerisch, unbeschwert, zugewandt, engagiert, interessiert, wertschätzend, aufrichtig, authentisch, neugierig, mutig, sinnlich, kreativ, enthusiastisch?

Welche Eigenschaften werfen Sie in die Waagschale?

Bedenken Sie jetzt: Was sagt Ihnen das über die Art und Weise, wie Sie andere Menschen behandeln wollen? Und über die Art von Beziehungen, die Sie aufbauen wollen?

Bitte denken Sie darüber gründlich für ein oder zwei Minuten nach.

Führen Sie nun das Experiment erneut durch, und wählen Sie dafür eine weitere angenehme Erinnerung, die eine andere Person betrifft.

Und wieder: Was sagt Ihnen das über die Art und Weise, wie Sie andere Menschen behandeln wollen, und über die Art von Beziehungen, die Sie aufbauen wollen?

Bitte führen Sie die Übung jetzt ein letztes Mal durch, doch wählen Sie nun eine Erinnerung an etwas Freudiges, Sinnvolles oder Befriedigendes, das Sie *für sich allein* tun.

Überlegen Sie dann: Was sagt Ihnen das über die Art und Weise, wie Sie sich selbst behandeln wollen? Und über die Art von Beziehung, die Sie zu sich selbst aufbauen wollen?

Wie ist es gelaufen? Bei manchen Menschen bewirken diese Experimente, dass »warme und flauschige« Gefühle aufsteigen. Bei anderen lösen sie jedoch schmerzliche Gedanken und Gefühle aus. Und beide Arten von Reaktion sind vollkommen normal.

Bei diesen Übungen geht es allerdings nicht um das Auslösen bestimmter Gefühle. Es geht vielmehr darum, sich mit einigen Werten zu verbinden. Ist Ihnen das gelungen? Haben Sie ein Gefühl dafür bekommen, wer Sie in der Beziehung, die Sie gewählt haben, sein möchten? Und auch ein Gefühl dafür, wie Sie sich und/oder die andere Person behandeln wollen? Versuchen Sie mindestens drei oder vier Werte zu benennen, mit denen Sie sich verbunden haben. (Und falls schwierige Gedanken und Gefühle auftauchen, verwenden Sie Ihre Loslösungsfertigkeiten: Danken Sie Ihrem Geist, schaffen Sie Raum, und behandeln Sie sich selbst freundlich.)

Bevor wir jetzt das nächste Experiment beginnen, lassen Sie uns einen Blick auf zwei wichtige Aspekte von Werten werfen.

Werte sind keine Regeln

»Regeln« sind im Grunde genommen Befehle, Anweisungen, Gesetze, die Ihnen von Ihrem Geist auferlegt werden. Wie ein Tyrann sagt Ihr Geist: »Du musst diesen Regeln GEHORCHEN. Wenn du das nicht tust, wird etwas Schlimmes passieren!« Wenn Sie sich bei diesen Übungen also schwer, belastet oder gefangen fühlen, dann wurden Sie wahrscheinlich von Regeln an den Haken genommen, anstatt sich mit Ihren Werten zu verbinden. Hier einige Beispiele, um den Unterschied zu verdeutlichen:

Liebevoll sein = Wert
ICH MUSS immer liebevoll sein, ganz gleich, was passiert! = Regel
Freundlich sein = Wert

ICH SOLLTE immer freundlich sein, selbst wenn die Menschen ausfallend sind = Regel
Effizient sein = Wert
ICH MUSS IMMER effizient sein und DARF NIEMALS einen Fehler machen = Regel

Regeln sind im Prinzip strikte Anweisungen, denen zu gehorchen Ihr Geist von Ihnen verlangt. Sie enthalten meist Wörter wie *müssen, sollen, richtig, falsch, immer, niemals, tu dies, lass jenes, kann nicht, weil* und so weiter. Es gibt immer viele mögliche Weisen, nach Ihren Werten zu handeln, selbst in den schwierigsten Situationen. Regeln hingegen engen unsere Optionen massiv ein: Je strikter wir ihnen GEHORCHEN, desto weniger Wahl haben wir.

Natürlich sind Regeln oft nützlich; es ist gut zu wissen, auf welcher Seite der Straße man fahren muss. Aber viele der selbstauferlegten Regeln engen uns ein: »Ich muss das perfekt erledigen – wenn mir das nicht gelingt, hat es keinen Sinn, es überhaupt zu tun« – »Ich muss trinken, um damit fertig zu werden« – »Ich sollte die Menschen mir nicht zu nahe kommen lassen, weil sie mich verletzen werden« – »Ich muss anderen immer den Vorzug geben; ihre Bedürfnisse sind wichtiger als meine«. Je mehr wir von unseren Regeln an den Haken genommen werden, desto stärker ist der innere Zwang, ihnen zu folgen – und desto größer ist die Angst, die auftaucht, wenn wir sie verletzen oder ihnen nicht gehorchen.

Außerdem saugen Regeln, die uns einengen, das ganze Leben aus unseren Werten heraus. Wenn wir flexibel nach unseren Werten leben, haben wir ein Gefühl von Sinn und Zweck, Kraft und Vitalität; wenn wir jedoch von Regeln abhängig sind, erleben wir Druck, Verpflichtung, Schwere, Scham, Schuld, Angst und das Gefühl, gefangen zu sein.

Deshalb wollen wir uns natürlich von Regeln loslösen und dabei die Werte zutage fördern, die unter ihnen begraben sind. All die üblichen Methoden der Loslösung können hier hilfreich sein. Wir können zum Beispiel »bemerken und benennen«: »Ich bemerke die Regel, dass ich XYZ tun muss«, oder »Aha! Hier ist wieder diese Regel«. Oder wir können »unserem Geist danken«: »Danke, Geist, ich weiß, dass du versuchst, mir zu helfen, indem du mir strikte Richtlinien für mein Leben vorgibst. Ich werde aber eine andere Herangehensweise wählen und zusehen, wie das funktioniert.« Oder wenn der innere Zwang, dieser Regel zu gehorchen, sehr stark ist, können wir uns verankern.

Werte sind ständig in Bewegung

Unsere Werte sind wie die Kontinente auf einem Globus. Ganz gleich, wie schnell Sie den Globus drehen, Sie können niemals alle Kontinente auf einmal sehen; einige bewegen sich nach hinten, während andere nach vorn kommen. Genauso verändern sich im Lauf des Tages die Positionen Ihrer Werte: Indem Sie Ihre Rolle wechseln und sich in andere Situationen begeben, kommen einige Werte in den Vordergrund, während andere in den Hintergrund zurückweichen.

Dies bedeutet, dass wir oft unter den Werten, nach denen wir in einer gegebenen Situation handeln, Prioritäten setzen müssen. Wenn es beispielsweise um enge Beziehungen geht, mögen wir Werte haben wie liebend und fürsorglich sein. Aber wenn wir ein Elternteil haben, das uns permanent feindselig und missbräuchlich begegnet, dann mögen wir jeden Kontakt mit dieser Person abbrechen, weil unsere Werte des Selbstschutzes und Selbstrespekts Vorrang bekommen. Unsere Werte in Hinsicht auf Liebe und Fürsorge sind jedoch nicht verschwunden; wir haben sie in dieser speziellen Beziehung nur auf die uns »abgewandte Seite des Globus« gerückt. In unseren guten, gesunden Beziehungen bleiben Liebe und Fürsorge unterdessen »auf der Vorderseite des Globus«.

Die Werte-Checkliste neu betrachtet

Im Kapitel »Die Komfortzone verlassen« habe ich Sie aufgefordert, eine Liste von Werten durchzulesen und einzuschätzen, welche Ihnen wichtig erscheinen und welche nicht. Angesichts all der neuen Fertigkeiten und Kenntnisse, die Sie inzwischen erworben haben, möchte ich Sie auffordern, zurückzublättern und die Liste noch einmal durchzugehen. Es könnte sein, dass das Experiment bei diesem Durchgang zu anderen Resultaten führt. Vielleicht auch nicht. Wie auch immer, es lohnt sich, es zu wiederholen, sei es auch nur, um größere Klarheit über die Art Ihrer Werte zu gewinnen. Tun Sie das bitte jetzt, bevor Sie weiterlesen.

Haben Sie es getan? War es leicht oder schwierig? Sind unangenehme Gedanken und Gefühle aufgetaucht? Waren es dieselben wie beim letzten Mal oder andere? Die Erfahrungen, die Menschen bei jeglicher Art von Arbeit mit den Werten machen, unterscheiden sich erheblich: Einige finden sie leicht, die meisten finden sie herausfordernd, und manche finden sie unglaublich schmerzhaft oder angsteinflößend. Wenn also schmerzliche Gedanken und Gefühle auftauchen, geben Sie bitte nicht auf; wenden Sie alle Loslösungsfertigkeiten an, und behandeln Sie sich freundlich.

Hindernisse

Unser Geist kann mit allen möglichen Hindernissen aufwarten, um uns von unseren Werten fernzuhalten. Nachdem er die Übung absolviert hatte, sagte Karl traurig: »Ich will ehrlich mit Ihnen sein, Russ. Ich möchte ›liebevoll‹ und ›freundlich‹ sagen, aber wenn ich mir ansehe, was ich getan habe – wie gehässig, gemein und egoistisch ich gewesen bin –, dann ist ziemlich offensichtlich, dass dies nicht meine Werte sind.« Das ist ein weitverbreitetes Missverständnis. Viele Menschen nehmen an, dass unsere problematischen, destruktiven oder selbstzerstörerischen Handlungen und Worte unsere Kernwerte widerspiegeln. Doch die Forschung zeigt uns das genaue Gegenteil; solche Verhaltensweisen spiegeln selten, wenn nicht gar nie unsere Werte wider. Der Grund, aus dem wir diese Dinge tun, ist, dass wir von unseren Gedanken und Gefühlen an den Haken genommen und von unseren Werten *weggezogen* werden.

Also erinnerte ich Karl daran, dass Werte von uns *gewünschte* Verhaltensweisen sind. Ich sagte ihm: »Werte beschreiben, wie wir uns in einer Welt, in der wir die Wahl haben, verhalten *möchten*. Gibt es irgendwelche Werte, die Sie gern haben *möchten* oder nach denen Sie *streben*, dann sind dies per definitionem bereits *Ihre* Werte; sie sind eine Eigenschaft des Verhaltens, die Sie *ersehnen*. Wenn Sie liebevoll sein möchten, dann ist ›liebevoll sein‹ einer Ihrer Werte. Wenn Sie freundlich sein wollen, dann ist ›freundlich sein‹ einer Ihrer Werte.«

»Aber ich handle nicht freundlich oder liebevoll«, sagte Karl.

»Darum haben Sie etwas Wichtiges hervorgehoben«, antwortete ich. »Sie sind hier auf den äußerst wichtigen Unterschied zwischen Werten und Handlungen gestoßen. Sie können nach jedem gegebenen Wert handeln oder eben nicht. Wenn Sie Ihren Werten von Freundlichkeit und Liebenswürdigkeit entsprechend handeln wollen, so können Sie selbst dann, wenn Sie das noch nie in Ihrem Leben getan haben, heute damit anfangen.«

»Aber wie kann ich wissen, ob dies meine *echten* Werte sind?«, fragte Karl. Diese Frage wird oft gestellt, und ich beantworte sie gewöhnlich mit dem alten Sprichwort:

Probieren geht über Studieren

Angenommen da ist ein leckerer Pudding (oder ein anderer Nachtisch, wenn Sie nicht so scharf auf Pudding sind … oder eine Pizza, wenn Sie keine Desserts mögen … oder ein Obstsalat, wenn Sie keine Pizza mögen), und er steht frisch zubereitet dort auf dem Tisch vor Ihnen. Sein Anblick und sein Duft sind köstlich – aber schmeckt er wirklich köstlich? Sie können ihn analysieren, über ihn nachdenken, seine Köstlichkeit infrage stellen, sie kontemplieren, oder endlos darüber philosophieren … Aber ganz gleich, wie lange Sie darüber nachdenken, Sie werden immer noch nicht wissen, wie gut oder schlecht er schmeckt. Die einzige Möglichkeit, das zu wissen, ist, ihn zu probieren.

Das Gleiche gilt für Ihre Werte. Wenn Sie nicht wissen, ob Sie wirklich Ihre Werte sind, werden Sie dieses Problem nicht lösen, indem Sie darüber nachgrübeln oder philosophieren. Die einzige Weise, es zu wissen, ist, den Werten entsprechend zu handeln; damit zu experimentieren, sie in Ihr Leben zu integrieren, und dann zu sehen, was dabei passiert. Wenn Sie den Werten entsprechend handeln und dann feststellen, dass Sie ein Gefühl bekommen, eher dieser Mensch zu sein, der Sie sein wollen, dann sind Sie auf dem richtigen Weg; haben Sie dieses Gefühl nicht, dann können Sie mit anderen Werten experimentieren.

Würzen und Genießen

Oft übernehmen sich die Menschen, weil sie versuchen, ihr ganzes Leben über Nacht zu verändern. Doch das ist ein Rezept für Stress und Versagen. Der Trick liegt darin, klein zu denken; machen Sie Minischritte. Halten Sie Ausschau nach kleinen Gelegenheiten, um besser darin zu werden, Ihren Werten gemäß zu leben. Mit der Zeit haben diese kleinen Schritte große Auswirkungen. In Anbetracht dessen werde ich Ihnen eine andere Übung vorschlagen, die »Würzen und Genießen« genannt wird.

Wählen Sie jeden Morgen ein oder zwei Werte, die Sie ins Spiel bringen wollen. Sie können zum Beispiel die Werte »Hilfreich sein« und »Offen sein« oder die Werte »Freundlich sein« und »Mutig sein« auswählen. Dies ist ein fortlaufendes Experiment, deshalb können Sie die Werte, mit denen Sie spielen, täglich oder wöchentlich nach Belieben wechseln.

(Wenn Sie sich nicht entscheiden können, dann gehen Sie die Liste der Werte alphabetisch durch. Experimentieren Sie und sehen Sie, was passiert. Probieren Sie die Werte an wie ein neues Kleidungsstück. Wenn eines gut passt, schön und gut. Wenn aber nicht, dann probieren Sie einige andere an.)

Halten Sie im Lauf des Tages nach Gelegenheiten Ausschau, eine Prise dieser Werte in Ihre täglichen Aktivitäten »einzustreuen« – insbesondere in Ihre Beziehungen zu anderen Menschen. Mit anderen Worten: Was immer Sie sagen oder tun, für sich allein oder mit anderen, sehen Sie, ob Sie der Situation den Geschmack Ihrer Werte verleihen können (solange dies angemessen erscheint).

Und genießen Sie das auf diese Weise Gewürzte! Nehmen Sie zur Kenntnis, was Sie tun, schenken Sie ihm Ihre ungeteilte Aufmerksamkeit, seien Sie vollkommen präsent, und würdigen Sie diese Erfahrung aktiv – so als würden Sie Ihr Lieblingsessen oder Ihre Lieblingsmusik genießen.

EIN SCHRITT NACH DEM ANDEREN

Haben Sie jemals eine wunderschöne Skulptur aus einem rohen Marmorblock gemeißelt? Nein? Ich auch nicht. Aber ich habe Bildhauer in Filmen gesehen, und eines ist sicher: Sie meißeln nicht an zehn unterschiedlichen Stellen gleichzeitig herum. Sie hauen *ein Stückchen nach dem anderen* weg. Und Stück für Stück, ein kleiner Splitter nach dem anderen, wird etwas Wundervolles aus diesem rohen Steinblock.

Das gleiche Prinzip gilt auch für den Aufbau eines besseren Lebens. Wenn Sie versuchen, gleichzeitig an zu vielen Bereichen zu arbeiten, werden Sie schließlich sehr gestresst und zunehmend ängstlich sein oder die Arbeit überfordert aufgeben. Der Trick liegt darin, klein zu denken: Konzentrieren Sie sich darauf, kleine Veränderungen in jeweils nur einem Lebensbereich vorzunehmen. Mit der Zeit werden diese kleinen Veränderungen große Auswirkungen haben. (Und wenn Ihr Geist beginnt zu protestieren: »Nein! Das ist nicht gut genug, ich muss mein ganzes Leben *jetzt* in Ordnung bringen!« … Okay, Sie kennen den Dreh.)

Manchmal bekomme ich zu hören: »Jaaa, in der Theorie klingt das gut, aber in *meiner Situation* funktioniert das nicht. Wenn Sie es mit dem Problem zu tun bekämen, mit dem ich konfrontiert bin, dann könnten Sie auch nichts machen.« Ich lasse mich niemals auf eine Diskussion über dieses Problem ein, stattdessen führe ich die »Herausforderungsformel« ein:

Die Herausforderungsformel

Ganz gleich, wie schwierig eine Situation ist, wir haben immer eine Wahl. Bei jeglicher Art von Herausforderung, mit der wir konfrontiert sind, haben wir drei Optionen:

1. Weggehen.
2. Bleiben und unseren Werten entsprechend leben: Tun Sie alles Ihnen Mögliche, um die Situation zu verbessern, schaffen Sie Raum für den damit einhergehenden Schmerz, und behandeln Sie sich selbst freundlich.
3. Bleiben – aber Dinge tun, die keine Veränderung bewirken oder die Situation verschlimmern.

Natürlich ist die erste Option – weggehen – nicht immer gegeben. Wenn Sie sich beispielsweise im Gefängnis befinden, können Sie nicht einfach weggehen. Wenn aber wegzugehen *tatsächlich* eine Option darstellt, dann ziehen Sie sie ernsthaft in Erwägung. Ist Ihr Leben wahrscheinlich besser, wenn Sie gehen, statt zu bleiben, falls Sie sich in einer höchst konfliktgeladenen Beziehung, einem sinnlosen Job oder in einer unerwünschten Umgebung befinden?

Wenn Sie nicht weggehen können, es nicht wollen oder nicht als die beste mögliche Option ansehen, dann bleibt Ihnen die Wahl zwischen 2 und 3. Und unglücklicherweise liegt es in unserer Natur, auf die dritte Option zurückzugreifen. In herausfordernden Situationen werden wir leicht von schwierigen Gedanken und Gefühlen an den Haken genommen und in selbstzerstörerische Verhaltensmuster hineingezogen, die uns stecken bleiben lassen oder die Situation noch verschlimmern.

Wenn also Option 1 unter den Tisch fällt, findet sich der Weg zu einem besseren Leben in Option 2: Tun Sie alles Ihnen Mögliche, um die Situation zu verbessern. In diesem Fall ist es besonders wichtig, sich an andere zu wenden, die Ihnen helfen und Sie unterstützen können. Dazu kann auch gehören, sich Gruppen oder Bewegungen anzuschließen, die aktiv auf positive Veränderungen in Ihrer Kultur, Gesellschaft oder Gemeinde hinarbeiten.

Sie können natürlich nicht erwarten, sich glücklich zu fühlen, wenn Sie sich in einer schwierigen Situation befinden; es ist unausweichlich, dass Sie eine Menge schmerzlicher Gedanken und Gefühle haben. Deshalb ist die zweite Hälfte der Option 2 – Ihrem Schmerz Raum zu geben und sich freundlich zu behandeln – essenziell.

Im Kapitel »Die Komfortzone verlassen« habe ich ein ACT-Programm erwähnt, das von der Weltgesundheitsorganisation (WHO) in Flüchtlingslagern in der ganzen Welt verwendet wird. Die Herausforderungsformel bildet einen zentralen Pfeiler dieses Programms. Es ist offensichtlich, dass Flüchtlinge nicht einfach ihr Lager verlassen sowie den Krieg und die Verfolgung, vor denen sie geflohen sind, beenden können. Also steht ihnen die Option 1 nicht zur Verfügung. Doch Option 2 schon. Innerhalb des Lagers haben die vielen kleinen, auf Werten beruhenden Gesten, die jemand im Lauf des Tages zeigt – wie etwa anderen gegenüber freundlich und unterstützend zu sein, Selbstmitgefühl zu praktizieren oder eine Mahlzeit wirklich zu genießen –, eine bedeutsame Auswirkung auf ihr Leben.

Und dasselbe gilt für jeden von uns. Lassen Sie uns nun ansehen, wie wir dies in die Praxis umsetzen können.

Vier Lebensbereiche

Um sicherzustellen, dass Sie nicht von dem Versuch, zu viele Dinge gleichzeitig zu tun, überwältigt werden, lassen Sie uns das Leben in vier Bereiche aufteilen: Arbeit, Liebe, Spiel und Gesundheit. Das Ziel ist, jeweils *nur in einem Bereich* zu arbeiten. Wir benutzen die folgenden Begriffe in einem sehr breiten Sinn:

- **Arbeit** ist der Oberbegriff für bezahlte Arbeit, ehrenamtliches Engagement oder Hausarbeit und betreuerische Arbeit. Sie beinhaltet außerdem Schulung und Erziehung, sowohl formale (wie einen Kursus oder eine Lehre) oder informale (zum Beispiel das Lesen von Fachbüchern, das Anschauen von Dokumentationen oder wenn ein Freund Ihnen praktische Tipps für eine bestimmte Sache gibt).
- **Liebe** ist ein allumfassender Ausdruck für Beziehungen mit Menschen, die Ihnen in Ihrem Leben wichtig sind. Dazu können Ihr Partner, Ihre Eltern, Freunde oder Verwandten gehören oder sogar Ihre Arbeitskollegen – jeder Mensch, mit dem Sie eine starke Verbindung haben oder herstellen wollen.
- **Spiel** umfasst alles, was Sie tun, um sich auszuruhen und zu erholen: Sport, Hobbys und künstlerische Ausdrucksmöglichkeiten; die Dinge, die Sie aus Spaß, zur Entspannung oder zur Erkundung der Welt um Sie herum tun.

- **Gesundheit** bezieht sich auf alles, was Sie machen, um für Ihr körperliches und seelisches Wohlbefinden zu sorgen, und (falls relevant) auch für Ihr spirituelles/religiöses Wohlbefinden. Dies kann beinhalten, sich fit zu halten, gesund zu kochen und zu essen, in die Natur zu gehen, Bücher wie dieses zu lesen, einen Coach oder Therapeuten aufzusuchen, Ihre Loslösungsfertigkeiten zu praktizieren oder auch Selbstmitgefühl, Gebet, Meditation, Yoga und gemeinnützige Arbeit und so weiter.

Diese vier Bereiche überlappen sich gegenseitig, was gut ist, weil dies den »Dominoeffekt« verstärkt: Kleine Veränderungen in einem Lebensbereich haben positive »Anstoß«-Effekte auf andere.

Die unten stehende Tabelle hat vier Felder, eines für jeden Lebensbereich. (Sie können sich eine Kopie aus den *Extra Bits* zu Kapitel 23 ausdrucken.) Sie können die Felder gern noch weiter unterteilen, wenn Sie mögen. Manche Menschen teilen beispielsweise den Kasten »Liebe« noch in Freunde, Partner, Kinder ein, oder den Kasten »Gesundheit« in körperlich/seelisch, oder den »Arbeit«-Kasten in bezahlte und freiwillige Arbeit.

Bitte schreiben Sie ein bis drei Werte in jedes Feld (oder dessen Unterteilung). Wählen Sie Werte, die Ihnen besonders wichtig erscheinen; Werte, die Sie innerhalb dieses Bereichs ins Spiel bringen oder dort weiterhin belassen möchten. (Sie mögen feststellen, dass einige Werte in mehreren Feldern oder Unterteilungen vorkommen, während andere nur in einem Feld auftauchen.)

Nachdem Sie dies getan haben, schätzen Sie, wie gut Sie *im Durchschnitt* während der letzten Wochen diesen Werten entsprechend gelebt haben (zum Beispiel, wie sehr sie Ihre Rede und Taten beeinflusst haben): 10 = sehr gut, und 0 = überhaupt nicht. Ich betone »im Durchschnitt«, weil das Ausmaß, in dem wir von Augenblick zu Augenblick unseren Werten entsprechend leben, massiv schwankt. In einem Moment sind wir so, wie wir sein wollen; im nächsten werden wir von unseren Gedanken und Gefühlen an den Haken genommen und in Wegbewegungen hineingezogen, so dass wir Dinge sagen und tun, die uns weit von der Person, die wir sein wollen, entfernen. (Wenn Sie einen Kasten noch unterteilt haben, bewerten Sie jede Unterabteilung.)

Das Werte-Quadrat

Arbeit Werte, die ich ins Spiel bringen oder weiter dort belassen möchte: Wie habe ich im Durchschnitt diesen Werten entsprechend in der letzten Woche gelebt: 0 = überhaupt nicht; 10 = sehr gut **Meine Bewertung:**	**Liebe** Werte, die ich ins Spiel bringen oder weiter dort belassen möchte: Wie habe ich im Durchschnitt diesen Werten entsprechend in der letzten Woche gelebt: 0 = überhaupt nicht; 10 = sehr gut **Meine Bewertung:**
Gesundheit Werte, die ich ins Spiel bringen oder weiter dort belassen möchte: Wie habe ich im Durchschnitt diesen Werten entsprechend in der letzten Woche gelebt: 0 = überhaupt nicht; 10 = sehr gut **Meine Bewertung:**	**Spiel** Werte, die ich ins Spiel bringen oder weiter dort belassen möchte: Wie habe ich im Durchschnitt diesen Werten entsprechend in der letzten Woche gelebt: 0 = überhaupt nicht; 10 = sehr gut **Meine Bewertung:**

Bitte füllen Sie diese Tabelle aus, bevor Sie weiterlesen.

Wie ist es gelaufen? Sind einige schwierige Gedanken und Gefühle aufgetaucht, während Sie das Quadrat ausgefüllt haben? Wenn dem so war, dann ist das völlig normal; fast jeder Mensch findet, dass seine Bewertung niedriger ausfällt, als er es gern hätte, und unser Geist ist schnell dabei, uns zu beurteilen, so dass oft Schuld, Scham oder Angst auftreten. Und Sie kennen das Vorgehen bereits: Gestatten Sie diesen Gedanken und Gefühlen, da zu sein, danken Sie Ihrem Geist für diesen Beitrag, seien Sie freundlich zu sich selbst, und fokussieren Sie sich auf das, was Sie gerade tun. Der nächste Schritt besteht darin, sich ein kurzfristiges Ziel in nur einem Bereich zu setzen.

Ein kurzfristiges Ziel in nur einem Bereich

Wählen Sie einen der vier Bereiche aus (oder eine Unterabteilung eines Bereichs), um damit eine Woche lang zu arbeiten. Ja genau, *nur einen Bereich* und nur für eine Woche. Es ist wichtig, klein anzufangen, denn wenn wir versuchen, zu viele Veränderungen auf einmal herbeizuführen, werden wir überfordert und geben auf.

Es geht darum, mit der Zeit an allen Bereichen Ihres Lebens zu arbeiten und sich mittelfristige sowie auch langfristige Ziele zu setzen (wir kommen in späteren Kapiteln dazu). Doch wenn wir in diesem Bemühen Erfolg haben wollen, müssen wir langsam vorgehen. Denken Sie an das alte chinesische Sprichwort: »Eine Reise von 1000 Meilen beginnt mit einem Schritt.« Und wie es in Äsops Fabel *»Die Krähe und der Wasserkrug«* heißt: »Ausdauer und Verstand führen immer zum Ziel.« Oder nehmen Sie das alte Sprichwort »Aus winzigen Eicheln wachsen mächtige Eichen.« Und die altbekannte Redensart: »O nein, jetzt reicht es.« Ich bin sicher, Sie haben verstanden, worum es geht.

Ihr Vorhaben ist also jetzt, ein kurzfristiges Ziel für den gewählten Bereich zu setzen – etwas, das Sie in den nächsten Stunden oder Tagen in Übereinstimmung mit den gewählten Werten bewerkstelligen können. Doch zuerst einige wichtige Tipps zum Setzen von Zielen:

Nicht zu leicht, nicht zu schwer

Wenn Ihr Ziel zu leicht zu erreichen ist, entsteht kein persönliches Wachstum. Sie sollten sich ein wenig recken müssen und Ihre Komfortzone verlassen. Doch wenn es zu schwer ist, Ihr Ziel zu erreichen, werden Sie entweder aufgeben oder es versuchen und versagen. Finden Sie also die goldene Mitte.

Keine emotionalen Ziele

Setzen Sie sich keine emotionalen Ziele, die beschreiben, wie Sie sich fühlen wollen. Dies würde Sie nur in selbstzerstörerische Kampfstrategien hineinziehen.

Kein »Ziel eines Toten«

Ein »Ziel eines Toten« ist ein Ziel, das ein Leichnam besser erreichen kann als Sie. Wenn Sie zum Beispiel aufhören wollen zu rauchen, ist das etwas, das ein Toter besser kann als Sie: Er wird ganz sicher niemals wieder rauchen. (Es sei denn, Sie verbrennen ihn.)*

Jedes Ziel, bei dem es darum geht, etwas *nicht* zu tun, ist ein Ziel eines Toten. Ein Leichnam ist wahrlich brillant darin, *nichts* zu tun. Um es daher in ein »Ziel eines Lebendigen« zu verwandeln (zum Beispiel etwas, das ein lebendiger Mensch

* Sorry, schlechter Witz. Aber ich konnte ihn mir nicht verkneifen.

besser tun kann als ein toter), müssen Sie sich die Frage stellen: »Wenn ich dies *nicht* tue, was werde ich *stattdessen* tun?« Zum Beispiel: »Statt eine Zigarette zu rauchen, werde ich mich verankern, den Drang zu rauchen surfen und einige Dehnungsübungen ausführen, einen Spaziergang machen oder achtsam ein Glas Wasser trinken.« (Das ist zweifellos etwas, das Sie besser tun können als ein Leichnam.)

Seien Sie genau

Es ist wichtig, das, was Sie unternehmen wollen, genau zu definieren. Zum Beispiel: »Ich werde zweimal in der Woche für 30 Minuten schwimmen gehen« oder »Ich werde in jeder Mittagspause einen zehnminütigen Spaziergang machen« anstelle einer vagen Aussage wie: »Ich werde mehr trainieren«.

Spezifizieren Sie auch, wann und wo Sie es tun wollen. Zum Beispiel: »Ich werde am Mittwoch gleich nach der Arbeit im Park laufen.«

Seien Sie realistisch

Stellen Sie sicher, dass das Ziel angesichts Ihrer gegenwärtigen Ressourcen umsetzbar ist. Zu Ihren Ressourcen gehören Zeit, Geld, Energie, Gesundheit, Fertigkeiten, Kenntnisse und die Hilfe und Unterstützung anderer. Wenn beispielsweise Ihre Gesundheit beeinträchtigt ist, ist es wohl unrealistisch, zu joggen oder in ein Fitnessstudio zu gehen, aber es kann realistisch sein, einen Spaziergang zu machen. Und denken Sie daran, dies ist ein kurzfristiges Ziel: Sie müssen in der Lage sein, es realistischerweise innerhalb der nächsten Woche umzusetzen.

Seien Sie auf schwierige Gedanken und Gefühle gefasst

Was taucht auf, wenn Sie Ihre Komfortzone verlassen? Ja, genau: Unbehagen. Rechnen Sie also damit, dass die Argumentationsmaschine in Ihrem Kopf mit allen möglichen Gründen aufwartet, das Vorhaben nicht anzugehen. Und rechnen Sie gleichermaßen damit, dass unangenehme Gefühle – insbesondere Angst – in Ihrem Körper auftreten. Welche Gedanken und Gefühle, glauben Sie, werden wahrscheinlich bei Ihnen auftauchen? (Sie erscheinen oft bereits beim Ausführen dieser Übung.) Sind Sie bereit, Raum für diese schwierigen Gedanken und Gefühle zu schaffen, um auf das Leben hinzuarbeiten, das Sie sich wünschen? (Ist die Antwort Nein, dann müssen Sie zurückgehen und Ihr Ziel verändern: Verringern Sie die Schwierigkeit; machen Sie es kleiner, einfacher, leichter.)

So, sind Sie bereit weiterzugehen? Die Forschungsergebnisse zeigen, dass Sie sehr wahrscheinlich eher aktiv werden, wenn Sie Ihre Ziele aufschreiben, als wenn Sie nur daran denken. Holen Sie sich also bitte um eines besseren Lebens willen einen Stift – und schreiben Sie sie entweder in das Buch, oder kopieren Sie das unten stehende Diagramm, oder laden Sie sich das Arbeitsblatt aus den *Extra Bits* von meiner Website herunter – und nehmen Sie sich einige Minuten Zeit, um es auszufüllen.

Lebensbereich:

Werte:

Ziel:

Wann und wo werde ich dies tun, und welche besonderen Maßnahmen werde ich ergreifen?

Welche schwierigen Gedanken und Gefühle werden wahrscheinlich auftauchen?

Bin ich bereit, meine Loslösungsfertigkeiten auf diese schwierigen Gedanken und Gefühlen anzuwenden und das Wesentliche zu tun, um ein Leben, wie ich es mir wünsche, aufzubauen: Ja oder Nein?

(Falls Nein, verändern Sie Ihr Ziel: Machen Sie es kleiner, einfacher, leichter.)

Auf einer Skala von 0 bis 10, wie realistisch ist es, dass ich dies tun werde?

(Falls der Wert unter 7 liegt, verändern Sie das Ziel: kleiner, einfacher, leichter.)

Bitte füllen Sie jetzt die Tabelle aus, bevor Sie weiterlesen.

Ihre Werte ins Spiel bringen

Haben Sie die vorangegangene Übung ausgeführt? Manche Menschen versuchen, diesen Teil zu überspringen. Falls das auf Sie zutrifft – erwischt! Sie werden aufgespürt, gefangen genommen und gnadenlos gekitzelt, bis Sie für Ihre Sünde Buße tun. Aber im Ernst, bitte überspringen Sie diesen Teil nicht. Dies mag jetzt nach einer Menge harter Arbeit aussehen, aber mit einiger Übung wird es Ihnen immer leichterfallen.

Wir haben schon darüber gesprochen, wie man als Alternative zum Grübeln effektiv Ziele setzt und Aktionen plant. Das ist es, was ich meinte. Es mag wie ein Mordsaufwand erscheinen, aber Sie werden feststellen, dass es weniger Zeit beansprucht als das Grübeln. Und es ist sehr viel produktiver. Und wie bei jeder Fertigkeit wird es durch die Übung immer leichter. Im Lauf der Zeit werden Sie in der Lage sein, in drei schnellen Schritten von den Werten zum Handeln überzugehen:

1. **Während Sie an diesem Aspekt Ihres Lebens arbeiten, fragen Sie sich als Erstes:** »Wer will ich sein?« oder »Wofür will ich stehen?«
2. **Wenn Sie dann mit einigen Werten Kontakt aufgenommen haben, fragen Sie sich:** »Wie kann ich diese Werte ins Spiel bringen? Was kann ich sagen oder tun?«
3. **Fragen Sie sich schließlich:** »Bin ich bereit, für das Unbehagen, das damit einhergeht, Raum zu schaffen?«

Hört sich das alles ein wenig gekünstelt an – zu systematisch, zu detailliert und zu strukturiert? Fragen Sie sich, was aus der guten alten Spontanität geworden ist, das Leben so zu nehmen, wie es kommt? Seien Sie versichert, es wird viel Raum für Spontanität geben, sobald Sie in die richtige Richtung gehen. Aber Sie müssen erst einmal losgehen!

Einige Beispiele

Erinnern Sie sich an Soula? Sie war gerade 33 geworden und fühlte sich traurig und einsam, weil sie noch Single war, während all Ihre Freunde in Langzeitbeziehungen lebten. Im Bereich »Liebe« waren Soulas Werte, liebevoll, fürsorglich, offen, sinnlich und lebenslustig zu sein. Sie war fähig, diese Werte in ihren engsten Beziehungen, mit Freunden, Familienmitgliedern und mit sich selbst zu leben. Sie wollte sie aber auch mit einem Partner teilen – den sie gegenwärtig jedoch nicht hatte. Ihr wichtigstes langfristiges Ziel war: einen Partner finden. Ich bat sie also, ein kurzfristiges Ziel zu nennen, dass sie in der nächsten Woche erreichen könnte; etwas, das sie ihrem langfristigen Ziel einen Schritt näher bringen würde. Sie entschloss sich, sich bei einer Online-Partnervermittlung anzumelden, ein Profil zu erstellen und mindestens eine Stunde am Tag nach potenziellen Kandidaten zu suchen.

Als sie sich an die Aufgabe machte, war sie überrascht, wie viel Angst bei ihr auftauchte. Ihre Argumentationsmaschine sagte ihr, es sei totale Verschwendung von Zeit und Geld, und dass alle Kerle Verlierer, Schwindler oder Psychopathen seien. Sie dankte ihrem Geist dafür, dass er für ihre Sicherheit sorgen wolle, schuf Raum für ihre Angst und machte weiter.

Kehren wie nun zu Donna zurück. Nachdem sie sich mit dem Tod ihrer Lieben abgefunden und aufgehört hatte, Alkohol zu trinken, stand sie vor der gewaltigen Aufgabe, ihr Leben

Stück für Stück neu aufzubauen. Sie hatte viel Gewicht verloren, und ihr Körper war in einem schrecklichen Zustand. Deshalb machte sie sich zu allem Übel auch noch ständig Sorgen um ihre Gesundheit und den Schaden, den sie an ihrer Leber angerichtet hatte. Aufgrund dessen entschied sie sich, sich auf den Bereich »Gesundheit« zu fokussieren. Ihre Hauptziele in diesem Bereich waren Selbstfürsorge und Selbstermutigung. Ihre kurzfristigen Ziele waren: ein gesundes Mittagessen zu sich zu nehmen, gefolgt von einem 15-minütigen Spaziergang; und um 23 Uhr schlafen zu gehen (anstatt nachts um 2 Uhr). Sie haben sicherlich bemerkt, dass dies tatsächlich drei Ziele waren, nicht eines. Es ist in Ordnung, sich mehr als ein Ziel zu setzen, wenn Sie mögen, solange diese Ziele realistisch erscheinen und Sie nicht überfordern.

In ihrer ersten Woche gelang es Donna, an fünf von sieben Tagen gesund zu Mittag zu essen, den Spaziergang zu machen und an vier Abenden um 23 Uhr ins Bett zu gehen. Sie war darüber sehr erfreut. Es war zwar nicht perfekt, aber was soll's? Es war eine signifikante Verbesserung in Hinsicht auf die Sorge um ihre Gesundheit. Und nach Perfektion zu streben, ist ein Rezept für Elend.

So, nun zurück zu Ihnen: Haben Sie die oben stehende Übung bereits ausgeführt? Wenn nicht, dann tun Sie das jetzt. Und hier gebe ich Ihnen noch einen Tipp: Die Forschung zeigt, dass Sie mit größerer Wahrscheinlichkeit ein Ziel verwirklichen können, wenn Sie sich vor einer anderen Person (die unterstützend und vertrauenswürdig ist) dazu verpflichten. Gibt es also jemanden, den Sie anrufen, anschreiben, dem Sie eine Mail senden und mit dem Sie per Zoom oder persönlich sprechen können, und dem Sie von Ihrem Vorhaben erzählen können? (Falls nicht, in Ordnung; doch wenn ja, möchte ich Sie ermutigen, das zu tun, selbst wenn es unangenehm ist.)

Meine Garantie für Sie

Soula und Donna vermochten ihre Ziele zu verfolgen, weil sie die notwendige Arbeit leisteten: zu lernen, sich loszulösen, Kontakt mit ihren Werten aufzunehmen und sich realistische Ziele zu setzen. Und hier meine Garantie für Sie.

Ich garantiere, wenn Sie alles tun, was wir in diesem Kapitel behandelt haben, …

und es dann darum geht, Ihr Ziel zu erreichen, …

garantiere ich Ihnen zu 100 Prozent,

dass Sie entweder Ihr Ziel *erreichen werden* ... oder auch nicht!

100-PROZENTIGE GARANTIE, ODER GELD ZURÜCK!

Dieser Einschub hat eine humorvolle, aber auch eine ernsthafte Seite. Zu manchen Zeiten werden Sie die von mir vorgeschlagenen Strategien verwenden, sie beibehalten, und die Dinge werden gut laufen. Zu anderen Zeiten wird das *nicht* geschehen. Warum? Weil Sie ein Mensch sind. Und fehlbar. Und wundervoll unvollkommen wie wir anderen auch. Sie sind kein fiktiver Superheld, der immer die Arbeit an seinen Zielen durchzieht, der immer angesichts aller Hindernisse das »Richtige« tut. Sie sind ein Mensch. Und das bedeutet, dass Sie, wie wir alle, zu manchen Zeiten Ihre Ziele erreichen – und zu anderen Zeiten nicht.

Wenn Sie also an diesem Ziel dranbleiben, wunderbar. Nehmen Sie zur Kenntnis, wie es sich anfühlt, Ihre Werte in die Tat umzusetzen und sich auf ein Leben hinzubewegen, das Sie aufbauen möchten. Seien voll und ganz präsent, und genießen Sie diese Erfahrung.

Und wenn Sie es nicht durchziehen? Nun, nennen wir Ihren ursprünglichen Plan »Plan A«. Wenn Plan A aus welchem Grund auch immer ins Wasser fällt, dann besagt »Plan B«: *Finden Sie eine andere Weise, Ihren Werten gemäß zu handeln.*

Schließlich ist das Leben komplex, und Pläne ändern sich. Und es ist nicht unser Ziel, jedes einzelne Vorhaben, das wir jemals umsetzen wollten, zu verwirklichen. Das wäre lächerlich. Es ist unser Ziel, besser darin zu werden, unsere Werte zu leben. Wenn also Plan A vom Tisch ist, wechseln Sie zu Plan B – und während Sie diesen Werten entsprechend handeln, nehmen Sie wahr, wie sich das anfühlt; schätzen Sie die Erfahrung, sich in eine sinnvolle Richtung zu bewegen.

Wenn Sie nichts von dem oben Genannten verwirklichen können, dann seien Sie a) freundlich zu sich selbst; erinnern Sie sich daran, dass Sie ein Mensch und unvollkommen sind und wir alle uns gelegentlich ähnlich verhalten. Und achten Sie b) darauf, was Ihnen im Weg steht, insbesondere welche Gedanken und Gefühle Sie an den Haken nehmen. Diese werden wertvolle Informationen für das nächste Kapitel sein, in dem es darum geht, wie man die Barrieren auf dem Weg zur Veränderung überwindet.

So, genug gesagt. Los geht's und viel Glück!

DIE HOHEN BARRIEREN

Fragen Sie irgendeinen Therapeuten, Coach oder Berater, und jeder wird ihnen erzählen, dass das Folgende *ständig* passiert: In der Sitzung sind die Klienten Feuer und Flamme, sprudeln über vor Enthusiasmus und sagen begeistert: »Ich mache dies und das und jenes.« Dann kommen sie zur nächsten Sitzung, sind verlegen und schuldbewusst, weil sie nichts von alledem verwirklicht haben. Wenn meine Klienten dies also tun, wissen Sie, was ich ihnen sage?

Ich sage: »Sie sind ja genauso wie ich!« (Sie müssten ihre schockierte Miene sehen!) »Ja«, fahre ich fort, »wissen Sie, wie oft ich sage, ich werde etwas tun und es dann doch nicht tue?«

»Sie?«, rufen sie verwundert aus. »Aber, aber, aber … Sie sind doch ein Arzt … Sie sind ein Autor … Sie … Sie haben eine verblüffende Ähnlichkeit mit dem Schauspieler Chris Hemsworth!« (Okay, den letzten Teil sagen sie nicht.)

»Wir sitzen alle im selben Boot«, sage ich ihnen. »So sind wir Menschen nun einmal. Wir sind begeistert und sagen, wir werden diese Dinge tun … Und manchmal tun wir sie und manchmal nicht.« Dann helfe ich ihnen, sich von ihrer strengen Selbstkritik loszulösen und Selbstmitgefühl zu praktizieren. *Und dann* schauen wir uns an, was dazwischengekommen ist.

Nun zurück zu Ihnen. Wenn Sie wirklich Plan A oder Plan B durchgezogen haben, dann ist das gut. Aber wenn nicht, dann seien Sie versichert: Sie befinden sich in guter Gesellschaft. Wir alle schaffen es manchmal nicht, unsere Pläne durchzuziehen. Uns deswegen fertigzumachen, hilft auch nicht. Lösen Sie sich also von »nicht gut genug«, seien Sie freundlich zu sich selbst, und lassen Sie uns erkunden ...

Was dazwischenkommt

Wenn wir uns auf ein sinnvolleres Leben hinbewegen, werden wir immer und immer wieder auf die hohen AVEZ-Barrieren stoßen:

A = Am Haken
V = Vermeiden von Unbehagen
E = Entfernung von den Werten
Z = Zweifelhafte Ziele

Lassen Sie uns jede Barriere im Einzelnen ansehen.

A = Am Haken

Die Argumentationsmaschine in unserem Kopf ist unglaublich erfinderisch; sie kennt so viele Weisen, uns eine Sache auszureden: »Ich verdiene kein besseres Leben« – »Ich werde versagen« – »Ich werde es vermasseln« – »Etwas Schlimmes wird passieren« – »Ich habe es nicht drauf« – »Ich bin zu beschäftigt/müde/deprimiert/ängstlich« – »Ich mache es später« und so weiter.

Und all das ist kein Problem … Es sei denn, wir werden an den Haken genommen. Wenn diese Gedanken uns an den Haken nehmen, dann werden sie uns mit Sicherheit vom Weg abbringen. Doch wenn wir uns loslösen, wird ihnen das nicht gelingen. Das Gegenmittel besteht also darin, guten Gebrauch von unseren Loslösungsfertigkeiten zu machen: diese Gedanken bemerken und benennen oder unserem Geist danken, oder aber – wenn Sie total festgehakt sind – sich verankern.

V = Vermeiden von Unbehagen

Persönliches Wachstum und sinnvolle Veränderungen erfordern, dass wir unsere Komfortzone verlassen. Dies ruft unausweichlich Unbehagen in Form von schwierigen Gedanken, Empfindungen, Emotionen, Erinnerungen und Drängen hervor. Sind wir nicht bereit, uns zu öffnen und Raum für diese Erfahrungen zu schaffen, dann werden wir nicht die herausfordernden Dinge tun, die für uns wichtig sind.

Das Gegenmittel? Genau, noch mehr Loslösungsfertigkeiten. Zähmen Sie diese schwierigen Gefühle: Lassen Sie sie zu, atmen Sie in sie hinein, geben Sie ihnen Raum, und behandeln Sie sich freundlich. Machen Sie es sich zur Gewohnheit, sich zu fragen: »Bin ich bereit, Raum für dieses Unbehagen zu schaffen, damit ich das tun kann, worauf es ankommt?«

E = Entfernung von den Werten

Es hat keinen Zweck, diese herausfordernden Dinge zu tun, wenn es nicht wichtig oder sinnvoll ist. Wenn wir also unsere Werte ignorieren, vernachlässigen oder vergessen, dann mangelt es uns an Motivation. Das Gegenmittel besteht darin, uns wirklich mit unseren Werten zu verbinden. Tief in unserem

Inneren sind sie stets vorhanden, ganz gleich, wie weit wir uns von ihnen entfernt haben. (Ein Wert gleicht Ihrem Körper: Auch wenn Sie ihn viele Jahre völlig vernachlässigt haben, ist er immer noch da, und es ist nie zu spät, Gebrauch von ihm zu machen.) Erkennen Sie, dass Sie bei jedem einzelnen Schritt, den Sie machen, und sei er noch so klein, Ihre Werte leben. Und das ist es, worauf es wirklich ankommt.

Z = Zweifelhafte Ziele

Ist Ihr Ziel wirklich realistisch? Versuchen Sie, zu viel zu tun oder zu schnell zu sein? Wollen Sie es perfekt machen? Versuchen Sie, Dinge zu tun, für die Ihnen die notwendigen Ressourcen fehlen (zum Beispiel, Zeit, Geld, Energie, Gesundheit, soziale Unterstützung oder notwendige Fertigkeiten)?

Sind Ihre Ziele überzogen, dann werden Sie sich überfordert fühlen und wahrscheinlich aufgeben; oder Sie versuchen es und versagen. Die Lösung besteht darin, Ihre Ziele zu unterteilen: Machen Sie sie kleiner, einfacher und leichter, so dass sie für das gegenwärtige Maß Ihrer Ressourcen realistisch sind. Fragen Sie sich selbst: »Was ist der kleinste, leichteste Schritt, den ich machen könnte und der mich der Verwirklichung dieses Zieles ein wenig näher bringen würde?« Dann legen Sie los und tun es.

Sobald Sie diesen Schritt getan haben, fragen Sie sich erneut: »Was ist der nächste kleine, leichte Schritt, der mich der Verwirklichung meines Ziels näher bringen würde?« (Es ist wie der altbekannte Witz: Wie isst man einen ganzen Elefanten? Einen Bissen nach dem anderen!)

Und wenn es Ihnen an den notwendigen Fertigkeiten, Ihre Ziele zu erreichen, mangelt, dann besteht Ihr neues Ziel darin, diese Skills zu erlernen. (Sie können nicht erwarten, an der

Tour de France teilzunehmen, wenn Sie nicht erst einmal gelernt haben, Fahrrad zu fahren.)

Und wenn es Ihnen an anderen Ressourcen, die Sie brauchen, mangelt (wie Zeit, Geld, Gesundheit, Energie, soziale Unterstützung oder Ausrüstung) und es momentan keine Möglichkeit gibt, sie zu finden? Dann müssen Sie dieses Ziel fallen lassen (wenigstens für den Moment; Sie können später immer wieder darauf zurückkommen), und sich ein anderes Ziel setzen, das realistisch ist.

Die Argumentationsmaschine wird niemals lange schweigen

Erwarten Sie von Ihrem Geist nicht, ein Cheerleader zu sein: »Yeah, yeah, yeah! Du schaffst es! Yeah, yeah, yeah! Leg einfach los!« Es ist ausgesprochen unwahrscheinlich, dass dies eintritt. Gewiss *passiert* es gelegentlich, wenn Sie sich zum Beispiel ein weit entferntes Ziel gesetzt haben: »Ich werde es nächstes Jahr tun!« (»*Ja!*«, sagt Ihr Geist.) Oder wenn Sie sich ein kinderleichtes Ziel gesetzt haben, das keinerlei Unbehagen entstehen lässt. Aber wenn es sich um ein kurzfristiges Ziel handelt, das Sie aus Ihrer Komfortzone zieht, dann wird die Argumentationsmaschine das Sagen haben. Hier einige der Klassiker:

»Ich werde es vermasseln!«

»Ich werde es falsch machen« – »Ich werde Fehler machen.« Wieder einmal ist unser Geist ein überaus hilfreicher Freund. Er versucht uns zu sagen: a) Achte darauf, was du tust, und b) es ist wichtig, zu üben.

Die Wirklichkeit sieht jedoch so aus: Wir alle machen oft Fehler; das ist ein fundamentaler Teil des Menschseins. Beinahe jede Aktivität, die Sie heute für selbstverständlich halten – Lesen, Sprechen, Gehen, Fahrradfahren –, war einst schwer für uns. (Denken Sie nur daran, wie oft sich ein Baby beim Versuch, gehen zu lernen, auf seinen Hintern setzt.) Der springende Punkt ist, Sie haben durch Fehler gelernt. Sie haben gelernt, was Sie nicht tun sollten und wie Sie es anders machen müssten, damit Sie erfolgreicher werden. Fehler zu machen ist ein essenzieller Teil des Lernens, nehmen Sie es daher an. Danken Sie Ihrem Geist, und lassen Sie das Streben nach Perfektion los – es ist so viel befriedigender und erfüllender, ein Mensch zu sein.

»Ich weiß nicht, ob ich es schaffe«

Um den Autor Henry James zu zitieren: »Solange du es nicht versuchst, weißt du nicht, was du nicht kannst.« Wenn wir uns Ziele setzen, sprechen wir von dem, was möglich ist, nicht von dem, was gewiss ist. In dieser Welt gibt es nur sehr wenig Gewissheit. Wir können nicht einmal sicher sein, dass wir morgen noch am Leben sein werden. Deshalb kann kein Mensch sicher sein, dass er seine Ziele erreichen wird. Aber einer Sache können wir gewiss sein: Wenn wir nicht einmal versuchen, unsere Ziele zu erreichen, haben wir keine Aussicht auf Erfolg. So wie der legendäre Eishockeyspieler Wayne Gretzky sagte: »Du verfehlst 100 Prozent der Schüsse, die du nicht machst.«

»Aber was, wenn …?«

Die Argumentationsmaschine liebt »Was wenn?«-Geschichten. »Was, wenn ich es versuche und versage?« – »Was, wenn ich all die Zeit und Energie und das Geld investiere und das alles nichts bringt?« – »Was, wenn ich mich zum Narren mache?« Wenn Sie sich von diesen Geschichten an den Haken nehmen lassen, können Sie Stunden darauf verschwenden, mit sich selbst zu streiten, anstatt aktiv zu werden. Bemerken und benennen Sie also die Geschichte, »tauchen Sie aus dem Strom auf«, und bringen Sie Ihre Werte ins Spiel.

Ich bin sicher, dass Ihr Geist noch mit vielen anderen Gründen als diesen aufwarten kann. Und sie können sehr überzeugend sein. Doch Sie müssen ihnen nicht GEHORCHEN. Wie oft haben Sie zum Beispiel einen Gedanken gehabt wie: »Ich kann das nicht!« – Und haben dann weitergemacht und es geschafft? Wie oft haben Sie daran gedacht, etwas Schmerzliches, Verletzendes oder Selbstzerstörerisches zu tun – aber es tatsächlich *nicht* getan? (Es ist ja auch sehr gut, dass wir nicht all unseren Gedanken GEHORCHEN, sonst säßen die meisten von uns im Gefängnis oder lägen im Krankenhaus.)

Zum Beweis dafür, dass Sie Ihren Gedanken nicht GEHORCHEN müssen, hier zwei kurze Experimente:

1. Sagen Sie sich im Stillen: »Ich kann mich nicht am Kopf kratzen! Ich kann mich nicht am Kopf kratzen!« Und während Sie das tun, heben Sie den Arm und kratzen Sie sich am Kopf.
2. Sagen Sie sich im Stillen: »Ich muss dieses Buch zuklappen! Ich muss dieses Buch zuklappen!« Und während Sie das tun, lassen Sie das Buch geöffnet.

Wie ist es gelaufen? Sie haben zweifellos festgestellt, dass Sie diesen Gedanken tatsächlich nicht GEHORCHEN mussten; Sie konnten entscheiden, was Sie tun wollten. Und je besser Ihre Loslösungsfertigkeiten werden, desto mehr Wahlmöglichkeit haben Sie.

Ich habe zuvor bereits einen jungen Mann namens Marco erwähnt, der übergewichtig und nicht in Form war und wieder fitter werden wollte. Marco wählte »Gesundheit« als einen Bereich und »Selbstfürsorge« als einen Wert. Sein erstes kurzfristiges Ziel war: *Stehe morgens eine halbe Stunde früher auf und gehe joggen.* Sofort sprang die Argumentationsmaschine an: »Aber ich mag gern ausschlafen; es wird zu kalt sein; ich bin nicht in Form. Es wird meinen Knien schaden; ich weiß nicht, wo meine Laufschuhe sind; ich sehe in meinen Sportklamotten komisch aus.«

Ich sagte zu ihm: »Das sind alles durchaus gültige Gründe dafür, *nicht* joggen zu gehen. Doch … angenommen die Person, die Sie am meisten auf der Welt lieben, sei gekidnappt worden. Und die Entführer sagen, sie werden diese Person erst dann freilassen, wenn Sie dieses Ziel erreicht haben. Würden Sie das tun?«

»Ja, natürlich«, sagte er.

»Was denn, Sie wollen sagen, Sie würden früh aufstehen und zum Laufen gehen, obwohl Sie all diese durchaus gültigen Gründe dafür hätten, es nicht zu tun?«

Marco begriff, dass wir nicht warten müssen, bis unsere Argumentationsmaschine schweigt (oder zu einem Cheerleader wird), bevor wir aktiv werden. Wir können zehn, zwanzig oder dreißig durchaus gültige Gründe haben, etwas *nicht* zu tun – *und* wir können trotzdem weitermachen und es tun. Wir können diese Gründe bemerken und benennen, und unseren Geist wie ein im Hintergrund spielendes Radio plappern lassen, während wir Kontakt zu unseren Werten aufnehmen, zu handeln beginnen und uns auf das fokussieren, was wir gerade tun.

Manchmal protestieren die Leute, wenn ich ihnen die oben gestellte »Kidnapping-Frage« stelle. »Aber das ist albern!«, sagen sie. »Die Person, die ich liebe, ist *nicht* entführt worden!!«

Und ich entgegne: »Sie haben recht. Aber der springende Punkt ist, dass ein wichtiger Teil Ihres Lebens »gekidnappt« wurde. Er ist Ihnen »genommen worden«. Wollen Sie ihn nicht wiederbekommen? Und wenn ja, sind Sie bereit zu tun, *was nötig ist*, selbst wenn die Argumentationsmaschine massiv versuchen wird, Ihnen das auszureden?«

Die hohen AVEZ-Barrieren

So, nun kennen Sie die vier hohen AVEZ-Barrieren: am Haken, Vermeiden von Unbehagen, Entfernung von den Werten, zweifelhafte Ziele. (Und sollten Sie ihnen zufällig noch nicht begegnet sein, keine Sorge – das wird sich bald ändern.) So, was kommt jetzt?

Nun, wenn Sie Plan A oder B aus dem vorherigen Kapitel *durchgezogen* haben, setzen Sie sich ein *weiteres* kurzfristiges Ziel (oder auch zwei oder drei, solange das realistisch ist und Sie nicht überfordert). Dies kann denselben Bereich (oder dieselbe Unterabteilung) oder einen anderen Bereich betreffen, ganz wie Sie möchten. Und das Ziel besteht darin, all dieselben Schritte zu unternehmen wie zuvor. Und wenn die hohen AVEZ-Barrieren auftauchen, wissen Sie, was zu tun ist.

Wenn Sie Ihren Plan das letzte Mal nicht durchgezogen haben, dann finden Sie heraus, welche der AVEZ-Barrieren Sie aufgehalten hat (manchmal sind es auch alle), und wenden Sie die empfohlenen Gegenmittel an. Dann machen Sie entweder einen erneuten Versuch mit Ihrem vorherigen Ziel, oder setzen Sie sich ein neues.

Und noch einmal: Wenn Plan A unter den Tisch fällt, gehen Sie über zu Plan B. Finden Sie eine andere Möglichkeit – wie klein auch immer sie sein mag –, diese Werte zu leben.

SCHWIERIGE ENTSCHEIDUNGEN

Rebecca glaubt, sie habe einen Wertekonflikt. Aber stimmt das?

Sie ist eine 40 Jahre alte alleinerziehende Mutter, die als Immobilienmaklerin arbeitet. Der Beruf ist sehr anspruchsvoll, aber sie hat Freude daran und möchte sich profilieren. Sie muss sich um zwei kleine Kinder kümmern – Sammie, sieben Jahre alt und Nina, neun Jahre alt –, und sie findet es schwierig, die Anforderungen von Arbeit und Familie miteinander zu vereinbaren.

Hat Rebecca also wirklich einen Wertekonflikt?

Absolut nicht. Sie hat vielmehr einen Zeitmanagement-Konflikt: Wie viel Zeit soll sie in ihre Familie investieren und wie viel Zeit in ihre Karriere?

Ihre Hauptwerte als Mutter sind, liebevoll, fürsorglich und spielerisch zu sein. Diese Werte werden sich nicht verändern, ob sie nun zehn Stunden pro Woche bei ihrer Familie ist, oder 20 oder 50 Stunden. Ihre Hauptwerte bei der Arbeit sind, freundlich, effizient und verantwortungsbewusst zu sein. Diese Werte werden sich nicht verändern, ob sie nun zehn Stunden pro Woche bei der Arbeit ist oder 20 oder 50 Stunden.

Ganz gleich, wie viel Zeit sie in ihre Familie oder Karriere investiert, ihre Werte werden dieselben bleiben. Es ist also kein Wertekonflikt, sondern ein Zeitmanagement-Konflikt: Wie sie ihre Zeit zwischen zwei wichtigen Lebensbereichen aufteilt. Und ganz gleich, wie bewusst sie sich ihrer Werte ist, wird dies das Problem nicht lösen. Rebecca muss entscheiden, wie viel Zeit sie in jedem Lebensbereich verbringen will – und darauf wird es keine perfekte Antwort geben. Sie wird experimentieren müssen, um herauszufinden, was für sie am besten funktioniert. Und wofür sie sich auch immer entscheidet, ihr Geist wird sie wahrscheinlich dafür kritisieren, dass sie nicht genug Zeit in dem einen oder dem anderen Bereich (oder vielleicht in beiden Bereichen) verbringt.

Ganz gleich jedoch, wie sie ihre Zeit zwischen Beruf und Familie aufteilt, kann Rebecca die Befriedigung haben, ihre Werte voll und ganz zu leben. Wenn sie bei ihren Kindern ist, kann sie liebevoll, fürsorglich und spielerisch sein. Und in ihrem Beruf kann sie freundlich, effizient und verantwortungsbewusst sein. Und wenn ihr Geist sie dafür fertigmacht, dass sie zu viel Zeit in einem Bereich oder zu wenig in einem anderen Bereich verbringt, dann kann sie sich von der »Nicht gut genug«-Geschichte loslösen, Raum für ihre Schuldgefühle oder ihre Angst schaffen und sich selbst freundlich behandeln, wohl wissend, dass es keine perfekte Lösung für diese komplexe Situation gibt.

Schwere Entscheidungen und knifflige Dilemmas

Wir alle mussten uns zuweilen mit schwierigen Dilemmas und Entscheidungen herumschlagen. »Bleibe ich in dieser Beziehung oder gehe ich?« – »Kündige ich diesen Job oder nicht?« – »Melde ich mich zu diesem Kurs an oder einem anderen?« – »Lasse ich mich auf diese medizinische Behandlung ein oder nicht?« – »Sollen wir versuchen, Kinder zu bekommen oder lieber nicht?« – »Sage ich ihnen die Wahrheit/lüfte ich mein Geheimnis, oder nicht?«

Befinden wir uns in einer dieser Situationen, dann läuft unser Geist leicht auf Hochtouren und versucht verzweifelt, sich auszurechnen, was zu tun ist; die »richtige Entscheidung zu fällen«. Das Problem besteht darin, dass es Tage, Wochen oder Monate – oder in manchen Fällen wie einer unglücklichen Ehe oder einem unbefriedigenden Job auch Jahre – dauern kann, bevor wir endlich einer Option den Vorzug geben. Und in der Zwischenzeit kann es leicht sein, dass wir unsere Tage damit verbringen, in einem tiefen seelischen Smog umherzuirren – endlos grübelnd: »Soll ich, oder soll ich nicht?« –, und wir uns in diesem Prozess in Angst oder Stress versetzen und das Leben hier und jetzt an uns vorübergeht.

Wie kann uns die ACT also helfen?

Schritt 1: Anerkennung des Dilemmas

Wenn Sie sich einem größeren Dilemma oder einer wirklich schweren Entscheidung gegenübersehen, ist es höchst unwahrscheinlich, dass Sie diese in den nächsten Stunden auflösen werden. Können Sie Raum für diese Realität schaffen? Dagegen anzukämpfen, würde die Dinge nur schlimmer machen.

Schritt 2: Vernünftige Schritte – Kosten, Nutzen und weitere Informationen

Manchmal lässt sich ein Dilemma mit der uralten »vernünftigen« Methode lösen, indem man eine »Kosten-Nutzen-Analyse« anstellt. Mit anderen Worten: Schreiben Sie eine Liste aller Vorteile und aller Kosten für jede Option. Wenn Sie das bereits getan haben und das nichts genützt hat, schön und gut – zumindest haben Sie es versucht. Aber wenn Sie noch keine Liste geschrieben oder es nur halbherzig in Ihrem Kopf und nicht auf Papier getan haben, dann lohnt es sich, es zu versuchen.

Alles schwarz auf weiß aufzuschreiben, ist eine grundlegend andere Erfahrung, als es im Kopf zu durchdenken oder mit einem Freund durchzusprechen – und es kann Ihnen helfen, eine Entscheidung zu treffen oder das Dilemma aufzulösen.

Vergessen Sie außerdem nicht, dass ein Problem manchmal aufgelöst werden kann, indem man mehr Information aus verlässlicher Quelle (einem Buch, einer Person, einer Website oder einer Organisation usw.) einholt. Stellen Sie also sicher, dass Sie genügend Informationen gesammelt haben, um eine fundierte Entscheidung treffen zu können. Wenn Sie Glück haben, wird diese neue Information Kosten und Nutzen jeder Option deutlich machen und Ihnen helfen, sich für eine Vorgehensweise zu entscheiden.

Die unangenehme Wahrheit ist jedoch: Je größer das Dilemma, desto schwieriger die Entscheidung und desto unwahrscheinlicher ist es, dass diese »vernünftigen« Methoden hilfreich sind. Warum? Wäre eine Option offensichtlich weitaus besser als die andere gewesen, dann hätte es von vornherein kein Dilemma gegeben!

Schritt 3: Keine perfekte Lösung

Erkennen Sie als Nächstes an, dass es keine perfekte Lösung gibt. Welche Entscheidung Sie auch immer treffen, Sie werden wahrscheinlich Angst dabei empfinden, und Ihr Geist wird Ihnen wahrscheinlich sagen: »Das ist die falsche Entscheidung« und Ihnen dann alle Gründe aufzählen, weshalb Sie es nicht tun sollten. Wenn Sie also auf den Tag warten, an dem es keine Angstgefühle und keine Gedanken daran, die falsche Entscheidung zu treffen, mehr gibt, dann werden Sie wohl bis zum Sankt-Nimmerleins-Tag warten müssen.

Schritt 4: Es ist nicht möglich, nicht zu wählen

Werden Sie sich darüber klar, dass Sie, ganz gleich, was Ihr Dilemma ist, bereits eine Entscheidung treffen. Jeden Tag, an dem Sie Ihren Job nicht kündigen, entscheiden Sie sich zu bleiben. (Bis zu dem Tag, an dem Sie Ihre Kündigung einreichen, bleiben Sie in diesem Job.) Jeden Tag, an dem Sie Ihren Ehepartner nicht verlassen, entscheiden Sie sich zu bleiben. (Bis zu dem Tag, an dem Sie Ihre Koffer packen und ausziehen, bleiben Sie in dieser Ehe.) Jeden Tag, an dem Sie nicht die Einverständniserklärung für die anstehende Operation unterschreiben, entscheiden Sie sich gegen den Eingriff. Jeden Tag, an dem Sie über Ihr Geheimnis schweigen, entscheiden Sie sich, es nicht preiszugeben.

Schritt 5: Anerkennung der heutigen Entscheidung

Im Anschluss an Schritt 4 beginnen Sie jeden Tag damit, die für diesen Tag getroffene Entscheidung anzuerkennen. Sagen Sie sich zum Beispiel: »Okay, für die nächsten 24 Stunden entscheide ich mich, in der Ehe zu bleiben« oder »Für die nächsten 24 Stunden entscheide ich mich, dieses Geheimnis zu wahren.« Wenn 24 Stunden zu lange erscheinen, dann treffen Sie die Wahl für die nächsten zwölf Stunden oder sechs Stunden (oder gar für die nächsten 60 Minuten). Am Ende dieser Zeitspanne bewerten Sie die Situation neu, und treffen Sie eine weitere Wahl für die nächsten 24 (oder zwölf oder sechs) Stunden.

Schritt 6: Stellung beziehen

Wofür wollen Sie angesichts Ihrer Wahl in Schritt 5 in den nächsten 24 (oder zwölf oder sechs) Stunden stehen? Nach welchen Werten möchten Sie in diesem Lebensbereich leben? Wenn Sie einen weiteren Tag (oder eine weitere Stunde) in Ihrer Ehe bleiben, was für ein Partner möchten Sie für diesen einen Tag (oder eine Stunde) sein? Wenn Sie einen weiteren Tag (oder eine weitere Stunde) in Ihrem Job bleiben, was für eine Art Angestellter möchten Sie für diesen einen Tag (oder eine Stunde) sein?

Ganz gleich, in was für einer Situation Sie sich befinden, Sie können immer Möglichkeiten finden, Ihren Werten entsprechend zu leben. Angenommen Sie entscheiden sich, über das Geheimnis, das Sie wahren, zu schweigen, aber der Wert, ehrlich zu sein, ist Ihnen sehr wichtig. Wenn dem so ist, gibt es zig Millionen Möglichkeiten, den Wert der Ehrlichkeit im Alltag zu leben. Sie können beispielsweise Selbstmitgefühl praktizieren, was beinhaltet, sich selbst ehrlich einzugestehen, inwieweit Sie leiden. Oder Sie können in einem Tagebuch aufrichtig über Ihre Gefühle schreiben. Oder Sie können sich jemandem anvertrauen und zum Ausdruck bringen, wie schwierig es ist, dieses Geheimnis zu wahren.

Schritt 7: Sich Zeit zum Reflektieren nehmen

Nehmen Sie sich regelmäßig Zeit, achtsam über Ihre Situation nachzudenken. Am besten funktioniert dies wie in Schritt 2: Verwenden Sie ein Tagebuch oder einen Computer, schreiben

Sie Kosten und Nutzen jeder Option auf, und vergleichen Sie, ob sich seit dem letzten Mal, als Sie dies getan haben, etwas verändert hat. Sie können außerdem versuchen, sich vorzustellen, wie das Leben sein könnte – sowohl im Positiven als auch im Negativen – wenn Sie a) den einen Weg einschlügen oder b) den anderen Weg nähmen.

Für die meisten Menschen sind 10 oder 15 Minuten in der Woche genug Zeit zum Reflektieren, aber Sie können dafür so viel oder so wenig Zeit reservieren, wie Sie möchten. Der Schlüssel liegt darin, es fokussiert zu tun. Mit anderen Worten, versuchen Sie nicht, es beim Fernsehen, bei der Hausarbeit, beim Nachhausefahren, im Fitnessstudio oder beim Kochen zu tun. Setzen Sie sich einfach still mit Papier und Stift oder vor Ihren Computer hin, und tun Sie nichts anderes in der dafür reservierten Zeit, als nachzudenken.

Schritt 8: Benennen der Geschichte

Im Lauf des Tages wird Ihr Geist immer wieder versuchen, Sie in das Dilemma zurückzuziehen. Doch wäre dies wirklich hilfreich, dann hätten Sie Ihr Dilemma bereits aufgelöst, nicht wahr? Darum üben Sie jetzt das »Benennen der Geschichte«. Versuchen Sie zum Beispiel, zu sich zu sagen: »Aha! Hier ist sie wieder, die ›Bleib oder Geh‹-Geschichte. Danke, Geist, ich weiß, du versuchst, mir zu helfen, und das ist in Ordnung – aber ich habe das im Griff.« Fokussieren Sie dann Ihre Aufmerksamkeit auf eine sinnvolle, von Werten geleitete Tätigkeit. Sie werden es vielleicht hilfreich finden, sich selbst zu sagen: »Ich werde später, in meiner Zeit zum Reflektieren, darüber nachdenken.«

Schritt 9: Sich öffnen und Raum schaffen

Angstgefühle werden mit großer Wahrscheinlichkeit wieder und immer wieder auftauchen, ganz gleich, für welche Option Sie sich entscheiden. Üben Sie deshalb, sich zu öffnen und Raum für diese Gefühle zu schaffen. Akzeptieren Sie »Hier ist Angst«. Erinnern Sie sich: »Das ist normal. Es ist etwas, das jeder Mensch in einer herausfordernden Situation mit ungewissem Ausgang empfindet.«

Schritt 10: Selbstmitgefühl

Und schließlich seien Sie mitfühlend mit sich. Sprechen Sie freundlich mit sich selbst. Lösen Sie sich von dem ganzen wenig hilfreichen, selbstverurteilenden Geschwätz des Geistes los, indem Sie die Technik benutzen, die Ihnen am besten gefällt.

Erinnern Sie sich daran, dass Sie ein Mensch mit Emotionen sind; Sie sind kein Hightech-Computer, der kühl die Wahrscheinlichkeiten analysieren und eine Antwort ausspucken kann. Erinnern Sie sich zudem daran, dass dies eine *verdammt schwierige* Entscheidung ist – wäre es leicht, sie zu fällen, dann hätten Sie von vornherein kein Dilemma gehabt!

Gestehen Sie sich ein, dass die Situation schmerzlich ist und Sie leiden. Und umsorgen Sie sich mit vielen freundlichen, fürsorglichen, nährenden und rücksichtsvollen Dingen, die Sie trösten und in dieser schweren Zeit unterstützen. Dies kann alles einschließen, zum Beispiel mit engen Freunden Mußestunden zu verbringen, sich um Ihren Körper zu kümmern, einer Lieblingsfreizeitbeschäftigung nachzugehen, sich Zeit für Sport oder Kreativität zu nehmen, ein gesundes Essen zu kochen oder die Übung der »freundlichen Hände« aus dem Kapitel »Mit Freundlichkeit zähmen« zu praktizieren.

Gehen Sie diese Schritte jeden Tag (oder, wenn nötig, mehrere Male am Tag) durch. Dann wird eines von drei Dingen geschehen:

1. Mit der Zeit wird eine Option offensichtlich attraktiver als die andere.
2. Mit der Zeit verschwindet eine Option; sie ist nicht länger verfügbar.
3. Mit der Zeit bleibt Ihr Dilemma ungelöst.

Wenn entweder 1. oder 2. geschieht, ist die Entscheidung gefallen; das Dilemma ist gelöst.

Wenn 3. geschieht, dann können Sie wenigstens achtsam durch jeden Tag gehen, indem Sie Ihren Werten entsprechend leben und sich selbst freundlich behandeln, statt durch einen Smog unentschlossener Ängstlichkeit zu irren.

SCHLECHTE GEWOHNHEITEN DURCHBRECHEN

Wir haben sie alle. Und viele davon. »Schlechte Gewohnheiten« (Dinge, die uns von dem Leben, das wir uns wünschen, wegführen und die wir trotzdem immer wieder tun) sind etwas Natürliches für uns und selten leicht zu ändern. Um den berühmten Schriftsteller Mark Twain zu zitieren: »Eine Angewohnheit kann man nicht aus dem Fenster werfen. Man muss sie die Treppe hinunterprügeln, Stufe für Stufe.« (Twain sagte auch: »Mit Rauchen aufzuhören ist kinderleicht. Ich habe es schon hundertmal geschafft.«)

Es ist also etwas irreführend, wenn man vom »Durchbrechen« einer Gewohnheit spricht – so als könnte man sie einfach in zwei Stücke brechen, in die Mülltonne werfen und sie sei damit Geschichte. Erinnern Sie sich daran, dass sich das Gehirn nicht durch Subtraktion verändert, sondern durch Addition. Wir können nicht einfach die alten neuronalen Pfade löschen, die schlechten Gewohnheiten zugrunde liegen. Diese Pfade bleiben erhalten und lösen Impulse und den Drang aus, das weiterzumachen, was auch immer diese Wegbewegung sein mag. Aber wir können neue neuronale Pfade über die alten legen. Wir können eigene, effektivere Verhaltensmuster entwickeln und uns bewusst entscheiden, diesen neuen Hinbewegungen anstelle der alten Wegbewegungen zu folgen.

Und wenn wir diese neuen Verhaltensmuster immer wieder üben, üben, üben, dann werden wir mit der Zeit, nach zahlreichen Wiederholungen, an den Punkt gelangen, da wir sie automatisch, natürlich, bereitwillig tun – und an diesem Punkt können wir sagen, wir hätten eine »neue Gewohnheit« entwickelt. Es dauert jedoch eine laaaaaange Zeit, bevor ein neues Verhalten zur Gewohnheit wird. Glauben Sie nicht all diesen Bloggern, Selbsthilfebüchern und Motivationsrednern, die behaupten, es bräuchte 21 (oder 28 oder 35) Tage, um eine neue Gewohnheit zu bilden. Diese Zahlen hören sich gut an, aber es gibt keine wissenschaftlichen Belege dafür. Irgendjemand hat sie sich buchstäblich »ausgedacht«, weil sie tatsächlich gut klingen – und jetzt wiederholt sie alle Welt, als seien es Tatsachen. Aber Sie müssen sich einfach nur Ihre eigene Erfahrung näher ansehen, um zu erkennen, dass es gewöhnlich viele Monate, wenn nicht gar Jahre wiederholter Praxis bedarf, bis ein neues Verhaltensmuster zur Gewohnheit wird. Damit wir also schließlich den Punkt erreichen, an dem unser neues Verhalten automatisch wird, müssen wir die bewusste Anstrengung unternehmen, uns immer wieder »auf frischer Tat zu ertappen«: nämlich zu bemerken, wenn wir beginnen (oder schon damit begonnen haben), diese Wegbewegung zu machen, und wir müssen sie dann unterbrechen und uns stattdessen für eine Hinbewegung entscheiden.

Die gute Nachricht ist, wenn wir die in diesem Buch behandelten Fertigkeiten anwenden, können wir nahezu jede »schlechte Gewohnheit« unterbrechen und stattdessen eine effektivere wählen (wie unten illustriert).

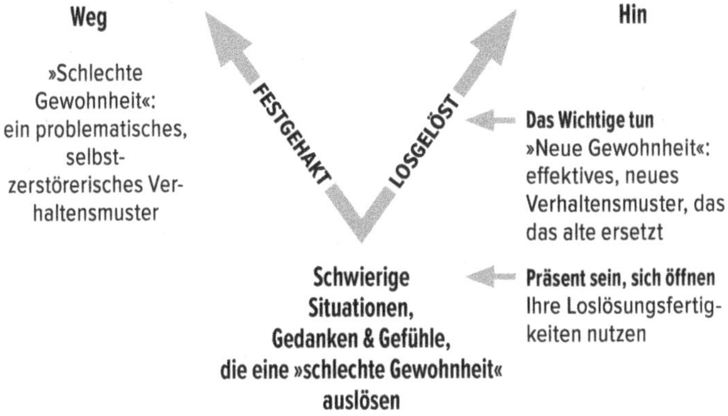

Eine gute Weise, diesen Prozess in Gang zu bringen, besteht darin, diese fünf Schritte zu absolvieren:

1. Was sind die Trigger?
2. Was sind die Kosten und Nutzen?
3. Was wäre ein gutes alternatives Verhalten und warum?
4. Welche Loslösungsfertigkeiten sind notwendig?
5. Was oder wer kann helfen?

Lassen Sie uns das jetzt durcharbeiten. Wählen Sie eine »schlechte Gewohnheit«, an der Sie arbeiten möchten (irgendein ineffektives, problematisches oder selbstzerstörerisches Verhaltensmuster, das Sie immer wieder an den Tag legen), und schreiben Sie Ihre Antworten auf jede dieser Fragen auf. Um Ihnen zu helfen, gebe ich Ihnen jetzt Beispiele für ein äußerst verbreitetes problematisches Verhalten: Prokrastination.

Bereit loszulegen? Haben Sie Stift und Papier? Gut, schreiben Sie zuerst die Verhaltensweise auf, die Sie reduzieren wollen, und überlegen Sie dann …

Frage 1: Was sind die Trigger?

Welche Situationen, Gedanken und Gefühle lösen dieses Verhalten typischerweise aus? Irgendwelche bestimmten Menschen, Orte, Ereignisse, Gedanken, Erinnerungen, Gelüste, Emotionen? (Wenn Sie sich nicht sicher sind, was das Verhalten auslöst, dann schreiben Sie erst einmal »nicht sicher«. Dann benutzen Sie im Verlauf der nächsten Tage Ihre Fertigkeit des »Präsentseins«, um sorgfältig zu erkunden, wann und wo Sie das Muster anwenden und welche Gedanken und Gefühle unmittelbar davor auftauchen.)

Beispiel: Mein problematisches Verhalten besteht darin, wichtige Aufgaben aufzuschieben. Die Trigger sind gewöhnlich: a) Ich denke an eine langweilige, schwierige oder angstauslösende Aufgabe, die ich zu erledigen habe, und b) die Angst, das Grauen oder andere unangenehme Gefühle, die auftauchen, wenn ich an die Aufgabe denke.

Frage 2: Was sind die Kosten und Nutzen?

Jede Art von Verhalten hat sowohl Kosten als auch Nutzen. (Mit »Nutzen« meine ich »Vorteile« und »Gewinne«.) Und wenn wir jemals wirklich wissen wollen, *warum* wir uns immer wieder so problematisch verhalten, müssen wir uns zuerst der Trigger bewusst werden und dann den Nutzen erkennen. Die Nutzen eines jeglichen Verhaltens (ob es eine Hinbewegung oder eine Wegbewegung ist) laufen im Grunde auf Folgendes hinaus:

- Sie vermeiden etwas oder flüchten vor etwas, das Sie nicht wollen (innerlich, äußerlich oder beides).
- Sie bekommen etwas, das Sie wollen (innerlich, äußerlich oder beides).

Unten nenne ich einige sehr verbreitete Nutzen. Das Verhalten hilft uns:

- herausfordernde Menschen, Orte, Situationen oder Aktivitäten zu vermeiden oder vor ihnen zu flüchten,
- unerwünschte Gedanken, Emotionen, Erinnerungen, Gelüste oder Empfindungen zu vermeiden oder vor ihnen zu fliehen,
- unsere Bedürfnisse zu erfüllen,
- Aufmerksamkeit oder Anerkennung zu gewinnen,
- andere dazu zu bringen, zu tun, was wir uns wünschen,
- »gut auszusehen« oder sich in die Gruppe einzufügen,
- sich besser zu fühlen (zum Beispiel entspannt, erleichtert, ruhig, glücklich, sicher),
- das Gefühl zu haben, im Recht zu sein (wir haben recht und die anderen nicht),
- so zu empfinden, als arbeiteten wir hart an unseren Problemen.

Es gibt viele mögliche Nutzen für ein jegliches Verhalten, aber die meisten von ihnen passen unter eine oder mehrere der oben genannten weit gefassten Kategorien (gewöhnlich mehrere). Gelegentlich können wir trotz unserer größten Anstrengungen nicht herausfinden, was die Nutzen sind – und das ist in Ordnung. Wir *müssen* es nicht wissen. Es ist sehr viel wichtiger, sich über die Kosten klar zu werden.

Wenn wir natürlich in Erwägung ziehen, unser Verhalten zu ändern, sind wir uns bereits einiger Kosten bewusst – warum sollten wir uns sonst die Mühe machen, eine Veränderung zu initiieren?

Doch wir wollen tiefer nachdenken und uns wahrhaftig mit dem verbinden, was uns dieses Verhalten kostet; ansonsten könnten wir nicht motiviert genug sein, um die erforderliche harte Arbeit zu leisten. Wir wollen uns deshalb aufrichtig fragen:

- Gibt es irgendwelche Kosten oder Kehrseiten dieses Verhaltens? Oder irgendwelche unbeabsichtigten negativen Konsequenzen?
- Gibt es etwas Wichtiges, das wir verlieren oder verpassen, wenn wir dies tun?
- Hält es uns von jemand Wichtigem oder etwas Wichtigem zurück?
- Hat es irgendwelche negativen Auswirkungen auf unsere Gesundheit, unser Wohlbefinden, unsere Arbeit, unsere Beziehungen oder unsere Zufriedenheit im Leben?

Beispiel: Die Nutzen von Prokrastination

- *Ich vermeide Aufgaben, die langweilig, herausfordernd oder angstauslösend sind.*
- *Ich vermeide Angst, Furcht und andere unangenehme Gefühle.*
- *Ich habe stattdessen die Gelegenheit, andere Dinge zu tun, die interessanter oder leichter sind oder mehr Spaß machen.*
- *Jedes Mal, wenn ich die Sache noch ein wenig aufschiebe, entsteht in mir ein Gefühl der Erleichterung.*

Beispiel: Die Kosten für Prokrastination

- *Wichtige Aufgaben, die mein Leben verbessern würden, bleiben unerledigt.*
- *Ich verpasse die Vorzüge, die ich durch das Ausführen solcher Aufgaben erfahren würde, wie etwa A, B und C (zum Beispiel das Gefühl von Befriedigung oder Erfolg, aufrichtig mit mir selbst zu sein, Verbesserungen meiner Gesundheit oder meiner Beziehungen, einem wichtigen langfristigen Ziel näher zu kommen).*
- *Auf lange Sicht bedeutet das Aufschieben, meine Angst zu vergrößern, mein Wohlgefühl zu mindern und X Y Z zu belasten (zum Beispiel meine Gesundheit, meine finanzielle Situation oder meine Beziehungen).*
- *Ich vergeude kostbare Zeit und Energie darauf, mich durch andere Aktivitäten abzulenken.*

Nachdem Sie diese Fragen durchgegangen sind, stellen Sie sich die Frage: Wiegen die Kosten schwerer als der Nutzen?

Wenn die Antwort Nein lautet (und Sie wirklich aufrichtig zu sich sind), dann sehen Sie dieses Verhalten offensichtlich nicht als ein bedeutsames Problem an. Wählen Sie daher ein anderes, an dem Sie arbeiten können.

Ist die Antwort Ja, dann überlegen Sie ...

Frage 3: Was wäre ein gutes alternatives Verhalten und warum?

Sobald Ihnen klar wird, dass die Gewohnheit Sie mehr kostet als Sie Ihnen gibt, besteht der nächste Schritt darin zu überlegen, was stattdessen ein neues, effektives Verhalten wäre.

Zum Beispiel:

- Wenn Sie Ihre Kinder oder Ihren Partner nicht mehr anschreien, sobald Sie von ihrem Verhalten frustriert, genervt oder verärgert sind – was werden Sie stattdessen tun?
- Wenn Sie nicht mehr zur Flasche greifen oder Drogen nehmen, sich mit Essen vollstopfen oder rauchen, sobald Sie sich schlecht, gestresst, ängstlich, gelangweilt usw. fühlen – was werden Sie stattdessen tun?
- Wenn Sie weniger Zeit damit verbringen wollen, fernzusehen, Computerspiele zu spielen, in den sozialen Netzwerken abzuhängen oder »auszuschlafen« – was würden Sie stattdessen tun?

Das führt uns zurück zu den Fertigkeiten des Zielesetzens: in diesem Fall, sich für neue, effektive, von den Werten bestimmte Verhaltensweisen zu entscheiden. Betrachten wir beispielsweise die oben angeführten Stichpunkte:

a) Anstatt zu schreien, könnten wir ruhig und geduldig verlangen, dass die Kinder oder der Partner ihr Verhalten ändern; oder wir könnten akzeptieren, was geschehen ist und uns einen Scherz daraus machen; oder wir können ruhig und ehrlich darüber sprechen, wie wir uns fühlen, wenn sie jenes tun.
b) Anstatt uns dem Trinken, Essen, Tabak oder den Drogen zuzuwenden, könnten wir zuerst unsere schwierigen Gefühle in vier Schritten »zähmen« und uns darauf folgend einer Aktivität widmen, die wir als sinnvoll und erfüllend empfinden: sei es nun, mit dem Hund oder der Katze

zu spielen, ein Buch zu lesen, beim Fitnesstraining einen Film zu sehen, einen Urlaub zu planen, etwas Kreatives zu tun oder aber alte Fotos zu durchstöbern, Mußestunden mit Freunden oder der Familie zu verbringen und so weiter. (Es ist wichtig, zuerst das »Zähmen der Emotionen« zu durchlaufen – sich zu öffnen und Raum für die Gefühle zu schaffen –, denn sonst fungieren all diese Aktivitäten als Ablenkung.)

c) Anstatt so viel Zeit damit zu verbringen, diese Aktivitäten zu tun, können wir andere Dinge, die wir als sinnvoller erachten, mit einplanen, wie etwa die Beispiele unter b) oben. (Und wenn Ihnen nichts einfällt, wie Sie Ihre Zeit sinnvoll verbringen können, dann schauen Sie einmal auf die Liste der 300 Aktivitäten in den *Extra Bits* zu Kapitel 26.)

Wir wollen auch klären, *warum* dies eine gute Alternative ist. Mit anderen Worten, was ist der Nutzen, wenn wir dies tun? Wie kann es förderlich für unsere Gesundheit, unser Wohlbefinden, unsere Beziehungen und unsere Arbeit sein? Führt es unser Leben in die von uns gewünschte Richtung? Welche Werte werden wir dadurch leben? Welchen langfristigen Zielen bringt uns dies näher?

Beispiel: Anstelle von Prokrastination bei dieser Aufgabe werde ich sie angehen.
Am (Datum, Uhrzeit) ______________________
Werde ich (Dauer präzisieren) ____ *Minuten daran arbeiten.*
Ich werde mit (den ersten Schritt benennen) __________
__________________ *beginnen.*

Auf einer Skala von 0 bis 10, wie realistisch ist dieses Vorhaben? ______________________________

Der Nutzen ist: Ich lebe meinen Werten entsprechend; eine wichtige Aufgabe wird erledigt und ich werde Vorteile wie etwa A, B und C haben (zum Beispiel, das Gefühl von Befriedigung oder Erfolg, aufrichtig mit mir zu sein, Verbesserungen auf gesundheitlicher oder Beziehungsebene, einem wichtigen langfristigen Ziel näher kommen).

Frage 4: Welche Loslösungsfertigkeiten sind notwendig?

Da uns diese neue Verhaltensweise aus unserer Komfortzone herausreißt, werden garantiert schwierige Gedanken und Gefühle auftauchen. Es ist also klug, im Voraus zu planen; wie es so schön heißt: »Gefahr erkannt – Gefahr gebannt!«

- Welche nicht hilfreichen Gefühle (zum Beispiel Gründe, es nicht zu tun, strenge Regeln, scharfe Selbstverurteilung) werden auftreten?
- Welche unangenehmen Gefühle (zum Beispiel Angst, Zorn, Scham) werden auftauchen?
- Welche Loslösungsfertigkeiten werde ich anwenden müssen? (Dem Geist danken, benennen der Geschichte, sich verankern, Drangsurfen, freundliche Hände?)

Wenn Ihre Loslösungsfertigkeiten schwach sind, versteht es sich von selbst, dass Sie sie üben müssen. Und das Coole daran ist, je mehr wir die ganze Palette an Loslösungsfertigkeiten üben, desto weniger sind wir mit Unbehagen konfrontiert.

Wenn wir den Gedanken »Du wirst versagen« lediglich als eine Folge von Wörtern ansehen, ist er viel weniger lästig, als wenn wir im GEHORCHEN-Modus darauf reagieren. Und wenn wir den Kampfschalter auf AUS stellen, können wir erheblich leichter mit unseren Gefühlen leben, weil sie nicht verstärkt werden.

Beispiel: Wenn ich kurz davorstehe, mit der Erledigung dieser Aufgabe anzufangen, werden nicht hilfreiche Gedanken auftauchen wie etwa: »Ich mache das später. Das kann warten. Es mangelt mir an Energie dafür. Ich bin nicht in der Stimmung. Ich hasse es, dies zu tun. Es ist so langweilig. Es macht nichts, es auf einen anderen Tag zu verschieben.« Und schwierige Gefühle wie Angst, Magenkrämpfe und der Drang, stattdessen andere Dinge zu tun, (wie einen Snack essen, sich einen Kaffee zubereiten, im Internet surfen oder die E-Mails checken), treten auf.

Ich werde mich von diesen Gedanken und Gefühlen loslösen, indem ich mich verankere und Raum schaffe.

Frage 5: Was oder wer kann helfen?

Viele Dinge können uns helfen, neue Verhaltensmuster zu entwickeln: Unterstützung und Ermutigung von anderen Menschen bekommen, ein Belohnungssystem aufstellen, unsere materielle Umgebung umstrukturieren und so weiter. Wir werden diese Strategien und weitere im nächsten Kapitel erkunden. An dieser Stelle möchte ich nur zwei erwähnen, die unglaublich hilfreich sind: klein anzufangen und sich selbst freundlich anzusprechen. Sehen wir uns beide kurz an.

Klein anfangen

Wenn Sie sich gerade erst bei einem Fitnessstudio eingeschrieben haben, werden Sie nicht schnurstracks auf die schwersten Gewichte im Raum zugehen; Sie werden mit leichten Gewichten beginnen und Ihre Muskulatur dann allmählich aufbauen. Das gleiche Prinzip lässt sich auf das Entwickeln neuer Verhaltensweisen anwenden. Beginnen Sie mit kleineren, weniger herausfordernden Zielen, und legen Sie allmählich weitere Gewichte drauf. Überlegen Sie: Auf welche Weise können Sie nicht zu anspruchsvoll anfangen? Was ist machbar, realistisch und kein allzu großer Sprung aus Ihrer Komfortzone heraus?

Denn dieses Prinzip ist …

DIE ZU JEDER ZEIT BESTE KÖNIGSSTRATEGIE, DIE DICH AUS DEN SOCKEN HAUT!

Versuchen Sie nicht, die ganze Aufgabe oder das Projekt in einem Zug zu vollenden: Knabbern Sie es langsam weg, einen kleinen Happen nach dem anderen. Setzen Sie sich als Ziel, nur für kurze Zeit daran zu arbeiten – und danach können Sie aufhören. (Oder weitermachen, wenn Sie wollen.)

Beispiel: Ich will an dieser Aufgabe nur 20 Minuten arbeiten. Nach Ablauf dieser Zeit kann ich damit aufhören. (Oder weitermachen, wenn ich es möchte.)

Freundliches Selbstgespräch

Ein freundliches, ermutigendes Selbstgespräch kann oft Wunder für unsere Motivation bewirken.

Beispiel: Ich kann das. Es beansprucht nur 20 Minuten meiner Zeit. Danach kann ich aufhören – oder weitermachen, wenn mir danach ist. Ich weiß, dass ich oft in Schwung komme und weitermache, sobald ich erst einmal mit etwas angefangen habe. Aber wenn das nicht der Fall ist, dann habe ich es zumindest 20 Minuten lang getan, und das ist schon mal ein Anfang. Darauf kann ich aufbauen. Ich bin bereit, Raum für mein Unbehagen zu schaffen, um das zu tun, worauf es ankommt.

Zeit zu handeln

Wenn Sie den obigen Schritten gefolgt sind, ist es Zeit zu handeln. (Und wenn Ihnen hohe AVEZ-Barrieren dazwischenkommen, wissen Sie, was zu tun ist; falls Sie es vergessen haben, sehen Sie es sich noch einmal im Kapitel »Ein Schritt nach dem anderen« an.) Doch denken Sie bitte daran: Sie *müssen* das nicht tun; es ist Ihre eigene Entscheidung. Eine Entscheidung, Ihren Werten entsprechend zu leben, sich mehr zu verhalten, wie die Art von Mensch, die Sie sein möchten. Wenn Sie es also tun, lassen Sie sich völlig darauf ein; fokussieren Sie Ihre ganze Aufmerksamkeit auf die vor Ihnen liegende Aufgabe. Und schaffen Sie Raum für all die Gedanken und Gefühle, die auftreten.

Mit anderen Worten: *Seien Sie präsent, öffnen Sie sich, und tun Sie, worauf es ankommt.*

ÜBER DIE DISTANZ GEHEN

Der Philosoph Alfred Souza schrieb: »Für eine lange Zeit kam es mir so vor, als sollte das Leben nun gleich beginnen – das richtige Leben! Aber es war immer noch irgendein Hindernis im Weg, etwas, das erst einmal bewältigt werden musste, eine unerledigte Angelegenheit, etwas, das noch Zeit brauchte, eine Schuld, die noch nicht beglichen war … Dann würde das Leben beginnen. Schließlich dämmerte es mir, dass diese Hindernisse mein Leben sind.«

Er war da auf etwas ganz Wesentliches gestoßen: Das Leben ist voller Hindernisse, und wann immer wir ihnen begegnen, können wir entweder Ja sagen – und Raum für unsere Gedanken und Gefühle schaffen und das tun, worauf es ankommt –, oder wir können Nein sagen und uns zurückziehen. Wenn wir wiederholt Nein sagen, stagniert oder schrumpft unser Leben. Wenn wir wiederholt Ja sagen, wird unser Leben größer. Glücklicherweise können wir selbst dann, wenn wir nicht Ja sagen *möchten*, uns doch dafür *entscheiden*. Und jedes Mal, wenn wir diese Entscheidung treffen, wachsen wir als Person.

Mit der Zeit wird das Ja-Sagen zu unseren Hindernissen allmählich leichter, gewohnheitsmäßiger. Und die Erfahrung, die wir daraus gewinnen, schenkt uns ein tiefes Reservoir an Kraft, aus dem wir schöpfen können, wenn es hart auf hart kommt. Wir sprechen hier über eine Eigenschaft, die ich als »Bereitwilligkeit« bezeichne. Um ein besseres Gefühl für dieses Konzept zu bekommen, betrachten Sie Folgendes:

Die verlorene Stadt der Oompa Loompas

Sie sind ein furchtloser Forscher, der sich auf der Suche nach der uralten Stadt der Oompa Loompas* seinen Weg durch den Dschungel schlägt. Und plötzlich stehen Sie vor einem riesigen, stinkenden Sumpf voller Blutsauger. Und der einzige Weg, um zu den Ruinen zu gelangen, ist, durch diese ganze von Moskitos wimmelnde Pampe zu waten. Sie können nur dies tun oder zurückgehen, eine dritte Option gibt es nicht. Welche würden Sie also wählen?

Wenn Sie sich entscheiden weiterzugehen, dann nicht, weil es Ihnen Spaß macht, bis zu den Hüften durch kaltes, stinkendes Sumpfwasser zu waten und bei lebendigem Leib von Blutegeln und Moskitos aufgefressen zu werden, sondern weil es Ihnen *wirklich wichtig* ist, diese alten Ruinen zu erkunden. Sie sind bereit, diese Unannehmlichkeiten auf sich zu nehmen, nicht, weil Sie sie *mögen*, sie sich *wünschen* oder *Freude* daran haben, sondern weil es Ihnen ermöglicht, etwas für Sie Wichtiges und Bedeutsames zu tun.

Soula begriff, worauf diese Geschichte hindeuten sollte. Um ihr Ziel, einen Partner zu finden, weiterzuverfolgen, vereinbarte sie Dates mit Männern, die sie durch eine

---

* Die Oompa Loompas wurden von dem norwegisch-walisischen Schriftsteller Roald Dahl für sein 1964 veröffentlichtes Kinderbuch *Charlie und die Schokoladenfabrik* erschaffen. (Siehe Wikipedia, »Oompa Loompa«, Anm. d. Über.)

Online-Partnervermittlung kennengelernt hatte. Sie war bereit, Raum für Gefühle der Verletzlichkeit, Unsicherheit und Angst zu schaffen sowie für Gedanken wie: »Ich vergeude meine Zeit« – »Ich werde nur Psychopathen und Verlierer treffen« – und »Wenn ich einmal einen netten Typen treffe, wird er mich nicht mögen«. Ihre Bereitschaft, sich auf dieses Unbehagen einzulassen, ermöglichte es ihr, zu einigen Verabredungen zu gehen und einige nette Männer kennenzulernen.

Ebenso war Michelle bereit, Raum für die Angst, entschieden Nein zu sagen, zu schaffen, anstatt ständig anderen Menschen gefallen zu wollen, damit sie mehr Freizeit mit ihrer Familie verbringen konnte. Auch Donna war auf ähnliche Weise bereit, sich zu öffnen, Raum für ihre Traurigkeit zu schaffen und Selbstmitgefühl zu üben, statt ihren Schmerz durch Trinken zu unterdrücken, damit sie ihr Leben zurückgewinnen und den Alkoholismus hinter sich lassen konnte.

Und dann war da noch Kirk, ein reicher Anwalt für Wirtschaftsrecht. Wenn Kirk sich wirklich mit seinen Werten verband, erschien ihm seine Arbeit nicht mehr sinnvoll. Er war vor allem des Status und Geldes wegen Anwalt geworden und auch, um die Anerkennung seiner Eltern zu gewinnen (die beide erfolgreiche Anwälte waren). Was er jedoch wirklich zu tun wünschte, war Menschen zu unterstützen und sich um sie zu kümmern, besonders, ihnen zu helfen, zu wachsen, zu lernen und sich zu entwickeln. Schließlich entschloss er sich, eine neue Ausbildung zum Psychologen zu beginnen. Um dies tun zu können, war er bereit, Raum für viel Unbehagen zu schaffen: ein geringeres Einkommen, viele Jahre zusätzlichen Studiums, Missbilligung vonseiten der Eltern, Angst darüber, ob er das Richtige tue, Gedanken über »all die vergeudeten Jahre«

und so weiter. Als ich Kirk das letzte Mal sah, hatte er gerade seinen Abschluss als Psychologe gemacht und liebte seinen Beruf. Aber er hätte es ohne die Bereitschaft, Raum für all das Unbehagen zu schaffen, nie so weit gebracht.

Persönliches Wachstum

Wenn wir als Person weiterhin wachsen wollen, müssen wir fortfahren, uns zu öffnen, und tun, worauf es ankommt. Bisher haben wir uns nur in einem Lebensbereich kurzfristige Ziele gesetzt, weil dies die beste Weise ist, in Bewegung zu bleiben. Wir wollen uns jedoch im Lauf der Zeit mittelfristige und langfristige Ziele setzen, und zwar in allen Lebensbereichen, die uns wichtig sind. Also lassen Sie uns jetzt damit anfangen.

Mittelfristige Ziele

Wählen Sie einen Lebensbereich, verbinden Sie sich mit zwei oder drei Werten, die Sie ins Spiel bringen wollen, und fragen Sie sich: »Welchen größeren Herausforderungen (die in Einklang mit diesen Werten sind) kann ich mir für die kommenden Wochen und Monate stellen?«

Formulieren Sie Ihr Ziel wie immer genau. Wenn der Lebensbereich zum Beispiel Gesundheit ist und der Wert Selbstfürsorge, könnte ein mittelfristiges Ziel sein: »An drei Abenden in der Woche werde ich mir ein Essen nach Rezepten aus einem Gesundheitskochbuch zubereiten« oder »Ich werde in jeder Mittagspause einen 20-minütigen Spaziergang machen«.

Langfristige Ziele

Fragen Sie sich für dieselben Bereiche und Ziele wie oben: »Welchen größeren Herausforderungen kann ich mich für die kommenden Jahre stellen?« An dieser Stelle wagen Sie es, groß zu denken. Was möchten Sie in den nächsten ein, zwei, drei, vier oder fünf Jahren von heute an erreichen? Langfristige Ziele können alles beinhalten, wie etwa einen Karrierewechsel, einen Partner zu finden, Kinder zu bekommen, ein Haus zu kaufen, ein Instrument spielen zu lernen oder um die Welt zu reisen. Erlauben Sie sich zu träumen.

Und wenn Sie ein Brett vor dem Kopf haben – wenn Ihr Geist sagt: »Ich habe keine Ahnung!« –, seien Sie versichert, dass dies sehr weitverbreitet und kein Problem ist. Bleiben Sie einfach bei den kurzfristigen und mittelfristigen Zielen. Im Lauf der Zeit werden Sie wachsen, Ihr Leben wird sich ausweiten, und früher oder später werden diese langfristigen Ziele sich einstellen. Oder sie tun es nicht. Und ob sie das nun tun oder nicht, spielt tatsächlich keine Rolle, weil Sie in der Zwischenzeit Ihre Werte leben und der Mensch sind, der Sie sein wollen, und das meiste aus dem Leben machen, wie es in diesem Moment ist.

Andere Lebensbereiche

Sobald wir einigen Fortschritt in einem bestimmten Lebensbereich gemacht haben, ist es gewöhnlich gut, zu einem anderen Bereich überzugehen. Und nachdem wir in diesem Gebiet vorangekommen sind, gehen wir zu einem weiteren über.

Es gibt kein richtig oder falsch bei diesem Vorgehen, und auch keine Formel dafür. Jeder von uns darf experimentieren und herausfinden, was am besten für ihn ist. Manche

Menschen wechseln die Bereiche wöchentlich, andere monatlich und wieder andere erst, nachdem sie ein bestimmtes Ziel erreicht haben. Und einige finden, dass sie in mehreren Gebieten gleichzeitig arbeiten können. Aber die meisten von uns fühlen sich davon überfordert, sich auf mehr als einen oder zwei Bereiche zu fokussieren.

Es ist also wichtig, sich immer wieder selbst zu überprüfen. Fühlen Sie sich überwältigt, überlastet, gefangen? Wenn ja, dann beanspruchen Sie Ihre Ressourcen übermäßig und versuchen, zu viel zu früh zu tun (oder zu perfekt). Treten Sie also kürzer: Lassen Sie Ihre Ziele sowohl realistisch *als auch* lebensverändernd sein. Wenn sie Ihnen das Leben aussaugen, sind Sie in die Falle des auf Ziele fokussierten Lebens zurückgefallen (siehe Kapitel »Die Kunst der Wertschätzung«).

Also hüten Sie sich vor diesen verbreiteten Fallstricken des Geistes: »Was soll ich mit meinem Leben anfangen?« Hat Sie diese Frage jemals an den Haken genommen? Mir ist es zweifellos so ergangen, und ich kann Ihnen sagen: Dies ist ein Rezept für Elend. Je mehr Sie an den Haken genommen werden, desto unzufriedener werden Sie mit dem Leben, das Sie haben. Das Problem liegt darin, dass die Frage sooooo groß ist, dass praktisch niemand sie zu beantworten vermag (außer den sehr vereinzelten Menschen, die eine große Berufung für ihr ganzes Leben verspüren – bei der es gewöhnlich um Religion, Politik oder die Rettung der Welt geht).

Für die meisten von uns ist es nicht angeraten, diese Frage zu stellen; sie ist einfach zu groß, zu überwältigend. Folgende Fragen sind erheblich nützlicher:

Was will ich in diesem einen Bereich meines Lebens tun für die nächsten … Stunden? … Tage? … Wochen? … Monate?

Sobald Sie sich dies beantwortet haben, wählen Sie einen anderen Bereich, und stellen Sie sich dieselben Fragen. Und so weiter und so fort. Ich bin sicher, dass dies für Sie eine erfüllendere Weise zu leben sein wird, als sich zu fragen: »Was soll ich mit meinem Leben anfangen?«

In der zweiten Hälfte dieses Kapitels wollen wir uns nun einem anderen sehr wichtigen Thema zuwenden:

Wie man neue Verhaltensweisen aufrechterhält

Es gibt da draußen Hunderte, wenn nicht Tausende von Werkzeugen, die uns bei der schwierigen Herausforderung helfen, neue Verhaltensmuster aufrechtzuerhalten. Wir können Sie jedoch alle unter der Überschrift »Die starken Sieben« zusammenfassen: Erinnerungsstützen, Aufzeichnungen, Belohnungen, Routinen, Beziehungen, Reflektieren und Umstrukturierung der Umgebung. Betrachten wir sie im Einzelnen.

Erinnerungsstützen

Wir können alle möglichen einfachen Mittel erfinden, die uns an das neue Verhalten erinnern, das wir beibehalten wollen. Zum Beispiel können wir ein Pop-up oder einen Bildschirmschoner mit einem wichtigen Wort, einem Satz oder einem Symbol auf unserem Computer oder Smartphone einrichten, die uns daran erinnern, achtsam zu handeln oder einen bestimmten Wert zu verwenden.

Wir können auch eine der altbewährten Methoden verwenden, eine Botschaft auf eine Karte schreiben und sie an den Kühlschrank, den Badezimmerspiegel oder ans Armaturenbrett im Auto kleben.

Oder Sie können etwas in einem Tagebuch oder Kalender notieren oder in der »Notizen«-App auf Ihrem Smartphone. Das mögen einfach nur ein oder zwei Wörter sein, wie etwa »Verankern« oder »Freundlich sein« oder ein Akronym wie »AVE«; oder eine Aufforderung wie »Sei präsent, öffne dich, tu, worauf es ankommt«.

Alternativen wären, einen leuchtend bunten Aufkleber auf das Armband unserer Uhr, auf die Rückseite unseres Smartphones oder auf die Tastatur unseres Computers zu kleben, so dass wir jedes Mal, wenn wir diese Dinge benutzen, von dem Aufkleber daran erinnert werden, unser neues Verhalten beizubehalten.

Aufzeichnungen

Wir können über unser Verhalten im Lauf des Tages Buch führen, indem wir notieren, wann und wo wir die neue Verhaltensweise an den Tag legen und welche Vorteile es hat; und auch wann und wo wir das alte Muster an den Tag legen und welche Kosten das mit sich bringt. Jedes Tagebuch oder Notizbuch – auf Papier oder einem Computerbildschirm – ist hierfür geeignet. (Es gibt dafür auch ein Arbeitsblatt in den *Extra Bits.*)

Belohnungen

Wenn wir irgendeine Art von neuem Verhalten annehmen, das in Übereinstimmung mit unseren Werten ist, dann wird das hoffentlich an sich schon ein Gewinn sein. Doch wir können das neue Verhalten mit zusätzlichen Belohnungen verstärken.

Eine Möglichkeit ist ein freundliches, ermutigendes Selbstgespräch, sich zum Beispiel zu sagen: »Gut gemacht. Du hast es geschafft!« Eine andere Form der Belohnung ist, Ihren Erfolg und Ihre Fortschritte mit einem geliebten Menschen zu teilen, von dem Sie wissen, dass er positiv darauf reagieren wird.

Andererseits mögen Sie eher materielle Belohnungen bevorzugen. Wenn Sie beispielsweise dieses neue Verhalten für eine Woche aufrechterhalten haben, dann kaufen Sie sich etwas oder tun etwas, das Sie wirklich mögen (zum Beispiel zur Massage gehen oder ein Buch kaufen).

Routinen

Wenn Sie jeden Morgen zur selben Zeit aufstehen, um joggen zu gehen, etwas Yoga zu machen oder zu meditieren, dann wird dieses neue Verhaltensmuster mit der Zeit immer natürlicher. Sie werden nicht mehr so stark daran denken müssen, es zu tun, es wird weniger »Willenskraft« erfordern, und es wird ein Teil Ihrer Alltagsroutine werden. Experimentieren Sie also: Was immer Ihr neues Verhalten sein mag, versuchen Sie, es in eine regelmäßige Routine einzugliedern, so dass es ein normaler Teil Ihres Alltagslebens wird. Wenn Sie zum Beispiel jeden Abend von der Arbeit mit dem Auto nach Hause fahren, dann könnten Sie, bevor Sie aus dem Wagen aussteigen, zwei Minuten lang üben, sich zu verankern und darüber nachdenken, welche Werte Sie ins Spiel bringen wollen, sobald Sie das Haus betreten.

Beziehungen

Es ist leichter zu studieren, wenn Sie einen Lernpartner haben, und es ist leichter zu trainieren, wenn Sie einen Trainingspartner haben. In den AA-Programmen tun Sie sich mit einem Förderer zusammen, der Ihnen hilft, nüchtern zu bleiben, wenn es schwer wird.

Können Sie also eine freundliche, fürsorgliche und ermutigende Person finden, die Sie in diesem neuen Verhalten unterstützt? (Das könnte ein Therapeut, Berater oder Coach sein.) Vielleicht treffen Sie sich mit dieser Person regelmäßig und erzählen ihr, wie gut Sie vorankommen, wie in »Belohnungen« erwähnt.

Oder Sie können der Sie unterstützenden Person Ihre laufenden Aufzeichnungen per E-Mail senden. Oder Sie können die andere Person als eine Gedächtnisstütze einsetzen; bitten Sie die Person, Sie an das neue Verhalten zu erinnern, wann und wo das hilfreich ist. Sie können Ihren Partner beispielsweise auffordern: »Wenn du siehst, dass ich mir Sorgen mache, erinnere mich bitte daran, mich zu verankern.«

Reflektieren

Nehmen Sie sich regelmäßig Zeit, darüber nachzudenken, wie Sie sich verhalten und welche Auswirkungen das auf Ihr Leben hat. Sie können das niederschreiben (Aufzeichnungen) oder es im Gespräch mit einer anderen Person (Beziehungen) tun.

Oder Sie können es als mentale Übung im Verlauf des Tages oder vor dem Zubettgehen oder beim Aufwachen am Morgen ausführen. Nehmen Sie sich einfach ein paar Minuten Zeit, über folgenden Fragen zu reflektieren:

> »Wie geht es mir?«
> »Was von dem, was ich tue, funktioniert?«
> »Was von dem, was ich tue, funktioniert nicht?«
> »Wovon kann ich mehr oder weniger tun, oder was kann ich anders machen?«

Stellen Sie sicher, dass Sie auch über die Male nachdenken, bei denen Sie in Ihr altes Verhaltensmuster zurückfallen. Nehmen Sie wahr, was solche Rückfälle und Rückschritte auslöst und was es Sie kostet (und wie Sie darunter leiden), wenn es eintritt. Das bedeutet nicht, dass Sie sich selbst fertigmachen! Es heißt vielmehr, *mitfühlend* über die echten Kosten für Ihre Gesundheit und Ihr Wohlergehen bei Rückfall in die alten Verhaltensmuster zu reflektieren – und nutzen Sie Ihr Bewusstsein für das Leid, das Ihnen dadurch entsteht, um sich selbst zu motivieren, wieder in die Spur zu kommen.

Umstrukturierung der Umgebung

Oft können wir unsere Umgebung umstrukturieren, damit uns unser neues Verhalten leichterfällt und wir es deshalb mit größerer Wahrscheinlichkeit aufrechterhalten. Ist das neue Verhalten beispielsweise »gesundes Essen«, können wir die Küche umstrukturieren, um das zu erleichtern: Junk-Food loswerden oder verstecken und den Kühlschrank und die Speisekammer mit gesunden Sachen füllen.

Wenn wir am Morgen ins Fitnessstudio gehen wollen, können wir abends unsere Trainingskleidung in unsere Sporttasche packen und sie neben das Bett oder an eine andere günstige Stelle stellen, wo sie gut sichtbar ist, so dass schon alles bereit ist, wenn wir morgens aufstehen. (Und wenn wir unsere Trainingssachen sehen, dient dies natürlich als Erinnerungsstütze.)

So, da haben wir sie, »Die starken Sieben«: Erinnerungsstützen, Aufzeichnungen, Belohnungen, Routinen, Beziehungen, Reflektieren und Umstrukturierung der Umgebung. Seien Sie jetzt kreativ, und passen Sie diese Methoden nach Herzenslust an, um Ihren eigenen Werkzeugkasten für andauernden Wandel daraus zu gestalten. Viel Glück damit!

DIE REGELN BRECHEN

Manchmal kann Ihr Geist ziemlich tyrannisch sein. Er stellt strikte Regeln auf und sagt uns: »Du musst GEHORCHEN! Wenn du das *nicht* tust, werden die Konsequenzen *fatal* sein!« Wir alle folgen diesen strengen Regeln in einem gewissen Maße, und oft sind wir uns dessen nicht einmal bewusst. Sie lassen sich gewöhnlich durch Ausdrücke identifizieren wie etwas »sollen«, »müssen«, »nicht dürfen«, »nicht können bis«, »nicht sollen weil«, »immer«, »niemals«, »auf diese Weise tun« und so weiter.

Hier sind einige verbreitete Beispiele:

- *Ich muss die Dinge perfekt machen; ich darf keine Fehler machen.*
- *Ich muss andere immer glücklich machen; meine Bedürfnisse zählen nicht.*
- *Ich muss andere immer überprüfen; ich kann ihnen nicht trauen.*

Wenn uns strenge Regeln an den Haken nehmen, verengt sich unser Leben. Die erste oben stehende Regel zieht uns zum Beispiel in den Stress von »ungesundem Perfektionismus« hinein; die zweite in die Anspannung, »es anderen ständig recht zu machen«. Und die dritte zieht uns in die schlechte Gewohnheit hinein, andere ständig zu überprüfen – wie kontrollsüchtige Eltern oder Vorgesetzte am Arbeitsplatz.

In den 1940er-Jahren bezog sich die Psychologin Karen Horney auf diese Art von Problemen als »Tyrannei des Sollens«; und in den 1960er-Jahren nannte der Psychologe Albert Ellis sie »*Muss*turbation«. Lassen Sie uns ansehen, wie man sich aus dieser Tyrannei befreien kann.

Kosten und Nutzen

In einem der früheren Kapitel haben wir die Kunst, »schlechte Gewohnheiten zu durchbrechen« erkundet, und genau diese Prinzipien lassen sich auch hier anwenden. Deshalb schauen wir uns zuerst an, welche Kosten und welchen Nutzen es hat, wenn wir im GEHORCHEN-Modus auf eine Regel reagieren.

Nutzen

Als Michelle ihren Regeln des »es allen Rechtmachens« GEHORCHTE, wurde sie motiviert, nach anderen zu sehen und sich um sie zu kümmern. Das schützte sie vor Ablehnung und Feindseligkeit; sie gewann Anerkennung, Zuneigung und Dankbarkeit; es half ihr, Konflikte zu vermeiden; es verstärkte ihr Selbstbild als eine fürsorgliche, freundliche, hilfreiche und »gebende« Person. Und es half ihr vorübergehend, der »Ich bin nicht liebenswürdig«-Geschichte zu entkommen.

Sie können beinahe jede strikte Regel nehmen – sei sie nun gegründet auf die Forderungen Ihrer Eltern, Ihrer Religion, Ihrer Kultur, Ihres Arbeitsplatzes oder Ihrer selbstauferlegten Ansprüche, perfekt zu sein – und ähnlichen Nutzen finden. Wenn wir strikten Regeln GEHORCHEN, hilft uns das *zeitweilig*, unerwünschte Gedanken und Gefühle zu vermeiden oder ihnen zu entkommen, insbesondere Furcht, Angst, Schuldgefühlen, Scham und »Nicht gut genug«-Geschichten. Außerdem hilft es uns, Dinge, die wir uns wünschen, zu erreichen.

Kosten

Strengen Regeln zu GEHORCHEN, hat gewöhnlich viele langfristige Kosten, wie etwa chronischen Stress, Erschöpfung, Burn-out, Mangel an Erfüllung, Anspannung und Konflikte in engen Beziehungen, ein Gefühl, das Leben zu verpassen, Schweregefühle oder die Empfindung, gefangen zu sein, oder ein Leben, dem es weitgehend an Freude und Zufriedenheit mangelt. Michelle hat all dies erlebt. Und je mehr ihr Leben zudem darum kreiste, es anderen recht zu machen, desto mehr wurde ihre Überzeugung »Ich bin nicht wichtig; meine Bedürfnisse zählen nicht« bestärkt. Im Lauf der Zeit nahm ihre Furcht, nicht anerkannt zu werden, tatsächlich zu. Warum? Weil wir, solange wir das vermeiden, wovor wir Angst haben, nie die Gelegenheit bekommen zu lernen, damit umzugehen. Eleanor Roosevelt hat dies auf brillante Weise zusammengefasst: »Man gewinnt an Kraft, Mut und Zuversicht durch jede Erfahrung, bei der man wirklich innehält, um der Angst ins Gesicht zu sehen. Sie sind in der Lage, sich zu sagen: ›Diesen Schrecken habe ich überlebt. Das Nächste, was kommt, kann ich schaffen.‹ Sie müssen das tun, von dem Sie glauben, dass Sie es nicht tun können.«

Wenn Sie Ihrer Regel GEHORCHEN und das *keine* signifikanten Kosten mit sich bringt, ist das offensichtlich kein Problem. Aber wenn das auf Kosten Ihrer Gesundheit, Ihres

Wohlbefindens und Ihres Glücks geht, dann nehmen Sie sich bitte eine Minute Zeit, um tief über die Kosten nachzudenken, bevor Sie weiterlesen.

Ein freieres, erfüllteres Leben

Die Alternative zu einem von strikten Regeln diktierten Leben ist ein freieres, erfüllenderes Leben. Wissen Sie – hinter strikten Regeln finden sich immer wichtige Werte. Und wir können diese Werte auf eine Weise ins Spiel bringen, die uns sehr viel mehr Freiheit ermöglicht.

Zum Beispiel finden wir unter Perfektionismus vergraben gewöhnlich Werte wie effizient, verlässlich, kompetent und verantwortungsbewusst sein. Und unter »es allen recht machen« finden wir Werte wie Selbstschutz, Geben, Fürsorge und Helfen. Wir können lernen, diese Werte zu leben, *ohne* sie zu lebensfeindlichen Regeln zu machen. Wir können lernen, mit Flexibilität auf sie zu reagieren und auf Weisen, die unser Wohlbefinden steigern und unsere Lebensqualität auf lange Sicht verbessern.

Wenn wir uns so verhalten, werden wir noch immer die Vorzüge bekommen, die wir dem Befolgen der strikten Regeln verdanken, aber ohne deren Kosten. Nun gut, uns werden einige der Nutzen entgehen – insbesondere dieses zeitweilige Vermeiden von Angst und anderen unangenehmen Gefühlen –, aber das ist der Preis für ein freieres, befriedigenderes Leben.

Halten Sie jetzt für einen Augenblick inne, und nehmen Sie zur Kenntnis, welche Gedanken und Gefühle auftauchen. Sind Sie ängstlich? Skeptisch? Protestiert Ihr Geist? Wird die Argumentationsmaschine angeworfen? Oder sind Sie begeistert, neugierig, für etwas Neues offen? Wie immer Ihre Reaktion aussehen mag, bemerken Sie es, benennen Sie es, lassen Sie es zu, und lesen Sie weiter.

Die gute Nachricht ist, wir alle können strikte Regeln anpassen oder ihnen nicht gehorchen und besser, freier und freudvoller leben – *vorausgesetzt*, wir sind bereit, Raum zu schaffen für die unangenehmen Gedanken und Gefühle, die unvermeidlich auftauchen werden: Furcht, Angst, Schuldgefühle, Selbstverurteilung, Begründungen geben und so weiter. Mit anderen Worten, wir werden *all* unsere Loslösungsfertigkeiten nutzen müssen!

Sich für Hinbewegungen entscheiden

Wenn wir diesen strengen Regeln nicht gehorchen wollen, müssen wir Folgendes bedenken: Welche Hinbewegungen will ich stattdessen machen? Wie werden wir unsere Werte (die unter den Regeln vergraben waren) ins Spiel bringen, so dass sie uns befreien und unsere Gesundheit und unser Wohlbefinden fördern? Dies sehen Sie im folgenden Diagramm:

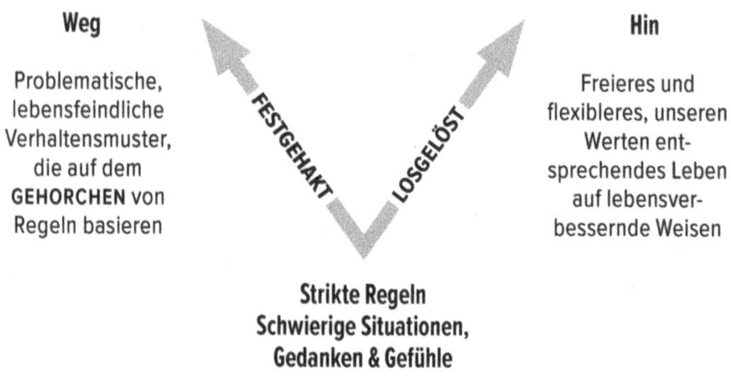

Zum Beispiel bringen uns perfektionistische Regeln dazu, uns unrealistische Ziele zu setzen: Wir versuchen, zu viel, zu bald und zu perfekt zu erreichen. Eine gute alternative Hinbewegung besteht darin, uns realistische, wertorientierte Ziele wie jene in Kapitel »Ein lebenswertes Leben« zu setzen. Und dies erfordert Ihre Loslösungsfertigkeiten. Bevor Sie sich irgendein neues Ziel setzen, müssen Sie den »Autopiloten« abschalten und präsent werden. (Wenn wir auf »Autopilot« funktionieren, GEHORCHEN wir automatisch den strikten Regeln, ohne uns dessen bewusst zu werden.) Dann werden Sie wahrscheinlich einige Sekunden innehalten wollen, während Sie sich verankern oder einen langsamen, sanften Atemzug nehmen. Wenn nötig, »zähmen« Sie Ihre Angst (mit den vier Schritten) oder surfen Sie den Drang, ein perfektionistisches Ziel zu setzen. Nachdem Sie sich losgelöst haben, setzen Sie sich ein realistisches, flexibles und bereicherndes Ziel.

Und wie immer beginnen Sie im Kleinen: Fangen Sie mit den weniger schwierigen Herausforderungen an, bevor Sie zu anspruchsvolleren fortschreiten. Zum Beispiel war eine von Karls perfektionistischen Verhaltensweisen, eine E-Mail mindestens vier- oder fünfmal neu zu schreiben, ehe er damit zufrieden war; das, was eine Angelegenheit von fünf Minuten sein sollte, wurde zu einer halbstündigen Quälerei. Nun ist es so, dass Karl exzellent im Verfassen von E-Mails war. Und manchmal musste er sie schnell abschicken – aufgrund einer verrückten Frist war einfach keine Zeit, sie umzuschreiben. Aber wann immer er so verfuhr … *geschah nichts Schlimmes.* Seine E-Mails waren immer treffend, praktisch und wurden gut aufgenommen. Alles immer wieder neu zu schreiben, reduzierte Karls Angst, diente aber keinem anderen Zweck. Als er dies erkannt hatte, war Karls erstes Ziel: »Ich werde mir nur ein Mal erlauben, meine E-Mails neu zu schreiben.«

Karl begann auch, sich für die Erfüllung seiner Aufgaben Fristen zu setzen. Wenn er wusste, dass er eine Aufgabe innerhalb von 30 Minuten »einigermaßen gut« fertigstellen konnte (während seine Wegbewegung darin bestand, sie immer und immer wieder zu überarbeiten, um sie perfekt zu machen, und er sie dadurch auf zwei Stunden ausdehnte), dann setzte er sich das Ziel: »Ich gestatte mir dafür nur 30 Minuten.« Zu anderen Zeiten war sein Ziel: »Ich werden dies nur zu 80 Prozent des mir Möglichen erfüllen.«

(Wenn Sie sich für solche Strategien entscheiden, dann müssen Sie natürlich feinfühlig dabei sein. Ein perfektionistischer Gehirnchirurg würde nicht zu 80 Prozent seiner Kapazität arbeiten. Allerdings könnte er diese Strategie anwenden, um eine E-Mail an die Verwaltung des Krankenhauses zu senden.)

Jedes Mal, wenn Karl seine Aufgaben »weniger als perfekt« erledigte, wurde er von Angst überflutet. Aber er schuf Raum für dieses Unbehagen, um tun zu können, was wichtig war. Er wusste, dass er das »Ich muss das perfekt erledigen« nicht loswerden konnte (es gibt keinen »Löschen«-Schalter im Gehirn). Aber er lernte, es zu bemerken und zu benennen, er dankte seinem Geist und ließ ihn wie ein Radio im Hintergrund weiterplappern. Und er fand freundliche Worte für sich selbst: »Gut genug ist gut genug« – »Ich muss das nicht perfekt erledigen« – »Jeder macht Fehler. Ich bin nur ein Mensch«.

Mit der Zeit stellte sich heraus, dass nichts Schreckliches passierte, wenn seine Arbeit weniger als perfekt war. Im Gegenteil – er wurde effizienter und produktiver: Er schob Dinge weniger auf, und konnte mehr Aufgaben erledigen. Und er fand seine Arbeit erheblich erfreulicher, wenn er sich nicht ständig auf das Bedürfnis fixierte, ein perfektes Resultat zu erzielen.

Neue Fertigkeiten erlernen

Manchmal müssen wir neue Skills erlernen, um uns von strikten Regeln zu befreien. Michelle ist dafür ein gutes Beispiel. Sie wollte sich Zeit freischaufeln, damit sie Dinge für sich selbst tun konnte, anstatt immer umherzuhetzen, um anderen zu helfen. Dies bedeutete, dass sie anfangen musste, die Anfragen und Forderungen der anderen Leute abzulehnen – und ihre eigenen Bedürfnisse und Rechte zu respektieren. Mit anderen Worten, sie musste die Fertigkeit erlernen, sich durchzusetzen.

»Durchsetzungsvermögen« bedeutet, für die eigenen Rechte, Wünsche und Bedürfnisse auf eine Weise einzustehen, die entschieden, aber auch fair, ruhig und respektvoll ist. Wir alle haben das Recht, unzumutbare Forderungen anderer abzulehnen; und wir alle haben das Recht, um das zu bitten, was wir uns wünschen. Aber die Weise, in der wir das tun, ist sehr wichtig. Die faire, ruhige und respektvolle Weise, sich zu verhalten, wenn wir uns durchsetzen, ist radikal anders als das »aggressive« Verhalten, welches auf eine Weise, die die Rechte der anderen mit Füßen tritt oder abtut, das fordert, was Sie wollen, oder das verweigert, was Sie nicht wollen. Wenn wir aggressiv sind, sind wir wie ein Rammbock, der die Tür aufsprengt, um das zu bekommen, was wir uns wünschen. Darin gibt es nichts von der Ruhe, Fairness und dem Respekt für andere, die das Durchsetzungsvermögen beinhaltet.

Durchsetzungsfähig sein ist auch radikal verschieden von »passiv« sein. Wenn wir passiv sind, sind wir wie der sprichwörtliche »Fußabtreter«, auf dem jeder herumtrampeln kann. Unsere Rechte, Wünsche und Bedürfnisse spielen dann keine Rolle; jeder andere ist wichtiger. »Passiv« war Michelles Standardeinstellung. Deshalb begann sie, daran zu arbeiten, *entschieden* Nein zu sagen. Dazu benutzte sie drei sinnvolle Strategien, ein neues Verhaltensmuster in ihr Leben einzubringen: *üben, innehalten und klein anfangen.*

Üben

Jede neue Fertigkeit bedarf der Übung. So übte Michelle zu Hause vor ihrem Spiegel im Schlafzimmer, entschieden Forderungen abzulehnen, indem sie Erklärungen benutzte wie etwa: »Ich werde Nein sagen, weil ich etwas anderes sehr Wichtiges zu tun habe« – »Danke für das Angebot, aber ich muss Ihnen dieses Mal eine Absage erteilen« – »Ich fühle mich geschmeichelt, dass Sie mich um Hilfe bitten, aber ich muss ablehnen, weil ich zu viel zu tun habe« – »Ich würde ja gern helfen, aber unglücklicherweise verträgt es sich nicht mit anderen Prioritäten«.

Und für spezielle Forderungen vonseiten Ihres Vorgesetzten übte Michelle Folgendes: »Ich würde ja gern helfen, aber ich habe bereits eine Menge Prioritäten. Könnten wir bitte besprechen, welche davon zurzeit am wichtigsten sind und welche ich Ihrer Meinung nach zurückstellen soll?« (Anmerkung: Ein Teil der Probe schließt ein zu planen, wann und wo Sie Ihre neuen Fertigkeiten und Strategien anwenden wollen. Es wäre zum Beispiel nicht gut angekommen, wenn Michelle dies als eine Randbemerkung bei einem zufälligen Treffen am Wasserspender zu ihrem Vorgesetzten gesagt hätte; darum organisierte sie einen Zeitpunkt für das Gespräch.)

Michelle übte auch zu sagen: »Lassen Sie mich wieder auf Sie zukommen.« Dies ist ein besonders nützlicher affirmativer Satz, um Zeit zu gewinnen. Sie können diese Aussage ergänzen, indem Sie sagen: »Ich muss das mit jemand anderem abklären« – »Ich muss erst in den Kalender sehen« oder »Ich habe gerade viele Eisen im Feuer und muss daher in meiner Agenda nachsehen, was sich machen lässt«. Sie können sich dann die Zeit nehmen, die Sie benötigen, um die für Sie richtige Entscheidung zu treffen. Und wenn Sie sich entscheiden, Nein zu sagen, ist es oft leichter, dies schriftlich oder per E-Mail zu tun, oder einen Anruf zu tätigen, als es persönlich zu tun.

Innehalten

Wenn Sie den Drang verspüren, einer strikten Regel zu folgen, kann eine kleine Pause Wunder bewirken. Verankern Sie sich für fünf Sekunden: Nehmen Sie einen langsamen, sanften Atemzug, oder pressen Sie Ihre Füße nach unten, und richten Sie den Rücken auf. Die wenigen Sekunden, die Sie dadurch gewinnen, reichen aus, um Ihre »Standardeinstellung« zu unterbrechen.

Wenn jemand Michelle aufforderte, etwas zu tun, nahm sie einen langsamen tiefen Atemzug und wartete drei bis vier Sekunden, bevor sie antwortete. Dieses kurze Innehalten schenkte ihr genug Zeit, um sich an die durchsetzungskräftigen Aussagen zu erinnern, die sie geübt hatte.

Klein anfangen

Wenn wir mit neuen Fertigkeiten experimentieren, ist es gut, »klein anzufangen« und unsere Fähigkeiten mit der Zeit aufzubauen. Und so begann Michelle, Forderungen in Situationen entschieden abzulehnen, die nicht zu schwierig waren: Wenn jemand sie anrief und sie aufforderte, an einer Umfrage teilzunehmen; wenn ein Ladenbesitzer sagte: »Wenn Sie zwei kaufen, bekommen Sie das dritte umsonst«, und wenn ihre Tochter kurz vor dem Abendessen fragte: »Kann ich bitte etwas Schokolade haben?«, dann arbeitete sie sich mit der Zeit allmählich zu Absagen in anspruchsvolleren Situationen vor.

Über mehrere Monate entwickelte Michelle allmählich ihre Durchsetzungsmuskeln – indem sie Anträge (und Forderungen) von vielen Menschen ablehnte, die ihre Hilfe für selbstverständlich gehalten hatten. Und jedes Mal, wenn sie dies tat, löste es große Angst bei ihr aus. Doch sie sagte sanft zu sich: »Ich habe das Recht, Nein zu sagen.« Und sie schuf Raum für ihre Angst, um das »tun zu können, worauf es ankam«.

Manche Menschen nahmen es gut auf, wenn Michelle Nein sagte. Andere jedoch machten ihr das Leben schwer. Sie wurden zickig oder sagten, wie »enttäuscht« sie wären, oder versuchten auf verschiedene Weisen, sie zu manipulieren, um sie umzustimmen. Und manchmal gab sie klein bei und sagte Ja, obwohl sie es nicht wirklich wollte. Doch die meiste Zeit gelang es ihr, bei den entschiedenen Neins zu bleiben – und jedes Mal, wenn es ihr gelang, empfand sie ein Gefühl des Triumphes.

Stück für Stück reduzierte Michelle ihre Verpflichtungen und schuf sich zeitliche Freiräume, so dass sie mehr von dem tun konnte, was sie in Wirklichkeit tun wollte. Auf dem Weg dahin brach sie Freundschaften mit zwei »toxischen Freunden« ab, die ein Nein nicht als Antwort akzeptieren wollten. Dies provozierte kurzfristig große Angst bei ihr, aber langfristig erkannte sie, dass es ihr viel besser ohne sie ging.

Natürlich bedeutet Durchsetzungsvermögen noch viel mehr, als bloß unangemessene Ansprüche abzulehnen. Es beinhaltet außerdem, das zu verlangen und zu fordern, was man sich wünscht – auf ruhige, faire und respektvolle Weise. Michelle fiel dies sogar noch schwerer, als Nein zu sagen; der bloße Gedanke daran brachte den inneren Tyrannen ins Spiel: »Deine Bedürfnisse spielen keine Rolle.« Michelles nächstes Ziel war also, sich zu einem Online-Kurs für Durchsetzungsfähigkeiten anzumelden. (Wenn Sie mehr über Durchsetzungsvermögen und andere Fertigkeiten zum Aufbau gesünderer Beziehungen wissen wollen, mögen Sie sich vielleicht mein Buch über Beziehungsprobleme ansehen: *ACT der Liebe: Mit Hilfe der Akzeptanz-und Commitment-Therapie unnötige Kämpfe beenden, Differenzen klären und die Beziehung stärken.)*

Mit der Zeit gestaltete Michelle ihr Leben auf sinnvolle Weise. Sie war noch immer hilfreich, liebevoll und unterstützte andere – aber nun handelte sie zu ihren eigenen Bedingungen (anstatt immer ihrer strikten Regel zu GEHORCHEN). Und als sie begann, auf ihre Weise zu leben und sich von ihren Regeln und Selbstverurteilungen loszulösen, für ihre Angst Raum zu schaffen und Selbstmitgefühl zu praktizieren, wurde ihr Leben deutlich besser. Ihre Angst nahm ab, ihre Depression verschwand, ihr Stressniveau war niedriger, und ihr Leben wurde sehr viel erfüllender.

Anderen die eigenen Regeln aufzwingen

Oben haben wir uns mit selbstauferlegten Regeln beschäftigt (»Ich sollte … XYZ«). Aber genauso problematisch sind die Regeln, die wir anderen aufzwingen(»Er/sie sollte … XYZ«).

Wenn wir von Regeln an den Haken genommen werden, die besagen, was andere tun oder lassen sollten, ist das ein Rezept für Konflikte und Spannungen in diesen Beziehungen. Warum? Weil wir zornig, verletzt, ungeduldig oder enttäuscht sind, wenn andere nicht unseren Regeln GEHORCHEN. Wenn Sie also mit Ihren Lieben oder Kollegen am Arbeitsplatz in Konflikte oder Spannungen geraten, fragen Sie sich Folgendes: Welche Regeln zwinge ich ihnen auf? Wenn ich mich starr an diese Regeln halte, hilft mir das, die Beziehungen aufzubauen, die ich mir wünsche?

Kehren Sie dann zu Ihren Werten zurück. Wer möchten Sie in dieser Beziehung sein? Wie möchten Sie den anderen behandeln? Wie können Sie durchsetzungsfähig, anstatt passiv oder aggressiv sein: zu dem Nein sagen, was Sie nicht wollen, und das einfordern, was Sie wollen, und zwar auf ruhige, faire und respektvolle Weise?

Alle Werte haben zwei Seiten: Sie beschreiben, wie wir andere *und* uns selbst behandeln wollen. Wenn Sie sich also zu sehr auf sich selbst fokussiert haben, bedenken Sie, wie Sie andere behandeln wollen. Und wenn Sie sich zu sehr auf andere fokussiert haben, dann bedenken Sie, wie Sie sich selbst behandeln wollen. Hierfür gibt es keine einfache Formel. Sie müssen wirklich experimentieren und herausfinden, was funktioniert. Aber es lohnt sich, sich Zeit dafür zu nehmen, weil alle Beziehungen Höhen und Tiefen kennen.

HÖHEN UND TIEFEN

Ganz gleich, wie gut Sie lernen zu laufen, früher oder später werden Sie stolpern. Manchmal fangen Sie sich rechtzeitig, und manchmal fallen Sie hin. Manchmal mögen Sie sich sogar verletzen. Tatsache ist, dass Sie seit dem Tag, an dem Sie Ihren ersten Schritt getan haben, schon viele Hunderte Male hingefallen sind – und dennoch niemals aufgehört haben zu gehen! Sie haben sich immer wieder aufgerappelt, aus der Erfahrung gelernt und weitergemacht. Auf diese Art von Einstellung beziehen wir uns, wenn wir das Wort »Commitment« in der Akzeptanz- und Commitment-Therapie verwenden.

»Commitment« bedeutet nicht, perfekt zu sein, immer alles durchzuziehen und niemals aufzugeben oder in die Irre zu gehen. »Commitment« bedeutet, dass wir uns dann, wenn wir zwangsläufig stolpern oder »vom Weg abkommen«, wieder aufrappeln, uns neu orientieren und dann weiter in die Richtung ziehen, in die wir gehen wollen.

Die Legende des großen schottischen Helden, Robert the Bruce, gibt dafür ein gutes Beispiel. Es ist eine wahre Geschichte, die vor 700 Jahren passiert ist, zu einer Zeit, als der König von England über Schottland herrschte. Der englische König war gewalttätig und grausam, und er unterdrückte die Schotten viele Jahre auf brutale Weise. Aber im Jahre 1306 wurde Robert the Bruce zum König von Schottland gekrönt, und er machte es sich zur allerersten Priorität, sein Land zu befreien. Schon bald nach seiner Krönung hob er eine Armee aus und führte sie auf dem blutgetränkten Schlachtfeld von Streathfillan in den Krieg gegen England. Unglücklicherweise war die englische Armee größer und besaß bessere Waffen, so dass die Schotten eine schwere Niederlage erlitten.

Robert the Bruce entkam und versteckte sich in einer Höhle. Kalt, nass, erschöpft und aus seinen Wunden blutend, fühlte er sich zutiefst hoffnungslos. Seine Scham war so groß, seine Verzweiflung so erdrückend, dass er daran dachte, das Land zu verlassen und niemals zurückzukehren.

Aber als er dort so lag, blickte er nach oben und sah eine Spinne, die versuchte, eine Spinnwebe über eine Kluft in der Wand der Höhle zu spinnen. Das war kein leichtes Unterfangen. Die Spinne spann einen Faden und zog ihn von einer Seite der Kluft zur anderen. Dann spann sie einen weiteren und noch einen, immer hin und her, um die Spinnwebe zu vollenden. Doch alle paar Minuten fuhr eine starke Windböe durch die Kluft, zerriss die Spinnwebe und brachte die Spinne ins Taumeln.

Doch die Spinne gab nicht auf. Kaum ließ der Wind nach, krabbelte sie wieder an die Kante der Kluft und begann ihr Werk wieder ganz von vorn.

Immer wieder zerstörte der Wind die Spinnwebe, und immer wieder machte sich die Spinne daran, sie neu zu weben. Schließlich ließ der Wind lange genug nach, dass die Spinne eine feste Grundlage spinnen konnte, so dass die Spinnwebe beim nächsten Mal, wenn der Wind wieder aufkam, stark genug war, ihm standzuhalten, und die Spinne endlich ihr Werk vollenden konnte.

Robert the Bruce war erstaunt über die Beharrlichkeit des Insekts. Er sagte sich: »Wenn dieses kleine Geschöpf trotz all der Widrigkeiten nicht lockerlässt, dann kann ich das auch!« Die Spinne wurde zu seinem persönlichen Symbol der Inspiration, und es heißt, er habe das berühmte Motto geprägt: »Wenn es dir beim ersten Mal nicht gelingt, versuche es immer wieder.« Nachdem seine Wunden ausgeheilt waren, hob er eine neue Armee aus und kämpfte in den nächsten acht Jahren weiter gegen England, bis er schließlich 1314 in der Schlacht von Bannockburn den Sieg davontrug – in einer Schlacht, in der seine Männer eins zu zehn in der Minderheit waren!

Natürlich wusste Robert the Bruce nicht, ob er sein Ziel erreichen würde. Er wusste lediglich, dass ihm die Freiheit absolut wichtig war. Und solange er diese Freiheit verfolgte, führte er ein Leben, das er wertschätzte. (Und er war deshalb bereit, Raum für all die Härten, die dies mit sich brachte, zu schaffen.)

So ist das mit dem Commitment: Sie können niemals vorher wissen, ob Sie Ihre Ziele erreichen werden. Sie können einfach nur weiter in eine bedeutungsvolle Richtung gehen. Die Zukunft unterliegt nicht unserer Kontrolle. Was jedoch in Ihrer Kontrolle liegt, ist die Fähigkeit, Ihre Reise Schritt für Schritt fortzusetzen, indem Sie dabei weiter lernen und wachsen – und wieder auf den Weg zurückkehren, wenn Sie von ihm abgekommen sind.

Erfolg neu definieren

Inspirierende Geschichten wie die von Robert the Bruce bergen eine potenzielle Gefahr. Die Gefahr liegt in der Art, wie wir Erfolg definieren. Ob wir nun von Künstlern, Ärzten,

Athleten, Geschäftsleuten, Rockstars, Politikern oder Polizeibeamten sprechen, »erfolgreiche Menschen« werden gewöhnlich danach definiert, ob sie ihre Ziele erreicht haben. Haben sie ein besonders eindrucksvolles Ziel erreicht, sprechen wir davon, sie seien »erfolgreich«. Doch wenn wir an diese beklagenswert begrenzte Definition glauben, dann verdammen wir uns zu einem zielfokussierten Leben: lange Phasen der Frustration, die von flüchtigen Augenblicken der Belohnung unterbrochen werden, wenn wir tatsächlich ein Ziel erreicht haben.

Daher lade ich Sie ein, über eine neue Definition nachzudenken: *Erfolg im Leben zu haben bedeutet, Ihren Werten entsprechend zu leben.*

Wenn Sie diese Definition annehmen, können Sie schon jetzt erfolgreich sein, ob Sie nun Ihre Hauptziele erreicht haben oder nicht. Die Erfüllung ist in diesem Augenblick präsent – jedes Mal, wenn Sie Ihren Werten entsprechend agieren. Und Sie unterliegen nicht dem Bedürfnis, die Anerkennung anderer haben zu müssen. Sie brauchen niemanden, der Ihnen sagt, dass Sie »es geschafft haben«. Sie brauchen niemanden, der Ihnen bestätigt, dass Sie »das Richtige« tun. Sie wissen, wann Sie Ihren Werten gemäß handeln, und das genügt.

Soula, Donna und die anderen Menschen, denen wir in diesem Buch begegnet sind, waren keine Helden, wie wir sie in Kinofilmen finden. Sie haben keine beeindruckenden Heldentaten vollbracht oder überwältigenden Widrigkeiten zum Trotz triumphiert. Aber sie waren alle erfolgreich darin, sich mit ihrem Herzen zu verbinden und sinnvolle Veränderungen in ihrem Leben herbeizuführen. (Wie schon gesagt, heißt Ihren Werten entsprechend zu leben natürlich nicht, Ihre Ziele aufzugeben; es ist lediglich eine Verschiebung der Betonung, so dass es in Ihrem Leben darum geht, das wertzuschätzen, was Sie jetzt haben, anstatt sich auf das zu fokussieren, was Sie nicht haben.)

Erwähnenswert ist außerdem, dass jede dieser Personen, über die ich geschrieben habe, des Öfteren »vom Weg abkam«. Sie alle haben zu manchen Zeiten den Kontakt zu ihren Werten verloren, waren in nicht hilfreichen Gedanken gefangen, rangen mit schmerzlichen Gefühlen und handelten auf selbstzerstörerische Weise. Doch früher oder später fanden sie auf ihren Weg zurück.

Nehmen Sie beispielsweise Donna. Sie benötigte fast ein ganzes Jahr, um sich von ihrem Alkoholismus zu erholen. Es gab viele Male, da sie einige Wochen Abstinenz übte, aber dann löste etwas ein neues Besäufnis aus: der Jahrestag des Autounfalls; der Jahrestag des Begräbnisses, das erste Weihnachten seit ihr Mann und ihre Tochter umgekommen waren. Solche Momente ließen viele schmerzliche Gefühle und Erinnerungen in Donna aufbrechen, und mit ihnen kam der starke Drang zu trinken. Manchmal »vergaß« sie all die Fertigkeiten, die sie in der Therapie gelernt hatte, und wandte sich wieder dem Alkohol zu, in dem Versuch, ihrem Schmerz zu entfliehen.

Doch mit der Zeit wurde Donna immer besser darin, sich zu fangen. Zu ihrem ersten Rückfall kam es am Geburtstag ihrer Tochter. Dies löste eine ganze Woche schweren Saufens aus. Der zweite Rückfall nahm nur drei Tage ein, und ihr dritter dauerte nur noch einen Tag.

Donna lernte schnell, dass es keinen Sinn macht, sich fertigzumachen, wenn man etwas vermasselt, oder es nicht schafft, etwas durchzuziehen. Schuldgefühle und Selbstkritik motivieren Sie nicht, sinnvolle Veränderungen vorzunehmen; sie halten Sie lediglich fest, halten Sie in der Vergangenheit. Nach jedem Rückfall kehrte Donna also zu der grundlegenden ACT-Formel zurück:

Präsent sein.
Sich öffnen.
Tun, was wichtig ist.

Was bedeutet das praktisch gesehen? Nun, wenn wir vom Weg abgekommen sind, besteht der erste Schritt darin, es bewusst zur Kenntnis zu nehmen: vollkommen präsent zu sein mit dem, was geschieht. Gleichzeitig müssen wir zur Kenntnis nehmen, dass wir dies nicht ändern können, wenn es einmal geschehen ist; es gibt überhaupt keine Möglichkeit, die Vergangenheit zu ändern. Und auch, wenn es wertvoll sein mag, über die Vergangenheit nachzudenken und uns vorzustellen, was wir das nächste Mal anders machen können, bringt es doch nichts, in ihr zu verharren und uns dafür zu kreuzigen, dass wir nicht vollkommen sind. Also erkennen wir an, dass wir vom Weg abgekommen sind und behandeln uns mit Freundlichkeit. Wir lösen uns von »nicht gut genug« ab. Wir öffnen uns und schaffen Raum für die schmerzlichen Gedanken und Gefühle, die unausweichlich auftauchen, wenn wir in unsere Wegbewegungen zurückfallen. Wir praktizieren »freundliche Hände« oder »freundliche Worte«. Wir erinnern uns mit großer Freundlichkeit und Verständnis daran: »Was geschehen ist, ist geschehen. Es gehört der Vergangenheit an und lässt sich jetzt nicht mehr ändern. Wie alle anderen Menschen auf diesem Planeten bin ich nicht perfekt und vermassele manchmal etwas.«

Der zweite Schritt besteht darin zu bedenken: »Was möchte ich jetzt tun?« – »Was kann ich Wichtiges oder Sinnvolles in der Gegenwart tun, statt in der Vergangenheit zu verharren oder mich fertigzumachen?«

Der dritte Schritt besteht dann natürlich darin, in Übereinstimmung mit diesem Wert zu handeln.

Es immer und immer wieder versuchen?

Das Motto von Robert the Bruce »Wenn es dir beim ersten Mal nicht gelingt, versuche es immer wieder«, ist gewiss machtvoll – aber es ist nur die Hälfte der Wahrheit. Die andere Hälfte der Geschichte ist, dass wir einschätzen müssen, ob das, was wir tun, effektiv ist. Ein besseres Motto wäre: »Wenn es beim ersten Mal nicht gelingt, versuche es immer wieder; wenn es dann immer noch nicht gelingt, versuche etwas anderes.«

Aber wir bewegen uns hier auch auf einem schmalen Grat. Wenn wir uns einer größeren Herausforderung gegenübersehen, taucht oft die »Es ist zu schwierig!«-Geschichte auf. »Du kannst das nicht! Gib auf«, erzählt uns unser Geist. Und die Argumentationsmaschine spuckt eine Liste mit 20 guten Gründen aus aufzugeben. Natürlich ist die Versuchung dann groß, das Handtuch zu werfen und etwas anderes zu versuchen. Doch oft ist Beharrlichkeit genau das, was notwendig ist.

Hier kommen uns unsere Fertigkeiten im »Fokussieren und Neufokussieren« und »Präsentsein« gelegen. Indem wir unsere ganze Aufmerksamkeit auf das lenken, was wir gerade tun und wahrnehmen und welchen Einfluss dies hat, sind wir in der besten Position, diese Frage zu beantworten: »Muss ich, um meine Ziele zu erreichen, beharrlich bei dem bleiben, was ich tue – oder soll ich es verändern?« Je nachdem, wie unsere Antwort ausfällt, bleiben wir dann bei der Sache oder verändern sie.

Eine optimistische Einstellung

Wie wir im letzten Kapitel gesehen haben, meldete sich Soula bei einer Partnervermittlung an und begann, mit verschiedenen Männern auszugehen. Zuerst war das für sie ein merkwürdiger, peinlicher und nervenaufreibender Prozess. Ihr Geist erzählte ihr ständig, sie sei »eine Verliererin«, und dass sie nur andere »Verlierer« treffen würde. Aber trotz dieser nicht hilfreichen Geschichten ließ Soula nicht locker und konnte sich allmählich mehr mit diesem Prozess anfreunden.

Einige ihrer Dates waren katastrophal: Die Männer waren langweilig, arrogant, sexistisch, egoistisch oder einfach unausstehlich. Andererseits hatte sie bei manchen der Verabredungen eine Menge Spaß: Die Männer waren witzig, charmant, aufgeschlossen und attraktiv. Es war immer eine Glückssache. Einmal traf sie sich sieben Wochen lang mit einem Mann, verliebte sich heftig in ihn und fand dann heraus, dass er sie die ganze Zeit betrogen hatte. Sie war natürlich am Boden zerstört, und da sie ein Mensch war, warf sie das für eine Weile aus der Bahn. Über einen Monat lang fiel sie in alte Verhaltensweisen zurück. Sie blieb allein zu Hause, hatte keinen Kontakt zu Freunden, dachte zwanghaft an ihre Einsamkeit und aß eimerweise Eiscreme »um sich aufzumuntern«. Doch schließlich erkannte Soula, was sie da tat, und wandte die grundlegende ACT-Formel an: *Sei präsent, öffne dich, und tue das, was wichtig ist.*

Sie schuf Raum für ihre Traurigkeit und ihre Einsamkeit und behandelte sich selbst freundlich. Sie konzentrierte sich wieder auf ihr Leben hier und jetzt und verband sich erneut mit ihren Werten, liebevoll und fürsorglich zu sein. Sie realisierte, dass sie ihre Werte, liebevoll und fürsorglich zu sein, auf tausend kleine Weisen *genau hier* in ihren Beziehungen mit Freunden und Familie (und sich selbst) leben konnte, obwohl sie ihr langfristiges Ziel noch nicht erreicht hatte (eine liebevolle und fürsorgliche Beziehung mit einem engen Partner zu kultivieren). Also verbrachte sie wieder viele Mußestunden mit den ihr nahestehenden Menschen und setzte gleichzeitig den Prozess der Partnersuche fort.

Kurze Zeit später verliebte Soula sich in einen anderen Mann, mit dem sie sich über sieben Monate lang traf. Leider wurde daraus letztlich nichts: Sie trennten sich, weil Soula sich verloben wollte, er jedoch noch nicht bereit war, sich zu binden. Und ich hasse es, Sie enttäuschen zu müssen, aber Soulas Geschichte hat kein Happy End. Als ich ihr das letzte Mal begegnet bin, traf sie sich immer noch mit Männern. Sie kümmerte sich jedoch auch um sinnvolle, liebevolle Beziehungen zu ihren Freunden und ihrer Familie und zu sich selbst – und obwohl sie dadurch den Wunsch nach einem Partner nicht loswurde, gab es ihr mit Sicherheit erheblich mehr Befriedigung und Erfüllung.

Darüber hinaus hatte sie einen Sinn für Humor in Bezug auf das Spiel der Partnersuche entwickelt. Sie hatte gelernt, es als eine Gelegenheit anzusehen, neue Menschen kennenzulernen, neue gesellige Treffpunkte zu entdecken und mehr über Männer zu lernen! Sie nutzte die Verabredungen auch als eine Gelegenheit, neue Aktivitäten, von Minigolfspielen bis

Reiten, auszuprobieren. Mit anderen Worten, der Datingprozess wurde zu einer wertebestimmten Aktivität: eher ein Mittel für persönliches Wachstum als eine von Einsamkeit getriebene, schmerzliche Quälerei.

Auf unserem Weg durch das Leben begegnen uns alle möglichen Hindernisse, Schwierigkeiten und Herausforderungen, und jedes Mal, wenn dies geschieht, haben wir die Wahl: Wir können die Situation als eine Gelegenheit zum Wachsen, Lernen und der Entwickelung ansehen; oder aber wir können dagegen kämpfen, uns wehren und alles Mögliche tun, um sie zu vermeiden. Ein stressiger Job, eine Erkrankung oder eine gescheiterte Beziehung: All dies sind Gelegenheiten, als Mensch zu wachsen und neue, bessere Fertigkeiten für den Umgang mit den Problemen des Lebens zu entwickeln.

Die ACT ist ein grundsätzlich optimistischer Ansatz. Sie lehrt uns nicht, pessimistische Gedanken zu erkennen und infrage zu stellen und sie durch optimistische zu ersetzen. Aber sie besitzt eine optimistische Einstellung dem Leben gegenüber. ACT geht davon aus, dass Sie, ganz gleich welche Probleme Ihnen begegnen, aus ihnen lernen und an ihnen wachsen können. Ganz gleich, wie schrecklich die Umstände sein mögen, Sie können zumindest ein gewisses Maß an Erfüllung finden, indem Sie Ihren Werten entsprechend leben. Und ganz gleich, wie oft Sie vom Weg abkommen, Sie können immer wieder in die Bahn zurückkehren und neu anfangen.

Sich entscheiden, zu wachsen

Ein Kernthema dieses Buches ist, dass das Leben mit Schmerz verbunden ist. Früher oder später erfahren wir das alle – auf körperlicher, emotionaler und seelischer Ebene. Aber in jedem schmerzvollen Lebensumstand liegt für uns eine Chance zu wachsen. Weiter vorn im Buch sind wir Roxy begegnet, einer 32 Jahre alten Rechtsanwältin, die an MS (multiple Sklerose) erkrankt war. Bevor sie krank wurde, war Roxy ganz und gar auf ihre Arbeit ausgerichtet. Eine erfolgreiche Karriere zu machen, bedeutete für sie alles. Und sie war sehr gut vorangekommen: Sie wurde zum Juniorpartner befördert und bekam ein riesiges Gehalt. Doch sie arbeitete im Schnitt 80 Stunden in der Woche, lebte von Fast Food, bewegte sich wenig und war immer »zu müde«, um sich mit Freunden oder Familie zu treffen. Ihre Beziehungen zu Männern waren typischerweise kurzlebig, denn sie hatte weder Zeit noch Energie, sich darum zu kümmern. Und nur selten fand sie Zeit, um sich zu entspannen oder Spaß zu haben.

Angesichts der Möglichkeit, ernsthaft behindert zu sein oder frühzeitig zu sterben, besann sich Roxy der Tatsache, dass es im Leben noch mehr gibt als Arbeit und Geld. Sie begriff, dass unsere Zeit auf diesem Planeten begrenzt ist, und sie verband sich mit dem Wichtigsten tief in ihrem Herzen. Sie verkürzte ihre Arbeitszeit, verbrachte mehr Zeit mit Menschen, die ihr am Herzen lagen und kümmerte sich um ihre Gesundheit, indem sie schwimmen ging, Yoga machte und sich bewusst ernährte.

Sie veränderte auch ihre Weise des Umgangs mit den Menschen an ihrem Arbeitsplatz. Sie war immer davon getrieben gewesen herauszustechen und hatte nur wenig auf soziale Höflichkeiten geachtet. Deshalb hielten die Kollegen sie für verschlossen und kalt. Jetzt begann sie, ihre Kollegen anders zu behandeln: Sie zeigte Interesse an ihrem Leben außerhalb der Arbeit und ließ sie mehr an ihrem eigenen Leben teilhaben. Als sie sich für ihre Kollegen erwärmte, wandten sich auch diese ihr freundschaftlich zu, und sie fing an, einige echte Freundschaften am Arbeitsplatz aufzubauen.

Indem sie die Chance inmitten ihrer schwierigen gesundheitlichen Lage wahrnahm, gestaltete Roxy ihr Leben weitaus reicher und sinnvoller. Natürlich hätte sie die Krankheit lieber gar nicht erst gehabt, aber da sich dies ihrer Kontrolle entzog, entschied sie sich für den Weg persönlichen Wachstums.

Geschichten wie diese sind weitverbreitet. Ich habe viele Menschen erlebt, die mit einer ernsthaften Krankheit konfrontiert waren – Krebs, einer Herzerkrankung, einem Schlaganfall – und die infolgedessen ihr Leben völlig neu bewerteten. Aber wir müssen nicht so lange warten, bis wir uns im Angesicht des Todes wiederfinden; wir können sinnvolle Veränderungen herbeiführen, wann immer wir es wünschen. Wenn also Schwierigkeiten in Ihrem Leben auftauchen (wie es wohl oft der Fall sein wird), machen Sie es sich zur Gewohnheit, sich zu fragen: »Wie kann ich hierüber auf eine Weise denken, die es mir erlaubt, meinen Werten entsprechend zu leben?« oder »Wie kann ich dies auf eine Weise betrachten, die mir hilft, effektiver zu handeln?« Je öfter wir uns diese Fragen stellen, desto mehr wird unser Leben zu einem kühnen Abenteuer.

EIN KÜHNES ABENTEUER

Vielleicht kennen Sie die Geschichte von Helen Keller. 1880 in Alabama in den Vereinigten Staaten geboren, erkrankte sie im Alter von nur 19 Monaten an einer Hirnhautentzündung und war von da an taub und blind. Doch allen Widrigkeiten zum Trotz lernte sie schließlich lesen und schreiben und wurde zu einer erfolgreichen Autorin und einer starken Impulsgeberin für gesellschaftlichen Wandel. Eine berühmte Aussage von ihr lautet: »Das Leben ist ein kühnes Abenteuer … oder gar nichts.«

Wofür werden Sie sich also entscheiden? Wenn wir unser Leben in ein kühnes Abenteuer verwandeln wollen – unsere Komfortzone verlassen und uns von unseren Werten auf ein noch nicht kartographiertes Gebiet leiten lassen, ohne zu wissen, was passieren wird und ohne Garantie, dass es sich so wenden wird, wie wir es uns wünschen –, dann müssen wir Raum für all die Unannehmlichkeiten schaffen, die garantiert auf diesem Weg auftauchen werden. Da dies nun das letzte Kapitel ist, lassen Sie uns noch einmal ein paar nützliche Dinge rekapitulieren, die uns bei diesem großen Abenteuer helfen können.

Präsent sein, sich öffnen, tun, was wichtig ist

Noch einmal, damit alles gut geht: Die drei allumfassenden Prinzipien von ACT sind:

Präsent sein. Fokussieren Sie Ihre Aufmerksamkeit auf das, was wichtig ist, und engagieren Sie sich für das, was Sie gerade tun.
Sich öffnen. Lösen Sie sich von Ihren Gedanken und Gefühlen; lassen Sie sie so sein, wie sie sind, und lassen Sie sie frei durch sich hindurchfließen.
Tun, was wichtig ist. Handeln Sie effektiv, von Ihren Werten geleitet.

Der Fachbegriff für unsere Fähigkeit, präsent zu sein, uns zu öffnen und das zu tun, worauf es ankommt, ist »psychische Flexibilität«. Ich habe bereits zuvor den beeindruckenden Umstand erwähnt, dass es mehr als 3000 veröffentlichte Studien über ACT gibt, die alle das Gleiche anzeigen: Je höher unsere psychische Flexibilität ist, desto besser ist unsere Lebensqualität. Aber glauben Sie dies nicht einfach, weil die Forschung es sagt. Probieren Sie es aus, und vertrauen Sie auf Ihre eigene Erfahrung. Wenn die ACT-Prinzipien bei Ihnen funktionieren, wenn sie Ihnen ein reiches, erfülltes Leben schenken, dann macht es Sinn, sie sich so weit wie möglich zu eigen zu machen.

Sehen Sie sie gleichzeitig als persönliche Wahl an. Sie *müssen* nicht nach diesen Prinzipien leben. Das ist keine Verpflichtung, kein richtig oder falsch, gut oder schlecht. Wenn

Sie sich diese Prinzipien zu eigen machen, wird Sie das nicht zu einem »guten Menschen« machen oder zu jemandem, der in irgendeiner Weise über anderen steht. Und wenn Sie sie ignorieren, wird es Sie nicht »schlecht« oder »minderwertig« machen. Wenn Sie herumlaufen mit dem Gedanken, dass Sie nach diesen Prinzipien leben *müssen*, dann ist das nur eine weitere strikte Regel, der Sie GEHORCHEN. Es erzeugt eine Empfindung des Zwangs, so als würden Sie gezwungen, etwas zu tun, das Sie nicht wirklich tun möchten – was Ihr Leben mit Sicherheit eher aushöhlen als bereichern wird.

Wie Sie Ihr Leben leben, ist eine persönliche Entscheidung. Und auch, wenn die meisten Menschen finden, dass diese Prinzipien ihr Leben in vieler Hinsicht positiv verändern, ist es wichtig, sich daran zu erinnern, dass sie nicht die *Zehn Gebote* sind! Wenden Sie sie an, wann immer Ihnen danach ist, um Ihr Leben besser zu machen. Aber machen Sie daraus keine Regeln, denen Sie GEHORCHEN müssen!

Ich bin sicher, dass es viele Momente geben wird, in denen Sie »vergessen«, was Sie in diesem Buch gelernt haben. Sie werden sich in wenig hilfreiche Gedanken verstricken, vergeblich mit Ihren Gefühlen kämpfen und auf selbstzerstörerische Weise handeln. Aber in dem Augenblick, in dem Ihnen bewusst wird, was Sie da tun, können Sie sich dazu entscheiden, etwas daran zu ändern – das heißt, wenn Sie das wollen. Noch einmal, es ist Ihre persönliche Entscheidung. Sie *müssen* überhaupt nichts tun. Ja, ich bin mir sogar sicher, dass es Zeiten geben wird, in denen Sie sich bewusst dazu entscheiden, die Prinzipien in diesem Buch *nicht* anzuwenden. Und das ist in Ordnung. Versuchen Sie, sich einfach Ihrer Entscheidung und der Auswirkungen, die sie auf Ihr Leben haben, bewusster zu sein – insbesondere, wenn es um Punkte der Entscheidung geht, wie die, die wir gleich erörtern werden.

Punkt der Entscheidung: Stecken bleiben oder sich loslösen?

Es mag sein, dass Sie an diesem Punkt in dem Buch angelangt sind und dennoch nicht viele (oder keine) nennenswerten Veränderungen vorgenommen haben. Wenn dem so ist, sind Sie wahrscheinlich auf eine oder mehrere der hohen AVEZ-Barrieren gestoßen:

Am Haken
Vermeiden von Unbehagen
Entfernung von Werten
Zweifelhafte Ziele

Wenn Sie also das Gefühl haben, festzustecken, oder Sie es aufschieben, zu handeln, nehmen Sie sich einige Momente Zeit, um die Barrieren, die Ihnen im Weg stehen, zu erkennen und die »Gegenmittel« anzuwenden wie im Kapitel »Ein Schritt nach dem anderen« erörtert.

Punkt der Entscheidung: GEHORCHEN, KÄMPFEN oder Loslösen?

Unsere Standardeinstellungen für den Fall, dass schwierige Gedanken und Gefühle auftauchen, sind GEHORCHEN oder KÄMPFEN. Im GEHORCHEN-Modus wenden wir ihnen unsere gesamte Aufmerksamkeit zu und erlauben ihnen, unser Handeln zu diktieren. Im KÄMPFEN-Modus kämpfen wir gegen sie oder flüchten vor ihnen. Und auch, wenn diese Weisen, zu reagieren, nicht immer problematisch sind, ziehen sie uns doch oft in Wegbewegungen hinein.

Die Loslösungsfertigkeiten statten uns mit vielen alternativen Reaktionsweisen auf schwierige Gedanken und Gefühle aus. Wir können sie mit Neugier und Offenheit wahrnehmen und ihre wahre Natur als Wörter und Bilder in unserem Kopf und Empfindungen in unserem Körper erkennen. Wir können sie vorurteilsfrei benennen und es ihnen erlauben, nach ihrem Belieben zu kommen, zu bleiben und zu gehen. Wir können unseren Schmerz anerkennen und uns selbst freundlich behandeln, während wir unsere Aufmerksamkeit immer wieder auf das fokussieren, was wirklich wichtig ist.

Punkt der Entscheidung: Fortgerissen werden oder sich verankern?

Sich zu verankern ist die bei Weitem vielseitigste der einsetzbaren Loslösungsfertigkeiten in diesem Buch. Sie können sie jederzeit, an jedem Ort und bei jeglicher Aktivität anwenden, ob Ihr emotionales Wetter nun angenehm oder unangenehm, mild oder extrem ist. Sie können Sie benutzen, um sich loszulösen, Raum zu schaffen, aufzuwachen, Ihre Aufmerksamkeit neu zu fokussieren, sich auf das einzulassen, was Sie gerade tun, die Kontrolle über Ihr Handeln wiederzugewinnen oder den »Sturm in aufrechter Haltung zu überstehen«. Sie können je nach den Erfordernissen der Situation die Zehn-Sekunden-Version oder die Zehn-Minuten-Version anwenden, oder alles, was dazwischen liegt. Wenn Sie also diese Fertigkeit übersprungen haben oder sich nur oberflächlich an ihr versucht haben oder sie nur einmal ausprobiert haben und sie Ihnen nicht gefallen hat, dann empfehle ich Ihnen, unbedingt noch einmal das Kapitel »Wie man sich verankert« anzusehen und es wirklich gründlich durchzuarbeiten.

Punkt der Entscheidung: Die Herausforderung annehmen oder nicht?

Wenn die Zeiten rau sind, erinnern Sie sich an die »Herausforderungsformel«. Ganz gleich, welcher Art von problematischer Situation Sie begegnen, Sie haben immer eine Wahl.

Ihre Optionen sind:

1. Weggehen
2. Bleiben und nach Ihren Werten leben: tun, was Ihnen möglich ist, um die Situation zu verbessern, Raum schaffen für den damit einhergehenden Schmerz und sich selbst freundlich behandeln.
3. Bleiben – aber Dinge tun, die entweder keinen Unterschied machen oder die Situation verschlimmern.

Manchmal ist die beste Weise, eine herausfordernde Situation zu verbessern, sie zu verlassen. Doch wenn Sie nicht weggehen können oder wollen, wird Option 2 viel lohnender sein als Option 3.

Punkt der Entscheidung: Sofortiger Erfolg oder langfristige Frustration?

Wenn Ihnen die Vorstellung vom »sofortigen Erfolg« zusagt (und wem gefällt das nicht?), dann wollen Sie gewiss ein auf Werte fokussiertes Leben freudig annehmen. Wenn wir ein solches Leben führen, setzen wir noch immer Ziele und verfolgen sie – aber sie sind nicht mehr das A und O von allem. Stattdessen definieren wir Erfolg als Leben nach unseren Werten. Und weil dies immer in kleinen Dingen möglich ist, in jedem Augenblick unseres Lebens, ist sofortiger Erfolg möglich, wann immer wir es wünschen.

Punkt der Entscheidung: Ein angenehmes Gefühl oder ein sinnvolles Leben?

Im ersten Kapitel haben wir uns zwei verschiedene Bedeutungen von Glück angesehen: a) ein vorübergehendes Gefühl von Freude und Zufriedenheit; b) ein reiches und sinnvolles Leben, in dem wir die ganze Bandbreite menschlicher Emotionen erfahren, sowohl angenehme als auch schmerzliche. Wenn wir aufhören, nach der ersten zu streben und anfangen, die zweite aufzubauen, entkommen wir der »Glücksfalle«. (Und wenn wir es umgekehrt machen, gehen wir wieder in die Falle.)

Punkt der Entscheidung: Das Leben verpassen oder das Beste daraus machen?

Wenn wir von Gedanken und Gefühlen an den Haken genommen werden – im KÄMPFEN- oder GEHORCHEN-Modus –, verpassen wir unser Leben. Loslösungsfertigkeiten, insbesondere »präsent sein«, »fokussieren« und »genießen«, ermöglichen es uns, das zu würdigen, was wir hier und heute in unserem Leben haben. Das ist wichtig, denn jetzt ist die einzige Zeit, die wir jemals haben. Die Vergangenheit existiert nicht; sie ist nichts weiter als Erinnerungen in der Gegenwart. Und die Zukunft existiert nicht; sie ist nichts weiter als Gedanken und Bilder in der Gegenwart. Die einzige Zeit, die Sie jemals haben, ist dieser Augenblick: *jetzt.* Machen Sie also das Beste daraus. Würdigen Sie ihn in seiner Fülle. Und denken Sie daran: Das Leben schenkt denen am meisten, die das meiste aus dem machen, was das Leben ihnen schenkt.

Punkt der Entscheidung: Freundlichkeit zu sich selbst oder Selbstverurteilung?

Wie schon mehrfach erwähnt: Sie sind ein Mensch. So wie ich und jeder andere auf diesem Planeten werden Sie Dinge vermasseln, Fehler begehen und vom Weg abkommen. Es wird Zeiten geben, da Sie alles aus diesem Buch vergessen. Ihre Gedanken und Gefühle werden Sie an den Haken nehmen, Sie von Ihren Werten wegziehen, und Sie werden sich auf eine Weise verhalten, die bei Weitem nicht der Person entspricht, die Sie sein möchten. Und deshalb werden Sie verletzt sein und leiden.

Können Sie also mitfühlend mit sich selbst sein? Können Sie anerkennen, wie schwer es ist, ein Mensch zu sein, und sich selbst freundlich behandeln? Können Sie Ihr Leiden als etwas erkennen, das Sie mit allen anderen Menschen auf dem Planeten teilen? Wir werden unser Verhalten verbessern können, aber wir werden nicht vollkommen sein. Wir kommen alle vom Weg ab; wir machen alle Fehler; und infolgedessen leiden wir alle. Doch streng mit uns selbst umzugehen, hilft nicht. Es bewirkt lediglich, dass wir noch stärker feststecken als zuvor. Also lösen Sie sich von der »Ich bin nicht gut genug«-Geschichte und behandeln Sie sich selbst wie einen leidenden Freund: mit freundlichen Worten, freundlichen Händen und freundlichen Taten.

Die letzte Wahl

Auschwitz war das berüchtigtste Todeslager der Nazis. Wir können uns kaum vorstellen, was dort geschehen ist: die grauenhafte Misshandlung und Folter, die äußersten Extreme menschlicher Erniedrigung, die zahllosen Todesopfer durch Krankheit, Gewalt, Hunger und durch die berüchtigten Gaskammern. Viktor Frankl war ein jüdischer Psychiater, der die unaussprechlichen Schrecken von Auschwitz und anderen Lagern überlebte, die er in seinem Ehrfurcht gebietenden Buch *... trotzdem Ja zum Leben sagen. Ein Psychologe erlebt das Konzentrationslager* in grauenhaften Einzelheiten beschrieben hat.

Eine der faszinierendsten Offenbarungen in diesem Buch ist, dass entgegen aller Erwartungen nicht die Menschen im Todeslager am längsten überlebten, die körperlich die stärksten und fittesten waren, sondern vielmehr jene, die die stärkste

Verbindung mit dem Sinn und Zweck des Lebens hatten. Konnten die Gefangenen sich mit ihren Werten verbinden, so gab ihnen dies etwas, wofür zu leben sich lohnte; etwas, das sie trotz all ihrem Leiden antrieb. Jene, die dies nicht zu tun vermochten, verloren ihren Lebenswillen – und damit ihr Leben.

Einer von Frankls Kernwerten war zum Beispiel, hilfsbereit zu sein. Darum half er die ganze Zeit, die er in den Lagern verbrachte, anderen Gefangenen, ihr Leiden zu verkraften. Er hörte ihren Klagen mitfühlend zu, schenkte ihnen Worte der Freundlichkeit und Inspiration und kümmerte sich um die Kranken und Sterbenden. Vor allem aber half er den Menschen, sich mit ihren eigenen tiefsten Werten zu verbinden, so dass sie ihren eigenen Sinn des Lebens zu finden vermochten. Dies gab ihnen *buchstäblich* die Kraft zu überleben.

Eine andere machtvolle Einsicht aus *... trotzdem Ja zum Leben sagen* ist, dass Menschen selbst in einem Konzentrationslager der Nazis eine Wahl hatten. Frankl beschreibt Nazis, die sich zuweilen entschieden, die jüdischen Gefangenen freundlich zu behandeln. Er erwähnt zum Beispiel einen Nazi-Wachmann, der unter großem persönlichem Risiko Frankl heimlich ein Stück Brot zusteckte. »Es war weit mehr als das kleine Stück Brot, das mich damals zu Tränen rührte. Es war das menschliche ›Etwas‹, das dieser Mann mir schenkte – das Wort und der Blick, die das Geschenk begleiteten.« In starkem Kontrast dazu beschreibt Frankl auch jüdische Gefangene, die sich entschieden, ihre jüdischen Mitgefangenen mit entsetzlicher Feindseligkeit und mit Sadismus zu behandeln. Die Botschaft ist deutlich: Selbst unter den extremsten Umständen haben wir eine Wahl.

Frankl schreibt: »Wir, die wir in Konzentrationslagern gelebt haben, können sich an die Männer erinnern, die durch die Baracken gegangen sind, um andere zu trösten, und die ihr letztes Stück Brot weggaben.« Er räumt ein, dass es nur wenige solcher Menschen gab, weist aber darauf hin, dass sie den unbestreitbaren Beweis dafür liefern, dass man einem Menschen alles nehmen kann, nur eines nicht: »Die letzte der menschlichen Freiheiten – die Wahl der eigenen Haltung in einer gegebenen Situation, die Wahl des eigenen Weges.«

Jedes Mal, wenn ich dieses Zitat lese, bekomme ich eine Gänsehaut: »Die Wahl der eigenen Haltung in einer gegebenen Situation, die Wahl des eigenen Weges.« Was könnte inspirierender sein?

Aber wie bringen wir das *tatsächlich* fertig? Ich meine, es ist leicht, unsere Einstellung zu wählen, wenn das Leben gut läuft, wenn es uns ohne größeres Realitätsgefälle gibt, was wir uns wünschen, wenn wir bei guter Gesundheit sind, uns in den Ferien befinden, das Wetter großartig ist und wir keinerlei Sorgen haben. Doch wie wählen wir unsere Einstellung, wenn das Leben wirklich schwierig ist? Wenn es eine große Kluft gibt zwischen der Realität, die wir uns wünschen, und der Realität, in der wir uns befinden? Denken wir dann einfach positiv? Oder lesen wir ein Nike-Werbeplakat und »Just do it«?

Wollen wir unsere Einstellung wählen, wenn das Leben unglaublich schwer ist, dann müssen wir uns zuerst verankern. Wir erkennen die schmerzliche Realität, mit der wir es zu tun haben, an, schaffen Raum für all die schmerzlichen Gedanken und Gefühle und behandeln uns selbst freundlich. Dann nehmen wir Kontakt zu unseren Werten auf und entscheiden uns, wofür wir angesichts dessen stehen wollen. Mit anderen Worten: *präsent sein, sich öffnen und tun, worauf es ankommt.* Je größer unsere Fähigkeit ist, dies zu tun, desto mehr Freiheit besitzen wir – ganz gleich, welche Hindernisse uns das Leben auf unserem Weg beschert.

Und das bringt uns zum Ende dieses Buches, aber nicht zum Ende Ihrer Reise. Das Leben geht weiter, Minute für Minute, Stunde für Stunde und Tag für Tag. Also machen Sie das Beste daraus. Stellen Sie sich jeden Tag immer wieder die Frage: Bin ich präsent? Bin ich offen? Tue ich, worauf es ankommt?

Machen Sie weiter, leben Sie weiter, lieben Sie weiter. Und ich wünsche Ihnen das Beste für Ihr kühnes Abenteuer.

DANK

Worte können die enorme Dankbarkeit, die ich gegenüber Steven Hayes, dem Begründer der Akzeptanz- und Commitment-Therapie (ACT), empfinde, nicht angemessen ausdrücken. Er hat mir, meiner Familie, meinen Klienten und der Welt im Allgemeinen ein großes Geschenk gemacht. Ich bin auch der breiteren ACT-Gemeinschaft zu Dank verpflichtet für all die nützlichen Ratschläge, Erfahrungen und Informationen, die auf Workshops, Konferenzen und über das Internet so freizügig geteilt werden. Besonders dankbar bin ich Kelly Wilson und Kirk Strosahl, auf deren Erkenntnisse ich auf diesen Seiten häufig zurückgegriffen habe, und ebenso all jenen Kollegen aus der ACT-Gemeinschaft, die mir Feedback und Ratschläge für die erste Ausgabe dieses Buches gegeben haben: Jim Marchman, Joe Ciarrochi, Joe Parsons, Sonja Batten, Julian McNally und Graham Taylor; in Bezug auf die erste Ausgabe möchte ich besonders meinem Bruder Genghis danken, der (wie immer) eine unerschöpfliche Quelle von Ratschlägen, Kraft und Ermutigung war, vor allem in den dunklen Zeiten, in denen ich am liebsten aufgegeben hätte; und in Bezug auf die zweite Ausgabe bin ich meiner Partnerin Natasha unglaublich dankbar für all ihre Liebe, Unterstützung und Ermutigung. Sie hat mir nicht nur während des Schreibprozesses ein wirklich unschätzbares Feedback gegeben (einschließlich zahlreicher hilfreicher Vorschläge zur Verbesserung des Buches), sondern mich auch immer mit Lindt-Schokolade versorgt, wenn mein Energielevel nachließ.

Ich möchte auch all den Freunden und Familienmitgliedern danken, die mir bei der ersten Ausgabe geholfen haben, indem sie das Buch (oder Teile davon) gelesen und mir Feedback gegeben haben: Johnny Watson, Margaret Denman, Carmel Cammarano, Paul Dawson, Fred Wallace und Kath Koning. Mein besonderer Dank gilt den Mitarbeitern von Exisle Publishing, die so hart daran gearbeitet haben, dieses Buch herauszubringen: für die erste Auflage Benny St John Thomas, Penny Capp und Sandra Noakes; für die erste und zweite Auflage Gareth Thomas und Anouska Jones; für die hervorragende Arbeit beim Lektorat der zweiten Auflage Karen Gee; und für die wunderbare Gestaltung Enni Tuomisalo. Und nicht zuletzt danke ich meiner ehemaligen Agentin Sammie Justesen dafür, dass sie mich und das Exisle-Team zusammengebracht hat.

Russ Harris

REGISTER